主编 尉天骄　　　副主编 张建勤

汉语实用写作新编

编　者

林一顺　孙其勇

孙永良　尉天骄　张建勤

上海外语教育出版社

外教社 SHANGHAI FOREIGN LANGUAGE EDUCATION PRESS

图书在版编目(CIP)数据

汉语实用写作新编／尉天骄主编. —上海:上海外语教育出版社,2015
ISBN 978-7-5446-3971-2

Ⅰ.①汉…　Ⅱ.①尉…　Ⅲ.①汉语-写作-高等学校-教材
Ⅳ.①H15

中国版本图书馆 CIP 数据核字(2015)第 067953 号

出版发行：上海外语教育出版社
　　　　　（上海外国语大学内）　邮编：200083
电　　话：021-65425300（总机）
电子邮箱：bookinfo@sflep.com.cn
网　　址：http://www.sflep.com.cn　http://www.sflep.com
责任编辑：杨莹雪

印　　刷：昆山市亭林彩印厂有限公司
开　　本：787×1092　1/16　印张 22.25　字数 428千字
版　　次：2015 年 4 月第 1 版　2015 年 4 月第 1 次印刷
印　　数：10 000 册

书　　号：ISBN 978-7-5446-3971-2 / H·1456
定　　价：39.00 元
本版图书如有印装质量问题, 可向本社调换

前　言

　　本书是针对高校学生学习实用写作的实际需求而精心编写的。编写者都是长期从事大学实用写作教研的高校教师，借助自身学术优势和写作实践的经验，广泛吸收实用写作研究的新成果，针对当前大学生实用写作的实际状况和未来需要，合理有效地设计教材内容。

　　除"概述"外，分章讲授学习类文体、公文类文体、事务类文体、经济文书、新闻类文体、交际类文体的写作。每类文种的选取，注意结合学生当前学习和未来工作的实际需求，有明确的针对性。全书的教学框架是"导引+知识讲解+例文评析+实践练习"，以问题引导进入章节学习，对基本知识、理论进行富有新意的阐述，结合例文剖析，引导学生体会写作要领，并循序渐进地设计切合实用的写作训练。

　　全书体系合理，内容新颖，表述深入浅出；写作训练设计从实际需求和社会生活出发，引发学生学习写作的动力和兴趣，切实帮助其提高实用写作能力。

　　本书在同类教材中具有鲜明的个性特色，可供大学人文、经管、法律、新闻传播等文科学生使用，也可以作为理工农医院校、成人教育的教材，还可以作为机关工作人员和社会各界人员自学用书。

目　录

第一章　实用写作概说

[本章导引]

古人说,文章是经国之大业,不朽之盛事。现代人认为,文章乃天下公器,为人生为社会服务。在所有类型的文章中,只有实用性的文章具有"全民性"和"终身性"的特征。一个能识文写字的人,可能一辈子不写诗歌、小说、散文,但不可能终身不写实用性的文章,可以说,实用写作伴随着人的一生。也许你已经体会到了它的重要性,也可能感到写作能力还不能够满足学习、工作、事业发展的需求。其实,实用写作并不深奥,也不难学。现在就让我们一步步走进它的世界,领会其规矩,掌握其要领,学会熟练运用这个"人生公器"。

[知识讲解]

第一节　实用写作的含义和价值

一、实用写作的含义

实用写作是作者运用书面语言(有时也借助图表符号)制作实用文的精神劳动。

实用文是什么类型的文章? 与应用文是不是同一个概念? 现在很多教材和文章采用的是"应用写作"的概念。"实用写作"与"应用写作"有没有区别? 这涉及文章的分类问题,需要对基本概念稍作解释。

如果要对所有的文章进行粗略分类,可以大致分为文学文和实用文两大类。刘勰在《文心雕龙》中把文章分为"文"和"笔",实用文就在"笔"的范围之内。而在文学文与实用文之间,还存在着两栖文体,可以称之为交叉类或边缘类。如现代文章体裁中,报告文学脚跨文学与新闻两大类,杂文兼具政论文与散文两种特性,科学小品具有学术文与散文的交叉特点,游记兼有史地类文章与文学类文章的双重属性,它们就属于交叉文体或曰边缘文体。三类文体的关系如图所示:

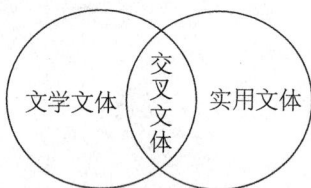

图 1-1　三类文体的关系

众所周知,文学类文体是以审美、抒发情感为主要目的的文章,有"兴观群怨"的社会效果,实用类文章是以在社会生活中发挥实际效应为目的的文章。实用类文章在我们的学习、工作和生活中得到广泛运用。实用写作就是研究这类文章的写作方法和规律的学科。实用文包罗万象,不以审美、抒情为主要内容的文章(如新闻文体、公文文体、理论文体、应用文体等)都属于实用写作的范围。它们的大致范畴如图所示:

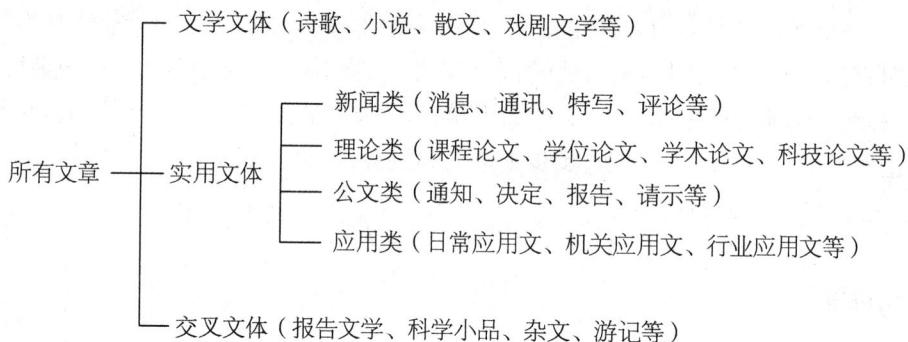

图 1-2　三类文体的范畴

应用文的含义已经比较固定。上个世纪 30 年代,叶圣陶等语文教育前辈就对学校语文教学中的文体进行了划分,分为记叙文、议论文、说明文,后来又加上应用文,成为四种基本的训练文体(训练文体的概念与流通文体的概念不完全等同),这已经成为语文教学中约定俗成的概念。应用文的范围比较小,主要是指日常生活中经常用到的一些文章。

写作学家裴显生教授提出:"在关于应用文的几次学术讨论会上,大多数专家认为:应把一切非文学作品的文章都视为实用文,而在实用文之下又包含应用文体、新闻文体、理论文体、史传文体等。这样,把应用文作为实用文下属的主要类别,就比较科学了。"①这是比较符合实际的、科学的文章划分方法。

简要地说,实用文概念外延大,应用文概念外延小。近年来,"应用写作"的概念外延不断扩大,不仅限于个人应用文,也包含了党政公文以及总结、规章制度等机关应用文、财经应用文乃至学术论文,体现了应用写作研究的拓展。但是,目前一般不会把新闻文体归属于应用文。

本书内容包含了学习类文体、公文类文体、事务类文体、经济文书、新闻类文体、交际类文体,超出了"应用文"的范围。出于命名准确的要求,本书采用"实用写作"的概念。

二、实用写作的价值

刘勰在《文心雕龙》中把文章分为"文"与"笔"两大类,认为每一种文章都各有其价值,并没有扬"文"而抑"笔"。他对诸如奏议、书信、书记等实用文体有一个简洁的评价:"虽艺文之末品,而政事之先务也。"②意即,从文学角度看,实用文章也许只能算是"末流的作品",但在政务管理中却处于领先地位。这是很有辩证眼光的深刻见解,揭示了实用文章的特点和价值。无论古代还是现代,社会上每一个成员不可能也不需要人人都成为文学家,但是在生活、工作、事业发展中却几乎到处都需要实用写作。大学生在校学习要写课程论文、读书报告、实验报告、毕业论文;举办校园活动要发通知,出海报,做广告;参加校园活动要写自荐信;与人竞争发表演讲要准备演讲稿;与家人、友人交际要写信件、电子邮件;毕业找工作要写自荐信、准备竞聘演讲稿;参加工作以后,除了自己的业务之外,还需要写工作计划、工作总结;如果到管理岗位、特别是到党政机关工作,更是天天要与公文打交道;经济生活中有时要写经济文书;做宣传工作时必然要用到新闻文体。总之,在今天这个高度发达的信息社会,我们每个人已经与实用写作无法分开,它与人们的学习、生活、成长、事业发展紧密联系在一起,在社会生活中发挥着重要作用。

实用写作作为一种**社会行为**具有重要作用,与此相应,实用写作能力作为一种**个人能力**,也同样具有重要价值。现代作家、教育家叶圣陶在20世纪80年代时就指出:"写作的范围很宽广,写调查报告,写工作计划,写经验总结,写信写通知等等,都包括在内,当然也包括文学创作。大学毕业生不一定要能写小说、诗歌,但是一定要能写工作和生活中实用的文章,而且非写得既扎实又通顺不可。"③

---

① 裴显生主编:《应用写作》(第三版),高等教育出版社,2010年版,第3页。
② 刘勰:《文心雕龙·书记》。
③ 叶圣陶1981年同《写作》杂志编辑人员的谈话。

当前,全社会各行各业(尤其是管理阶层)越来越重视对写作能力的要求。各类人事招考,通常都有写作能力的测试。各类公务员招考,"申论"成为必考内容。这些都显示出全社会对实用写作有着广泛需求,会写实用性的文章成为重要的文化竞争力。最近,英国剑桥大学的一位中国留学生著文指出,不是说人人都要当作家或以文字工作为业,但不论是口头语言表达还是书面写作,能够找到合适的词汇和表达方式来传达自己想要传达的信息,这是在现代社会立足所必需的能力。这里所说的能力,很大程度上就运用书面文字实现有效信息交流的实用写作能力。①从教育角度看,人的教育最根本的是读写能力。21 世纪脑力工作者的核心竞争力是什么? 不是别的,是写作能力! 在高度发达的信息社会,写作人才越来越受到青睐。实用写作水平较高,在学校和社会上的竞争中无疑就拥有了文化优势,具备了精神劳动的重要能力。

在电脑时代,实用写作的存在价值是否受到冲击? 是否会被"电脑写作"取代? 这种担心是多余的。应该说,现代科技使人的生活发生了很大变化。20 世纪 80 年代,计算机技术飞速发展之际,就有人预言计算机将会代替人脑进行写作,但是 30 年过去了,这个预言越来越被证明不可能实现。电脑具有强大的记忆功能和计算能力,网络储存着海量的信息,确实为人们的信息交流带来了极大的方便,但是写作最需要的"组织性思维"却是目前的电脑无法解决的。目前的"电脑写作"只是利用电脑、网络查找和储存写作材料,至于对材料的分析、辨别、加工、组织,依然是由人的大脑来完成的。写作能力不强的作者,面对电脑键盘与面对稿纸是一样的无奈。而且电脑和网络社会带来的一个明显后果是全社会写作水平的下降。稍微对网络上的 BBS 或讨论区做些关注就会发现,大多数留言是一些随意的"帖子"——句子又短又零碎,错字、漏字、破句、网络语、"火星文"多到见怪不怪。可以说,这样的"网络写作"对于写作能力的提高基本没有正面的促进,倒是会助长"反写作"的习惯。最为明显的负面影响是"复制—粘贴"成风,语言随意而为,颠覆语言规则。媒体不断报道大学生的中文水平整体上处于滑坡趋势。语文水平包括听、说、读、写,通常所说的大学生中文水平差,集中体现在"写"(包括文字书写和文章写作)。而写作能力的薄弱,主要表现为实用写作方面暴露出来的弱点。最近有学者著文指出,就连一些高层次的知识分子(硕士、博士等),写信时也有"出人意料"的错误。可见,高科技代替不了人的思维活动,高学历也不意味着就能自动获得实用写作的能力。实用写作在电脑、网络时代不仅不可能被替代,而且恰恰相反,是高科技时代非常需要的能力,应当努力培养,并在实践运用中不断提高。

---

① 濮实:《我在剑桥学说话》,《东方早报》,2014 年 4 月 20 日。

第二节 实用写作的特点及其与文学思维的关系

一、实用写作的特点

实用写作具有写作活动的一般特点,如人文性、综合性、个体性等,同时也有其自身的特点,主要表现为以下几个方面:

(一) 工具性的实用功能

工具的本来意义是指从事劳动、生产的器具,引申为用以达到某种目的的手段。现代社会生活中的工具种类甚多,而在国家和社会的管理过程中,最基础的工具就是实用性的文章。实用写作生产出来的精神产品,主要功能不是审美,不是娱乐,更不是要"藏之名山",而是作为社会生活的基础工具使用,及时发挥社会功能。众所周知,党政公文和机关事务文书,都是为了协商事情、管理指挥、处理公共事务而制发的。中共中央办公厅、国务院办公厅 2012 年联合下发的《党政机关公文处理工作条例》第一章第三条明确规定:"党政机关公文是党政机关实施领导、履行职能、处理公务的具有特定效力和规范体式的文书,是传达贯彻党和国家方针政策,公布法规和规章,指导、布置和商洽工作,请示和答复问题,报告、通报和交流情况等的**重要工具**。"新闻传递最新信息,宣传党的方针政策,引导舆论导向,也具有很强的工具性。经济类文书或用于洽谈商务,约定事项,或作为凭证依据,相互约束,目的在于保证经济活动的良好秩序,促进社会的经济交流和发展。学习类的文体,是为了传递知识和信息,记载研究成果,提供学术知识和理论,实现文化交流。交际类文体,其目的主要是告知事务,联系协调。总之,实用类文章都有着具体、明确的制作目的,是为社会工作、社会事务服务的,一般都具有很强的目的性和时效性。当然,实用写作的工具性特点并不意味着它就是冷冰冰的,既然服务于人类社会,当然也要包含人文精神和人文关怀,具体在不同文体中有不同体现。这在本书各章中都有所阐述,特别是在交际类文体部分,人文性还是很重要的因素。

(二) 稳定性的文体模式

与文学作品相比,实用文有相对稳定的模式。所谓文体模式,就是在结构布局、语言运用、文本格式方面大体一致的样式,也有人称为"程式"。例如,写信除了正文,必须要有称谓、问候、落款和日期;消息一般按照"倒金字塔"的结构安排内容;合同的条款有固定的写法;写学术文章要遵循一定的逻辑规则和表达格式……这些都是在长期的写作实践中形成的约定俗成的规范。不要把模式视为枯燥无味的僵死框架,它是人类写作智慧的结晶,实践中方便写作,方便阅读,也方便编辑,对于信息的传播和交流具有明显的优越性。文体模式虽然也有与时俱进的改革和变化，但长期以来大体保持基本的稳定性。特别是党政公文，在文种、格式、用语、文面等方面都有严格的规定和国家标准。实用写作首先要学习这些"规矩""法度"，规范运用。"合体"是实用写作的首要目标。当然，实用写作并不排斥个性(特别是用于私务活动的实用文)，但必须是在"守规矩"的基础上体现创意，而不能无视法度，别出心裁。2015年年初，报载某地人大会议上，所作的报告是一首五言长诗，6 000字，一韵到底。这到底是工作创新还是亵渎职守？媒体议论纷纷。《人民日报》发表评论文章指出："政治报告重在时政阐述，要严肃、鲜明、直白、缜密，用长于浪漫、抒情、吟唱、夸张的诗歌形式去表现，就像参加晚宴时穿着古装或'三点式'，那是怎样的一种尴尬。"①

在教与学的过程中，很多人习惯于整体上理解实用文的模式，即注重其结构、格式，而忽略了模式之中包含的构成要素。有学者经过深入研究，指出现代实用文包含七个构成要素："事"(即事情、情况、事由、问题)、"据"(即根据、凭据、依据)、"释"(即解释、说明)、"析"(即对对象所进行的分析、辩解、推理)、"断"(即判断、决断、综合)、"法"(即方法、技法、法规、法则)、"形"(即形象、形状、实态)，并提出了要素有机配置的原则和方法。② 这对于实用文的写作是有实际意义的。实践证明，在实用文写作中，除了格式上的不"合体"之外，一个常见的毛病就是要素配置不恰当，应当具备的要素忽略了，而无关的要素却出现在文章之中。如通知、决定中过多写"事"和"形"，而"断"和"法"却被淹没甚至被遗忘。"七要素"是对所有的实用文体的概括，具体到每一个文种，情况又有所不同，需要在学习和实践中分别掌握和运用。

（三）准确简约的语言表述

写作是用书面文字传达信息、表达思想，不同的文体，在语言运用方面有不同规则。文学写作用形象说话，形象可以是含蓄、朦胧、多义的，甚至有意追求"陌生化"效果，语言运用也常常铺陈反复。实用文写作是为了解决生活中的实际问题，不是为了审美和娱乐，因此语言尚准确、简约、精炼。所谓**准确**，首先体现为**概念的科学性**。"通告"与"报告"，两个概念的差别实际体现了文种、行文关系上的重大差异；"预定"与"预订"在经济合同中有着不同的含义；"×××的新闻**理论**"与"×××的新闻**思想**"，在学术文章中是有不同含义的。在实用写作中，概念不能混淆，不能随意使用。其次是**表述的真实性**。"参加植树活动的队伍浩浩荡荡"只提供了一个朦胧的印象，在新闻、公文写作中是不合适的，应当采用准确的表达——"300多位机关干部参加了今天的植树活动"。至于文学写作中的夸张、虚构，在实用写作中更加要控制使用。再次体现为**表述的条理性**。实用写作的表达特别要注意逻辑关系的合理，层次分明，条理清晰，不像文学作品那样结构新奇，亦真亦幻。有的实用文体内容就是条分缕析型的，条

① 梁衡:《为什么不能用诗做报告》,《人民日报》,2015年2月20日。
② 裴显生主编:《现代实用写作学》,江苏教育出版社,1996年版,第五章"模式论"第一节。

款项目有序排列。有学者提出，在实用文的写作中，"条理性也是文采"。确有一定道理。

简约，在实用写作中体现为表述简明扼要，杜绝冗言赘语，尤其是公文和消息。有人把公文语言的简洁误解为"字数要少"，以至于把应该表述的内容删去。仅仅注意压缩文字，那是因文害意。简洁是用较少的文字把该说的内容说清楚，关键要少说套话，杜绝废话。这是语言运用的功夫，更是思维能力的体现，想得准确才可能说得到位，想得精炼才可能写得简洁。为了使语言简约，很多实用文体常常采用专用语和固定用语，如公文中的"收悉""此复""函告"和"有鉴于此"等。有的交际类文体还使用一些文言词语，如"承蒙""专此""届时"，既表达礼仪，也使语言更加雅洁。

二、实用写作与文学思维的关系

长期以来，语文教学界存在着重文学、轻实用的现象，对实用写作的教与学都产生了不良影响。有人因此把实用写作的教学效果不佳归结为文学思维对实用写作的干扰，并提出了实用写作要"去文学化"的主张。实用写作是不是与文学写作完全绝缘？"去文学化"是不是实用写作成功的必要前提？对两者之间的关系稍作辨析，这个问题可以从三个方面理解：

（一）文学写作与实用写作是两种不同特征的脑力劳动。 文学写作以塑造形象、表达情感为主要任务，实用写作以传递实用信息、实现社会效应为主要目的，虽然两者之间都以基础写作为共同根基（基本的思维能力和语言表达能力），但毕竟在思维方式和表达方式上有明显差异。刘勰早就指出了文章写作史上一种常见的现象："才冠鸿笔，多疏尺牍。"[1]就是说，有些文学写作的高手，遇到实用文章的写作却很生疏。这表明，实用写作与文学写作各有独特的思维方式和表达要求，两者之间不能代替，即使文学写作能力较强，也不可能自动转化或自然衍生出实用写作能力，后者也是需要在学习和实践中锻炼提高的。当然，从古到今有很多在文学创作和实用写作都有非凡成就的高手，但他们都是在两个领域同时经历过实践锻炼的，从而拥有了灵活运用"两把刷子"的技能和技巧，而不是掌握了一把文学的"刷子"自然就会使用另一把。

（二）不能把文学思维的方法完全套用到实用写作上来。 从安排结构、运用语言，到修改完善都是如此。鲁迅打过一个比方说，文章不能不"做"，但又不能太"做"。不"做"，好比客人来了，搬一个树墩给人当板凳，过于粗糙；而太"做"，又好像是把一个板凳上都雕刻了花朵，反而过分了。实用写作就是制作一个用于实务的工具，不是制作一个艺术品，不需要在修饰、美化上多费功夫。即以文章修改为例，文学写作尤其

---

① 刘勰：《文心雕龙·书记》。

是古人的诗歌写作,修改讲究"推敲","十年磨一剑"。实用文章的写作,一般情况下不可能一挥而就,当然也需要修改,但不必要如此精雕细刻。有些实用文章(例如公文、新闻)时效性很强,写作需要尽快拿出成品,以便付诸应用,很多情况下不允许较长时间的冷处理,不可能进行字斟句酌的推敲。而且一些实用文(如消息、事项性通知)属于"易碎品",需要在短时间内实现文章的社会功能。写作只要适合应用,符合体式规范,没有瑕疵,就可以把写作成品出手,写作即告成功。

(三) 实用写作对文学思维并不绝对排斥,也有合理的吸收。很多实用写作教材指出,实用文常用的表达方式是叙述、说明、议论,少用或不用描写、抒情,因为后两种表达方式主要用于文学类写作。有的教材干脆提出实用写作要"去文学化",彻底把文学排除在外。这样的要求对于实用文整体而言有一定合理性,但一概而论未免简单化。实用写作并不完全排斥文学性。美学家朱光潜在《漫谈说理文》中说过:"实用性与艺术性不是互相排斥而是相辅相成的。实用性的文章也要求能产生美感,正如一座房子不但要能住人而且要样式美观一样。"[1]对于实用写作中的文学性,要区分文种,具体分析,灵活掌握。如党政公文追求清晰的条理和准确精炼的表达,常常要自觉控制文学写作中常用的形象和情感。经济文书(如合同、契约等)也基本如此。但经济文书中的广告情况就比较特殊,广告文案写作中文学修辞手法的运用是很常见的,常常需要有意为之。新闻文体中的通讯,在刻画人物、描写环境等方面也需要借用文学的表现手法。还有一类是用于人际交往的实用文,包括个体交往和团体交往的文书,如邀请信、欢迎词、感谢信等,除了说明事项、传达实用信息之外,还需要在行文之中传递情感、礼仪等人文信息,因此,写作时经常会运用形象、情感等文学思维,有的还引用一些文学作品中的名句。因此在写作中要区分文体,合理把握。这在本书各章的阐述中会有不同的体现。

第三节 学习实用写作的要求和方法

实用文来源于社会应用,与生活的联系非常密切,是大学生在学习和生活中经常接触到的,并不神秘难懂。清代文学家刘熙载曾经说过,有些文章是"易学而难工"。实用类的文章就是如此。学写实用文,入门并不困难,但要写好,并非易事,还是要经过较长时期的积累和实践锻炼。毛泽东同志在 1958 年曾经对中央、省(市)和县三级培养"秀才"的工作提出要求:"这些人要较多懂得马克思主义,又有一定的文化水平、科学知识、词章修养。"[2]这些要求也是学习实用写作要具备的基

---

① 朱光潜:《朱光潜美学文集》第三卷,上海文艺出版社,1983 年版,第 407 页。
② 毛泽东:《工作方法六十条草案》,第 47 条。

本素养。

一、学习实用写作的基本要求

(一) 认真学习马克思主义,自觉提高思想理论水平

马克思主义的立场、观点、方法,是指导一切工作的有力的思想武器,是认识社会、分析问题、得出结论的理论基础。实践证明,实用写作内容的深刻、准确程度,都取决于作者的思想水平,特别是政治理论水平和素养。特别在公文写作中,公文文稿的执笔者是在以机关的名义发布信息和思想,其政治思想理论和政策水平的高低,直接关系到文稿的质量,即能否准确执行和传达领导的意见,能否正确体现党和国家的方针、政策、法律。撰写经济类的文书,首先要符合国家的经济政策和经济法规;写新闻,要有政治家的视野,社会活动家的敏感,密切关注国家大事和社会动态,紧扣时代发展脉搏。因此,学习实用写作,要注重思想政治理论的学习,了解国家的政策、法律、法规,提高思想理论水平和政策水平,努力成为一个有较高政治思想觉悟和修养的作者。

(二) 学习社会知识,不断提高文化修养

实用写作不是个人情绪的咏叹,而是对社会事务的判断和处理。它不像有人误以为的那样就是单纯的"文字功夫"。众所周知,写作是思维与表达的统一,文字表达只是复杂的写作活动中的一部分,文字表达的基础是思维,而作者的思维是在平时的学习和工作实践中培养锻炼出来的,"写"以外的功夫更为重要,包括较为丰富的社会知识和文化素养。它们的积累和提高,主要途径就是古今常说的老道理——读书和阅世,即在书香中提高修养,在社会中增长阅历。大学生写读书报告和学术论文,先要认真读书,认真思考,才能写出有学术分量的文章。很多治学严谨的学者都强调"文章不写半句空",而要做到这一步,前提是"板凳要坐十年冷"。有经验的记者说,写新闻要"七分跑,两分想,一分写",不是靠在网上扒拉资料就能写出好新闻的。写公文,看似坐在办公室里完成,实际上也要有长期社会调查、阅读资料的积累,胸中掌握很多事实材料和理论观点,文章才会写得充实。习近平同志严厉批评公文写作中的"假""大""空",大力提倡"短""实""新"的好文风。要写出"短""实""新"的文章,绝不是仅仅依靠"推敲文字"的"纸上功夫",而是要以实实在在的事实材料、切切实实的思想见解和扎扎实实的文化素养作为写作基础。这就要求作者要到实践中去,认真学习,长期积累,有了思想的、政策的、生活经验的丰富储存,动笔时才能得心应手,写出实用、准确、恰当、新颖的文章。

(三) 丰富语言储备,努力提高词章修养

清代"桐城派"把文章写作的要素归纳为"义理、考据、词章","词章"就是把内在

的"义理""考据"落实为书面文章的语言媒介。

前面说过,实用文具有模式化的特点,给写作带来很多方便。因此有人认为,掌握了格式就可以无往而不胜。其实并非如此。仅仅满足于符合格式要求,很可能写成"匠气"的、"八股气"的文章。比如,为校长拟一份开学典礼或毕业典礼上的讲话稿,大的框架可能基本固定,但对每一届学生讲话的内容要有所区别,以体现出针对性。这就需要对模式既有遵守又有突破。特别在行政公文中,比模式更重要的是事项、事情,因为撰稿人不是"自说自话",而是"代人立言",除了要把握格式、行文对象之外,还需要把领导人的意旨消化、吸收,转化为自己的思维内容。初学写作实用文章,普遍面临一个困境——不论是面对事实性材料还是观念性材料,都不善于整合、加工,只是习惯于"复述"却不会对材料进行分析、综合、提炼;如有书面原材料,只能照搬原材料的语句,而不会用自己的语言进行概括,重新表达。遇到内容稍微复杂的应用文(如综合性的报告、请示等等),就感到困难重重,无从下手。实用写作中语言的混乱,很多情况是思维未精炼的体现。这些现象的根本原因就是缺乏思维锻炼。而训练自己的思维是比掌握模式更有强度的精神劳动,需要在模式、文字之外注意积累和培养。

三、提升实用写作能力的路径、方法

(一) 学习写作理论,指导实践练习

关于实用写作的学习,有两种常见的误解。一种是对理论的轻视,认为实用写作无需学习理论,只要"照葫芦画瓢"即可。这种观点可能导致的结果是:始终在盲目的"试错"中徘徊,进步很慢;或是停止于表面的模仿,往往知其然不知其所以然。鲁迅曾经对私塾教学中强调"读,做,读,做;做得不好,又读,又做"的作文教学方法表示不满,比喻为"一条暗胡同,一任你自己去摸索。走得通与否,大家听天由命。"[1]朱自清也说过他读中学时的情况:"那时的国文老师对我们帮助很少,大家只茫然地读,茫然地写。"他偶然买到两本讲作文的书,虽然并不多么高明,但因为能够指点一些方法,还是觉得"仿佛夜行有了电棒(手电筒)。"[2]可见缺乏理论指导的写作,学习效果往往大打折扣。缺乏正确理论指导的盲目实践还可能带来一个不良影响——一些错误的写作方法不知不觉之中形成习惯,积重难返,就像小学生一开始写字姿势不对,以后纠正起来很困难。因此,大学的实用写作比较系统地讲授一些写作理论,对于指导写作是有帮助的。

---

[1] 鲁迅:《二心集·做古文和做好人的秘诀》,见《鲁迅全集》第四卷,人民文学出版社,1981年版,第270页。

[2] 朱自清:《文心》"序",见《朱自清论语文教育》,河南教育出版社,1985年版,第6页。

对于学习实用写作的第二种误解就是过分依赖写作理论，以为看懂了书本上的知识就能写好文章，而一旦达不到目的又认为理论无用，转而对理论学习失去信心。这不是理论无用，而是认识有偏差。写作理论不是"关于事物的科学"（告诉你"这是什么"），而是"关于行为的科学"（告诉你"怎么去做"），实用写作更是如此。学习写作知识、理论，不能满足于对书本的"知""懂"，更重要的是要"行"，即落实为"写"，通过实践练习把知识转化为能力，在写作练习的过程中由生到熟，熟能生巧，逐步提高写作能力。"谈兵"不能体现在纸上，而写作就是要落实在"纸上"。也就是说，科学的实用写作实践是在正确理论指导下的实践，既不是口头的理论教条，也不是盲目的"多读多练"。

（二）注意揣摩文章

正如在游泳中学会游泳、在战争中学会战争一样，实用写作的能力也是在学习写作的过程中不断提高的。学习写作，既需要理论指导下的实践训练，也需要对别人写作成果的学习和借鉴。写作是一个动态的精神劳动过程，转瞬即逝，很难再现供人观摩、模仿，但是，写作的成品——文章，作为静态的成果，可以用来分析、体会、揣摩、模仿。古往今来的实践证明，从已有的文章中体会写作的方法、技巧，是学习写作的有效途径。人们都知道"熟读唐诗三百首，不会作诗也会吟"的古话，认为文学作品的阅读和欣赏对于写作有正面的帮助。但是对于实用文，就不像对文学作品那样重视了，一般认为实用文单调枯燥，不像文学作品那样有趣味，因此缺乏"欣赏"的兴趣。其实，任何文体的写作都可以从同类作品中得到启发和教益，而且只要认真体会，实用类的文章，即使是被认为枯燥的公文，同样具有吸引人、启发人的趣味。优秀的公文，其中体现了思维的严密性、条理性，政策掌握的准确性，表达到位、得体，有时甚至一字不能易，包含着很多技巧、才华和智慧。很多实用文章，那些言简意赅的叙事，一语中的的判断，高瞻远瞩的理论升华，层层推进的逻辑关系，都含有引人入胜的魅力。学习实用文写作，应当养成多读文章、善于揣摩文章的好习惯。

关于实用文的阅读，这里还要解释三点疑问：第一，为什么不说"范文欣赏"？"欣赏"是对成功之作而言的。完美的范文固然有学习价值，但往往与普通人的写作实践有一定距离，完全依靠欣赏范文是不够的，而瑕瑜互见甚至缺点明显的作品，更接近初学者的实际状况，因此不用"欣赏"而用"揣摩"更为恰当。就是说，阅读不仅仅限于成功的、典范的作品，也包括有瑕疵的甚至是不成功的文章。有人曾经提出，写作技法运用不规范的例文不能用，会给学习者造成误导。其实，成功的文章可以显示"应当这样写"，而不规范、不成功的文章也有值得揣摩的价值，因为可以从中领悟"不应当那样写"，关键在于对其做出正确的分析和指导。第二，揣摩谁的文章？既有别人的，也包括自己的。除了揣摩教材上别人的例文之外，也需要对自己写作的文章进行体会和分析，从自己的成功之处总结经验，从不成功之处寻找原因，这样的揣摩更有利于写作能力的提高。第三,多看文章会不会造成"眼高手低"？应当说,"眼高手低"是人的普遍特点,只要两者的差距不过分拉大,就是正常现象。但"眼"低的,"手"一般只会更低。不论是面对别人的还是自己的文章,连优缺点都看不出来、看不准确的,动笔写起来可能就更加盲目。当然,揣摩文章只是写作的基础,还是要落实到"写"才能真正促进写作能力的提高。

(三) 循序渐进,不断提高

追求写作能力的提高是每个学习写作者的愿望,如何达到自己的愿望,需要有一种正确的认识。正如写作学者所说的,实用写作能力的发展有三个层次:"写出"→"写对"→"写到位"。[①] "写出"是起码的要求,"写对"是合格的水平,"写到位"是较高的标准。这是循序渐进的基本进程,任何人都无法"一步到位"。而每一个层次的提升都不是非常困难的,只要认真学习,努力实践,都能实现向高一层的发展。美学家朱光潜曾在《精进的程序》一文中谈到过文章写作进步的过程,将其分为"四境"——疵境、稳境、醇境、化境。[②] "疵境"是学习写作经历的第一种境界,写作时感到无从下手,频频出现毛病,却又不知错在何处。这种情况当然是人人都不喜欢的,但它却是每一个初学写作者难以避免、难以超越的阶段。尤其是实用文,虽然"易学",但不学还是不能自然"习得",生活常识无法提供文体的知识和规矩,因此初学写公文、新闻、学术文章,出现瑕疵是正常现象,人人如此,不必气馁。只要努力学习,认真实践练习,就可以走出"疵境",到达"稳境"。"稳境"就是写作中渐渐掌握了规矩、法度,也掌握了一定的方法和技能,文章中规中矩,符合规范要求,表达准确到位,虽然创造性不够,但从实用角度看,已经可以满足传达信息、处理事务的实际需求,就算是写作的基本成功。在此基础上继续努力,即可进入"醇境"。"醇境"是在写作方面得心应手,熟练老到,甚至达到炉火纯青的地步,这是文章写作的较高境界。再往上提升就臻于"化境",即出神入化,由"技"入"道",写作表现出鲜明的个性和创造性。朱光潜这番话主要是就文学写作而言的。就实用写作来说,达到实用目的是写作的基本宗旨,不像文学写作一样追求出神入化的独特性和创新性,因此"化境"可以不列入追求范围之内,"醇境",也只是视为长远的努力方向,不必作为短期的追求目标。对于每一位实用写作的学习者而言,走出"疵境"是必须的一步,只要坚持不断地学习、实践练习,到达"稳境"是完全可能的,而且并不需要经过多么漫长的阶段。

[①] 孟建伟:《现代应用文写作策略》"代自序",(山西出版传媒集团)山西教育出版社,2013 年版,第 3 页。

[②] 朱光潜:《朱光潜美学文集》第二卷,上海文艺出版社,1982 年版,第 364 页。

第四节 本书的讲述范围和编写特点

一、讲述范围

本书共七章,包括了大学生实用写作经常涉及的文体。第一章从总体上阐述实用写作的基本知识和理论,注意结合现实中的问题以及网络时代的新情况,从理论上做出解答。第二章讲述学习类文体,是大学生在校学习过程中经常要运用的,而专业课程教学往往并不讲授文体的写作方法,很多应用写作教材对此也没有涉及。就我们在教学实践中所见,很多大学生(包括研究生)需要写时往往都是"照葫芦画瓢"。我们感到,为了促进大学生"学会学习",有必要把这些常用的学习类文体的写法阐述清楚,即使算不上"金针度人",至少也是"授人以渔"。第三章讲公文类文体,是大学生走向社会之后特别是进入机关工作时常常需要用到的。党政公文文种很多,教材选取了基层工作常用的文种。有些公文很重要,但在基层工作中较少用到,本书暂不选入。不求全面,但求适应工作的实际需求。第四章讲述事务类文书的写作,也是选取常用的几种文体,大学生在校期间就要使用,走向社会之后应用机会更多。第五章讲述经济类文体,主要是合同、契约和广告,是涉及经济活动时较多使用的文体。第六章讲述新闻类文体,同样也是选取大学生学习期间和工作之后经常用的几种基本文体,是每一个新闻爱好者的常用习作,也是走向专业新闻写作的扎实起点。第七章讲述交际类文体的写作,包括了个体与个体、个体与团体、团体与团体之间交往的常用文书,大学生在校就会接触到,走向社会更会经常使用。总之,本教材讲述的文体,都是从大学生实际出发,"择其要","适其需",不是最全的,但却是切合实用的。各章内容具有相对独立性,教学中可以根据需要自行调节讲授顺序。

二、编写特点

本书名为"新编",不是随意而言的。翻开本书,就会发现体例之新颖,内容安排与一般同类教材有明显区别。概而言之,体现在四个方面:

(一) 改变了一般实用写作教材常用的"格式+例文"的模式,除第一章"概说"之外,每章都采取"**导引+知识讲解+例文评析+实践练习**"的编写体例。我们在多年的教学实践中意识到,实用文教学中讲解知识是必要的,但是写作教学的主要目的是培养能力,不仅仅是为了掌握知识,不能把实用文写作的知识局限于一般的格式介绍,还要在教学过程中注意培养学生的概括、提炼能力。同时结合例文评析,促进学习者领会写作方法,然后通过实践练习,把知识理论转化为写作能力。这个思路就是本书编写的基本出发点。

（二）体现高校教材"高"的特点。 这里所说的"高",并不是故作高深玄妙。实用文来自社会生活而又服务于社会生活,本来就没有过于高不可攀的知识和理论,"高"指的是知识、理论的学术性特点,超越"照葫芦画瓢"的简单经验方式。本书各章,在知识理论阐述方面力求深入浅出,通俗而不简陋。即使是在中学阶段即已接触过的文体(如感谢信),教材也要努力讲出一些深度和新意,体现大学写作教学与中学作文教学的区别。

（三）具有"案例教学"的特色。 除第一章之外,每章都有"例文评析",而且所占比例还比较大。所选例文并非全是优秀的范文,有的缺点明显,有的甚至是不成功的写作。可以说,本书编者在选取例文方面比阐述知识、理论花费的功夫还要多。很多同类教材通常是在知识讲授之后,举一个例文作为证明即告结束,但读者并不一定能够体会到例文与知识的对应和吻合。有感于此,本书在例文之后增加了"评析",切实指出优点和缺点。有了对例文的分析和评说,将有助于学习者领会"应该怎样写"和"不应该怎样写",对写作知识的理解也深刻、稳固了,从而自觉掌握和运用写作法则。

（四）"实践练习"落实在"写"上。 本书每章都有"实践练习",但不是像很多同类教材一样在知识讲授之后仅仅布置几个名词解释题、思考题之类。我们认为,那还是把写作完全当成"知识",教师讲"知识"、学生学"知识"的思路,"写"还没有得到落实。本书编写者坚守"写作本位"的立场,每章都设计了一些与内容结合较为紧密的写作训练题:有的是修改,训练单项写作能力;有的是改写;有的是综合性的"材料作文";有的相当于"情境作文"。类型多样,供教学中选择使用。这些训练项目,有的适宜在课堂上训练,有的可以在课外完成。总之,实践是综合了思维与表达的写作训练,落实到"写文章"上来,以求切实促进写作能力的锻炼和提高。

希望这本教材能为学习实用写作的大学生和社会工作者提供有益帮助!

[**实践练习**]

1. 从中学到现在,你一定写过请假条、倡议书、表扬信之类的实用文章,那么你是怎么学习实用写作的? 写的时候感觉容易吗? 现在如果要你写,还能写得很熟练吗? 请回想自己的学习过程,写一篇《我写实用文(或应用文)的经历和体会》。

2. 对你所在的班级同学或工作单位人员的实用写作能力做个调查:他们是如何学习实用写作的? 现在感到基本得心应手的有多少? 实践中力不从心的有多少? 茫然不知如何下手的有多少? 大家对于学习实用写作的态度是怎样的? 有没有区别? ⋯⋯对调查材料进行基本分类后,列一个大致的提纲,为以后撰写调查报告做准备。

3. 假如你们班级有位同学体育训练腿部受伤回家休息一周,请你代表班级同学给他写一封慰问信(300字左右)。

4. 假设你是班长,接到学校电话通知,你们班有10位同学被选中,去郊区某生态林场参加学校组织的暑期夏令营活动,为期一周。要用电子邮件发一份文字通知,把时间、地点、活动内容、准备事项等等告诉每位同学。请你写出通知的文稿。

5. 假设你是校学生会文学社负责人,新学年开始准备招新,请你根据文学社以往的招新条件和要求,执笔写一份招新海报。

6. 假设你是广告专业学生,准备到某广告公司实习两个月,请写一份自我推荐信,表达想去实习的愿望。

第二章　学习类文体写作

[本章导引]

　　将读书笔记、读书报告、学术随笔和学术论文归为学习类文体,是因为这几种文体都和读书学习相关。读书笔记是最基础的,是对作品最初、最即时的体会和认识,基本上属于私人化和个人化的表达(除非整理之后发表);读书报告则是在读书笔记基础上形成的公开表达自己对作品认识和评价的一种文体;如果在前两者的基础上,能发表自己对某些问题的观点和见解,而且具有一定的学理基础,文笔又很具有文学性,这就成了学术随笔;将学术随笔的某些观点和见解进行深入研究和探讨,形成比较系统的理论性文章,就是学术论文。本章的四种文体可以说是由零碎感受到系统研究,由对原著概括到表达自己见解,由个人记录到公开发表,由读到写,由浅入深的一个过程。

　　在写作上,由读书笔记的零碎记录,读书报告的简要概括和评价,学术随笔的文学性和理论性兼具,到学术论文的系统性理论表达的一个过程,是理论性越来越强的过程。

第一节　读书笔记

[知识讲解]

　　读书笔记指读书时把自己的读书心得用各种形式记录下来或把文中的精彩部分整理出来而做的笔记。

　　读书笔记主要有三个作用:一是记录下我们对文中字词句结构形式和内容表达等精彩之处的感受,有助于我们更好地领会文章的精粹和精妙,提高我们对文章的理解能力和概括能力;二是帮助我们将精妙的字词段落和科研所需内容摘抄下来,重在积累;三是为长期的学习和研究提供一个索引。

读书笔记可以分三类:点评式、摘要式和心得式。

一、点评式

点评式笔记是直接在书上对所读内容进行评点和批注的一种笔记方法。

图 2-1　金圣叹评点《西厢记》封面

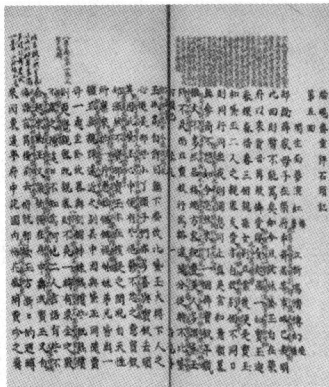

图 2-2　脂砚斋评点《红楼梦》影印本

"点评"也称为"评批""批点""评点""批评""评注"等等。"点"是圈点,对有感受的字词句段用点、下划线、波浪线、圆圈等符号加以圈点突出,表示评注所在的位置和内容;"评"是评注,对圈点的内容进行评论、分析,记下自己的感受、思考和想法。点评式读书笔记有较长的历史渊源,中国古代的小说评点就是其中的一种,对后世的艺术评论和文艺欣赏产生了很大的影响,如张竹坡评点《金瓶梅》和《西厢记》、金圣叹评点《水浒传》、脂砚斋评点《红楼梦》等等,都是具有代表性的点评笔记。今天依然有很多人在读书时使用这种直观、简单和即时的方式,它能随时记录下自己读书时最真实也是最珍贵的感受和思考。如福建师范大学教授孙绍振阅读余秋雨先生的《文化苦旅》所做的读书笔记就是用的这种点评式。① 点评式读书笔记一般在个人拥有的书籍上采用,其方式有章(篇)前总批、眉批、行侧批、双行小

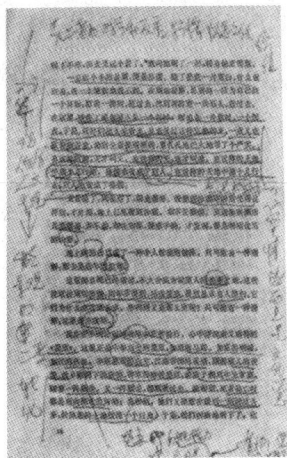

图 2-3　孙绍振点评余秋雨
《文化苦旅》笔记

---

① 　孙绍振:《〈文化苦旅〉读书笔记选摘(之一)》,《学术评论》,2014 年第 6 期。

字夹批等。

二、摘要式

摘要式笔记是将所读文章或作品的好词佳句、精彩段落或者主要内容摘录下来的一种笔记方法。

摘要式笔记一种是摘抄摘录式，对文章或者作品的优秀字词句段摘录摘抄，以帮助积累语言词汇句段和基本资料，有助于自己学习和掌握语言；一种是概要式，是将较为复杂的文章或著作的主要内容、段落提纲或某一专题内容等进行概括记录，以帮助以后回忆和寻找相应的材料。不管摘要哪一种内容，必要时都可以在摘录的同时加上自己的想法和评论分析。如雷毅的《关于曹顺庆教授〈中西比较诗学〉中"意境说"的读书笔记》（发表于《青春岁月》2014年17期）对曹顺庆教授专著《中西比较诗学》中"意境说"的五个方面做了概括梳理，就是一篇摘要式读书笔记。

三、心得式

心得式笔记是对所读作品写出自己的感想、认识、思考和体会的一种笔记，也即读后感。相比较而言，点评式笔记和摘要式笔记都比较零碎，心得式笔记则比较系统和完整，主要阐述阅读文章或者作品之后的某些想法和体会，是思考比较深入以后的一种读书笔记。李一骁的《卢梭〈社会契约论〉读书笔记》（发表于《理论前沿》2014年第9期）就是一篇心得式读书笔记，这篇读书笔记从公意、法律思想、公平等方面论述了笔者对该书的理解和感悟，并且对卢梭的社会契约理论做了客观的评价。

[例文评析]
读书笔记例文1：

卸下自己的枷锁①
——2013 年读书笔记

杨光祖

台静农《中国文学史》

台静农《中国文学史》，乃未完稿，系根据他生前手稿整理出版。迫于高压，此书

---

① 原载《雨花》，2014 年第 7 期。

终于金元两朝。当年台湾白色恐怖，台先生不敢引鲁迅一语，但字里行间皆有鲁迅，论先秦、魏晋多承自先生。台湾有台静农亦台湾一幸，他主持台大中文系多年，培养了大批优秀弟子。我有幸曾聆听其中两位演讲，无论人德，学养，皆令人钦服。一位是林文月，翻译源氏物语，谈及先生，几欲泪下。一位已忘却姓名，香港某大学教授，讲唐诗中的颜色词，极好。

台静农的中国文学史，极有个性，多有独见，他本身就是一位优秀的作家，谈起文学来，当是本行。书中关于陶渊明、李白两节，甚是喜欢，很有个人见解。我们大陆的文学史很全面，政治正确，但就是缺乏个性，也缺乏文学。读了让学生无法热爱文学。木心的《文学回忆录》不错，但相较之下，就有点江湖气了。

尤其谢灵运一节，台静农四页文字，已无人可及矣。刘大杰不如也，王瑶更勿论。不愧为迅翁早期入室弟子。

扬之水《先秦文学史》

购读扬之水《先秦文学史》，其关于左传一节文字，极好，读得齿颊生香，余味无穷。真无法想象，一个女工，得缘进入《读书》杂志，十年竟修成如此功夫。除开自己的天赋及勤奋，徐梵澄、金克木诸高人指点恐亦为重要因素。

木心《文学回忆录》

读木心《文学回忆录》，先读中国部分，真的好，我虽然也是中文科班出身，从事文学教研半辈子，但读来依然感觉大开眼界。后读外国部分，发觉人家依然是行家，绝不露怯。喜欢他的一句话："有人一看书就卖弄。多看几遍再卖弄罢——多看几遍就不卖弄了。"脸红，这不是骂我吗？

快放假了，该还书了，这两天乱翻书，终于昨天还掉。今天北京大风，雪后劲风，也别有情趣。窝床上，续读木心文学回忆录，真是好，读一段，就舍不得读下去了，怕读完了空虚。人到中年，才体会到读书的乐趣，也不算晚吧？

孔子有颜回，是孔子的福分，颜回早死，却也是孔子的不幸。木心之有陈丹青，既是丹青的造化，也是木心的造化。最可怜的莫如陆九渊，临死之时，手指腹部，慨叹道，某有绝学在此，惜无人能承当耳。那真是一种大寂寞。读木心文学回忆录，幸福难以言说，既感慨丹青遇此良师，也羡慕木心能遇陈丹青这样的弟子。

不过木心毕竟略有江湖气，胆子也大了一点，一涉及到西方哲学，比如胡塞尔、萨特、海德格尔，皮毛之论太多，但自我感觉却极良好。哲学说希腊话，可能有它的道理，中国人理解西方文化，真还有难度，就如让一位西方人看王羲之兰亭序。

木心《文学回忆录》，厚厚的两大卷，50多万字，一言以蔽之，即：你要走向未来，你得走过现代艺术的洗礼。你再丰富的传统、知识、技巧，不经过现代艺术洗礼，你走不到哪里去。这也是木心的话,是他讲课快结束时的一句话。

《蒋碧薇回忆徐悲鸿》

读蒋碧薇回忆徐悲鸿,感觉到她的那种怨恨,人到晚年了,文字还那么得充满戾气,当初何必私奔呢?看张爱玲晚年的《小团圆》,她最终原谅了胡兰成,也就是卸下自己的枷锁。张毕竟是张。

刘再复《师友纪事》

读刘再复的师友纪事,极其失望。此人还是有一点才华的,当年也曾叱咤风云过。他谈起理论来,虽然有着浓烈的教条主义味道,但毕竟有激情,有想法,在那个年代有过贡献。当然,如今都不堪阅读矣。他也很自负自己的散文,写了那么多,曾经翻看过,不大喜欢。最近买了几册新出的散文集,浏览下来,直呼恶心。一是语言多八股,二是内容多媚俗,而且动不动滥情,让人看出了他的不堪,和那一颗没有独立品格的心灵。从骨子里看他还不是脱俗之人,或者说俗不可耐。当年看他写鲁迅的文字,就觉得很奇怪,现在也就明白了,他哪里懂得鲁迅呢?充其量也就是一个过气的曾经不想安分做文人的一个很一般的学者而已。

刘再复的学术,明显来自两个人的影响,一个是李泽厚,一个是李劼。前者从1980年代就开始了,他终身以师事之,虽然也是朋友。后者大概是到美国后,关于《山海经》,关于《三国演义》《水浒传》的很多观点,都来自李劼。但从没有见他提过一个字。不过,我们阅读他们的文章,这一点是很清楚的。可惜,刘再复无论哪一点,都没有超越这两个人。李泽厚理论的扎实,还有那些创造性的思想,刘都没有。好在李泽厚是搞哲学的,与刘再复的领域没有冲突,他尽可以拿来主义。但李劼的领域与刘再复是重叠的,于是他参考了,或借用了人家的观点,却不敢或不愿说一个字。而且李劼的那种才气、洞见,也是刘从来没有的。他多的是勤奋,在人家的观点下,搬运一些证据而已。

《鲁迅给萧军萧红信简注释录手稿本》

今日读《鲁迅给萧军萧红信简注释录手稿本》,鲁迅的文字峭拔,多冷峻,但在给二萧的书信里却有难得的温暖。我想可能与萧红颇有关系吧?但萧军的注释文字,却废话成堆,缺乏独立人格,鄙吝之气很盛。看来,他是不懂鲁迅的,当然也不懂萧红。此人一生未脱兵气、匪气,可怜。那些注释文字附在鲁迅书信后面,真有续貂之感。而金城出版社、西苑出版社也极其不负责任,所用的纸张太次,影印的鲁迅书信很不清晰。鲁迅写信是很讲究信纸的,如果影印好一些,是极佳的艺术品。可惜现在弄得黑乎乎,连笔触都看不见,更休谈信笺颜色、图案了。

真正的好文字,都是用生命浇铸出来的,像萧红、张爱玲。

《为了爱的缘故——萧红书简辑存注释录手稿本》

读《为了爱的缘故——萧红书简辑存注释录手稿本》,感觉很不爽。首先是萧军的注释文字,啰嗦有所减弱,而无赖之相令人生厌。他在文字里一再嘲笑萧红的体弱、敏感,说:"我也并不喜欢她那样多愁善感、心高气傲、孤芳自赏、力薄体弱……的人。""我爱的是史湘云或尤三姐那样的人,不爱林黛玉、妙玉或薛宝钗……"萧红是一个苦命人,一生没有在自己的丈夫那里得到尊重,还有爱,包括后来的花花公子端木蕻良。她说了:"忍受屈辱,已经太久了!"1942 年,31 岁的萧红病死了,她临死前写道:"半生尽遭白眼冷遇……身先死,不甘,不甘。"但又能如何?她遇人不淑,徒唤奈何?据说,她临死还有遗言,希望把她的骨灰带给上海许广平,附葬于鲁迅墓边,"于愿足矣。"但这又怎么可以呢?可以说,在这个世界上,真正把她以杰出作家视之,而给予足够尊重、爱护的人,只有鲁迅一人而已。读完萧红给萧军的书信,你就知道萧红的优秀、温暖、屈辱。萧军不懂萧红,嫉妒萧红之才,最后却还是因为萧红而被人记住,世事白云苍狗,大浪淘沙,由不得人的。

2014 年 1 月 12 日写于兰州黄河之滨南书房

例文评析:

杨光祖的《卸下自己的枷锁》是一篇典型的点评式读书笔记。是把自己在 2013 这一年所读主要作品的总批辑合在一起组成的一篇文章,并且因为内容的相近而给予了"卸下自己的枷锁"这一个总题目。

这篇读书笔记有这样几个特点:

1. 因发表的缘故,所涉及作品,如果必须,则有基本内容介绍,让读者有一个大致的了解。这一介绍要符合简要、概括、重点突出的要求。如台静农《中国文学史》"乃未完稿,系根据他生前手稿整理出版。迫于高压,此书终于金元两朝。当年台湾白色恐怖,台先生不敢引鲁迅一语,但字里行间皆有鲁迅,论先秦、魏晋多承自先生。"木心的《文学回忆录》,则有"中国文学"和"外国文学"两个部分等等。

2. 所评作品,直抒己见,好便是好,不好便是不好,毫不讳饰。如论扬之水《先秦文学史》,"其关于左传一节文字,极好,读得齿颊生香,余味无穷。"而论《蒋碧薇回忆徐悲鸿》和刘再复《师友纪事》,则直言批评之论。这是私藏之书点评笔记的最可贵之处,不必考虑外人想法,而为外人意见感受左右。

3. 每一作品所论,只涉及一点。抓住自己感受最深的一点,或者该书最有价值的一点去论,不必面面俱到。

4. 语言表达简捷准确,没有过多的修饰,这是读书笔记最有价值的地方。

读书笔记例文2：

《城南旧事》读书心得

一滴清水，可以折射太阳的夺目光辉；一个好故事可以把人们领回童真的地带；一本好书，可以净化一个人的心灵。在现实生活中，就有这么一本书像清水般折射我心中的太阳，你想知道它是谁吗？它就是童年最美好的回忆——《城南旧事》。

在书中，我明白了"旧"的意义，看那古老的服装，老套的发式，古老的方言，老式的跨院，老旧的门匾……书中的主人公就是我们天真活泼的小英子，她的童年虽不像现在拥有如此高科技，但是她的童年充满了酸甜苦辣、喜怒哀乐，在英子记忆的开始，都有过那么几个熟悉的面孔，像惨死在火车下的、惠安馆的"疯子"秀贞和她失散多年的女儿小桂子，不，妞儿，不，小桂子；如介于好人与坏人之间的不好不坏的厚唇年轻人；像爱笑漂亮的兰姨娘和"四眼狗"德先叔；还有爱开玩笑的宋妈和她的"黄板牙儿"丈夫……英子之所以能成功地在离别中度过了整个童年和整个小学时代，是因为她不是用眼睛来看这个世界，而是用一颗心来对待世界，一颗天真的清纯的童心！英子的心像白雪般纯洁，被窝般温暖。终于，爸爸的花落了，英子也告别了童年……

虽然生活在二十一世纪的我是那样的无忧无虑，可我是多么的羡慕英子的童年，羡慕她那精彩的日子，羡慕她那快乐的时光。不过，童年总是有始有终的，在英子还没有做好准备的时候，爸爸和童年就离她越来越远……所以，我们更要珍惜如今美满、幸福的生活，我们要抓住童年的尾巴，努力学习，千万别身在福中不知福。如今，眼看童年就要走了，迎来的是充满活力的少年，让我们珍惜童年的最后一刻，稍不留神，童年就会离我们远去抓住童年最后的时光，留下我们对童年最美好的印象吧！

例文评析：

《〈城南旧事〉读书心得》是一篇心得式读书笔记。这篇笔记结构成型，三个小节内容集中完整。但是，作者对原著《城南旧事》内容的概括与第三小节的心得体会完全不搭边。第二小节简单罗列了英子回忆中的几个人物，没有对这些人物进行分析，第三小节的感想是一些套话和大话，既和第二小节所列举的人物没有直接关系，也和《城南旧事》最重要的内容如故事情节发展、主旨体现、人物形象或者结构特点等等相距甚远。

心得式读书笔记要体现作品或者文章最主要的思想内容或是自己最深的一点体会，在这个基础上抒写自己的感受、思考、认识和体会。这个体会既和作品或者文章本身的内容要结合紧密，同时又和自己的认识、经历、感受等等个人的体悟结合，这样的心得才是有价值的。如例文1杨光祖的《卸下自己的枷锁》读书笔记的某些部分，也就是心得体会，只不过是没有展开和发挥成一篇文章而已。

第二节 读书报告

读书报告,顾名思义就是对所读之书的报告,是指阅读者在读完书之后,对作品的基本内容、主要观点、结构框架、主要人物和突出价值等的概括和评价,英语中称之为book report。读书报告的目的是要让其他人知道你已经看过了这本书,而且看过之后有自己的认识、理解和体会。

读书报告有四种类型。

一、摘要式读书报告

摘要式读书报告一般介绍原作的以下内容:作者简况、原作的主要内容、主要观点或故事情节、主要人物形象、结构框架等;原作最有特色和最有价值的部分。摘要式读书报告不掺杂自己的看法和评价。

二、简评式读书报告

简评式读书报告一般简要概括介绍原作的作者、主要内容、主要观点或故事情节、主要人物形象、结构框架等基本情况,在此基础上,作者会表达自己对该书和作者的看法,尤其是自己最喜欢的或最有感受和认识的内容。

三、评析式读书报告

评析式读书报告一般用于汇报读书情况和读书心得。评析式读书报告除了需要简要概括介绍原作的作者、主要内容、主要观点外,还需要对该书的某一内容、观点、人物形象或者结构特点、语言表达等等作出分析,以表达和展示自己在某一方面学习的成绩和体会。比较而言,简评式读书报告的评价简单明了,不需要过多地展开;评析式读书报告的评价则需要更多的分析和论证,比简评式读书报告要系统和完整。

四、书评式读书报告

书评式读书报告是一种专门体裁,常见于各类报纸期刊。它篇幅较长,是针对最近出版的文艺作品、学术专著、科学著作、词典等等的评价和推荐。

书评式读书报告一般包括书名、作者、出版社等基本信息，全书主要内容和主要章节等概要，对内容和结构形式等等进行的评价，有的还会对出版印刷质量作出评价。

[例文评析]

读书报告例文1：

《菊与刀》读书报告[①]

若存(我亦是行人)

《菊与刀》，作者露丝·本尼迪克特，我所阅读的版本是上海三联书店 2007 年 11 月出版的版本。

一、作者及其学术生涯简介

（一）作者生平

露丝·本尼迪克特(Ruth Benedict)是美国当代著名文化人类学家、民族学家、诗人，对文化人类学有着深入的研究。其著作以《菊与刀》(Chrysanthemum and Sword)和《文化模式》(Patterns of Culture)为代表，除此之外还有《种族：科学与政治》(Race：Science and Politics)、《祖尼印第安人的神话学》等。

露丝·本尼迪克特 1887 年 6 月 5 日生于纽约，1909 年毕业于瓦萨尔学院，大学时期主修英国文学，获文学学士学位。1919 年进入哥伦比亚大学，师从美国文化人类学之父博亚斯，专攻文化人类学，1923 年获博士学位。之后留校任教，历任讲师、副教授和教授，从 1936 年起任该校人类学系代理主任。1927 年研究印第安部落的文化，写成《文化的类型》(1934 年出版)一书。1940 年著《种族：科学与政治》，批判种族歧视。第二次世界大战期间从事对罗马尼亚、荷兰、德国、泰国等国民族性的研究，而以对日本的研究，即《菊与刀》一书成就最大。战后，她继续在哥伦比亚大学参加"当代文化研究"，于 1948 年 9 月病逝，享年 61 岁。

本尼迪克特与美国人类学家 M.米德一起，结合心理学的研究，形成博厄斯学派中的一个支派，即心理学派或民族心理学派，又称文化心理学派、种族心理学派。该派认为，人类文化各有其不同的价值体系和特征，呈现出多样性。文化模式是文化中的支配力量，是给人们的各种行为以意义，并将各种行为统合于文化整体之中的法则。文化之所以具有一定的模式，是因为各种文化有其不同的主旋律即民族精神。人们的行为是受文化制约的，在任何一种文化中，人们的行为都只能有一小部分得到发挥和受到重视，而其他部分则受到压抑。因此，文化研究应把重点放在探索和把握各种行动和思考方式的内在联系，即文化的整体结构上，重视文化对人格形成的影响。

---

① 原载 http://book.douban.com/review/5640162/，有改动。

（二）代表作简介

露丝·本尼迪克特的著作以《菊与刀》和《文化模式》为代表。在《文化模式》一书中，作者对"文化模式"这一概念给出了自己的理解。文化模式这一概念，有各种不同的用途和意思，不同的文化人类学家对文化模式的理解也不同。本尼迪克特认为，文化模式是相对于个体行为来说的。她认为，人类行为的方式有多种多样的可能，这种可能是无穷的。但是一个部族、一种文化在这样的无穷的可能性里，只能选择其中的一些，而这种选择有自身的社会价值趋向。选择的行为方式，包括对待人之生死、青春期、婚姻的方式，以至在经济、政治、社会交往等领域的各种规矩、习俗，并通过形式化的方式，演成风俗、礼仪，从而结合成一个部落或部族的文化模式。

而在《菊与刀》一书中，作者剖析了日本文化的重要特征。此书最初是其奉美国政府之命，为分析、研究日本社会和日本民族性所做的调查分析报告，旨在指导美国如何管制战败后的日本。第二次世界大战后期，德日败局已定，美国需要根据日本的情况制定具体的政策，于是本尼迪克特在1944年，受命于美国政府，收集各项资料，完成了这份报告，并在报告中阐述自己的推断。1946年，由于美国政府的对日政策以及日本整个局势的发展基本上与这份报告的主旨一致，于是作者就在原报告的基础上增写了关于研究任务和方法以及日本投降以后的日本人的前后两章，以《菊花与刀——日本文化的诸模式》在1946年正式出版，1949年出版日文版，在美国、日本等引起强烈反响。

二、章节大意

（一）框架分析

本书共十三章，大体可分为五个部分。

1. 提出问题以及研究问题的方法（第一、二章）；

2. 基本视点（第三、四章）；

3. 有关日本文化核心内容的论述（第五至九章）；

4. 总结日本文化、日本人性格的特性并剖析形成原因（第十至十二章）；

5. 补充论述及对于未来出路的探索（第十三章）；

（二）各章大意

1. 提出问题以及研究问题的方法

第一章，提出问题，指出为什么要研究日本，以及研究日本的人类学方法。

本章首先说明研究日本人文化的必要性，并提出从文化人类学的角度进行考察。作者通过与研究对象进行接触，搜集书面、影视材料进行研究，站在文化相对主义的立场上，关注文化之间的差异。

第二章，记叙战争中的日本人，从文化比较的角度展现日本文化的特殊之处。

在本章中，作者认为由于日本对于等级制有着强烈的信仰和信任，所以其发动战争后,其全民族就易于被煽动而积极地投入战争之中。同时,作者也揭示了日本文化中的反物质主义,他们认为精神可以战胜物质,精神是一切、而且是永久的,物质的东西只是次要的,并且会渐行渐灭。

在本章中,作者开始较多地运用文化比较的方法,研究日本人和美国人在两个文化体系下价值观、追求价值实现的方式不同的原因。

2. 基本视点

第三章是全书的基本视点之一,其中的各就其位、各得其所,指出日本人对于等级制的信仰与依赖,而区分生活范围、遵循等级制的规定的理念则贯穿了本书其后数章的论述。

本章是作者带领我们了解日本文化的一个基础,它指出,日本所依赖的基础是秩序与等级制。各就其位,其本质便是等级制意识,它要求人们在各自的职能范围内、在不同的生活范围内,遵循规则,不可越雷池一步。由此,衍生出整个日本文化的特征,即将社会凌驾于个人之上,要求个人遵循社会规则,满足社会需要。而在看待国际关系问题与国内关系问题上,日本人同样希望突破原有的世界框架,建立起新的等级制下的世界体系,而让日本成为这一新体系的核心。

家庭管理模式与社会管理模式相似,都是一个自上而下的严密系统,以共同忠诚的名义要求人们服从,以普遍的约束力使人们遵循规则而不会反抗。此后,又追溯到封建时代,继续考察等级制的发展历程。

第四章,承接第三章,逐步过渡到对明治维新的评析,并以明治维新为例,说明了等级制意识在日本社会中所起的作用。

3. 有关日本文化核心内容的论述

从第五章开始至第九章,都是对日本文化、日本社会的具体论述,涉及了恩、义务、情意、人情等概念,这些都是对日本在等级制意识笼罩下的道德伦理体系的深入描述,揭示日本人生活方式极端的原因。

第五章,由日本人内心对于历史和社会的欠债感说起,分析日本人产生敏感的病态心理的原因。

第六章,对恩进行细致剖析,阐释仁的观念被抛弃的原因,并对从属于恩、又独立于恩之外的忠孝观念进行评析。

第七章,区分义务与情义,突出情义的概念,指出对社会承担的情义是源自对他人的好意所产生的精神上的负恩感,情义的实质是强大的社会约束力。

第八章,指出对于名誉的情义来自于对他人的恶意、轻蔑的敏感,日本人认为对此怨恨乃至复仇是一种美德,他们通过这些手段来洗刷恶名。

第九章,指出看似与义务、情义不相容的人之常情,同样在日本社会中得到认可;但一旦后者与前者发生冲突,后者必须被舍弃,因为义务、情义是人生要务,而人之常情只处于次要地位。

4. 总结日本文化、日本人性格的特性并剖析形成原因

第十章,本章的标题是"美德:进退两难",揭示出日本文化道德的窘境,揭示出真诚与耻感两个概念,这一系列的美德使日本人在生活中承受了过重的道德负担,而一旦这些美德脱离了日本社会,它便难以生存,即便是出国之后的日本人也难以再应对以前的严厉规矩。

第十一章,分析日本人的自我修炼,一方面是能力的修炼,一方面是心智的修炼,而最终的目标便是无我、去智,达到圆通、自由的境界。在这个境界之中,日本人便可以消除自我监督、自我监视,消除恐惧与审慎,从而达到最佳的生活状态。

第十二章,从童蒙的角度考察日本人人格形成的原因,并贯穿起全书的重要概念,做出结论。在日本人的孩提时代,他们尚有一定自由,但是长大成人之后,就会完全步入另一套严密的社会规则、等级规定之中。而日本文化的类型也便是"伪装的意志自由"与"对自我负责的态度",即菊与刀的结合。(详后)

5. 补充论述及对于未来出路的探索

第十三章,与第二章呼应,为全书补充相关论点。评价美国对于日本的占领政策,并对日本未来的出路进行探索。

三、小结

美国人类学者克里福德·基亚兹在《文化的解读方法/书写方法》一书中说:"美国人在开始阅读时,认为日本人是与自己作过战的敌人中最难以揣摩其性情的对手,在阅读过程中不知不觉地感到,原本自己头脑中非常明晰的西方世界的意识结构却渐行渐远了,当读完了本书的时候,他们的结论是:日本是自己战胜过的对手中最捉摸不定的国家。"这指出了东西方两种文化所产生的思维方式的巨大差异,而本书所要揭示的也便是这些差异所产生的原因,和日本文化的特性。

尽管作者本人一次也没有到过日本,但她搜集了诸多的重要事实,并依据这些事实栩栩如生地描绘了日本人的社会生活、行为方式和文化的全貌,推导出了日本文化的具有决定意义的诸多特征。作者的这种深刻而又敏锐的分析能力令人赞叹不已,特别是在当时日美两国处于交战状态的情况下,她基于文化相对主义的立场,坚持用客观冷静的态度看待日本文化,这种坚韧不拔、宽宏大量的精神,保证了研究结果的客观性和科学性,也使《菊与刀》成为了一部不朽的名著。

日本人森贞彦曾对《菊与刀》在中国社会的热销有过以下的评述:"欣闻近年在中国对露思·本尼迪克特所著的《菊与刀》日益引起关注,我想这正是人们希望更深地了解日本的心愿的一种体现。即使这一关注的背后隐藏着二十世纪前期日本军阀在中国大规模军事侵略行动这一难以抹杀的记忆,我依然认为它反映出为了解日本而关注《菊与刀》的中国民众的务实态度。"这段话,较为允当地评价了眼下《菊与刀》在中

国的热销,一方面,中国人开始更为关注日本,希望深入了解这一与我们"两千年玉帛,一百载干戈"的邻国,希望能够继续和平共处,在新世纪中共同把握发展机遇,互惠互利;另一方面,森贞彦提及的中国人对于日本人侵略的惨痛记忆,加上近年来日本国内右翼势力沉渣泛起,叫嚣军国主义,也使得到而今仍必须临深履薄、小心翼翼,深入剖析日本人的文化心理结构,了解其作出决定的原因,为应对突发问题做好准备。

而这也正是露丝·本尼迪克特当初写作本书的目的之一。在本书的末尾,作者做出了这样的描述:"目前,日本人知道,军国主义是一盏已然熄灭的灯。他们将关注,它是否也会在别的国家熄灭。如果它不熄,那么日本人就有可能重新点燃他们的好战热情,炫耀出他们能做出巨大的贡献。如果它熄了,那么日本人就有可能调整自己,以证明自己已经很好地吸收了教训:天皇帝国的美梦不是通向荣誉的康庄大道。"

这与日本当下的状态有着很大的相似性,如果从本质上加以分析,这就是有关在战后的日本究竟选择哪一条道路的问题,这至今仍没有一个定论,所以虽然世殊事异,但问题依旧悬而未决。

日本人的多变性、随机应变的特点在这一点上体现无遗,也因此,他们的决定甚至不能让人相信。比如面对战争的失败,西方人认为他们会负隅顽抗而至死,但是他们最终作出了一个一百八十度的转弯,欢迎盟军的占领,这使得西方人感到困惑。而对于日本人产生让人捉摸不定这一印象的原因,在于我们都没有用日本的思维方式去理解日本,一旦我们深入了解了日本文化的核心,就能理解何以日本人如此让人捉摸不定,这是由于他们的文化中存在着这种多变性的根源,例如教育的不连贯性等,也存在着引导多变性的不变性,比如正是因为忠于天皇,他们可以瞬间弃械投降,欢迎盟军。

而我想,这些便是《菊与刀》一书最重要的意义所在,它所讲述的、分析的是历史、是过去,而其指导意义却是指向将来的,将会历久而弥新。

例文评析:

1.《〈菊与刀〉读书报告》是一篇比较典型的摘要式读书报告。报告立足于作品本身,对作者经历、代表作、全书的框架和主要内容作了基本的梳理和介绍,尤其是把全书十三章的内容分成了五个部分,并对五个部分作了简要概括,使得读者对《菊与刀》全书结构有了一个清晰和全面的认识,对五个部分和十三章内容有了一个大致的了解。最后一部分小结则是将本书最大的特点和价值借其他人物的话进行了分析和论证,指出了本书的价值所在。

2. 这篇读书报告最大的特点有两个:一个是报告本身结构完整,条理清楚。全文分三个部分,第一部分是作者介绍,第二部分是章节大意,第三部分是小结,各个部分条理十分清楚。第二个特点是作者对本书阅读确实十分认真,并且为了写作查阅了很多资料,做了许多笔记工作,这个态度十分值得赞赏。

3. 以更高的标准来衡量,这篇读书报告的语言还不十分准确和精到,需要进一步锤炼。

读书报告例文2:

《高等教育哲学》读书报告①

周　璐

（浙江师范大学　教育科学研究院,浙江　金华　321000）

摘　要:《高等教育哲学》在特定的历史背景下产生,是布鲁贝克哲学思想的具体体现,对整个高等教育界产生了深远影响。布鲁贝克认为高等教育的哲学基点是高深学问,并以政治论和认识论为线索展开论述。

关键词:布鲁贝克　《高等教育哲学》　认识论　政治论

哲学是人们经过长期的生活实践形成的系统化、理论化的世界观,是对客观事物由表及里、由深入浅的思考。哲学具有反思过去、指引未来的作用,并对实践有指导作用。高等教育哲学则是高等教育在产生、形成和发展过程中形成的具有指导意义的理论,对整个高等教育的运行有指引作用。高等教育哲学对高等教育的作用犹如一盏指路明灯,其重要意义不言而喻。

一、背景

《高等教育哲学》是布鲁贝克对整个高等教育领域全面深入研究的科学成果,原书1978年初版,1987年由王承绪等人译成中文版,之后一直被学者视为高等教育学的经典。王承绪先生在译者前言中就给予本书极高的评价,他说:这是西方第一本以高等教育哲学为书名的专著,是作者从事高等教育工作五十余年的经验总结,也是作者对许多高等教育问题进行哲学思考的结晶[1]。

这部著作的成书背景首先是由于高等教育本身的需要,二战后高等教育快速发展,很多问题需要在哲学上进行理论的探讨,做出正确的回答。但是过去有关教育哲学的著作,主要是关于初等教育和中等教育的,对高等教育的研究甚少。另外,关于教育哲学基本是由其他哲学中推演出教育哲学,没有专门的教育哲学著作,这些都不能满足快速发展的高等教育解决实际问题的需要,因此迫切需要一本高等教育专门的哲学。

另外,当时的社会背景也促成这部经典的完成。作者目睹了二十世纪六十年代和七十年代美国高等教育的"艰难时期"和学术界大为不满的"冬天"[2]。造成这种现象

---

① 原载《考试周刊》2014年第84期。

是有原因的,首先是战后美国为保障退伍军人的权利,大力推行《退伍军人权利法案》。退伍军人以前所未有、无法预料的规模涌入高校[3]。大量学生涌入学校给高等教育带来很大压力。另一个原因是1957年前苏联卫星成功发射,给美国朝野造成极大的震惊和恐慌,美国政府把原因归结为教育并下决心大力投资教育,颁布《国防教育法案》,政府大量拨款资助贫困学生。美国高等教育从而进入了黄金时代[4]。但黄金时代过后,美国高等教育紧接着就进入"寒冰时代",以前也有对高等教育的不满,但主要是对伙食、住宿等一些无关紧要的问题的抱怨,但现在学生集中抨击的是高等教育的本身性质和组织结构。无可否认,社会和职业界已经对高等教育的可靠性产生怀疑,有些人在谈论高等教育的"本体危机",甚至认为高等教育出现"合法性危机"[5]。

因此,布鲁贝克从解决高等教育实际问题出发,旁征博引各家学说,形成这部《高等教育哲学》。

二、简评

(一) 一个基点:高深学问

随着高等教育的发展,问题越来越复杂,如何解决这些问题呢?我们不应面对各自问题寻找各自方法,而应从总体上对问题进行分析和概括。布鲁贝克认为"需要的是一种普遍性的解决办法,它要求用共同背景中的各种方法探讨所有的问题"[6]。那么如何使用共同背景中的方法探讨问题呢?布鲁贝克的观点是:高等教育哲学研究,"关键的哲学问题并不是寻求各种答案的共同基点,而是寻求各种问题的共同基点"[7]。高等教育的共同基点是什么呢?布鲁贝克认为是高深知识,他指出《高等教育哲学》就是围绕"E"调深奥的探求展开论述的。正是由于高深知识、高等学问是解决纷繁复杂的实践难题的共同基点,因此成为布鲁贝克的高等教育哲学体系的理论原点和《高等教育哲学》的逻辑起点及贯穿全书的主线。

布鲁贝克以高深学问作为高等教育的逻辑起点,但对此观点也有质疑之声,特别是张楚廷先生的《高等教育哲学》提出高等教育的主要论述对象是人,认为高深学问是高等教育的外部特征,人才是关键所在,应该把人的发展作为高等教育哲学的研究基点。教育起源于人这种特殊生命的活动,教育的本体是人,人才是教育的原点。教育的直接目的就是满足人自身生存和发展的需要,它应当把人作为社会的主体培养;而促进人的自由、全面发展则是教育的最终目的[8]。因此,张楚廷先生的观点是高等教育是以人为最终出发点,最终目的是培养全面发展的人。布鲁贝克和张楚廷先生是各自从高等教育的不同侧面论述高等教育的逻辑起点,都有其合理之处。

(二) 两条线索:政治论和认识论

20世纪,大学确立它的地位的主要途径有两种,即存在两种主要的高等教育哲学:一种哲学主要以认识论为基础,另一种哲学则以政治论为基础[9]。这两种价值观都建立在高深学问的基础上,但在具体取向上则泾渭分明,前者所强调的是"价值自由",而后者则主张人们在追求高深学问时的"价值判断"[10]。前者把高深学问本身作为目的,而后者则把高深学问作为手段,以达到为国家服务的目的。知识论的高等教育哲学以一种"闲逸的好奇"的态度追求知识,主要是对知识本身的追求,不考虑其他因素。而政治论哲学则是以社会的需要为出发点,大学培养高级专门人才,适应社会发展的需要,即为社会培养服务人才。因此,政治论哲学将高深学问看做是为社会服务的工具。

认识论哲学强调知识本位,大学就是研究高深学问的地方,没有高深学问就没有大学。但认识论也有其不足之处。认识论以知识本身为主体价值,忽略知识之外的社会现实。例如培根以"蜘蛛"比喻某些探究高深知识的学者,他们在自己的世界里研究专业知识却忽略社会的价值和需要。如果学者在追求高深知识的过程中一直将自己囚禁在象牙塔中,不顾社会和公众的需要,就会阻碍高深知识的发展和创新。

政治论哲学强调社会本位,大学的最终目的是为社会服务。但过于强调这种价值取向,把高深知识作为手段会产生一定的负面影响。一旦在高深知识的探究中掺杂过多的政治与社会因素,就会严重威胁人们对高深知识价值的信任。如果政治化发展到知识权力不分的地步,知识就会成为政治的附庸。

由此可见,对任何一种哲学观点的偏向都会导致严重失衡,因此在知识论和政治论中必须寻找一种平衡。首先,纯认识论哲学已经受到挑战,最好的证明就是威尔逊在普林斯顿提出"为国家服务的大学"的观点时,没有受到反对,反而得到了拥护。大学有越来越多的为社会服务的职能,为社会提供优质人才,为社会的发展贡献力量。另外,虽然政治论获得胜利,但认识论哲学仍有顽强的生命力,即使是某些反对大学象牙塔观点的人,对大学的某些象牙塔还是表示支持的。因为认识论哲学摆脱了外界束缚,放弃了暂时利益,为学术领域提供了一方净土。事实证明二者结合起来会使大学更有活力。

三、对我国的启示和借鉴

布鲁贝克的高等教育哲学不仅是世界高等教育哲学史上的经典力作,在很长时间内也为我国的高等教育哲学填补了空白。但是西方的背景毕竟和国内还是有很大差别的,在借鉴吸收的同时要立足本国国情。

首先,现代高等教育要允许两种哲学观并存,并使之形成张力。在我国大多是"政治论"占主导地位,但在二十世纪三四十年代,我国大学的发展在其特殊的历史环境下,出现了"认识论"与"政治论"哲学观并存的局面,大学也在二者之间张力的平衡下得到发展,使我国高等教育在很短时间内达到了较高水平,吸取了世界高等教育的精华[11]。事实证明:只有在两种哲学观协调作用的影响下才能促使高等教育健康发展。

另外,高等教育哲学在强调学术目的和社会目的的同时,要注重高等教育本体对人的关注。尽管认识论和政治论教育哲学观在对高等教育的认识上大相径庭,但有一个共同特点——忽视高等教育对人的全面发展的培养作用,远离教育最根本的对象——人,尤其是人的精神价值和道德领域[12]。高等教育的学术目的和社会目的无可厚非,在调节这二者关系的同时不可忽视高等教育本体对人的作用,没有人的发展,高等教育的学术目的和社会目的就无从谈起,所以高等教育应注重全面发展的人的教育。

参考文献:

[1][2][5][6][7][9] [美]约翰·布鲁贝克著.王承绪,郑继伟,张维平等译.高等教育哲学[M].杭州:浙江教育出版社,2001:译者前言,1,2,4,11,13.

[3] 吴洪富.高深知识的双重性——读布鲁贝克《高等教育哲学》[J].高教探索,2009,6.

[4] [美]罗杰·L·盖格.美国高等教育的十个时代[J].北京大学教育评论,2006(2).

[8] 扈中平.人是教育的出发点[J].教育研究,1989(8):33—39.

[10] 肖菊梅.生命论的失语—布鲁贝克的高等教育哲学观述评[J].南阳师范学院学报,2012,1.

[11] 李金奇,郝仕进.必要张力:两种高等教育哲学观的有效平衡[J].黑龙江高教研究,2006,2.

[12] 张应强.现代化的忧思与高等教育的使命[J].高等教育研究,1999(6):12—16.

例文评析:

1.《〈高等教育哲学〉读书报告》是一篇典型的简评式读书报告。这篇报告的第一部分主要是对该作品的成书背景和作者的写作目的作了介绍,有助于读者对该书的认识和了解。第二部分是作者对该书的评价,通过"一个基点"和"两条线索"的梳理对该作品的主要内容和主要观点进行了评析,第三部分"对我国的启示和借鉴"简要论述了如何借鉴和吸收《高等教育哲学》等专著的观点,发展我国的高等教育事业。

2.《〈高等教育哲学〉读书报告》的一个显著的特点是对相似文献的阅读和研究。除了布鲁贝克《高等教育哲学》著作本身,作者在参考文献中列出了 6 篇相关的研究论文,在中美高等教育的比较背景下对该书作出了简评。简评式读书报告不能仅仅立足于该作品本身,应尽量在纵向历史和横向比较中对作品的主要内容和主要观点进行评价。如果仅仅立足于作品本身,由于缺乏了参考坐标,则评价容易流于浅疏和偏颇。

读书报告例文3：

一个悲剧命运的女子：苔丝

汪欣声

《德伯家的苔丝》是哈代最著名的代表作之一。女主人公苔丝是一位勤劳、善良、纯朴、美丽的农家姑娘。作为长女，在父亲嗜酒、母亲虚荣、家中因事故失去了支撑全家生活的老马后，苔丝不得不去认一门富亲戚，遭到亚厉克的欺辱而丧失贞节，并生有一子。婴儿夭折后，她到一家奶牛场做女工，认识牧师的儿子克莱尔。面对克莱尔的追求，她决心用理智抑制情感，但理智屈于情感。新婚之夜，出于忠诚，苔丝坦白了自己的过去，却惨遭离弃。后父亲去世，母亲患病，一家人露宿街头，苔丝在亚厉克的威逼利诱下沦为情妇。这时远在巴西的克莱尔幡然醒悟，回到英国找苔丝忏悔。绝望的苔丝悔恨交集，近乎疯狂，认为都是亚厉克一手造成的，举起利刃将亚厉克刺死，之后被判处绞刑，付出了惨痛的生命代价。

作品反映了资本主义侵入英国农村城镇后所引起的社会经济、政治、道德、风俗等方面的深刻变化以及人民（尤其是妇女）的悲惨命运，揭露了资产阶级道德的虚伪。同时作品承上启下，既继承了英国批判现实主义的优秀传统，也为20世纪的英国文学开拓了道路。

1. **两个男人的伤害**。亚厉克是新兴资产阶级的代表，代表着资产阶级社会的权力、财富和罪恶。他毁掉了少女苔丝的贞洁和一生的幸福。亚厉克曾经一度皈依宗教，但这个身披道袍的虚伪资产阶级少爷见到被抛弃的苔丝后又百般纠缠，彻底断送了她终生的幸福。克莱尔是自由资产阶级的代表。他对女性温文尔雅，对恋爱问题严肃认真。正是身上的闪光点，使苔丝答应他的求婚。在他眼里，苔丝是"大自然的新生女儿"。然而，事情的真相使他感到自己受了愚弄。他的那种从理性、从观念出发的爱，不仅扼杀了心中真实的感情，也断送了苔丝一生的幸福。他自己也有过放荡行为，并得到苔丝的原谅，但是却不肯原谅、饶恕原本无辜的苔丝；他也反抗过传统观念、阶级偏见，但是反抗却极为有限、极不彻底。他形式上当了农民，但思想上仍与本阶级有着千丝万缕的联系。最终因其传统的贞操观而背弃了自己与苔丝之间原本看似真挚的感情。

2. **家庭悲剧**。家庭的贫穷是导致悲剧最直接的因素。苔丝出生在一个没落贵族的贫穷农民家庭，作为长女，她觉得自己有责任去承担这一切。家中的老马被撞死这一因素拉开了苔丝悲剧命运的序幕。父母为攀上富家，命女儿前去认亲。在女儿遭受亚厉克的侮辱之后，母亲关心的只是亚厉克会不会娶苔丝。与克莱尔相爱后，母亲得知克莱尔向苔丝求婚，嘱咐苔丝不要将过去告诉克莱尔，企图通过隐瞒真相使苔丝过上幸福的日子，从而为家庭提供帮助。后父亲去世、母亲患病等事件使一家人沦落街头。面对困难与窘迫,苔丝沦为亚厉克的情妇。如果不是家庭的贫穷,苔丝就不必连夜去赶集而痛失老马;如果不是家庭的破败,苔丝就不会受到那么多屈辱,更不会回到亚厉克身边。家庭这个重担对稚嫩而又单薄的苔丝来说太重太沉。

3. 哈代的悲观主义命运观。 19世纪八九十年代,垄断资本代替自由竞争把资本主义的英吉利拖向危机的深渊。作者一方面认为苔丝是社会的牺牲品,另一方面又认为苔丝是命运的牺牲品。作品中,苔丝更多倾向一种宿命论。第一次的失足,她将错误怪在自己身上,第二次被真爱抛弃,她为了爱情勇敢地杀人,最后还是害了自己。苔丝在人生命运的每一个时期,都因为偶然的因素,一步步把她推向了悲剧的结局。苔丝悲剧中,每一次偶然转折,都使她向毁灭的深渊坠落一层。这些都是哈代构思的结晶和他的悲观主义命运论的发展轨迹。

4. 苔丝的性格特点。 苔丝是被哈代理想化了的现代女性。在哈代的理想世界中,苔丝是美的象征和爱的化身。她敢于自我牺牲,勇于自我反抗,她所特有的感情就是对人的爱和信任。她的孝顺迫使她去做自己不愿做的事;她的纯洁导致了她的轻信与单纯。苔丝的灵魂是纯洁的,道德是高尚的,哈代坚持道德的纯洁在于心灵的纯洁。小说的副标题是"一个纯洁的女人",鲜明地表达了作者同情女主人公的人道主义立场。哈代引用了莎士比亚的话:"可怜你这受了伤害的名字!我的胸口是张床,供你养息。"哈代认为世界上没有完人,人的完美体现在对人生的理解、对生活的热爱、感情的丰富和忠实的爱情之中,只有从这样的完美中才能产生出纯洁。哈代严厉批评了克莱尔代表的资产阶级的伦理道德,指出它已经成为人们精神上的枷锁。

苔丝的悲剧是时代、命运、人为和性格的悲剧。哈代用深情的笔墨塑造了一个小人物的悲剧命运,她身上闪现的不是时代迸发的火花,不是进军的号角,不是摧枯拉朽的力量,而是人类善良、质朴、勤劳、自我牺牲、渴望自由的美德。她的艺术魅力就在于以自身的毁灭来维护人的尊严、情操和美德,来获取我们全部的怜悯和同情,这便是悲剧的魅力。

例文评析:

1. 这是一位大学生的读书报告,对英国著名作家哈代作品《德伯家的苔丝》的人物进行分析,是一篇评析式的读书报告。开头对作品的主要内容进行了概括交代,然后分四个方面对苔丝这一主要人物形象进行了分析,最后一小节是结尾,对人物形象和作品做了一个总的评价。报告的主要内容简要而明确,通过这个读书报告,能看出作者对原作进行了认真的阅读,对人物有自己的认识和理解。

2. 从表达的要求看,该篇读书报告尚存在一定的不足。一是主标题和四个小标题之间对应关系不强。该篇读书报告主要分析苔丝这个人物及其悲剧命运,但四个小标题,"两个男人的伤害""家庭悲剧""哈代的悲观主义命运观""苔丝的性格特点",

从字面上看,至少后三个都不是讲苔丝的悲剧命运的,这主要是作者没有从这一角度去准确地把握和表达。第二,现有的四个小标题不是在同一个层面上的表达。"苔丝的性格特点"是一个总体分析,和"两个男人的伤害""家庭悲剧"两个部分是种属关系,而第三部分"哈代的悲观主义命运观"从字面看则应是对作者悲剧观念的分析,与人物形象分析之间还需要一个必要的过渡和连接。三是句子的流畅和语言的准确性上做得还不够。

读书报告例文4:

《基于语言学理论的网络语言应用研究》书评①

姚香泓

(大连外国语学院,辽宁 大连 116044)

摘 要: 网络语言是互联网环境下衍生的一种特殊的语言现象,也是互联网时代语言发展的必然结果,《基于语言学理论的网络语言应用研究》一书立足于语言理论与应用实践,该书运用语用学、社会语言学、美学、模因学、符号学、心理学等多门学科理论,较好地将网络语言的应用现状和发展趋势结合起来,总结出网络语言对网络交际的积极意义,同时,诠释了网络语言将影响和改变未来汉语发展的方向和趋势,为读者展现了当代网络语言不可替代的重要地位。

关键词: 网络语言;语言学;应用;书评

[中图分类号]H313[文献标识码]A[文章编号]1672—8610(2015)01—0060—01

网络语言作为社会语言的重要组成部分,已经成为应用语言学研究领域的重要范畴。渤海大学外国语学院教授高岩所著的《基于语言学理论的网络语言应用研究》一书,由辽宁省语言学会会长夏中华教授作序,2014年6月由哈尔滨工业大学出版社出版,并被列入"十二五"规划国家重点图书。全书共22万字,223页,分为七章,是应用语言学研究方面的一项重要成果。

高岩教授近年来一直从事网络语言的应用研究工作,在CSSCI来源期刊和全国中文核心期刊以及其他刊物发表了10余篇关于网络语言方面的学术论文。《基于语言学理论的网络语言应用研究》也是高岩教授主持的2011年辽宁省社会科学规划基金课题"网络语言的泛化与规范化研究"、2013年辽宁省经济社会发展立项资助课题"网络语言与语言文字规范化研究"和2014年辽宁省经济社会发展立项资助课题"语用功能视角下网络语言的模糊性研究"的最终研究成果。

---

① 原载《语文学刊·外语教育教学》2015年第1期。

该书以网络流行语言为研究语料,从语言学的视角对网络语言进行了详尽的分析和研究,为网络语言研究提供了新思路、新视角、新途径和新方法,其鲜明的学术特色主要体现在以下几方面:

首先,对大学生使用网络语言情况的进行了数据统计和分析,并得出结论。其次,针对网民的行为群体特征和两性差别,对模糊限制语在网络交际中的使用分别情况做了调查统计与分析,并得出以下的结论:在社会各阶层所使用的网络语言中,女性对于模糊限制语的使用频次要高于男性,这体现了女性在网络话语表达中,更倾向于用模糊的方式来表情达意,这是由于女性出于生理和心理的原因,说话方式比男性更加含蓄委婉;而文化程度相对较低的蓝领使用模糊限制语的数量要远远高于白领阶层和在校学生。

对于网络语言的词汇和语体进行了分析与归类。通过归纳得出当前的网络语言主要存在的 188 种语体风格,并对网络语言的语体进行了认知解释。作者用网络语言的语用特征,利用合作原则、礼貌原则、经济原则、关联理论和顺应理论等语用理论,阐释了网络语言中的幽默现象和模糊现象。当然,对于网络语言的语用学解释远不止这些,但总的而言,网络语言的词汇、语体和语用研究在此书中得到了很大程度的诠释,为促进网络语言的健康和规范发展提出了理论依据。

在写作技巧与方法上,实现了多学科的交融。把语用学、社会语言学、美学、模因学、符号学、心理学等和网络语言研究结合在一起,增添了该书的层次感与理论性。通过分析网络语言对口语交际、书写能力、传统阅读、写作能力的影响,特别是在揭示网络语言的传播规律和描述网络语言的发展章节中采用模因论,该书在网络语言研究领域是一次大胆的尝试。

总之,该书是一本学术价值较高的著作,值得一读。全书理论联系实际,内容丰富,文字条理分明,调查分析与论证科学严密,具有较强的逻辑性和思想性,融语言理论与网络语言应用为一体,对从事网络语言研究的同行来说,是一本不可多得的参考资料;对没有网络语言专业基础的读者来说,也能理解本书大意。它也是迄今为止国内学术界较少的运用应用语言学理论进行网络语言研究的著作,具有重要的学术价值和社会意义。

例文评析:

1.《〈基于语言学理论的网络语言应用研究〉书评》是一篇典型的书评式读书报告。全文除了摘要、关键词等要素外,只有 7 个小节,但这 7 个小节却将读书报告的基本内容全部表达出来了。第一、二小节分别是该书的出版信息和作者在该研究项目上摘要情况介绍。第三、四、五小节分别对全书的主要内容、鲜明的学术特色作了概括和评价,第六小节是该书的写作技巧和方法评价,最后一小节是总评。

2. 该篇书评不足的是，在对其学术特色进行分析时，层次不够分明，观点表达得也不够集中鲜明。在说了"首先"、"其次"后，后面的内容是不是"再次"或者"第三"没有明确指出，况且又是另起一节的，更令人不解；而且"首先"是一句话，"其次"有一段话，"对于网络语言的词汇和语体进行了分析与归类"则直接是一个完整的小节，不仅观点的表达上不够简洁鲜明，内容分量的分布安排也不够匀称。

3. 最后一小节，如果能将这部作品和已有的网络语言研究的著作或学者(哪怕很少)进行一下简单的比较，那么最后的总评就会更有价值和分量。

第三节　学术随笔

［知识讲解］

我们通常讲的随笔是散文的一种，可以观景抒情、睹物议事、读书作评；可叙事、议论、抒情，篇幅长短不拘。受英国 Essay 的影响，写法自由，灵活多样，不拘一格。学术随笔借用随笔体的轻松自由的形式和语言来谈学术，将学术研究心得与成果借助于文学的手法表现，使得学术理论问题变得亲切生动，通俗易懂。所以学术随笔兼有散文的文学性和学术论文的学术性。

和写景叙事抒情散文比较，学术随笔表达的内容是研究者在学术研究中的思考和识见；和学术论文比较，学术随笔则在表达形式上更为文学化、更加自由可亲。有人将中国古代的文人笔记和中国现代的小品文归入学术随笔一类，又有学者将学术随笔称为"轻性论文"，正是此理。我们所熟知的鲁迅的很多所谓杂感实际上就是学术随笔，例如《拿来主义》，写作上比喻形象贴切，语言嬉笑怒骂，生动如歌，内容上论述对待外来文化和传统遗产的三种态度和方式，依然是今天学习外来文化和继承传统文化必须遵循的圭臬。而《魏晋风度及文章与药及酒之关系》一文，从学理上说，是对魏晋文学史的考察，但这一题目，却以小搏大，从与药和酒的关系来切入对魏晋风度及文章的认识，从形式上看，甚至充满了喜感。这正是鲁迅学术随笔的个性之一。

学术随笔与文学性随笔表达感受、感情、感想、感悟等等情感性的内容不同，一般表达的是自己在学习、思考和学术研究过程中的发现和认识。这些发现和认识尽管可能只是一个小点，但立足于理论基础和逻辑基础，立论严谨有据，方法科学合理。同时，在写法上尽可能灵活多样，生动活泼，开合自由。

学术随笔例文1：

莺莺的秋波公案①

吴　真

　　"世界上有那么多的城镇，城镇中有那么多的酒馆，她却走进了我的酒馆。"电影《卡萨布拉卡》这句经典台词道尽了机缘的宿命感。王实甫《西厢记》第一折，落魄张生路过蒲州，偶至普救寺一游，偏偏就在佛殿撞见崔莺莺。张生第一反应是："呀！正撞着五百年前风流业冤！"他"眼花缭乱口难言，魂灵儿飞在半天"，一边搜肠刮肚地唱赞眼前的神仙姐姐，一边说着"我死也"的疯癫话。就这么一个照面，张生已经悲剧性地预感到"空着我透骨髓相思病染，怎当他临去秋波那一转"。

　　明清时代，几乎所有的《西厢》评点都指出，"怎当他临去秋波那一转"乃一部《西厢》之关窍。相国小姐莺莺临去时的顾盼之意，尽在不言之中。张生也真好眼力、解风情，捕捉到了这一转秋波的无言鼓励。晚明行销一时的容与堂刻本《李卓吾先生批评北西厢记》批道："张生也不是俗人，鉴赏家！鉴赏家！"

　　临去秋波那一转的美人意态，在张生看来，"休道是小生，便是铁石人也意惹情牵"，着实令读者浮想联翩。现存六种明万历年间刊刻的《西厢记》，卷首均收入一幅款识为"吴越唐寅摹"的《莺莺遗艳》小像，据说这幅小像是唐伯虎《莺莺折花图》的印刷版。画中莺莺侧着芙蓉脸，支颐微笑，端的是宜嗔宜喜春风面，回眸一笑百媚生。明代坊间还流传着一幅据说是南宋画院待诏陈居中的《崔娘莺莺真像》，正统年间，祝枝山说他曾看到过这幅陈居中版的盈盈真像："继于嫽城僧院中见一本，大略相类，妖妍宛约，故犹动人。"（《怀星堂集》）

　　嫽城就是现在的上海市嘉定区。祝枝山这段话的亮点在于，这幅"莺莺真像"收藏在僧院中。可是，僧众们每日价凝视这"妖妍宛约"的莺莺写真，是否有碍于清修呢？

　　晚明文人圈流传着一个段子，表明"莺莺真像"不仅可供把玩，更有启发禅悟的奇妙功用。据说明中叶的武英殿大学士丘濬，某日曾至某佛寺，见四壁俱画《西厢》。丘濬惊问："空门安得如此？"僧人从容答来："老僧从此悟禅。"丘学士不解："何处得悟？"答曰："是'怎当他临去秋波那一转'。"

　　禅有活参，亦有死参。僧舍画《西厢》，以"莺莺真像"悟禅，当属以空传空的活参。"怎当他临去秋波那一转"妙就妙在十字之内，有莺莺的秋波，更有张生"怎当他"三字的勘破。当日莺莺"鼙着香肩，只将花笑捻"，观看者不仅有张生，亦有和尚法聪，可是

---

①　原载《读书》2014年1月。

勘破莺莺风情,被莺莺"风魔"的只有张生。张燕瑾注说:"相传释迦牟尼于灵山会说法,拈花示众,众不解其意,惟有弟子摩诃迦叶破颜微笑,后遂以拈花微笑喻心心相印。此化用其意。"考虑到"捻"与"拈"都是用两三个手指头夹取东西,捻花微笑与禅宗"拈花一笑"确有某些共通的深意。

莺莺走到门前"临去秋波那一转",以目传心,被张生觑出那么点意思来,一旁的法聪犹自懵懂,于是,张生意犹未尽、喋喋不休地向法聪详解那莺莺如何"眼角儿留情处,脚踪儿将心事传"。这个场景,活脱就是佛寺参禅时已悟弟子不无得意地向懵懂同门讲解"如何是佛祖拈花意"。

如此看来,僧人也许是在莺莺"将花笑捻"的画像里,体味着类似于拈花一笑的电光石火,深味到了勘破"临去秋波那一转"的喜悦。如此活参,令无数风流才子玩味再三,崇祯年间,冯梦龙的《情史》、《古今谭概》和张岱的《快园道古》都收录了这个故事。

关于从《西厢记》悟禅的问题,晚明还有另一个故事。《耳谈》讲到一则朱元璋微服私访的故事:"太祖高皇帝,尝微行,过一寺,见扮《西厢记》者,曰:'空门安得扮此?'僧对曰:'老衲从此悟禅。'曰:'从那一句悟?'对曰:'乃是怎当他临去秋波那一转。'帝已颔之。"

其实早在宋代,禅师们就常常"竿木随身,逢场作戏",凭借角色扮演来修证禅悟。朱元璋遇到的这位老僧看来是位"西厢粉",居然在佛寺里组织搬演《西厢记》,只是不知莺莺"临去秋波那一转"的妙目顾盼情态,和尚如何扮得?《耳谈》最后一句说,对于这种通过艺术方式探讨参禅的行为,朱元璋是报以点头称许的。

有好演剧悟禅者,自然也就有好观剧悟禅者。崇祯年间,闵寓五在《会真六幻》序言中说道:"昔有老禅,笃爱斯剧,人问:'佳境安在?'曰:'怎当他临去秋波那一转'。"闵氏叹道:"此老可谓善入戏场者矣。第犹是句中玄尚隔玄中玄也。"表扬老禅师独具慧眼,能从戏文中拈出这句最是"玄中玄"的玄语,"会得此意,逢场作戏可也,袖手旁观可也。"

《西厢记》之文、之戏、之画,在老禅师的眼中,在在俱是禅悟之机。这种新鲜的参法,正与晚明"以情悟禅"之风合拍,所谓证得"色空不二"是也。崇祯年间的徐士俊《古今词统》有一评语说得切:"怨女狂夫并为佛子,读者果能会得此意,则秋波一转,亦是禅机一部,《词统》无异《五灯会元》耳。"

到了清代初年,禅林就有了一桩公案叫作"临去秋波那一转"。禅宗的公案类似法律的案例与范例,主要记录在著名禅师的"语录"、"灯录"之中。公案是禅门中人的共同知识,禅师每开示一桩公案,无须详解来龙去脉,门人就已知其机锋所在。

顺治年间,广西曹洞宗的大和尚德宗,借此公案来讲解《摩尼珠颂》的妙处:"于中那转秋波趣,不是风流人,岂明此颂句到、意到、理到、事到?"本来话说到这里已经够明白了,可还是有些学生不知是故意追问还是不解求教:"请问如何是那转秋波趣?"德宗答:"只许佳人独自知。"学生还是不依不饶:"不是风流人岂明?又作么生?"

所谓"又作么生",是禅师在打破沙锅问到底的时候常用的反问句,意思是那又如何、那又怎么样。面对如此不识趣的木头,德宗和尚只好无奈地说:"深领。"——你自己好好琢磨去吧(《迳庭宗禅师语录》)。

尤侗曾经模拟张生的语气,写了一篇八股制义《怎当他临去秋波那一转》,结构严格按照八股文的起承转合,语气却是绮丽的"西厢体"。文章结语处,尤侗给读者布置了功课:"抑老僧四壁画《西厢》,而悟禅恰个中。盖一转者,情禅也。参学人试于此下一转语。"尤侗指明秋波一转乃是"情禅",要求读者根据自己的参禅体悟"下一转语",就是给出勘验、印证机锋的个人心得。

"一转语"在禅宗公案问答中至关重要,若悟境不彻,一转语就会下得牛头不对马嘴。《景德传灯录·百丈怀海禅师》甚至说:"古人只错对一转语,五百生堕野狐身。"可见是否下对一转语是禅师悟性高低的一个重要指标。在这里,禅宗话语体系中的一转语,恰好跟《西厢》戏文"怎当他临去秋波那一转"形成了"互文性"(Intertextuality)。因此,尤侗的八股制义虽是戏谑之作,却提出了一个很有意思的问题:如何是那秋波转趣?

游戏八股文一出,传诵者众。顺治十五年(一六五八),此文传抄到了顺治皇帝手里。顺治十分倾倒,专门找来弘觉禅师一起参详:"请老和尚下。"弘觉回答:"不是山僧境界。"当时弘觉的大弟子天岸昇也在旁倾听,顺治转头又问:"天岸何如?"天岸答道:"不风流处也风流。"

师徒两人的一转语,各有千秋。身为丛林领袖的弘觉和尚避开机锋,似答非答,既可理解为"山僧不识风流趣",又可理解为"山僧境界尚有欠缺",还可理解为"眼前意",一种公案问答的惯用技巧。此种妙处,正如赵州和尚以"庭前柏树子"来回答"如何是祖师西来意",就是将形而上的"秋波趣"拨转为形而下的"眼前意"。

天岸"不风流处也风流"出自宋僧子益的名诗《赵州勘婆》:"尽道赵州勘婆子,不知婆子勘赵州,有意气时添意气,不风流处也风流。"诗中称赞赵州和尚勘破五台山婆子,显示随处作主的禅意。后来"不风流处也风流"逐渐成为公案问答中的"万能答案",用于应付"即心即佛"相关的所有机锋。天岸昇不愧为弘觉的首座弟子,将这句"大路货"用得恰到好处。莺莺的秋波那一转,恰在"情不情",风流不风流之间。

据《弘觉忞禅师北游集》记载,顺治对于弘觉师徒的一转语颇为满意,"上为大笑"。这本《北游集》记录顺治曾多次与弘觉讨论《西厢记》曲文,据说顺治还批阅了新鲜出炉的金圣叹批点《西厢记》的才子书,评价金圣叹"才高而见僻"。有了这些共同研习《西厢记》的经验,才有了后来在勘破"如何是那转秋波趣"之时,皇帝与禅师,于戏文、于公案皆达到"如来拈花、迦叶微笑"的默契。

整整一部《西厢记》，由普救寺佛殿上"怎当他临去秋波那一转"而起，崔莺莺与张生的相遇相爱皆发生在佛寺西厢，玉成崔张姻缘的又是普救寺僧人法本、法聪，可以说，《西厢记》文本早与佛教"结缘"。佛殿撞见莺莺时，张生感叹："你撒下半天风韵，我拾得万种思量。"谁又能预想到，"临去秋波那一转"也令明清之际的禅僧们拾得万种思量？莺莺的临去秋波，被丛林众人独沽一味，成了高级趣味的禅门公案，僧人士子们，机锋往来于"那转秋波趣"之间，以情悟禅，自色悟空，穿过《西厢》之方便法门，到达禅悟之彼岸。

清初岭南曹洞宗的函昰禅师说过，"世尊拈花是一出好戏。"禅眼观之，戏与禅本是一味，一出好戏，亦是一宗好公案。元代的高则诚写《琵琶记》，一开场就祈求读者观众说："知音君子，这般另做眼儿看。"《西厢记》何其幸运！这一等禅僧，便是那另做眼儿看的千古知音。

例文评析：

吴真的学术随笔《莺莺的秋波公案》勘理《西厢记》莺莺"临去秋波那一转"与佛法、禅理关系，由明而清，一路下来，各种佛缘修证，各种禅悟机锋，事事有来源，将一件"秋波流转"的情事和禅意佛理的勾连讲得风生水起，意趣盎然，深得学术随笔之三味至理，可作范本。

可以看到的是，一篇好的学术随笔一是要有对一个问题纵横材料的切实把握和深刻领悟，一是要有对材料的智慧洞察，才会有让人眼前一亮的真知灼见；当然，更需要将这种真知灼见付之于活泼灵动语言的表达功力。

学术随笔例文2：

时下古装剧演员的年轻化

科学技术的进步，让人们越来越习惯于通过影像的方式获取信息；生活节奏的加快，会让更少的人选择通过书本阅读的方式，体验文字对心灵的洗涤。从某种意义上来说，紧张与压力，使得人们闲暇时，通过影视作品获得娱乐消遣，而不是一种直接、深刻的教育。这样的影响渗透于影视剧创作的各种题材。以历史题材电视剧为例，一直以来就占据了众多的国内市场份额，本应与悠久的历史文明结合紧密，形成一种成熟的创作趋势，但从实际的发展来看，历史元素却被逐渐地消解，在概念的界定上，形成了一种模糊难明的归纳，而最终以古装剧加以概论（这里不用"古装戏"加以概括，原因是"古装戏"源于戏曲范式，与"现代戏"相对提出的）。2010年以后，古装题材的电视剧，占据了各大的卫视的黄金播出时段，并且也形成了一种独特创作特征。

一部剧除了有一个优秀的剧本、华丽的服饰、靓丽的场景和优质的设备与技术之外，还有一个更核心的问题：谁是这部剧最直接的践行者？说白了，就是导演与演员的共同配合问题,导演负责导戏及宏观把握,而演员需要走戏,将自己想象成剧中的人物,根据自己的理解及经验,将故事的情节表现出来。因此,有人曾认为:电视剧看什么? 一看讲故事(主要指剧本),二看演员与演技。虽然这样的说法可能过于抹杀电视剧制作的其他环节,如后期剪辑、特效制作等,但是细细想来,给人感受最深的,也是剧情与演员。以往的古装剧强求历史的厚重,因此,会多选一些有资历、表演经验丰富的演员。如 2008 年上映的电视剧《母仪天下》,剧中的女一号就选择了袁立来出演,将王政君一生的沉浮与稳重诠释得淋漓尽致,既打动人心,同时也为这部剧赢得了不少的看点与口碑;而男一号则是由黄维德来出演,同样也为我们塑造了一个用情至深、守护一生的感人形象,他们的饰演为这部剧增添不少亮丽的色彩,同时也为相同题材的电视剧,在演员的选择问题上给出重要的参考。这一个求变求新的时代,这种模式并没有一直延续下去,2013 年的古装大戏《陆贞传奇》,男女主角都非常年轻俊美,挑起了这部剧的大梁,而那些老戏骨,所谓实力派的演员,刘雪华、恬妞等当起了绿叶,同样也是好评如潮。可见,所谓的成功模式也会不断发展。既要坚持创作原则,同时也不能固守常态,只有犀利的远见,才能适应市场的瞬息万变,赢得更多的收视份额。不过回顾古装剧 2008 年到 2013 年之间 5 年的变化,古装剧演员年轻化的趋势也日益明显,可能是多方面的共同作用:第一,可以减少古装剧本身的制作成本,年轻的演员由于资历比较低,能够有出演的机会就感到很荣幸了,在报酬方面,也不及当红演员,制作人可以预留一笔费用,在其他方面有更好的表现,如电脑特技。于正在拍摄新版《笑傲江湖》就曾坦言:还没有人在特效方面愿意花一千万,可见对其的重视与投入。第二,观众的需求。由于观众群体也越来越年轻化,或者说古装言情剧的主要观众群体来自于青少年,在接受心理上,往往更倾向于加入更多的偶像元素,这也导致制片人等多方达成了一种共同的意识:演技不一定是重点,重要的是拥有大量的粉丝,只有赢得了观众群体的占有量,收视率才有了铁的保证。

例文评析:

这是一位大学生的学术随笔习作,作者主要想表达时下古装剧演员年轻化、偶像化这一趋势。应该说,作者对这个问题的观察很敏锐,对为什么演员越来越年轻化也有所思考。这一点值得肯定。但这篇随笔总体来说是不成功的,最主要的问题有:

1. 缺乏学术性。学术随笔尽管属于随笔,但其内涵和根底却是学术,所谈的问题和得出的结论必须有理有据,即在逻辑推演上合理,在事实呈现上确切。这篇随笔谈"古装剧演员年轻化"更多的是一种感觉和感受,既没有 2008—2013 年之间的数据来源,也没有依据这个事实基础之上的分析和推演,这样的结论无法令人信服。同时,作者很多的认识和判断不是来自于对事实的分析和合理的逻辑演绎,更多的是一种主观想象和主观臆断,如"以往的古装剧强求历史的厚重,因此,会多选一些有资历、表演经验丰富的演员""这一个求变求新的时代,这种模式并没有一直延续下去""或者说古装言情剧的主要观众群体来自于青少年"等等说法,仔细推敲,都是站不住脚的。

2. 语言表达存在很大问题。一是句子不通。"以历史题材电视剧为例,一直以来就占据了众多的国内市场份额"是一个典型的病句,类似的不通处还有不少。第二是句子表达不合理,前后缺少必要的逻辑关系。例如"既要坚持创作原则,同时也不能固守常态,只有犀利的远见,才能适应市场的瞬息万变,赢得更多的收视份额",这几句话相互之间完全不是这样的逻辑关系。第三是语言不够准确。大词(大而无当)、空词(没有承载实在意义)、虚词(非词性的虚词,而是指虚幻之词)不少,如"这部剧最直接的践行者""强求历史的厚重"等词语,都不知道作者想具体说什么。

3. 结构上不完整。这篇习作有开头,也有主要内容,但是却缺少结尾。两个小节的结构框架也使得文章缺少均衡和匀称。

第四节　学术论文

[**知识讲解**]

国家标准局曾对学术论文给出过一个定义:"学术论文是某一学术课题在实验性、理论性或观测性上具有新的科学研究成果或创新见解和知识的科学记录;或是某种已知原理应用于实际中取得新进展的科学总结,用以提供学术会议上宣读、交流或讨论;或在学术刊物上发表;或作其他用途的书面文件。"①

学术论文一般分为科研论文、学位论文和研究报告。一般的学术论文篇幅较长,如一般期刊发表的学术论文都在 10 000 字左右,本科学位论文一般要求 8 000—10 000字,硕士学位论文则要求 3 万字左右。字数 5 000 字以下的称为学术短论,又称为小论文,如本科课程论文,一般字数要求在 1 000—3 000 字左右。不管篇幅大小,其文体要求、结构要求以及内容要求都相差不多。

一、学术论文的特征

(一) 学术性

学术性是学术论文的主要特征,也是学术短论需要遵循的基本要求。学术研究不是对客观事物外部形态和过程的描述,而是对事物发展内在本质和发展变化规律的探讨,不是对客观事物一般的感性认识,而是比较深入地对其规律性的探讨和系统化的理性认识。

---

① 国家标准局:《科学技术报告、学位论文和学术论文的编写格式》,1987 年。

学术论文的学术性主要表现在：第一，其内容应是对学术领域中有关问题的研究和探讨，而不是对现实问题的感性评论。第二，是指其研究方法的理论性。学术论文所用的方法是理性论述和逻辑论证，其结论的产生是在广泛占有材料的基础上，经过对材料的客观分析和理论论证得出的，方法科学，逻辑严谨。第三，学术论文的结论和观点关注的是研究对象的性质、特点或规律，寻求的是对已有知识的进一步的辨正和拓展，或者是对未知知识的探寻，其根本目的在于对理性认识的提升和对理论的超越。第四，其学术性还体现在学术论文的表达上。学术论文必须运用专业的概念术语，通过科学的方法对研究对象进行论证，要求结构严谨，语言客观准确。

（二）创造性

创造性或称创新性、创见性、独创性，是衡量学术论文价值的根本标准。一篇论文价值的大小，不是看它篇幅的长短，或者表达了某种观点和提出了某种认识，而在于表达的观点和提出的认识是否新颖独到而又根据充分、言之成理，是否发现了前人没有发现过的新认识、新观点、新理论。学术论文的创造性主要指对已有知识的辨正和对新的理论的发现等。对已有知识的辨正包括用新的理论和方法重新审视和研究已经研究过的问题，得出不一样的结论或认识；用新发现的材料来证明已有观点的正确或证明已有观点的偏颇；从新的角度对已有观点进行分析和研究，得出不一样的结论和认识。对新的理论的发现指的是在前人的基础上填补空白的发现和认识，是前人从来没有过的。

（三）规范性

学术论文因其性质、内容、特点、功能和发表方式等因素，其体式的各个部分的组成如标题、中英文摘要、关键词、正文、参考文献以及字体、字号等要求，均有其固有的规定性和规范性。这些规定性和规范性都有相应的国家标准和行业要求。如现在的学术论文注释依据，一般都是各期刊编辑部和出版社参照中华人民共和国国家标准（UDC 001.81）《科学技术报告、学位论文和学术论文的编写格式》（GB 7713−87）制订的。规范化既是对一类文章体例的要求和认同，也有利于提高编辑、排版和归档检索的工作效率。

学术论文的规定性和规范性是它在文面格式和行款上区别于文学创作和其他一般文章体式的显著特点。学术短论同样需要遵循这一规范。

二、学术论文写作准备

（一）选题

选题的主要目的不是拟定题目，而是明确论文研究的主要方向、范围和主要对象。选题的原则主要有两条：

兴趣性原则。初学论文写作,最主要的是从自己的兴趣出发,来试着发现问题、研究问题和解决问题。不同的人对不同的领域有不同的兴趣爱好和认识,论文写作可以从这一兴趣点入手,试着去质疑自己遇到的一些认识和观点,抓住一点深入,在充分占有资料的基础上进行研究分析,确定研究的主要对象。

创新性原则。创新性原则主要指研究的问题是前人没有解决或没有完全解决的;或者是运用新方法研究已有的课题,从而得出自己的一得之见;或者是填补空白的新发现和新见解。新问题、新发现、新观点、新见解是学术论文的价值所在。

(二) 搜集文献资料

搜集文献资料的目的一方面在于确定该选题的意义和价值,另一方面也是研究该选题本身的研究历史和研究现状,以便确定自己的研究重点,找到研究的突破口。

资料的搜集可以是传统的纸质文本资料,也可以是电子文本资料。不论是哪种资料,搜集之后都需要及时研究、整理和归类,从中找到为自己所用的材料。搜集的文献资料必须及时记录和保存文献资料的出处,如作者、书刊名、出版单位、发行年月、页码等,以便论文写作时引用。

数字化时代,搜集资料大多利用网络资源,既快捷又方便。始建于 1999 年的中国知网拥有十分丰富的信息资源和数字化平台,集期刊杂志、博硕士学位论文、会议论文、报纸、工具书、年鉴等文献资源为一体,为用户提供了多种数据库,已经成为使用频率最高的数字图书馆和研究人员的首选数字化资源平台。

(三) 拟制提纲

拟制提纲既是对研究思路不断整理、明晰化的过程,也是对论文结构、框架的整体把握过程。

提纲有简纲和详纲之分。简纲一般是对标题、引论、本论和结论的大致概括,在本论部分将所论述的几个问题一一列出,简要介绍论文的主要议题和总体轮廓,一般三五百字即可;详纲则要求对本论部分的每一个分论点及分论点后面的主要论据一一列出,构成论文基本成型的框架结构;在这一结构中,只需将材料丰富,并围绕分论点进行分析、展开,即可完成一篇论文。有的详纲已经等于是一半文章了。

三、学术论文的结构要素及其写作要求

学术论文一般由标题、内容摘要、关键词、正文、注释和参考文献等构成。在报纸和有些刊物上刊载的学术短论则往往不要求有"摘要"和"关键词",注释和参考文献的要求不一,在报纸上发表的学术短论一般采用尾注或文中注,在刊物上发表的学术论文,一般采用尾注方式。

（一）标题

标题应当以最准确的词语对论文内容进行准确概括。标题必须能恰当地限定论文的内涵和外延,准确地概括出论文中心内容的深度和广度,做到文题相符。同时,好的论文标题也应该是新颖别致的,能吸引读者,引起读者的阅读兴趣。

1. 标题常见的表现形式

单标题。一般论文都采用一个标题来揭示论文的主要内容,如《孙悟空形象的当代诠释与传播》等。

双标题。即正副标题式,正副标题一虚一实,正标题用来揭示论文的主要观点,副标题用来具体说明论文的内容、范围,对正标题进行补充、说明或加以限制,如《"恶之花"——论〈左传〉中的负面女性形象》。

2. 拟制标题的要求

简洁明了。简洁,就是指用语要简明、精当,用最少的文字精当地概括论文内容,学术论文的题目最好控制在 12 个字以内,一般不超过 20 字。明了,就是用词明白、通俗,一看就知道是讲什么问题的,切忌含混笼统,或过于生僻生涩,难以理解。如《〈威尼斯商人〉中的"两个世界"》,这样的标题难以一下子让人了解和理解作者想要表达的内容。

准确恰当。所谓准确,就是指标题能准确概括论文内容,能恰当地限定论文范围。过宽或者过窄,都容易失当。如《论亦夫的长篇小说〈迷失〉》就失之过宽,这样的题目不是一篇学术短论所能完成的。《论李白〈静夜思〉语言的丰富性》这样的题目又失之过窄,难以展开。

新颖别致。标题新颖醒目会直接吸引读者的阅读兴趣。学术短论的标题不仅要准确、精练,也同样需要新颖别致,以激发读者的阅读兴趣。如《是谁害死了安娜?——安娜人物悲剧论》《试论"教教材"与"用教材教"》等都是不错的题目。

学术短论的题目拟制总的原则是:宜小不宜大,宜近不宜远,宜今不宜古,宜实不宜虚。

（二）正文

正文是论文的主体部分,其"基本型"通常由引论、本论、结论三部分组成,有时被形象化地称为"三段论式"。

1. 引论

又叫引言、绪论或前言,是论文的开头部分。引论写作的目的是交代论文写作的背景、缘由、目的或意义,或者介绍涉及论文研究对象的研究历史、现状(即文献综述),或者交代论文研究的范围、方法及所取得的成果,也可以对论文的基本观点、本论部分的基本内容作一个概要的介绍。这是一般学术论文的要求和写法。当然,对于一般学术论文引论部分的这几项内容,也完全可以根据写作实际需要予以取删。或者只交代背景,或者只论及本研究的意义和作用,或者直接提出问题,或者在解释概念的基础上直接抛出自己的观点等等。但不管怎样写,引论部分都应做到入题迅速,简洁有力,吸引读者阅读。比如,《文艺报》2008年4月17日集中刊载了一组关于"文学教育与文学的社会功能和现实价值"的论文,就文学教育问题展开讨论,这一组相同主旨短论的引论部分的写法就各有各样:

文学教育是什么?关于这个问题,人们的见解各异。认为文学教育培养思维能力者有之,认为文学教育即情感教育者有之,认为文学教育即审美教育者有之,认为文学教育即语文教育者有之,如此等等。这些见解都有一定道理,但是除此之外,更为重要的是,文学教育还是一种理想教育,它总是唤起人们对于乌托邦理想的向往、仰慕和追求之情。

——姚文放《文学教育与乌托邦理想》

文学经典问题近年来受到学界的普遍关注。荷兰莱顿大学1997年1月举行大规模国际会议,会后出版学术论文集《经典化与去经典化》。在我国,文学经典在"重写文学史"的思潮中被重新评价,关于文学经典的讨论成为学术热点,不少文学经典遭受"戏说"。如何对待经典,这是文学教育必须面对的问题。

——佴荣本《文学教育的经典化与"去经典化"》

上世纪八九十年代,我国文学理论界对于文学教育的研究是不够重视的。到了90年代末期,尤其是进入新世纪以来,这种情况才有所改变,创办了有关文学教育的期刊,出版和发表了有关文学教育的著作和论文。然而,这些还只是局限于教育学方面的研究,文学理论界对于文学教育的关注仍然不够。

——古风《消费时代的文学教育》

在网络化、图像化、信息化的当代社会里,文学的社会功能已经呈现出衰微的迹象,文学存在的现实意义开始令人焦虑并对之产生怀疑,而这种焦虑和怀疑,既表现了知识阶层对于文学作为传统艺术重镇的怀恋,同时反衬出了当下中国文学教育本身的弊端和失败,甚至也代表了相当一部分人对于审美对象多元化的拒斥态度。就文学教育而言,我们需要追问的是三个基本问题:当下文学教育失败的原因所在,文学教育的界域及基本属性,文学教育实施的主要途径。

——苏保华《文学教育与知识考古》

这四篇论文的开头各不相同,姚文放《文学教育与乌托邦理想》一文的引论部分主要概括了人们对于文学教育的几种不同看法,然后直接引出自己的论点;佴荣本《文学教育的经典化与"去经典化"》的引论部分则用两句话概括了关于中外文学经典的研究历史,并提出了问题,这一引论十分精当简要;古风《消费时代的文学教育》则采用了概述的方式叙述了文学教育的研究历史,并一针见血地指出了其中的问题所在;苏保华《文学教育与知识考古》的引论部分则主要交代研究的背景。

学术论文的引论部分的篇幅大小一般并无硬性的统一规定,需视论文整篇篇幅的大小及论文内容的需要来确定,长的千字左右,短的只有一二百字。

2. 本论

本论是学术论文的主体部分,主要包括论点、对论点的分析与论证。如果引论部分是提出问题的话,那么本论部分就是分析问题和解决问题的过程。

本论部分首先应将自己的观点明确提出,继而对观点进行必要的解释和分析,接着对观点从多个方面(即分论点)展开充分而有力的严密的逻辑论证,最后解决问题。本论部分的分析和论证是学术论文的主体,因此必须做到观点鲜明、内容充实,思路清晰、结构严谨,论据充分、论证有力。尤其要做到观点和材料的统一。

本论部分的分析和论证一般在结构上采取并列式、递进式和综合式的结构方式。

并列式。又称平列式结构或横式结构。并列式是指围绕中心论点划分的几个分论点和层次,在内容上各自呈现出一种逻辑并列关系,是对中心论点的展开平行论述。如姚文放《文学教育与乌托邦理想》一文在论述"文学教育还是一种理想教育,它总是唤起人们对于乌托邦理想的向往、仰慕和追求之情"时,分别从文学的精神之本根通向人类的终极价值、乌托邦理想对人类的精神状态的拉动和提升以及许多思想家、教育家对文学教育的备加重视等三个方面进行了分析和论证。这三个分论点是平行的,对总论点构成了多角度和多侧面的分析和论证。

递进式。又称推进式结构或纵式结构。递进式是指围绕中心论点划分的几个分论点和层次,在内容上具有逻辑上的先后关系或者意义上的深浅关系,呈现出一种层层展开、步步深入的递进关系。递进式分论点之间环环相扣、层层推进,其层次安排、先后顺序不能前后颠倒,随意变动。苏保华《文学教育与知识考古》一文,首先分析了当下文学教育失败的原因所在,接着论述了文学教育的界域及基本属性,最后提出了文学教育实施的主要途径。这三个层面不能颠倒,他们之间有先后关系。最后一部分的"文学教育实施的主要途径"是针对"当下文学教育失败的原因所在"提出来的,而第二部分则是对其基本属性的分析,这一属性影响了实施途径的选择。递进式结构反映的是人们对事物和事理由表及里、由近及远、由浅及深、由现象及本质的一般认识过程,符合人对世界的认识规律。

综合式。也称并列递进式结构或纵横交叉式结构。综合式是将并列式和递进式结合起来综合运用的一种结构方式。或者在总体上采用并列式结构,在每一个并列的分论点的展开中,采用递进式的结构方式(并列中的递进);或者在总体上采用递进式的结构方式,在每一个递进的分论点的展开中,采用并列式的结构方式(递进中的并列）。苏保华《文学教育与知识考古》一文,在总体上采用的是递进式的结构,在最后一部分"文学教育实施的主要途径"的论述中,采用的则是并列式结构。最后一部分首先论述了什么是知识考古以及将福柯提出的这一命题延伸至文学教育的重要性,然后分别从"文学史观的层面""文艺学方法论的层面""文学教育的层面"这三个平行的层面分析论证了文学教育实施的主要途径。佴荣本《文学教育的经典化与"去经典化"》采用的则是并列式结构中的递进结构。该文总体上安排了两个并行的层面:文学教育的经典化、文学教育的"去经典化"。但在论述文学教育的经典化时采用的则是递进式结构。这一部分从文学经典是什么、经典化的要求以及教师如何落实三个方面进行了论证。这三个方面具有意义上的层层推进的关系。这样的安排既在总体上体现了对两个并行问题的探讨,层次清晰明了,又在小论点的分析论证中层层展开,使得结构严谨,逻辑严密。

3. 结论

结论又称结束语、结语。结论既是论文最终的、总体的结论,也是整篇论文经过分析和论证形成的最终观点,是对正文中各分论点经过辨证分析后的一个归纳和提炼;从结构上看,结论也是一篇论文最后的文气收束。因此,结语必须做到准确概括全文内容,在具体分析之上有一个总体上的归纳和提升,同时在文气上简洁有力地收束全文。

4. 其他

正式在学术刊物上发表的论文除了以上所列出的标题、正文部分等内容之外,一般还应包括中(英)文摘要、关键词、注释和参考文献等内容。

摘要是对论文全文内容的一个简要概括,包括研究的目的、主要内容,论文最重要的观点和结论,一般不做解释和说明。摘要应具有独立性,即不阅读论文就能知道论文的主要信息和观点。摘要一般不使用"我们""笔者"或"本文"等词语。英文摘要,有的论文要求必须具备,有的论文则不作为必需内容。在有英文摘要要求时,英文摘要应该与中文摘要完整一致。

关键词是用来表明学术论文主要内容和主要信息的词语,一般选取3—5个。

注释和参考文献是在学术研究过程中,对某一著作或论文借鉴或参考的注明。按照中华人民共和国国家标准化管理委员会发布的 GB/T 7714-2005《文后参考文献著录规则》的定义,文后参考文献是指"为撰写或编辑论文和著作而引用的有关文献信息资源"。而很多刊物对注释和参考文献作出了区分,将注释规定为"对正文中某一内容作进一步解释或补充说明的文字"。也就是,注明文中直接引用或间接引用的部分,称注释;学术论文写作过程中参考过的文献称参考文献。注释采用脚注或尾注均可,参考文献一般采用尾注方式。

[例文评析]

学术论文例文1:

学术论文的特点与选题①
——学术论文写作研究之一

尉天骄

(河海大学公共管理学院,江苏南京 210098)

摘　要:正确理解学术论文的特点,是学术论文写作的必要前提。学术论文有两个重要特点不可忽视:一是应当有创见,不能等同于工作总结或是经验体会;二是要有学术来源,不能脱离了学术资料而孤立地进行自我言说。自主选题是独立从事学术研究的标志之一,选题产生的基础是对学术资料的阅读研究和对于实践的密切关注。在此前提下,可以尝试通过联系、比较、质疑、综合等方式寻找到有意义的研究课题。

关键词:人文社会科学;学术论文;特点;选题

中图分类号:H152 文献标识码:A 文章编号:1008-8997(2007)03-0087-03

本文所说的学术论文,主要是指人文社会科学(即通常所说的文科)的学术论文。文科学术论文的写作,与自然科学论文有相同的规律。如,二者都要以概念为基本思维工具;都要运用逻辑,对研究的问题进行分析—综合,上升为具有普遍性的理论,等等。但文科学术论文也有不同于自然科学论文的特殊要求。以下选取文科学术论文写作中的两个重要问题作粗浅的阐述。

一、学术论文的特点

全社会对论文的广泛重视,大约是从上世纪80年代中期开始的,由于社会很多行业在考核、晋升时大都有论文的要求,尤其是注重论文的数量,使得"全民写论文"俨然成为趋势,并一直延续到今天。对于这一现象的利弊,此处不拟展开分析。但由此而带来的对于学术论文的"泛化"理解或误解,却是学术论文写作中许多问题的起点所在。因此,在讨论学术论文写作之前,需要先对基本概念进行必要的辨析,把"什么是学术论文"梳理清楚。

在实践中,常见到的对于文科学术论文的"泛化"理解是:把经验总结、零星体会之类的文章都视为"论文"。以为自己所写既然不是文学作品,当然就是"论文"了。就学术论文写作来说,这样的理解在起点上就有偏差。笔者在此毫无尊学术论文、贬工作总结之类应用文的意思,不同的写作有不同的社会作用,应用文在各自的领域中自有其不可替代的重要价值,但不能因此而把它们与学术文章混为一谈。学术论文有其严格规定性。从内容上看,学术论文研究的对象是学术领域的问题,它不同于一般

---

① 原载《山西青年管理干部学院学报》2007 年第 8 期。

的情况说明、工作总结和经验体会之类,它主要不是讲"是什么"、"有什么",而是讲"为什么"、"怎么办"的。如果缺少这样的实质性内容,那么,即使在文末加了几条注释,列了几个参考文献,似乎像是论文的格局了,其实还不能称为学术论文。在表达上,学术论文以分析、论证为主,而不是以介绍、解释为主。它通常是成系统的观点、见解,比一般漫谈式的杂感、随笔更具有严密的逻辑性。

学术论文与教材也不同。经典的教材可能有创见,但不能要求所有教材都有与众不同的见解。一般来说,教材如能做到综述各家,理清知识线索,介绍新的信息,对于学习者来说已是惠莫大焉(目前充斥于市场的教材,有很多连这一点也做不到。但这是另外的话题,此处不拟展开)。论文比教材要求更高,那就是——论文应当有创见。目前,"泡沫文章"、"著书(文)不立说"的现象在学术界普遍存在。不论这种风气有什么样的现实基础,学术界都不应当表示认可,更不能加以赞赏。针对这种浮躁的学风,每一位从事学术研究的人都应当谨记季羡林先生的话:"没有创见,不要写文章,否则就是浪费纸张。有了创见写论文,也不要下笔千言,离题万里。"[1]

论文要有创见,这是学术研究工作者应当遵循的大原则。但是,在具体的研究中,又要注意区分不同情况。有了区分,才能既维护了学术研究自身的科学性,又保护了不同研究者的创造才能。

1. 衡量创见的标准有区别。创见有大有小,可以是全新的、体系性的,也可以是局部的、与他人微殊的。不能用专家的创新水平来衡量一般的研究者。一般的研究者(尤其是初学者)可以在后一个方面多做努力和积累,逐步发展到较大范围内的创新。

2. 创新的领域有区别。它可以体现为新观点、新理论的建立,也可以是新方法的运用,还可以是新材料的发现。因此,以调查事实、整理材料或者考证真伪为主要内容的研究,只要提供了新的学术信息,同样可以具有一定的学术价值。

对学术论文还有一种误解的情况是:不知道写论文要与"学术共同体"对接,而把通篇"自说自话"看作自己独有的"成果"。如果你看到某篇"论文"连一处引文、一个参考文献都没有而表示怀疑时,作者可能颇为得意地说:"都是自己的话,不是更好吗?"其实这是对于学术研究的规律、学术论文的特点缺乏了解。写学术论文不同于文学创作,不能完全依靠生活经验和内心感受,它应当是"既有人,又有我"。"有人",指的是在论文中要对别人已经从事的研究有了解,有交代,否则你的"研究"就很可能是沙上建塔,或是在重复别人;"有我"则是要求在论文中要有自己的声音,自己的思想,而不是只把别人的话复述一遍。社会发展到今天,任何一个学术领域的研究,都不可能是从零开始的。科学哲学家们把科学的历程比喻为一条长河,我们正处于河流的中端。他人的众多研究成果、方法、资料甚至是弯路、谬误等思想劳动成果构成了已有的学术资源,成为全社会共享的"学术共同体"。正是在这个意义上,马克思说,科学劳动"部分地以今人的协作为条件,部分地又以对前人劳动的利用为条件。"[2]真正的学术研究,都要与"学术共同体"相连接,有所依傍,有所借鉴,有所继承,同时也要有所贡献,并成为其中的一部分。科学学的研究发现,在从事学术研究的劳动中,资料的调研差不多要占去1/3的时间。对于学术论文的写作者来说,需要知道关于某个话题别人已经说了什么,在此基础上,自己将要说些什么。从这一点看,学者的研究与作家的创作是有区别的。如果某个作家没读过很多书但能够不断拿出创作成果来,这不值得惊讶,而如果一个学者缺少学术资料的基础又能源源不断地写作(即俗话所说"读的书少,写的书多"),除了令人奇怪之外,恐怕只能怀疑他写作的水准了。

从一般规律看,无论哪一学科的研究,研究的起点基本都是来自对于事实的掌握和对理论的思考。文科研究很少借助实验室里的实验、化验,因此,对于文科学术论文写作来说,文献阅读是非常重要的(另外一个重要方面是社会调查,限于篇幅,此处不详论)。写论文有所征引是正常的,而毫无依傍、"自说自话"才是不可思议的,也不合乎学术研究的基本规律。

最简单地说,学术论文的写作要以读书为基础。不读书而整天苦思冥想"写什么",当然难以有收获。不读书或很少读书,写论文时很可能会产生另一种可笑的情况,就是在所知甚少的前提下,自以为是地把自己的一点思考当作"创见"。常常看到有些大学生、研究生的文章,作者自言其研究是"新的课题,新的创见",其实同类研究早就有了相当多的资料和成果,只不过作者了解甚少。现在,许多低水平的重复性研究,"炒剩饭"式的研究,除了主观因素之外,客观上往往都与对文献资料的掌握不够有关。

学术研究的阅读,与一般消遣性的阅读不同,要特别注重阅读经典著作、最新著作和学术性刊物。普通的教材、教参、普及读物,因其提供的主要是常识或基本素养,通常不能催生新的学术生长点,因而对学术研究的推动力不大。

在阅读学术文献的过程中,思维受到的激发是多重的:不仅在积累资料,孕育观点,还能够从中领悟文体规范,积累专业语汇,培养学术语感。当然,阅读不是简单地往头脑里装信息。积极的阅读通常与思考联系着,有时甚至需要沉浸在思考之中。

总结上面的论述,可以概括地说,关于学术论文的特点,有两点是不可忽视的:一是要有学术来源,二是要有创见。简单地说,写文科学术论文,一要读书,二要对资料进行研究和思考。

总之,学术论文写作既非高不可攀,也非轻易可成。从事学术研究的人,需要对学问怀有敬畏之心,以高水平的学术研究境界为理想,虽不能至,心向往之,努力追求研究水平的提升,在此过程中逐渐积累成果,提高自身。

二、学术论文的选题

独立从事科研的标志之一,就是学会自主选题。西方科学哲学家贝弗里奇说:"做研究工作的学生若是自己负选题的责任,那么成功的可能性更大。"[3]学生尚且如此,教师或其他研究人员就更加需要在学术领域中独立自主地选题。

选题的关键不仅仅是确立一个题目,而是确立研究论题以及它的范围。

论题从何而来呢?

常见的理论研究有三种情况:一是对实践中的某一现象进行理论性的评说(不是就事说事,而是就事说理),二是对同类事实进行分析—综合,概括为理论,三是从概念、理论节点出发形成新的理论见解。对于一般的研究者(特别是初学者)来说,从现象、事实开始比从理论节点开始要容易些。因此,研究学术者除了阅读文献之外,还要密切关注实践,抓住实践中值得研究的现象,探求其中的道理。例如,目前有一种现象比较普遍:学生在教学中喜欢听具体事例,最好是故事,而不喜欢概括的知识,最不喜欢抽象的理论阐发。这是教师在实践中经常接触到的。由此开始,可以展开理论思考:它产生的原因是什么?怎么评价这种现象?要不要引导?如何引导?……在这样的思考之中,问题就突破了它本来的现象状态,而具有了理论的意味。

论题来自阅读资料和关注实践,这是根本的基础。至于论题产生的途径,在同样的基础之上却可以有所不同。以下所说的几种方式不是完整的概括,但都是可以进行尝试的。

1. 直觉。通俗地说,直觉就在读书、思考甚至是休息时刻突然冒出来的某个念头、灵感。艺术创作领域比较重视直觉,其实在学术研究中也同样存在直觉。直觉是自然的、本真的、纯粹发自内心的,是人的本能感受在刹那之间的综合。它看似突如其来,其实还是以研究者长期的积累、思考作基础。当然,学术研究是有深度、有系统的理性思维,仅仅靠直觉是不够的,但是把直觉轻轻放过去也很可惜。妥当的方法也许是:紧紧抓住"我何以会有这样的感受"这一点,以此为起点,把问题发散或延伸,看看能不能形成一个系统的观点。这样的努力常常会有效。

2. 评说。在中国古代文章写作理论中,"论"与"说"是有区别的。刘勰《文心雕龙·论说》中指出,"论"着重于发挥理论,"说"则着重于打动人心。现代学者罗根泽也对此作过区分:"西洋所谓 critcism,中国古代名之曰'论'。……'论'比较偏于理论方面。至偏于裁判方面的则曰'评'。"[4]一般而言,对于一个已有的实体对象进行评说,比围绕一个理论"节点"展开逻辑话语要相对容易些。在学习和研究的过程中,读过的书、文章,看到的社会现象,其中就有很多可以评论的东西。可以围绕书或文章进行评价,如旅美华人学者黄全愈的《素质教育在美国》是一部有影响的书,可以评价其中的教育学思想;也可以从某个角度评说某人的思想、成就,如评鲁迅的青年观对今人的启示;还可以对某种重要的社会现象发表看法。

3. 关注。即密切关注学术动态、理论热点问题。新观点、新见解常常产生于信息的碰撞中,在对别人的观点的了解和关注中,才能不断激发思维。如学术界近来讨论的学术规范问题,取消高校职称评定的问题,素质教育与专业教育的关系问题等等,都能够引发人思考，从中也能够找出一些有价值的话题。可以说，一个经常关注学术动态的人，头脑中的信息才会经常处于活跃状态，才有可能不断发现有价值的研究课题。

4. 联系、比较。创造性思维的一个特点是它的开发性，也有人称为联系性、迁移性，指的是思路不局限于某个孤立的事物或问题，而是积极寻找它与其他事物、问题的联系。这种方法就是毛泽东所说思想方法"十六字原则"中的"由此及彼"。世界是充满联系的，理论领域的许多话题也是彼此相互联系着的。很多情况下，孤立地就一个话题说理时，不容易发现特点，话语不容易展开。这时就需要把此一话题与别的话题相联结，在比较、对照中看它们的联系和区别，从而开拓研究的视野。如要研究"邓小平对劳动价值理论的贡献"，就可以与马克思的劳动价值理论相联系、相比较，从中发现特点和理论发展的线索。比较对照往往是建立深刻见解的有效途径，从某种意义上说，把有关信息进行联结、组合、比较、对照的过程也就是创造的过程。

5. 补充。这是学术研究中常见的"接着说"。创造性思维的另一个重要特点是它的延伸性，即不满足于现成的观点和结论，有一种探究不止的愿望。学术研究无止境。别人的论著、论文提出了一些新的见解，固然是应当吸收的可贵营养，但如果不是人云亦云式的接收，而是经过自己的深入思考，也许就会发现，其中还有某些地方没说透、没说全、没说清楚。这就给自己找到了学术言说的空间，可以在此基础上展开自己的论述。要做到"接着说"，关键在于思维的主体性，即使是面对专家、名家的见解，也应当不被动、不盲从，敢于运用自己的思考和判断，阐述自己的看法。

6. 质疑。通常称为"对着说"，是比"接着说"更进一步的深入思考。学术讨论中常有商榷性文章，大体属于这一类。与人商榷，通常是发现了别人理论上的不准确，甚至是谬误，或是要发表与之不同的见解。商榷在学术研究中很能活跃气氛，也比较引人注目。南宋朱熹与弟子论读书，说过这样的话："读书有疑，有所见，自不容不立论。其不立论，只是读书未到疑处耳！""有所见"就是确立了自己的观点、见解，"立论"即发表自己的见解，它们产生的前提就是"有疑"。在一定意义上，"有疑"也就是"有异"，但"异"不一定就是完全对立，它也可能是换个角度看问题，从而产生了与他人不同的见解和体会。总之，质疑是要使自己的思维活跃起来，不能人云亦云、毫无怀疑地接受他人的思想成果。

7. 综合。比起前述"由此及彼"的联系，综合是"合众为一"的思路，它是从多个事实、现象、问题的概括和综合中寻找联系，这种联系更广泛，因而也更容易产生新见解。如同一类事实、现象、问题关注得多了，就容易发现其中共同性的、规律性的东西，这就为学术研究找到了新的话题。有时候，围绕同一研究课题，学术界有许多论文、论著发表，从中可以概括出理论研究的主要成果，总结出理论的进展程度，同时能在比较中发现"同中之异"和"异中之同"，增加理论研究的深度。

需要指出的是，以上几种方式不是各自孤立、彼此不相关的，它们往往互相渗透。

最常见的就是,各种研究中都经常要运用比较、联系的方式。

[参考文献]

[1] 季羡林. 朗润琐言[M]. 上海:上海文艺出版社,1997:48.

[2] 马克思. 资本论(第3卷)[M]. 北京:人民出版社,1972:120.

[3] 贝弗里奇. 科学研究的艺术[M]. 陈捷,译.北京:科学出版社,1983:9.

[4] 罗根泽. 中国文学批评史(一)[M]. 上海:上海古籍出版社,1984:9.

例文评析:

1. 这是一篇对学术论文进行研究的论文,本身也是学术论文,题目采用了双标题形式。正标题"学术论文的特点与选题"揭示论文的主要内容,副标题"学术论文写作研究之一"对论文研究的内容作了限定性的说明。因为关于学术论文的写作的研究还有很多内容,"特点与选题"只可能是其中之一;如果不做说明,则会让人不明了"学术论文的特点与选题"的研究范围和目标。

2. 论文的内容安排符合学术论文的学术规范。从题目、摘要、关键词到正文和参考文献,要素齐全,引言部分尽管只有五句话,但对研究的对象做了解释和说明。结论部分由学术论文选题方法出发,采用了自然结尾法,即话题说完了就自然结尾。

3. 论文结构采用了递进并列式综合结构,即总体上是递进式结构,分论点论述时采用了并列式结构。正文部分一共谈了两个问题,一个是"学术论文的特点",一个是"学术论文的选题",这是递进式结构。只有先谈清"学术论文的特点",才能谈如何选题。如果连特点都不清楚,那么选题就不太可能符合要求。在"学术论文的选题"一节中,一共提出了7种不同的选题方法,这7种方法基本上采用了并列结构。他们在先后安排上如果采用不同的顺序,基本不影响内容的表达。

4. 需要指出的是作者在这里采用的论证方法,十分经典。学术论文的论证分析方法一般采用"提出观点—对观点进行阐释—围绕观点进行分析论证—总结观点"这样的路径进行,这样的论证过程和方法使得观点鲜明,论证集中,首尾衔接紧密。论文第二部分论证7种不同的选题方法时,基本上都采用了这一经典论证方法。譬如在提出了第三点"关注"后,先解释什么是"学术关注",接着用例子进行了论证,最后在关注之后能获得有价值的研究课题这一点上进行了总结,思路十分清楚。

学术论文例文 2：

多元显现与比例失衡
——时下古装剧创作特征分析

摘　要： 一部古装剧可谓是多种文化的载体，既有服饰文化、造型文化、音乐文化、表演技巧等多元化的展现，同时也存在诸多的创新与突破之处。在肯定好的一面的基础上，我们也应重视与处理好整体的搭配与协调，体现文化的素养，又有娱乐的享受。这才不违背古装剧创作的初衷。

关键词： 古装；多元化；失衡；文化；艺术

一、古装剧强求一种综合的艺术，多种元素应需而显

现今的古装剧，在制作之前要考量许多东西，首先是剧本的选择。剧本是一部剧文化层次的定位，经典名著为什么会多次"翻拍"，因为名著具有丰富的审美内涵、浓郁的文化底蕴和富有时代气息的艺术个性，对之进行载体转型，借助于成功作家犀利、独到的社会观察力、剖析力和强大的艺术构建力，容易获取价值的成功。[2] 可见，剧本本身决定了影视剧的文化品味。其次，是场景的选择。古装剧一般以宫廷场景为主，北京的怀柔、浙江的横店都是大型拍摄场所，所以多数的古装剧都是从这些地方拍摄而来，但问题也就随之而来，雷同的场景会给观众带来审美的疲劳与新意的缺乏，因此，不同的古装剧都会特别设置一些场景，利用电脑技术弥补现场拍摄的缺陷。除此之外，还有许多问题也仍需考量：人物角色的设定与演员的选择问题，也就是说由谁演的问题；如何通过文字信息立体地展现在观众面前，这里还要涉及到观众的接受问题；等到所有的制作都完成后，制作方还要为古装剧进行包装与宣传，这又涉及营销策略的问题。总的来说，影视剧并不是单线条的制作，每个环节都需要制片人与制作人的共同考量，同时还要兼顾观众的喜好与商业利益，在这种双向的共同作用下，古装剧的制作模式也越成熟，创作也趋于明显。以下，将环视内地各大热门古装剧，试图总结其多种元素的表现特征。

（一）古装的艺术化

古装剧分类繁多，对其如何定义，并不是一件易事，尤其随着时代创作经验的积累，其内涵也会做出一定的衍生与流变，但有一点可以肯定，古装剧一定是以古装而冠名的电视剧种，也就是说"古装"应是"古装剧"的最大特色。那么什么是"古装"？从字面的意思来说，是古代的服装修饰。如果以时间为纬度，可以分为历史、当下、未来，那么服装相对应的可以称为古装、时装（或今装）、未来装（或前卫装），由于未来装也是根据既定的现实设计而来的，所以三个纬度的时间段真正区分起来可以转化为两个纬度，即古装与时装。换句话说，非古即今，从这个意义上来讲，合理的想象、适当的仿拟、加入古代元素而制作的服饰，也可以称为"古装"。之所以对"古装"一词进行推敲

与释义,原因在于:现定拍摄的古装剧中,有的服饰并非历史上真实存在,"古装"只是一种俗定的说法,从狭义来说,是具有古代(一般指民国以前)元素的服饰;从广义来讲,只要具有古典气质与韵味的装扮(包含服饰),也都可以称为"古装"。它是一种艺术化的古代服饰,是现代人根据自己的审美品味借鉴古代的元素而呈现的服饰选择与表达,不一定与历史存在完全吻合。在这样一个背景下,各类题材的古装剧可以根据既定的场景需求与情境设定,而制成一系列的带有特质的服饰。根据人物身份的变化,在服饰上也做出相应的调整。宫女身份强求素朴简易,妃嫔身份强求尊贵典雅,而君王身份则需要体现其庄重华丽,同时,不同的身份也会搭配不同的饰品,当然,在古代司仪中,这些都会有明确的规定。但问题是,如果所有古装剧的制作都完全参照历史发生而设定其服饰,那么不同的剧就会给人雷同的感觉,在观众的接受心理上,往往会缺乏新意与好奇感。前面说到,古装并非真正历史上的服饰,因此,设计者往往会根据剧中需求而表现特定的审美品格。如:《仙剑奇侠传(三)》中的人物景天的服饰,就颇具现代感,由于其形象放荡不羁,自由散洒,如果配以长衣遮挡下身,人物则显得拘谨。还有的"古装"在某些细节之处,也有了一些调整:一些皇室贵族的服饰不再像以往一样,仅限于使用龙纹、虎纹搭配,因往往掩饰其身份,所以又常以水纹、云纹代替,既简约大方,又不失其尊贵。总之,古装剧既要考量市场反馈,又要兼顾剧本需求,特别制作一些服饰,而这些精美绝伦的色系搭配,当然也是古装剧的一大特点。

（二）音乐的专业化

影视音乐原本是影视剧的附属产品,在电视剧制作初期也并不受到重视,一些经典的歌曲和配乐常常也会被重复、多次地运用到各种影视剧中,制作者也不是特别愿意花一些精力去处理音乐的细节部分。随着时代的进步,观众对影视剧的要求也会越来越"苛刻",相似的音乐表达也往往会引起审美上的疲劳,对影视剧也会表现出消极抵触的一面。因此,电视剧的主题曲、片尾曲、插曲也逐渐地走入制作者自主、自觉的创作环节中去。以于正出品的系列古装剧为例,几乎每一部剧于正都会亲自为片头曲、片尾曲作词。如《美人心计》中的片头曲《落花》、片尾曲《椒房殿》,《宫》、《宫(2)》中的主题曲《爱的供养》,新版《笑傲江湖》的主题曲《逍遥》、片尾曲《爱我》、插曲《觉悟》,以及最近热播大剧《陆贞传奇》的主题曲《珍惜》、片尾曲《心情》……虽无法确认这些作品是否都完全出于正本人之手,还是冠名而已,但有一点可以肯定:这已经表达了一种品牌树立的观念。古装剧与影视音乐形成了一种缔结关系,当人们听到《爱的供养》这首歌曲的时候,就自然会联想到古装剧《宫》,当听到《逍遥》的时候,就会联想到新版《笑傲江湖》,说明了一个不争的事实,影视剧的音乐本身也是一种品牌,而且还可以很好地为其剧起到推销与传播的作用。

随着创作经验的积累,古装剧的音乐还会表现出一些特别的审美品格。第一,曲风清扬松缓。由于历史意识的消解,多数古装剧虽借用历史场景,但很少会出现恢宏阔大的场面,因此音乐的选择上面,也会很少出现激昂亢奋的旋律,由于一般以抒情的戏份较多,所以,在情感的体验上,给人一种舒展绵延的感觉。第二,常有情节暗示的作用。言情古装剧,常会出现这样的画面:男女主人公互相发生争执,如果从声画统一的角度来说,这时应适当配一些紧张、短促的乐符,但实际上,由于古装剧本身品格发生的转变:从长于叙事、展现历史场景到重于抒情、表达人的心理感受,所以,即便是在这样的场景下,配乐仍采用舒缓轻盈的节奏,暗示短暂的矛盾之后,是情感的凝重和主题的升华。第三,专业的团队制作,针对性强,更加符合剧情的需求。以往制作方式,是根据现有的音乐去选择符合剧情的曲调;而现在,制作组拥有独立的音乐制作团队,完全不需要再去迁就音乐的选择问题,可以根据新的情节与需要,重新创作新的配乐,这样的配音也就更加符合主题,也更加地深入人心。

二、过于追求创新与突变,造成各种元素比例呈现失衡现状

在一个多元化创作的时代,要想赢得口碑,获得更多的市场份额,在每一个环节都需要有精良的制作,原本看似不起眼的细节,做得好反而会起到画龙点睛的作用。因此,无论是编剧,还是导演、制作人,都会尽量的使古装剧融入更多的元素,更多层面地展现艺术的品质与对其的用心。这样的初衷与出发点本是体现一种负责的态度,但同时也大大地加重了一部剧制作的环节和成本:主题曲、片尾曲、插曲等配乐需要精良的音乐团队,服装与纹饰需要优质的设计师,电脑特效也需要专业的制作团队,字幕与配音、后期剪辑哪一个不需要花大量的时间与整体的配合,受到市场因素的影响,有时还要调整制作的时间与成本,有时显得仓促也是无可厚非的事情。但是出现问题也会接踵而至,几乎所有的古装剧都会有所谓的穿帮镜头,并且在文化与常识上,也欠缺严谨,如:字幕与配音;剧情上也会有许多不合理之处;人物性格的塑造不够明显,有时正气不足,反而显得阴险狡诈,与人物设置的初衷产生了位移;还有,过多地流入了现代元素,如网络词汇和流行用语,虽有时褒贬不一,但有违史实传播却是不争的事实。总之,正是在网友、观众、学者、历史学家等多方的挖掘与争执之中,古装题材的电视剧创作越走越红,越来越占有大量的市场份额,也越来越受到研究者、制作人等多方的关注与思考。但有一点是肯定的,之所以会引起支持与反驳,其核心原因:历史与时代的接轨,各种元素在尽力表达的过程中,丧失了比例的协调与均衡,下面将分三个方面对其叙述。

(一)在故事叙述上,过于言情

古装剧的剧本很少由编剧完全独立创作,一般或是由宫廷系列小说,或由古典名著,或由历史史实、史书记载改编而来,为了适合全新的剧情和不一样的感受,编剧都会进行很大地改编,加入自己的审美观点,可问题是,这种创新虽是必然之路,但往往容易破坏原著的均衡。举个例子,于正版《笑傲江湖》,与原著有一个很大的出入,探

寻了东方不败的情感世界，不仅如此，还将东方不败附着了许多的联系（大战风清扬、被岳不群设计、与任盈盈形成情敌关系），甚至还改变了性别，很多的不合理之处，也无法得到逻辑上的解释。作为观众也只能模糊地会意一下，照着编剧设定的情境看下去，这种浮夸的做法，既有违文学创作原则，同时也将"剧"的定义重新诠释了一番：剧都是虚构的，供人消遣，至于合理不合理完全由看的人决定了；再或者，一两个不合理之处，如果换得整本剧情能够延续下去，那么也真的可以达到小事不拘的境界了。实际上，这种情节比例的失衡，很大程度上，都源于创作理念的转变。现在的古装剧历史意识逐渐地消解，或者说历史只是一个预设的场景，与剧情的发展并无太多的联系，人物的情感关系成为了主线索，历史事件的发生只是一个触发点，一切的本质在于透视人心与突显言情。因此，现在的古装剧也都会冠以言情、励志、攻心等名词，即便是像《三国演义》《水浒传》这样的历史性较强的叙事作品，在古装剧的表现中，也会常常出现男女情感的镜头。总之，无"情"不成"戏"。至于古装戏在剧情上为什么不突显历史场景，当然也有一些必然的原因：第一，宏大的历史场景，拍摄起来比较费事，需要大量的群众演员，先不谈预设的经费问题，就这么一大批人，如何整体协调，和谐统一，也不是一件易于解决的事情，更何况还有突显主角的存在价值；第二，战争场面，过于逼真就会导致过于血腥，影响接受与欣赏的美感，比如：拍摄火烧赤壁，万箭齐发的场景如何表现，几十万大军的伤亡如何表现？即便运用电脑特效，在一个以消遣为目的的状态下，又有多少人愿意接受这种沉重的悲剧？第三，与时代的接轨，和平时代，有时更多地需要透视人的情感与价值观，在宫廷这个特别的场景下，往往更易彰显人性的易变与残缺。即便如此，有诸多创作倾向的改变理由，但一个故事的讲述与表达，始终要建立在完整、合理的体系上，这样观众才能真实可感，共鸣感才会更加强烈，古装剧的制作，才会更加成功。

（二）在人物塑造上，形象模糊

小说的三要素为人物、故事情节、环境（自然环境与社会环境），对于古装剧而言，需要考量的元素虽然会更多，但是塑造一大批鲜活的人物形象，无疑也是古装剧为观众呈现的最基本要求，因此，剧本在创立之初，会对人物形象进行准确定位，既明确人物在剧中的作用与地位，同时也方便演员更好地演绎与诠释。但问题的关键在于，有的人物呈现的效果过于模糊与不准确，亦正亦邪，甚至有时在情感体验上偏离了预设的形象。举几个例子，2006年至2009年，由刘德凯主演的新版《封神榜》（上部为《封神榜之凤鸣岐山》，下部为《封神榜之武王伐纣》），与以往的《封神榜》相比，虽然电脑特效做得尤为突出，展现了一系列非自然力的表达，但对于姜子牙这个人物塑造却显得有些轻浮，给人一种阴沉奸猾的感觉。为什么会有这种接受的心理状态，原因很简单：第一，过于突显姜子牙的智慧；第二，胜利的场次过于繁多，胜利来得过于容易，这样，反而使得观众更同情于弱者，这也就是为什么会有许多人会为商纣王感叹的原因了。这种人物的塑造,显然有违创作初衷,也为观众带来了反感。再比如:《怪侠欧阳德》中的彭朋县令,在对待不同的人表现出了不同的态度:对于自己认为是好的人,在办案的时候就一口认定有冤情;对于那些所谓的坏人,则穷追不放。一个原本正直的县令,在审理不同的案情时,却有私心,分别对待,这样的人物塑造无疑是失败的、令人反感的。再如新版《笑傲江湖》中的任盈盈,由于东方不败的加入,使得令狐冲、任盈盈、东方不败围成了流行的三角恋情,虽对任盈盈无太多的情节设计,但对比起来,却显得过于小气与狭隘,与原著的预设也形成了位移,打破了原著本身的审美品格。这也就是为什么会出现雷人雷剧的原因了。多元的复杂关系的改编,打破文本原有的均衡,人物性格虽呈现出多面化的倾向,但在接受体验上,往往也令人模糊不解:不到剧情结束的一刻,无法对人物进行准确的定位,有的古装剧,为吸引观众,达到出人意料的效果,前期表现出一个正直的人物形象;但到了后期,却又180度大转弯,原来一切阴谋的主导者也都是他。缺乏适当的暗示,虽达到了出人意料的效果,但有时剧情过显仓促、事件发展明显不合理。尽管这种亦正亦邪的人物形象,打破了扁形人物与圆形人物对立的二元关系,丰富了人物的可看性,但如果处理不当,很容易引起观众的反感,引起诟病与争骂。

（三）在文化常识上,缺乏严谨

一部古装剧成为审美对象的时候,它会有很多的东西成为审视的对象。剧情是一个最直观的感受,它是一个粗犷的线条与轮廓,而台词、语言、人物、动作、效果等细节设计,就是所谓的衔合问题。即便各种元素与比例的考量都比较到位,但整体的搭配与细节之处,有时就会显得尤为重要与突出。拿配音与字幕来说,从某种角度上,也体现画面与声音的统一问题。时下制作的古装剧都或多或少存在一些问题,有些是粗俗的问题,但有些却涉及了一些古代文化,犯了一些错误,也是可以理解的。对于粗俗的问题,会影响古装剧本身的文化品质。拿最近热播的《陆贞传奇》举例,把"赶快"错写成"敢快",实在太说不过去了。同样,还是于正系列的古装剧《美人心计》,林心如剧中饰演的角色,见到匈奴首领冒顿将军,居然把"mò dú"读成"mào dùn",这是古代的常识问题,显然,整个配音制作与字幕制作存在着诸多的不协调之处,也有违文化传播的重任。当然有些问题,属于专业的问题,如张纪中版的《西游记》,曾有这样的一句字幕:可是这天上的雨水甘霖,是有专门的龙王和神祇,掌管分布的……这里的"神祇",还是"神祇",就是一个专业的问题,一般的人很难分清其中的区别。可见,文学性较强的剧本和台词,对字幕工作人员的要求也就越高,但是这些行业的从事人,不一定都是专业搞文字研究的,这样文字上的粗劣与画面的华美,形成了一种不协调的对比,让人感到可笑又可气。为什么会有许多的穿帮镜头,除了一些偶然的忽略之外,有些原因也是必然发生的。古人的衣服,应该是左衽,还是右衽?火龙果(火龙果:原产地于中美洲热带)是不是在魏晋南北朝的时候,大街就随处可见?宫廷的标牌,随意自造，虽然大多数观众都不太认识少数民族的文字，但不代表就可以意象，胡乱地艺术化，这是否又体现出对某些民族文字与文化的轻蔑？虽然制作人本无考虑很多，但是在一个求异创新的时代，这些问题都会暴露出来，或成为直接的硬伤，不仅给古装剧带来了负面的消极作用，还更有可能抹杀古装剧在其他方面的优良制作，所谓事物的缺陷往往要比它的优势，更让人铭心深刻。当然，这也可能会带来制作成本的提高，但摆在眼下的问题已经十分突出与显刻了。

三、古装剧创作应是理念与表现的统一

任何作品的创作，都应是理念与表现的统一过程。所谓的"理念"是创作者对其作品的思考与自身美学的表达，所谓的"表现"则是将思维过程"具现化"的结果。只有将创作理念与最终呈现相统一，艺术品的创作才能算是一个完整的过程与成功的展现，古装剧更是如此。尽管有时理念与表现出现偏差，但无需怀疑的是，任何一部剧的制片人都希望，既能展现这部剧的艺术价值，同时也能迎合市场，获得商业收益。因此，从这个角度出发，时下古装剧的创作特征分析，也是建立在一个对创作者审美表达的分析过程。可以发现，时下古装剧的制作已经逐渐地走向了一个自觉开发的过程。创作者希望在一部有限的剧（无论是时间限制还是空间限制）中，都能尽力地表达更多元素：在视觉体验上，演员养眼靓丽、服饰精美绝伦；在听觉享受上，曲风悠扬，情意绵长，让人舒缓；在情感共鸣上，情绪符合当下人的表现；在市场占有率上，也形成了一批固定的收视人群。尽管这种创作的理念，看似完美无缺，但在实际的"具现"过程中，却很容易出现偏差：在剧情设定中，宏大的叙事场面逐渐地减少，人物之间的情感叙述成分过多，历史意识也逐渐地消解；个体形象的塑造上，性格模糊不清、不典型，剧情中前后反差较大、有时也不合逻辑；在文化的传播上，文字的专业素养还不够，字幕与配音经常出现低级错误，时下的流行语也经常"穿越"在历史的场景中，在生活常识上，各种穿帮的镜头，比比皆是。不管是"多元显现"，还是"比例失衡"，说到底，都是创作过程中，表现出的优势和不足，如果能够平衡好创作中的各个细节与元素，那么古装剧的制作也就能朝着精品化的道路发展。特此，还有以下几点建议需要提出：第一、创作团队应当自觉审查古装剧的艺术品质，检查是否有一些穿帮的镜头，是否有一些场景设置不合理的地方；第二、对于由文学性较高的经典名著改变的剧本，可以适当地请一些专家、学者一同进行探讨与检查；第三、不能目光短浅，只顾商业利益：专业的团队，可能会提高制作的成本，但也为艺术的品质提供了保证，从长远的角度来看，也是值得的。总之，古装剧的创作，只有真正做到理念与表现的统一，尊重历史、尊重原著、尊重文化，借助现代高科技的优势，弥补在细节上有意或无意的不足，我们的国产古装剧才能越走越远，才能成为带有地域特色的文化精品，才能在传承与创新方面带给社会正能量，受到更多人群的喜爱与尊敬。

注　释

[1] 仲呈祥.慎用"古装戏"替代"历史剧"[N].人民日报,2002-05-05(第004版).

[2] 施旭升主编.中外艺术关键词(下卷)[M].南京:江苏人民出版社,2008:370.

参考文献

[1] 李胜利,肖惊鸿.历史题材电视剧研究[M].北京:中国传媒大学出版社,2006.

[2] 李俊梅.电视剧音乐艺术[M].北京:中国传媒大学出版社,2006.

[3] 施旭升主编.中外艺术关键词(上、下卷)[M].南京:江苏人民出版社,2008.

[4] 仲呈祥,陈友军.中国电视剧历史教程[M].北京:中国传媒大学出版社,2009.

[5] 陈旭光,戴清.影视鉴赏[M].北京:北京大学出版社,2009.

[6] 徐一民."神祇",还是"神祇"[J].语文月刊,2012,(05):31.

例文评析:

1. 这是一篇本科毕业学生的学位论文,从内容、结构、字数、注释和参考文献等等各方面都比较符合本科毕业学位论文的大致要求。论文的各个要素比较完整齐全。就论述的内容看,作者对古装剧的创作特征有一定的认识和思考。

2. 这篇学术论文存在以下一些问题:

(1) 主标题对内容概括表达不够准确。用"多元显现与比例失衡"来概括表达时下古装剧的创作特征一方面所指不够明确,另一方面与论文内容不够一致,所谓的"多元"是哪些因素? 所谓的"比例"又是指哪些构成?

(2) 缺少引言部分和结论部分。引言部分对为什么要论述古装剧的创作特征,其目的和缘由是什么,其研究的意义是什么,都没有交代,直接进入了第一部分进行分析,这不是一般学术论文的做法。同时,将第三部分直接做结尾也不妥,一是缺少对整篇论文经过分析和论证所形成的最终观点的归纳,二是缺少一篇论文最后的文气收束。应另起一小节,单独形成一个论文的结尾。

(3) 结构层次缺乏逻辑性。论文分成三个部分,第一部分小标题为"古装剧强求一种综合的艺术,多种元素应需而显",分析古装剧的创作特征(从"强求"一词看,应该也是不好的特征),第二部分小标题为"过于追求创新与突变,造成各种元素比例呈现失衡现状",分析古装剧创作方面存在的问题,第三部分小标题是"古装剧创作应是理念与表现的统一",分析论证古装剧创作应该怎么办。这三个部分之间,第一部分和第二部分之间逻辑关系不明确,是并列关系、总分关系还是递进关系? 在哪个层面上的并列、总分或递进？第三部分的解决办法是针对第一部分、第二部分还是所有的？

（4）缺乏学术性。学术论文最重要的特征就是学术性，学术性是学术论文的生命。一篇学术论文如果其论点缺乏必要和坚实的事实依据和理论依据支撑，在学理上和逻辑上站不住脚，就算不上是一篇学术论文。这篇论文正是这样，一方面缺少统计数据或者典型事实的陈述和分析，另一方面在逻辑上没有形成坚实和相关的推演和推理，更多的是一种感受和想当然，所以没有形成有力的令人信服的观点。

（5）语言缺乏准确性和严谨性。一篇学术论文的语言应该是准确和严谨的，其所表达的概念是明确的，所表达的判断和推理是合逻辑的和有力的，这样的语言才能起到为自己的论点提供有力支撑的作用。按照这样的要求和标准，这篇论文在语言上是不合格的，概念不清、逻辑不合理的地方很多。

[实践练习]

1. 选择一部人文社会科学的学术著作仔细阅读，写出读书笔记，在班级组织的读书报告活动中交流。

2. 选择一个你熟悉或喜欢的中国当代作家，阅读他的作品，从某一个角度写一篇读书报告。

3. 就大学（不管文理科）是否该开设写作课，检索相关资料，结合自己的体会，写一篇学术随笔。

4. 从中国知网上找一篇关于大学应用文教学的论文，列出该论文的结构要素和正文部分的结构层次，并分析正文部分的结构类型。

5. 按照学术论文的写作要求，写出学术论文例文 2 的引言部分和结论部分。

6. 对照学术论文写作的要求，在所感兴趣的学科领域选定一个方向或一个课题，并围绕这一方向或课题收集材料，进行整理和分析，列出一个较为详细的学术短论写作提纲。

7. 将练习 5 的写作提纲拓展写作成一篇学术论文。

第三章 公文类文体写作

[**本章导引**]

公文，是公务文书的简称。从广义上说，公文是指各级各类机关、单位在从事公务活动中产生和运用的所有文字材料。这些文字材料，有的是规范的文章形式，有的是图纸、报表、电报等形式，有的是用于张贴的海报形式。

从狭义上说，公文主要是指中共中央办公厅、国务院办公厅印发的《党政机关公文处理工作条例》(中办发〔2012〕14号)中第二章第八条所列举的"公文主要种类"，共15种：

（一）决议。适用于会议讨论通过的重大决策事项。

（二）决定。适用于对重要事项作出决策和部署、奖惩有关单位和人员、变更或者撤销下级机关不适当的决定事项。

（三）命令(令)。适用于公布行政法规和规章、宣布施行重大强制性措施、批准授予和晋升衔级、嘉奖有关单位和人员。

（四）公报。适用于公布重要决定或者重大事项。

（五）公告。适用于向国内外宣布重要事项或者法定事项。

（六）通告。适用于在一定范围内公布应当遵守或者周知的事项。

（七）意见。适用于对重要问题提出见解和处理办法。

（八）通知。适用于发布、传达要求下级机关执行和有关单位周知或者执行的事项，批转、转发公文。

（九）通报。适用于表彰先进、批评错误、传达重要精神和告知重要情况。

（十）报告。适用于向上级机关汇报工作、反映情况，回复上级机关的询问。

（十一）请示。适用于向上级机关请求指示、批准。

（十二）批复。适用于答复下级机关请示事项。

（十三）议案。适用于各级人民政府按照法律程序向同级人民代表大会或者人民代表大会常务委员会提请审议事项。

（十四）函。适用于不相隶属机关之间商洽工作、询问和答复问题、请求批准和答复审批事项。

（十五）纪要。适用于记载会议主要情况和议定事项。

当然，即便是上述 15 种公文也并不是各级各类机关、单位都经常用到的，有些公文种类在某些机关、单位甚至从不涉及。本章所讲的内容，主要立足于基层单位经常使用到的公文范围，分成知照性公文、报请性公文、指示性公文三个类别进行介绍。

要写好公文，有一些基本常识要先弄明白。

一是根据行文关系划分的上行文、下行文、平行文的概念。行文关系根据隶属关系和职权范围确定。下级机关向隶属上级机关发送的公文叫上行文，如报告、请示；上级机关向直属下级机关发送的公文叫下行文，如决定、批复；不相隶属机关之间相互发送的公文叫平行文，如函。

二是要掌握《党政机关公文处理工作条例》第三章所规定的"公文格式"。这不仅是关于公文的形式问题，更是关涉公文制发的科学化、规范化的重要问题。

三是要掌握《党政机关公文处理工作条例》第四章所规定的"行文规则"。这些行文规则是党政机关公文处理工作中不可触犯的"戒律"，必须严格执行。这是公文处理工作科学化、制度化、规范化的根本保证。

此外，要写好公文，当然应该掌握现代汉语的字、词、句、语法、修辞知识，以及逻辑知识，具备过硬的现代汉语书面表达能力，熟练运用叙述、议论、说明等写作的基本表达方式。

怎么样，准备好了么？让我们开启公文类文体写作的学习之旅吧。

第一节　知照性公文

知照性公文，是指机关或单位在一定范围内向特定的对象告知事项、通报情况、联系沟通、布置工作要求时所使用的公文。知照，是知会、关照的意思。常用的知照性公文有通知、通报、函等。

一、通知

[知识讲解]

根据《党政机关公文处理工作条例》的说明，通知"适用于发布、传达要求下级机关执行和有关单位周知或者执行的事项,批转、转发公文。"这里的"下级机关"和"有关单位"就是前面所说的"特定的对象"。通常情况下,通知都是在一定范围内普发,例如某省教育厅根据国务院和省政府有关文件精神,向各市(县)教育局、各高校下发《关于做好 2015 年寒假春节期间学校安全工作的通知》。这里"特定的对象"(收文单位)从数量上看不是一个,而是一定范围(全省)内的全部"有关单位",这就是普发的意思。有的通知只有一个具体明确的收文单位或人,例如高校给每位录取考生发送的录取通知、某市自来水公司给某单位发送的水费催缴通知等。生活中还常见到一种通知是在一定范围内普遍告知公众,没有具体的收文对象,一般会采用媒体发布或者张贴形式,例如防寒防冻通知、防涝防汛通知、禁放烟花爆竹通知等。严格来说,这类事项应该适用通告,而不是通知。

通知通常由标题、主送机关、正文、附件说明、发文机关署名、成文日期、印章等格式要素构成。具体写作要求是:

标题必须包含发文机关名称、事由、文种三部分。"发文机关"应该写全称或规范化简称,"事由"一般用介词"关于"引导,"文种"(通知)前面的"的"字不能随便省略。例如"××县人民政府办公室关于加强行政调解工作的通知"。

批转、转发公文时,"发文机关"后面先要写明转发关系,然后引述被转发的公文名称,最后写"文种"。例如:"国务院关于批转交通运输部等部门重大节假日免收小型客车通行费实施方案的通知"、"江苏省政府办公厅转发省劳动厅等单位关于做好纺织压锭企业下岗职工分流安置工作 确保完成全年压锭任务的意见的通知"。

有时,因为工作需要,会出现一份上级机关公文被下级机关转发给再下一级机关,这种连续转发的情况,就会导致公文标题呈现出"关于转发关于转发……的通知的通知"状态。例如,某市市委宣传部、组织部等部门收到省委宣传部、组织部、群众路线教育实践活动领导小组办公室等单位联合转发来的中共中央宣传部、中共中央组织部、中央党的群众路线教育实践活动领导小组办公室、国家新闻出版广电总局《关于组织观看电影故事片〈天上的菊美〉的通知》(中宣发〔2014〕20 号)文件,决定以联合发文的形式,将省里的来文转发给各区(县)党委宣传部、组织部、群众路线教育实践活动领导小组办公室、文广新局等单位,该公文的标题就写成了"关于转发中共××省委宣传部等部门《关于转发中共中央宣传部等〈关于组织观看电影故事片《天上的菊美》的通知〉的通知》的通知"。这种标题制作看似符合行文关系,实际上是堆积"文山",是形式主义、文牍主义、官僚主义的工作作风使然。针对这个案例,正确的做法是该市市委宣传部、组织部等联合发出标题为"关于组织观看电影故事片《天上的菊美》的通知"一文即可,来自中央和省有关部门的发文信息,必要时可以在文件的正文中予以说明。此外,必要的连续转发公文,并且被转发的文件是"通知",则"转发"两字前面的"关于"两字可以省略,只需保留实际"事由"前面的"关于"。文种名称只需保留一个就行了。例如:"××市政府转发××省政府转发国务院办公厅关于2015年部分节假日安排的通知"。

主送机关是通知事项的主要受理机关,应当使用机关全称、规范化简称或者同类型机关统称。要顶格书写。不同类型机关统称之间用逗号隔开,同类型机关中不同主体名称之间用顿号,最后加全角冒号。例如:"各省、自治区、直辖市人民政府,国务院各部委、各直属机构:"

正文是通知的主体部分,承载着通知的具体内容和相关信息。一则通知的正文包括由头(发通知的原因、目的、依据或意义)、事项(通知的具体内容)、收尾(通知的执行要求)三个层次。"由头"单独成段,最后常常用一句"现就有关事项通知如下"或者"特作如下通知"承上启下,与下一段"事项"衔接起来。"事项"的表述要做到层次分明,条理清楚,语言简洁,逻辑严谨。在标识层次序数时,按照中华人民共和国国家标准GB/T 9704—2012//党政机关公文格式(2012年6月29日发布,2012年7月1日实施)的规定,文中结构层次序数依次可以用"一、""(一)""1.""(1)"标注。"收尾"通常用于提出通知的执行要求,或发出号召,或提醒注意事项。也可以直接用固定用语"特此通知"收尾。

附件说明是在通知有"附件"的情形下所作的说明。如有附件,在正文下空一行左空二字编排"附件"二字,后标全角冒号和附件名称。如有多个附件,使用阿拉伯数字标注附件顺序号(如"附件:1. ×××××");附件名称后不加标点符号。附件名称较长需回行时,应当与上一行附件名称的首字对齐。

发文机关署名位于成文日期之上、以成文日期为准居中编排。

成文日期一般右空四字,用阿拉伯数字将年、月、日标全,年份应标全称,月、日不编虚位(例如1不编为01)。

印章用红色,一般在成文日期之上,印章端正、居中下压发文机关署名和成文日期,使发文机关署名和成文日期居印章中心偏下位置,印章顶端应当上距正文(或附件说明)一行之内。不得出现空白印章(即印章盖在空白处,未压发文机关署名和成文日期)。

如果通知由两个以上机关联合发出,一般将各发文机关署名按照发文机关顺序整齐排列在相应位置,并将印章一一对应、端正、居中下压发文机关署名,最后一个印章端正、居中下压发文机关署名和成文日期,印章之间排列整齐、互不相交或相切,每排印章两端不得超出版心,首排印章顶端应当上距正文(或附件说明)一行之内。

通知例文1：

国务院办公厅关于 **2015** 年部分节假日安排的通知①

国办发明电〔2014〕28 号

各省、自治区、直辖市人民政府,国务院各部委、各直属机构:

经国务院批准,现将 2015 年元旦、春节、清明节、劳动节、端午节、中秋节和国庆节放假调休日期的具体安排通知如下。

一、元旦:1 月 1 日至 3 日放假调休,共 3 天。1 月 4 日(星期日)上班。

二、春节:2 月 18 日至 24 日放假调休,共 7 天。2 月 15 日(星期日)、2 月 28 日(星期六)上班。

三、清明节:4 月 5 日放假,4 月 6 日(星期一)补休。

四、劳动节:5 月 1 日放假,与周末连休。

五、端午节:6 月 20 日放假,6 月 22 日(星期一)补休。

六、中秋节:9 月 27 日放假。

七、国庆节:10 月 1 日至 7 日放假调休,共 7 天。10 月 10 日(星期六)上班。

节假日期间,各地区、各部门要妥善安排好值班和安全、保卫等工作,遇有重大突发事件,要按规定及时报告并妥善处置,确保人民群众祥和平安度过节日假期。

国务院办公厅

2014 年 12 月 16 日

例文评析:

这是一份由国务院办公厅(发文机关)以明码电报形式(发文字号"国办发明电〔2014〕28 号"中有"明电"二字)发出的、写作和制发非常规范的通知。

标题:发文机关(规范化简称"国务院办公厅")、事由("2015 年部分节假日安排")、文种("通知")三部分词意完整,表述简明。

主送机关:"各省、自治区、直辖市人民政府,国务院各部委、各直属机构",表述准确,标点符号使用规范。

正文:由头部分(第一段)首句"经国务院批准",既表明了发文依据,又符合公文的行文规则(《党政机关公文处理工作条例》第二章第十六条第二款规定:"党委、政府的办公厅(室)根据本级党委、政府授权,可以向下级党委、政府行文,其他部门和单位不得向下级党委、政府发布指令性公文或者在公文中向下级党委、政府提出指令性要求。需经政府审批的具体事项,经政府同意后可以由政府职能部门行文,文中须注明

---

① 见中央政府门户网站:www.gov.cn。

已经政府同意。")。

　　事项部分按照时间先后关系,纵向列举部分节假日的安排。分条列项,层次清晰,逻辑严谨。结构层次序数标识正确,日期和星期的数字用法符合规范(参考中华人民共和国国家标准 GB/T 15835—1995//出版物上数字用法的规定)。

　　收尾部分简洁扼要地阐明了通知事项的执行要求。

　　本通知没有附件,所以没有附件说明。

　　发文机关署名、成文日期标注规范。印章略。

通知例文2:

省政府办公厅关于做好政府部门企业信用信息公示及共享工作的通知①

各市、县(市、区)人民政府,省各委办厅局,省各直属单位:

　　为认真贯彻落实国务院《企业信息公示暂行条例》(以下简称《条例》),进一步推动企业信用信息的互联共享,强化企业信用约束,提高政府管理效能,现就政府部门公示企业信用信息相关工作通知如下:

　　一、总体要求

　　依托省公共信用信息平台,实现市场主体信息的互联共享。省各有关部门应当按照《条例》和《省政府办公厅关于印发江苏省工商登记前置改后置审批事项目录(第一批)的通知》(苏政办发〔2014〕65号)规定,建立行政许可审批信息、工商登记信息、行政处罚信息、企业年度报告信息的共享机制,通过省公共信用信息平台将相关信息推送至工商行政管理部门企业信用信息公示系统,进行市场主体信息公示。

　　二、职责分工

　　省信用办负责按照国家和省公共信用信息系统建设的总体要求,加强沟通协调,促进政府部门之间建立和完善企业信用信息公示和共享机制。

　　省工商局负责全省企业信用信息公示系统的建设和运营维护;负责工商登记、备案和行政处罚信息公示,以及"先照后证"相关信息的共享。

　　省各有关部门负责行政许可信息、行政处罚信息的共享和公示。

　　三、重点任务

　　(一)加快信息公示。

　　按照《条例》第六条规定,工商行政管理部门应当公示其在履行职责过程中产生的企业注册登记、备案信息,动产抵押登记信息,股权出质登记信息,行政处罚信息和其他依法应当公示的信息。上述信息应当自产生之日起20个工作日内通过企业信用信息公示系统予以公示。

---

① 见"江苏省政府信息公开"网站:http://www.jiangsu.gov.cn。

按照《条例》第七条规定,工商行政管理部门以外的其他政府部门应当公示其在履行职责过程中产生的行政许可准予、变更、延续信息,行政处罚信息和其他依法应当公示的信息。上述信息应当自产生之日起20个工作日内,提供给省公共信用信息平台,由省公共信用信息中心推送至企业信用信息公示系统予以公示。

(二)推进"先照后证"信息共享。

省工商行政管理部门应当将发照信息在发照后5个工作日内推送至省公共信用信息平台,省各有关行政许可部门应及时认领发照信息,做好发证的相关工作,并于发证后10个工作日内将发证信息推送至省公共信用信息平台。审批权限属于下级行政许可部门行使的,由省级行政许可部门统一认领发照信息,并反馈行政许可结果信息。对不具备条件不予核准办理许可证或未办理许可证擅自从事经营被依法查处的情况,应自信息产生之日起10个工作日内推送至省公共信用信息平台;省公共信用信息平台应当自接收到信息之日起3日内推送至省工商行政管理部门。

(三)加强年报信息管理。

对市场主体每年年度报告公示信息,省各有关部门可以与省工商局建立信息共享机制。省工商局在每年年度报告结束后,对企业通过企业信用信息公示系统公示的信息情况,按不少于3%的比例进行不定向随机抽查,并在每年7月底将被抽查企业的年度报告公示信息提供给省公共信用信息平台或税务、人力资源社会保障等部门,进行数据比对。省公共信用信息平台或相关部门在8月底完成数据比对后,反馈给省工商局。

四、保障措施

省各有关部门要加强市场主体信息的记录、归集、整合和应用,大力推进各部门信用信息的互联互通、协同共享,建立和完善信用信息管理的相关制度与标准,维护信用信息安全和信息主体合法权益。加大市场主体信息的公示力度,形成信息公示、信息共享、联动监管、信用约束的市场监管新机制。

附件:政府部门公示信息交换共享数据项

江苏省人民政府办公厅
2015 年 1 月 7 日

例文评析:

这也是一则写作非常规范的通知。相比于上一则通知,除了两者共同的规范之处外,本则通知还有几个地方值得我们关注和学习。

1. 该通知正文"由头"采取的是"目的式"开头("为……"),首句中的"为认真贯彻落实国务院《企业信息公示暂行条例》（以下简称《条例》）"，揭示了一个公文写作中经常出现的同名简称现象。按照有关规定，一篇公文中如果某个固定信息字数较多（如这里的"《企业信息公示暂行条例》"）并多次出现，可以且只能在第一次出现时用括号注明"（以下简称××）"，也可写作"（简称××，下同）"。这样，当后面文中再出现这个固定信息时就可以直接使用简称，从而使行文更简洁。

2. 该通知正文出现了二层结构序数，正确标注为"一、""（一）"。

3. 该通知正文"一、总体要求"之下出现了"省各有关部门应当按照《条例》和《省政府办公厅关于印发江苏省工商登记前置改后置审批事项目录（第一批）的通知》（苏政办发〔2014〕65号）规定"，揭示了公文写作中经常出现的引文现象。按照有关规定，引用文件时的正确做法是：先引文件名，再加括号注明该文件的发文字号。

4. 该通知的条款（层次）是按照"总—分"的逻辑关系前后排列的。

5. 该通知有附件，所以正文结束之后，在规定的位置注明了"附件说明"。

通知例文3：

省政府办公厅转发省教育厅等部门
关于进一步加快特殊教育事业发展意见的通知①

各市、县（市、区）人民政府，省各委办厅局，省各直属单位：

省教育厅、省发展改革委、省民政厅、省财政厅、省人力资源社会保障厅、省卫生计生委、省残联《关于进一步加快特殊教育事业发展的意见》已经省人民政府同意，现转发给你们，请认真组织实施。

江苏省人民政府办公厅
2014年11月10日

（下略）

例文评析：

这是一则规范的转发通知。标题中的"省政府办公厅"是发文机关的规范化简称。"转发"前面省略了"关于"二字，只保留了一个引领实际事由（"进一步加快特殊教育事业发展"）的"关于"。所转发的文件名称《关于进一步加快特殊教育事业发展的意见》中，"的"字以及书名号在本通知标题中被省略，使得行文更简洁。公文标题中尽量不出现标点符号，这是公文写作的惯例。正文中的"《关于进一步加快特殊教育事业发展的意见》"因为有书名号，所以必须保留"的"字，以保持原文件名称原貌。

此外，本通知的主体内容实际上是省教育厅等部门制定的《关于进一步加快特殊

---

① 见"江苏省政府信息公开"网站：http://www.jiangsu.gov.cn。

教育事业发展的意见》,该《意见》紧随在本通知下面直接印制,而不是以附件的形式出现,所以本通知没有"附件说明"。

通知例文 4:

县人民政府办公室关于进一步做好应急值守工作的通知[①]

各乡镇人民政府,县政府各工作部门;××经济开发区:

为认真贯彻落实国务院应急办、省政府应急办关于进一步加强应急值守工作的相关要求,结合我县实际,现就有关事项通知如下:

一、加强政务值班工作

各级各部门要进一步提高认识,加强对值班工作的组织领导,要严格执行 24 小时领导带班和工作人员值班制度,有关领导要亲自带班或值班,加强值班工作力量,工作人员值班要坚守工作岗位,认真履行职责。主汛期结束前和极端天气情况下,不得安排值班人员休假。值班人员要熟悉相关工作要求和工作流程,不得安排不具备值班条件和资格的人员顶班。要加强值班设施设备建设,保证电话、传真、计算机、打印机等设备正常运行,保持通信和应急值守工作系统畅通。

二、强化信息报送工作

要严格落实突发事件信息报告工作规定,对迟报、漏报、谎报、瞒报的单位和个人,坚持发现一起、处理一起,严肃责任追究。要进一步发挥好信息直报机制的作用,落实好信息直报的相关要求,凡发生较大以上突发事件,县政府按规定直报省政府;凡是以电话方式报告的重大以上突发事件信息,必须在 30 分钟内报送书面信息,超过 30 分钟不报的,算一次迟报。凡发生突发事件信息迟报、漏报等情况的,将在全县进行通报,并作为年终考评依据。

三、做好灾害应对准备

各级各部门要进一步加强应急救援队伍建设,不断完善队伍培训演练和管理制度,确保发生突发事件时救援队伍随时拉得出、用得上。切实做好救援物资储备工作,确保有充足的物资应对灾害需要。气象部门要做好气象灾害防范工作,抓好灾害性气象信息预测预警和发布。防汛部门要加强对水利工程和重点防汛抗旱设施的安全检查,认真做好除险加固工作。国土部门要加强对地质灾害隐患点的监测、监控,重点部门要 24 小时安排专人值守,采取措施消除隐患。农业、林业部门要抓好种植业、畜牧业、林业的管理和抗灾救灾工作,切实减少灾害损失。民政部门要认真做好救灾各项工作,及时汇总灾情。公安部门要关注舆情动态,加强舆情监控,防止发生舆情炒作等问题。

---

① 见"凤冈县人民政府·政务"网站:www.gzfenggang.gov.cn。

四、加强值班督促检查

县政府办公室将加大对有关部门 8 小时以外值班工作的检查抽查,并对检查抽查情况进行通报。各级各部门要按照一级抓一级、层层抓落实的要求,促进本单位、本系统值班制度的落实,一旦发现问题,要及时指出、及时整改,严防值班制度不落实、信息报送不及时、突发事件处置不到位等情况发生。对值班工作责任不落实、人员不到位的,一经发现将责成相关责任单位和部门进行专项整改,对造成严重后果的,将严肃追究相关单位和人员的责任。

2014 年 8 月 26 日

例文评析:

这则通知基本符合公文写作要求,但存在着几点问题:

1. 通知标题中的发文机关"县人民政府办公室"不是规范化简称。规范化简称应为"县政府办公室",如果加"人民"二字,则应该写出全称"××县人民政府办公室"。

2. 主送机关中的分号,应该写作逗号。

3. 通知正文的"由头"部分把发文的依据("国务院应急办、省政府应急办关于进一步加强应急值守工作的相关要求")与发文的目的("为认真贯彻落实……")杂糅在一起,削弱了本通知主体事项("进一步做好应急值守工作")的信息强度,容易让人产生理解上的偏差,似乎发文目的只是为了贯彻落实上级指示,而不是为了进一步做好应急值守工作。比较好的表述方法应该是:"根据国务院应急办、省政府应急办有关指示精神,为进一步做好应急值守工作,结合我县实际,现就有关事项通知如下"。当然,如果能把国务院应急办、省政府应急办的"有关指示"明确引述出来(引文件名,并注明发文字号),就更好了。

4. 落款处缺少了发文机关署名。

5. 正文中存在着标点符号使用不规范,个别地方语句不简洁、用词不准确或有语病。

二、通报

[知识讲解]

根据《党政机关公文处理工作条例》的说明,通报"适用于表彰先进、批评错误、传达重要精神和告知重要情况。"

表彰先进的通报,如《国务院办公厅关于表彰奖励中国女子足球队的通报》;批评错误的通报,如《国务院办公厅关于部分地区擅自出台提价项目错误的通报》;传达重要精神的通报,如《国务院关于克服官僚主义进一步转变工作作风提高办事效率有关问题的通报》；告知重要情况的通报，如《国务院办公厅关于保护知识产权专项行动有关情况的通报》。

在现行党政机关公文系统中，可以用于"表彰先进、批评错误"的文种并非只有通报，有时一些重要的、高级别的奖励或者处分，也可以适用"决定"甚至"命令（令）"，比如《国务院关于 2014 年度国家科学技术奖励的决定》《教育部关于表彰全国优秀教师和全国优秀教育工作者的决定》《中央精神文明建设指导委员会关于表彰第四届全国道德模范的决定》《公安部关于表彰全国公安系统优秀单位优秀人民警察的命令》等；而"传达重要精神和告知重要情况"，有时也可以适用"通知"，两者在这里的区别主要在于："通知"主要适用于下行文，是针对下级机关传达和告知，而"通报"则可以是在一定范围内传达和告知所有有关单位。"通报"有时采取媒体公布或张贴形式公开发布，以扩大影响。

通报的文体架构与通知一致，包括标题、主送机关、正文、附件说明、发文机关署名、成文日期和印章。有些通报通过媒体或者张贴形式公开向全社会发布，旨在号召全社会学习、警示或关注，就不会标识主送机关。同时，这些通报当然也不会有附件。

在表彰先进、批评错误以及告知重要情况的通报中，常常涉及到对先进事迹、错误行为或客观事实的叙述，写作时要注意采取概括叙述的方式，把时间、地点、人物、事件、大致经过和结果（后果）等几个关键要素写清楚就行，而不需要面面俱到。

表彰先进的通报，结构一般是：叙述表彰对象的先进事迹→表彰决定→鼓励表彰对象戒骄戒躁、继续努力→号召有关单位和个人乃至全社会向表彰对象学习。这其中要对表彰对象值得学习的若干方面进行准确扼要的阐述。

批评错误的通报，先写批评对象的错误行为，接着写处理决定，继而希望批评对象汲取教训、深刻反思、改过自新，然后警示有关单位和个人乃至全社会引以为戒。这其中对批评对象的某些具有苗头性、影响坏、容易产生"破窗效应"的错误一定要重点指出和严肃批评，谨防效尤。

传达重要精神和告知重要情况的通报，关键在于把要传达和告知的内容写得全面、准确、客观、有条理，重点突出，详略得当。

无论哪种通报，写作时都要注意"就事论事"，针对性要强。对于先进事迹的意义、错误行为的危害和影响、重要精神的重要性、重要情况的表现等等，都要紧扣"材料"本身，不要随意联系、避实就虚、夸大其词，更不能危言耸听或上纲上线。通报的总体基调要庄重严肃，语言流畅、得体，结构严整。

[例文评析]

通报例文 1：

国务院关于表扬全国"两基"工作先进地区的通报①

各省、自治区、直辖市人民政府，国务院各部委、各直属机构：

在党中央、国务院正确领导下，经过各地区、各部门和全国人民的共同努力，2011年我国全面实现九年义务教育，青壮年文盲率下降到 1.08%。这是我国教育改革发展的重大成就。在实施"两基"（基本普及九年义务教育、基本扫除青壮年文盲）巩固提高和"两基"攻坚过程中，各地党委政府认真贯彻落实教育法律法规和方针政策，坚持教育优先发展，突出"两基"重中之重地位，加强组织领导，广泛宣传动员，上下一心，扎实工作，许多地区作出了显著成绩，创造了丰富经验。为表扬先进，激励和动员全社会进一步重视、关心、支持教育事业，推动义务教育工作迈上新的台阶，国务院决定，对北京市顺义区等 80 个"两基"工作先进地区予以通报表扬。

希望受到表扬的先进地区再接再厉，开拓进取，改革创新，把本地区的义务教育提升到一个新水平，开创教育改革发展新局面。各地区要向受到表扬的先进地区学习，坚持以科学发展观统领教育事业全局，坚持把义务教育摆在重中之重的位置，深入贯彻落实《国家中长期教育改革和发展规划纲要（2010—2020 年）》，努力办好人民满意的教育，推动教育事业在新的历史起点上科学发展，为全面建设小康社会和中华民族伟大复兴作出新的更大贡献。

附件：全国"两基"工作先进地区名单

国务院

2012 年 9 月 5 日

例文评析：

这是一份典型的表扬性通报。标题词意完整，主送机关标识规范，行文非常简洁，全篇分为两个层次，第一个层次简明扼要地介绍了一年来全国各地区各部门在基本普及九年义务教育、基本扫除青壮年文盲的"两基"工作方面做出的努力、取得的成效。继而提出通报表扬的目的和决定。第二个层次向被表彰的地区提出进一步再接再厉做好工作的希望，同时向其他地区和部门提出学习先进、努力赶超的要求。通篇表述层次分明，行文规范，语言流畅。

"两基"是专有词汇，所以无论标题还是正文中都加了引号。

---

① 见中华人民共和国中央政府门户网站：www.gov.cn。

通报例文 2：

教育部关于××省××县高级中学教师冯××
索礼收礼谩骂学生案件查处情况的通报①

教监〔2014〕5 号

各省、自治区、直辖市教育厅(教委)，新疆生产建设兵团教育局，部属各高等学校：

2014 年，教育部出台了《中小学教师违反职业道德行为处理办法》《严禁教师违规收受学生及家长礼品礼金等行为的规定》等文件，对师德师风提出了硬性规定和刚性要求，各地采取有效措施，广泛开展整治教师收受学生及家长礼品礼金等行为的专项行动，取得一定成效。但是一些地方教育部门和学校，责任意识不强，贯彻文件精神和要求不力，个别教师思想认识不到位，意志不坚定，心存侥幸，仍然不收敛不收手，违规收受甚至索要学生及家长礼品礼金。教育部对媒体曝光和群众来信反映的一些教师收受礼品的问题进行了重点督办，现将近期查处的××省××县高级中学教师冯××索礼收礼谩骂学生案件情况予以通报。

经查，2014 年 9 月 10 日，因学生未向任课老师赠送教师节礼物，××县高级中学高二年级十七班班主任冯××在第八节课上对学生进行了长时间训斥和谩骂。冯××离开班级后，该班学生每人凑钱 1 至 5 元，凑了 395 元，加上班费 281 元，共计 676 元，由 5 名学生到超市购买 6 箱牛奶送给包括冯××在内的 6 名任课老师，共花费 296 元，剩余 380 元交给管理班费的同学。此前的 9 月 5 日，××县教育局开会传达教育部《严禁教师违规收受学生及家长礼品礼金等行为的规定》，要求各学校传达到每位教师，但该校对相关文件没有传达贯彻。教师节期间，该校 34 名教师接受学生赠送的茶叶、水杯、剃须刀、篮球、服装等各种礼品合计价值 4 084 元，人均 120.12 元。

××市及××县有关部门依据相关规定，给予相关人员处分：给予冯××撤销教师资格处分，清除出教师队伍；给予负有直接领导责任的××县高级中学校长、党总支书记宿××党内严重警告、行政记大过处分，免去其校长和党总支书记职务；给予未尽到监督责任的××县高级中学党总支副书记王×党内严重警告处分；给予负有重要领导责任的××县教育局局长、党委书记张××，××县教育局党委副书记陈××党内警告处分；给予未尽到监督责任的××县教育局纪委书记张××党内警告处分；根据不同情节，对收受礼物的部分教师分别给予进行诫勉谈话、作出深刻检查和通报批评的处理。收受礼物的教师已将礼物退还学生，无法退回的折合钱款退回。负有重要领导责任的××县分管教育工作的副县长被给予行政警告处分。××市纪委还责令××县委、县政府主要领导作出深刻检查，并对××县纪委书记进行了诫勉谈话。

---

① 见中华人民共和国教育部网站：www.moe.edu.cn。

冯××在课堂上谩骂学生并索要礼物的行为,严重违背作为一名教师应有的基本职业道德和操守,严重损害了教师队伍整体形象和职业声誉,对学生健康发展造成了难以估量的损害,产生了恶劣的社会影响。习近平总书记在北师大座谈会上的讲话明确提出,对道德败坏、贪赃枉法的害群之马要清除出教师队伍,并依法进行惩处。各级教育部门和各级各类学校要按中央要求和教育部部署,进一步加大工作力度,严肃查处教师收受礼品礼金等突出问题,以实际成效取信于民。

一要切实抓好教师收受礼品礼金等突出问题治理。各级教育行政部门和各级各类学校要把治理教师违规收受礼品礼金问题作为教育系统贯彻落实中央八项规定精神,深入持续纠正"四风"的重要举措,进行认真研究,精心部署。要全面落实工作责任,形成一级抓一级,层层抓落实的压力传导机制,把教师违规收受礼品礼金问题的治理责任落实到各个层面。要结合本地、本校实际,与建立健全师德建设长效机制相结合,研究提出治理教师违规收受学生礼品礼金突出问题的实施方案、细化措施和考核标准等具体规定,使治理工作长效化、常态化。要积极宣传引导,积极争取教师、学生、家长和社会的广泛支持和积极配合,使守住"六条红线"成为所有教师普遍认同的行为规范。

二要严刹教师收受礼品礼金等不正之风。各级教育纪检监察部门要加强对"六条红线"落实情况的监督检查,做到有案必查,有错必究,坚决查处顶风违纪行为。对群众反映和媒体曝光的收受礼品礼金突出问题要快速反映,快查快办,及时回应社会关切;对典型案件要指名道姓予以通报或公开曝光;对收受礼品礼金问题严重的地区和学校,不仅对当事人要严肃查处,而且要追究学校领导和教育行政部门的领导责任。

三要教育引导广大教师率先垂范廉洁从教。要以习近平总书记在北师大座谈会讲话的"四有"为根本要求,加强对教师的教育引导,不断提高教师思想政治素质和道德修养,努力在是非、善恶、曲直、义利、得失等方面做出表率,树立榜样;要引导广大教师严于律己,自觉抵御各种外部干扰和诱惑,自觉抵制收受学生及家长礼品礼金等不正之风的干扰;要大力推进廉洁文化进校园活动,教育引导教师强化自我教育和约束,自觉践行社会主义核心价值观,弘扬高尚师德,坚持廉洁从教,把清正廉洁的要求内化于心、外化于形。

教育部

2014 年 9 月 24 日

例文评析:

这是一篇批评性通报。从标题上看,由于有了"查处情况的通报",容易造成这是一份情况通报的误会。更明确的表述应该是《教育部关于给予××省××县高级中学教师冯××撤销教师资格处分并清除出教师队伍的通报》。但由于这份通报是发送给"各省、自治区、直辖市教育厅（教委），新疆生产建设兵团教育局，部属各高等学校"的普发性公文，其他地区单位对具体情况不甚了解，本着"以事实为依据，以法律为准绳"的原则，所以该通报的标题突出了对事实的查证情况，这在批评性通报的写作中是很常见的。

通报正文首先从宏观层面对广泛开展整治教师收受学生及家长礼品礼金等行为的专项行动所依据的法律法规和政策，以及专项行动取得的成效，进行了简要陈述。随即直奔主题，指出了目前还存在的问题，顺理成章地引出了个案情况。该通报不仅全面、准确、简明地介绍了案例调查情况，对案例中涉及到的时间、地点、钱款等重要细节表述具体，事实经过描述得当，各项处分决定的表述明确全面，而且用了相当长的篇幅对各级教育部门和各级各类学校下一步继续开展专项行动，作出了严格而具体的指示。通报的通篇写作层次清楚，有理有据，责罚分明，措辞得体。

通报例文 3：

国务院关于克服官僚主义进一步转变工作作风
提高办事效率有关问题的通报①

国发〔1999〕9 号

国务院各部委、各直属机构：

新一届政府成立以来，国务院各部门认真贯彻执行党的路线、方针、政策，精简机构，转变职能，机关工作作风有所改善，办事效率也有提高。但是，还必须清醒地看到，官僚主义、推诿扯皮、各行其是等不良作风仍在一些部门严重存在，具体表现为：有些部门和单位的领导不注重扎扎实实地研究改革和发展中带有全局性、方向性的重大问题，不认真办理国务院领导同志的交办事项，把精力过多地放在场面活动上，沉溺于大会、小会，有布置、无检查，不解决实际问题，"拣了芝麻，丢了西瓜"；个别部门和单位争权扯皮、办事拖拉，缺乏责任感和紧迫感；少数部门不按《国务院工作规则》办事，遇事不与相关部门通气、协商，甚至片面强调本部门职权，听不得其他部门的意见；一些机关工作人员全局观念淡漠，处理问题时过多地强调本部门、本系统的利益，对国家的方针政策各取所需、各行其是。

例如，为克服亚洲金融危机给我国经济发展带来的严重影响，加快钢铁企业的解困步伐，同时对加工贸易实行规范化管理，1997 年，国务院领导同志作出了鼓励加工出口企业使用国产钢材的重要决策，要求有关部门研究支持国内钢铁企业参与平等竞争的税收政策，并进一步采取措施防止走私对国内市场的冲击。这项政策的提出为国内钢铁企业摆脱困境拓宽了思路，各方面一致表示赞成。但是国务院有关部门对这项

---

① 见"内蒙古自治区人民政府公报"网站：www.nmgzb.gov.cn。

决策的重要意义不去理解,对解决钢铁行业困难的紧迫性缺乏认识,在制定办法过程中又不作深入细致的调查研究,以致花费半年多时间提出的却是一个不切实际的办法,即要求企业先将钢材运抵保税区,再销售给加工出口企业,才能享受全额退税政策。这个办法手续繁琐,增加往返运输,加大了钢铁企业成本,实际上达不到促进国产钢材销售的目的。为此,1998年9月,国务院领导同志再次作出批示,要求有关部门的负责同志亲自主持,认真研究改进办法,尽快将这项政策落到实处。但是,由于一些部门的负责同志全局观念不强,工作作风不扎实,放任下属司局之间在部门职责权限上争来争去,在监管责任上推诿扯皮,在关键问题上议而不决,又经历了半年的反复协商,下发的改进办法仍然是一个无法操作的办法。

鼓励加工出口企业使用国产钢材的政策仍然不能到位,影响了国内钢铁企业的解困进程。直至今年3月中旬,国务院领导同志对此提出了严厉批评,有关部门才意识到问题的严重性,主要负责同志亲自出面协商才提出了对销售给加工出口企业的国产钢材免征增值税,同时对加工贸易进口钢材实行保证金"实转"的办法,从而有望结束这场旷日持久的"办案"过程。在一年半多的时间里,国务院领导同志对这样一项具体工作批示十余次,甚至提出严厉批评,有关方面特别是钢铁企业也多次疾呼,但就是由于有关部门的官僚主义和自行其是,致使一项正确决策迟迟得不到具体贯彻落实。

上述情况说明,如果让官僚主义、推诿扯皮、各行其是的不良作风继续发展下去,将会严重影响政府形象和办事效率,使国务院的正确决策埋葬在文山会海之中而一事无成。为此,国务院各部门要认真总结经验教训,采取有效措施,坚决克服官僚主义作风,进一步转变职能,转变工作方式和工作作风,提高办事效率。现就有关问题通知如下:

一、严格执行"五项要求"、"约法三章",全心全意为人民服务。 本届政府任期的五年,是跨世纪的五年,是社会主义现代化事业承前启后、继往开来的五年,我们面临着历史的机遇和新的挑战,任务十分艰巨,时间尤为紧迫。为不辜负全国人民的重托、争取多办成几件大事、实事,国务院各部门必须继续严格执行本届政府成立时提出的"五项要求"和"约法三章",牢记自己是人民的公仆,勤奋工作。要深入实际,体察民情,为群众办实事,严禁虚报浮夸、欺上瞒下。切实改变文山会海、繁文缛节,克服形式主义和官僚主义,把精力真正集中到研究和解决实际问题上来。必须树立全局观念,紧紧围绕本届政府的中心任务努力工作,开拓进取,恪尽职守,把本届政府真正建设成为廉洁、勤政、务实、高效的政府。

二、要认真落实部门责任制,加强部门间的协调和配合。 国务院各部门要认真依照法律法规行使职权,各司其职,各负其责,在各自职权范围内,独立负责地做好工作。各部门主要负责同志要抓大事,注意研究和发现关系全局和长远发展的重大问题,提出解决问题的办法和政策建议。对党中央和国务院决定和交办的重要事项,部门主要负责同志要亲自抓,遇有问题要直接出面协调,不能因司局之间推诿扯皮而延误工作。国务院各部门在制定政策和处理问题时,如遇涉及其他部门职责分工范围内的事项,主办部门要主动征求有关部门的意见,认真进行协商,协办部门要积极配合。凡未经有关部门主要负责同志认真研究、充分协商的问题不得上报国务院。今后部门间如有分歧意见需请示国务院,报文前必须经过相关部门主要负责同志亲自协商。主办部门主要负责同志主持召开协调会议,可邀请协办部门相应负责同志出席,协办部门负责同志必须出席;根据主办部门的要求,国务院办公厅可派员列席会议。经部门主要负责同志协商不能达成一致意见的问题,在报请国务院裁决时,主办部门必须明确、具体地列举有关部门不同意见的论据,以便国务院领导同志决策。

三、严肃纪律,提高效率,确保政令畅通。在国务院制定政策或做出决定之前,各级领导和有关部门要以高度负责的精神,充分发表意见,敢于说真话、说实话,不能回避矛盾。国务院一旦作出决定,各部门必须坚决贯彻执行,做到有令必行,有禁必止,确保政令畅通,不允许各取所需、自行其是。为了确保党中央和国务院确定的各项工作方针政策按照预定的目标、期限贯彻落实,国务院各部门要进一步转变工作作风和工作方式,提高办事效率。国务院及各部门在向下级部署工作和下达任务时,应当明确提出时限要求,有关单位要按照规定时限予以落实;各部门之间征求意见或会签文件时,协办部门必须在七个工作日内予以答复,否则视为失职。各部门办理国务院交办文件,必须在两周内回复。凡没有正当理由拖延不办、贻误时机,造成损失的,要追究部门主要领导和经办人的责任。

四、进一步健全和完善督促检查制度。各部门要进一步健全和完善督促检查制度,确保国务院重大决策的贯彻落实。督查工作要突出重点,紧紧围绕国务院的中心工作和国务院领导同志关注的重大问题,以及人民群众关注的热点、难点问题进行。对重大决策贯彻落实情况的督促检查,要指定专人负责,做到事事有着落,件件有结果。督查工作要实事求是,讲求时效,防止形式主义,不做表面文章。有关部门在履行职责或完成国务院交办事项的过程中,遇有问题应及时向国务院报告。国务院办公厅要加强对各部门落实国务院决定事项的督促检查,定期向国务院领导同志报告国务院文件、会议和国务院领导批示及交办事项的落实情况。

各部门要按照本通知的精神,结合"三讲"教育开展一次克服官僚主义、转变工作作风,提高办事效率的自查,认真总结经验,吸取教训,提出改进措施,并于1999年6月底前向国务院写出书面报告。

1999年3月28日

例文评析:

这份通报虽然成文于《党政机关公文处理工作条例》实施之前,有些公文格式要素不符合现行的规定,如落款处缺少发文机关署名,但整体而论,这是一篇写作规范的传达重要精神的通报。这类通报在实际工作中的使用率不及表彰先进、批评错误和告知重要情况的通报,不少单位往往用"决议""决定""意见""通知"等文种取代,严格来说是不对的。

该通报的写作在陈述情况时既有宏观方面的观照,又有微观层面的把握,体现了"摆事实、讲道理"的基本基调。在传达了中央领导的指示精神之后,笔锋一转,以"通知"的方式分条列项地向有关单位提出了贯彻落实中央指示精神的具体要求。因为"通知"是具有一定法规性和约束力的公文,其法定效力比"通报"更强,对有关单位的指示更加明确。

通报例文4:

省新闻出版局关于 2014 江苏出版物质量专项年教辅图书编校质量检查情况的通报①

苏新出出版〔2014〕35 号

全省各图书出版社:

根据国家新闻出版广电总局《关于开展 2014 年出版物质量专项年活动的通知》(新广出发〔2014〕21 号)精神,以及《图书出版管理规定》、《图书质量管理规定》和我局关于图书质量审读管理的规定,我局于 7—8 月份对全省图书出版社教辅图书进行了编校质量的抽查。此次共抽查 14 家出版单位的 50 种图书,编校质量合格率为 92%。差错率万分之 0.25(含)以下的 8 种,占 12%,差错率万分之 0.25 至万分之 0.5(含)之间的 14 种,占 28%,以上二者合计占 40%,属优良产品;差错率万分之 0.5 至万分之 1(含)之间的 24 种,占 48%;差错率万分之 1 以上的 4 种,占 8%,属不合格产品。

从本次抽查结果看,编校质量总体情况较好,一定程度上反映出我省教辅读物图书质量较高。但仍存在一些较严重的编校质量差错,例如错字、多字、漏字等文字差错,知识性、逻辑性、语法类差错,题目不规范、答案错误,格式体例不统一,标点符号用法错误等,这些问题对学生知识积累的负面影响较大。对此,有关出版社要引起高度重视,进一步落实好相关制度,努力加强质量管理工作。

为落实图书质量管理规定,奖优罚劣,我局决定:对本次检查中差错率万分之 0.25(含)以下图书的责任人及出版社,给予通报表扬,建议各单位给予一定表彰奖励。对不合格图书责任人及出版社,给予通报批评,不合格图书按规定收回,纠正差错并经我局审核同意后方可继续发行,建议有关单位给予批评处罚。各出版单位要在认真总结经验教训的基础上,高度重视图书质量,采取有力措施,不断提升苏版图书质量的整体

---

① 见"江苏省政府信息公开"网站:www.jiangsu.gov.cn。

水平。省局今后将进一步加大对图书质量的监管工作,加大检查抽查力度,落实奖惩措施。

　　特此通报。

　　附件:2014年江苏出版物质量专项年教辅图书编校质量检查结果

江苏省新闻出版局

2014 年 9 月 5 日

例文评析:

　　这是一份告知重要情况的通报。通报正文首先陈述检查结果,大量具体数据的运用恰到好处,很有说服力。通篇语言写得非常简洁明快,对检查结果赏罚分明,要求明确。以附件的形式将具体检查结果通报给有关单位,便于他们对照检查,自我监督。值得商榷的是:第一个自然段中"万分之0.25""万分之0.5""万分之1"的表述,对照中华人民共和国国家标准《出版物数字用法的规定》,写为"万分之零点二五(0.0025%)""万分之零点五(0.005%)""万分之一(0.01%)"更为准确。

三、函

[知识讲解]

　　汉语中有个词汇叫信函,通常泛指各种书信,包括一般书信和特殊书信。人与人之间的书信都属于一般书信,而人与单位、单位与单位之间的书信则属于特殊书信。一般书信与特殊书信在形式上的最明显区别就是标题。一般书信没有标题,特殊书信有标题,比如介绍信、感谢信、求职信、推荐信等。据此,有人把公文中的"函"理解为信函,这是不正确的。

　　根据《党政机关公文处理工作条例》的规定,函是"适用于不相隶属机关之间商洽工作、询问和答复问题、请求批准和答复审批事项"的公文,所以,函的写作应该严格按照公文写作的规范和要求来执行,而不能理解为特殊书信,更不能理解为一般书信。

　　有些机关发出的"通知",发文字号中带个"函"字,导致有人分不清"通知"和"函"的区别。实际上,"通知"是只适用于上级机关对下级机关发文的,而"函"却不拘泥于此,大多数"函"都是不相隶属机关之间的往来公文。对"函"的正确理解,要建立在正确认识发文机关与受文机关之间"不相隶属"关系的基础上。所谓"不相隶属",与发文机关和受文机关的行政级别高低无关,主要是指他们之间没有垂直的行政隶属关系,说白了,不属于上下级关系。当然,上级机关偶尔以"函"的形式就某些事项照会下级机关,以示对下级机关职责权限的尊重,这在实际生活中也是有的,例如某市政府给下属某区政府发函,商请区政府选派合适人选参与市政府组织的食品卫生安全大检查工作。作为上级机关,市政府本来是完全可以直接用"通知"形式发文要求的。当然,这样的"通知"发文字号中往往就会带上"函"的字样。理解了这一点,就容易理解"通知"与"函"的区别了。"通知"和"函"是两个不同的公文文种,不能随便乱用。

由于有些事项的执行需要经过专门机关的审核批准,而提出执行事项申请的机关与"专门机关"之间没有行政隶属关系,既非上级机关可以直接给"专门机关"下达指令,也非下级机关必须向"专门机关"请示,于是就使用"函"进行"请求批准",而该"专门机关"也用"函"的形式"答复审批事项"。例如某省级机关因为工作需要,给市供电管理机关发函,请求为本机关的供电线路增容扩容。理解了这一点,就容易理解"函"(去函、复函)与"请示""批复"的区别了。

函的写作除了遵守公文的行文规则和写作规范,在语体上要突出平等、尊重、商洽的色彩。要适当使用敬辞,语气要谦和,不可颐指气使。如称呼对方单位时可以加"贵""尊"等字,"贵单位""贵局""贵方""贵校""尊社"等。

函的结尾不用"此致/敬礼",而用"专此奉函""特此函达""特此函复"等。有些去函最后加上"盼复",以示恳切,也是可以的。

[例文评析]

函例文1:

科技部基础研究司关于做好国家工程技术研究中心有关工作的函①

国科基函〔2015〕1号

各国家工程技术研究中心:

为加强国家工程技术研究中心(以下简称工程中心)的运行管理,及时总结经验和加强信息公开、对外宣传,根据工程中心有关管理办法要求,请你们组织做好工程中心2014年度总结,以及重大动态和成果信息报送工作。

一、年度总结工作

各工程中心的年度工作总结是国家工程中心2014年度报告的基本素材,将作为工程中心运行管理和评估考核的主要依据。科技部将通过网站对外公布各工程中心的年度报告,接受社会监督。

请你们高度重视年度总结工作,认真总结分析一年来本中心各项工作进展和成效经验,明确今后工作的改进方向,并按以下要求及时报送总结材料。

---

① 见中华人民共和国科学技术部官方网站:http://www.most.gov.cn。

（一）网上填报。

请各工程中心于 2015 年 3 月 10 日前登陆国家工程技术研究中心网站（www.cnerc.gov.cn）的"国家工程技术研究中心网站管理信息系统"（http://123.127.160.28:8080），完成年度工作总结和调查表（见附件）的填报工作。

年度工作总结应客观、准确地反映本中心的相关工作进展情况，具体内容如下：

1. 年度发展概况；

2. 工程技术研究开发（包括承担各类科技计划项目情况）及产业化情况；

3. 工程化技术成果辐射、扩散及对行业发展影响情况；

4. 取得的经济效益和社会效益情况；

5. 管理体制及内部运行机制情况；

6. 开放服务及人才培训情况；

7. 基地建设和能力建设情况；

8. 当前存在的问题及改进措施；

9. 提供能够代表当年工作成效的典型案例一份，并附图片及说明，图片统一采用 JPG 格式，要求 300dpi 以上。

（二）寄送材料。

网上填报完成后，请将年度工作总结和调查表打印纸质材料一式两份加盖公章，于 3 月 16 日前寄至如下地址。

中国兵器工业规划研究院 杨新改

地址：北京 2925 信箱（北京市西城区广安门北街 10 号 3 号楼），邮编：100053

联系电话：010-83116849

二、重大动态和成果信息报送

各工程中心需通过网站管理信息系统及时报送重大动态和成果需求对接信息，每年报送重大动态信息不少于 3 条，成果对接需求信息不少于 2 条，信息报送数量和质量将作为工程中心年度考核的重要指标。

其中重大动态信息包括工程中心立项、验收，重大科研项目进展，重大创新成果，重大应用示范推广，重要会议论坛，高层领导视察，官产学研用协作等；成果对接需求信息为基于本中心实际需求拟对外推广转化的技术成果或寻求的技术成果来源。

附件：2014 年国家工程技术研究中心总结调查表

科技部基础研究司
2015 年 1 月 27 日

例文评析：

这是一份写作规范的函，旨在向受文机关布置有关工作，之所以没有直接采取"通知"的形式下达，这是充分尊重受文机关与发文机关的行政关系作出的，主送机关中的"各国家工程技术研究中心"包括了与发文机关同级或不相隶属机关在内。

这份函的特点非常突出：一是非常有条理，布置的工作内容、要求以及相关信息的表述非常清楚。二是全文结构层次严谨，一共涉及到三个层次，层次序数按照规定标为"一、""（一）""1."的递进形式展开。三是语言简洁，语体得当。

函例文2：

河南省旅游局关于商请解决旅游专列的函①

郑州铁路局：

为进一步促进豫台旅游交流与合作，去年11月20日，省委常委会议研究确定2010年豫台两地互动10万游客。去年的"中原文化宝岛行"期间，河南省旅游协会与台湾观光协会共同签署了"旅游合作备忘录"，原省委书记徐××、副省长孔××都见证了签约仪式。

根据去年豫台两地互送游客情况分析，我省往台湾输送7万游客才能基本完成省委、省政府赋予的任务。但目前豫台两地每周仅有四个航班，远不能满足游客需求。为此，我们已经商请河南省民航办增加航班，但两岸增加航班尚有难度，且航空出行成本较高。为了解决这一矛盾，我们研究决定通过"小三通"赴台的新渠道，不仅能够解决大批游客赴台的交通问题，也可以降低成本，以适应更多的一般旅游消费者赴台旅游的需求。在我局的安排部署下，省内6家赴台资质旅行社加大促销力度，努力开拓市场，现已组织了一个近3 000人的赴台大型团队计划3月初成行。鉴于该团队规模大，如果成行，对于落实省委常委会精神、完成与台湾互动10万游客的任务，将会起到极大的宣传和示范作用。为此，请贵局协助批准该团队所需旅游专列，保证此团的顺利成行。

所需专列的数量、时间、目的地如下：

1. 2010年3月8日，郑州至广州，700—800个硬座位，3月15日晚返。
2. 2010年3月8日，郑州至厦门，800—1 000个硬卧位，3月16日晚返。
3. 2010年3月7日，郑州至厦门，10节硬卧位，2节软卧位，3月16日返。

可否，盼予函复。

河南省旅游局

二○一○年一月二十五日

---

① 见"河南旅游政务"网站：www.hnta.cn。

例文评析：

这是一份属于"请求批准和答复审批事项"的商洽函，旨在与受文机关就具体的一项工作(解决旅游专列)提出具体的请求事项。该函的写作最大特点是开篇用了较长的篇幅，阐述了相关工作的背景、意义、重要性以及贯彻落实的政策依据(省委省政府决定)，措辞恳切、语体恰当(如"盼予函复")。这在这一类商洽函的写作中非常重要，直接关系到受文机关对相关情况的了解以及发文机关提出商洽要求的理解，有助于促成事情的顺利解决。其次，提出的请求具体明确，具体往返时间、专列起止地点、座位数量及要求等，一一写明。

如果要求苛刻一点，文中的"1.""2.""3."写为"一、""二、""三、"更好。另外，按照新的公文写作规范要求，自 2012 年 7 月 1 日起，最后的成文日期写法已经改成用阿拉伯数字来写了。

函例文3：

市政府关于对省人民政府办公厅征求意见的复函[①]

安府函〔2013〕25 号

省政府办公厅：

接《省人民政府办公厅关于征求对省人民政府办公厅工作意见的函》后，市政府党组高度重视，按照函中重点征求内容的有关要求，广泛征求了党组成员的意见建议，现将意见综合反馈如下：

一、整体工作和干部队伍建设方面

（一）近年来，省政府办公厅始终坚持以邓小平理论和"三个代表"重要思想为指导，全面贯彻落实科学发展观，牢固树立以人为本、执政为民理念，在省委、省政府的正确领导下，坚持"加速发展、加快转型、推动跨越"主基调，坚持工业强省战略和城镇化带动战略不动摇，求真务实、廉洁自律、开拓创新，工作成效显著。

（二）切实加强党性修养和作风养成，发扬艰苦奋斗、勤俭节约的优良传统，充分发挥团结协作、扎实勤奋的良好作风，强化服务职能，创新工作方法，提高工作效率，踏踏实实干事，全心全意为民，充分发挥主观能动性和协调上下的作用，当好参谋，搞好服务，及时有力地推进了中央和省委、省政府各项工作部署的落实，确保了政令畅通，为推动全省经济社会又好又快、更好更快发展作出了巨大贡献。

（三）采取岗位练兵、竞争上岗等多种形式，加强干部教育和管理，切实提高办公厅干部职工的业务水平和工作能力，重视从基层和部门挑选年轻同志充实办公厅干部队伍，有效增强办公厅干部队伍的活力，同时，积极派遣干部到各市(州)、县(区)、乡(镇)

[①] 见安顺市人民政府门户网：www.anshun.gov.cn。

挂职、任职、扶贫等，既加强了对基层工作的帮助和指导，又使干部得到了很好锻炼。

二、加强和改进服务发展、服务基层、服务群众方面

（一）省政府办公厅在服务发展、服务基层、服务群众方面，自觉践行党的宗旨，密切联系群众，不断增强服务主动性，为各市（州）、县（区）政府和省直各部门以及企事业单位提供优质服务，树立了省政府的良好形象。

（二）加强调查研究工作，参谋服务水平不断提高，围绕全省加快发展的要求，把握大局，明确重点，围绕中心任务开展工作，积极为省政府领导完善工作思路和强化工作举措想点子、出主意、谋方略，积极深入开展调查研究，各类文件、公文文稿和领导讲话稿的指导性、针对性、可操作性和实效性不断增强。

（三）信息引导效应逐步显现，将经济社会发展动态、国家产业政策、省委省政府重大决策以及领导意图及时准确地向基层和部门通报，有效地帮助基层和部门准确把握动态形势，使之心中有数，争取工作上的主动。

（四）认真办理各类请示和报告，加快工作节奏，确保了服务时效性，各地各部门的请示和报告得到了及时办理，并做到急件急办、特事特办，提高了办文质量，确保办文时效。充分尊重和采纳基层和部门意见，提请省政府讨论决定的重大决策和建议，涉及相关部门的，充分协商，涉及地方的，充分征求意见，使基层和部门的意见建议得到了很好的反馈，积极开展调研活动，有效增进了基层和部门与办公厅的对接联系，增强彼此合作。

（五）大力开展创先争优、基层组织建设年、作风建设年、"四帮四促"等活动。特别是在贯彻落实黔党发〔2012〕15号文件精神中，进一步加大对我市的帮助支持力度，强化业务培训指导，有力地支持我市高效圆满地完成各项工作及重大任务。

三、下一步工作建议

（一）及时指导帮助市（州）办公室提高办文、办会、办事能力和水平，每年争取举办一至两期富有针对性的培训研讨班，开展科学系统培训；牵头组织市（州）办公室人员外出学习考察等活动，一方面拓展工作视野，提高市（州）办公室人员业务能力，另一方面促进相互沟通和交流。

（二）采取以岗代训的办法，轮流从各市（州）、县（区）政府办公室抽调人员到办公厅跟班学习，实现传、帮、带。

（三）加强电子政务建设，完善连接省政府办公厅与各市（州）政府和省政府各部门计算机网络系统，为政务信息交流、建议提案交办、领导批示督办等提供电子平台。

安顺市人民政府

2013 年 2 月 1 日

例文评析：

这是一份答复问题的函,旨在答复原发文机关(省人民政府办公厅)在来函中提出的工作要求落实情况。需要提醒读者同学注意的是,因为这份答复函的发文机关(市政府)与受文机关(省人民政府办公厅)都是省人民政府的下属部门,是属于同级关系,所以他们相互之间才以"函"发文往来。"省政府"与"省政府办公厅"是上下级关系,有些读者同学不了解这个情况,就容易将"省政府办公厅"误会成"省政府"。按照行文规则的规定,一级政府的办公厅(室)是唯一在经过授权的情况下可以代表该政府对外发文的职能部门。因此,一级政府的办公厅(室)对外所发的公文,表达的意志当然也就是该政府的意志,但行文关系上不能取代一级政府。

这份答复函写作规范,层次清晰,内容完备,有条有理,语言畅达。结构层次序数的书写完全符合要求。值得注意的是:

1. 政府的简称问题。全文的表述方式必须统一,应该写成"市政府""省政府""省政府办公厅"。

2. 正文开头在引用了省政府办公厅来函的名称"《省人民政府办公厅关于征求对省人民政府办公厅工作意见的函》"之后,没有加括号援引该函的发文字号,这是不严谨、不规范的。

3. 这份答复函的最后省略了常用的结语,虽然无大碍,但根据市政府与省政府办公厅的行文关系,还是加上"特此函复""专此函达"之类的结语更好。

函例文 4:

××职业技术学院关于安排学生到报社实习的函

××日报:

大学生实习是高校教学体系中的重要组成部分,对于提高大学生的社会实践能力和职业技能,检验在校期间的学习成效,特别是对于贯彻落实党的教育方针,执行省教育厅有关文件的指示精神,具有重要意义。为此,根据我院与贵报长达十年的合作惯例,我院决定今年暑假期间安排 10 名学生到贵报实习,请予接收。希望你们选派优秀记者和编辑,对学生进行严格管理和悉心指导,帮助他们迅速掌握新闻采编的专业技能。谢谢!

此致

敬礼

××职业技术学院新闻传播学系

2014 年 5 月 20 日

例文评析：

这是一份商洽函,旨在请求受文机关(××报社)接受发文机关(××职业技术学院)选派学生前往实习。

这份商洽函在写作上存在诸多问题：

1. 发文机关的表述上下不一致。标题中是"××职业技术学院",结尾的发文机关署名却成了"××职业技术学院新闻传播学系"。在现实生活中,根据常规情况,该职业技术学院是法人单位,可以对外发文,而该学院的新闻传播学系不具备对外发文的资格。所以,只能以学院名义与报社联系。

2. 标题中的发文事由的表述不恰当。"安排学生到报社实习"是学院自身的工作,与报社无关。这种表述方法没有体现出与报社商洽的意愿,报社仿佛成了学院的下属单位,只需接受安排就行。

3. 标题中的"报社"不具体,应该写成"××报社"。

4. 正文虽然篇幅不长,但逻辑混乱,文理不顺。把本来属于学院的对相关事项重要性的理解和认识强加给了报社。

5. 文中语气、语体不当,写成了向下级机关布置工作,甚至还提出具体希望和要求。

6. "谢谢""此致/敬礼"多余,应该删除。应该使用函的常用结语,如"特此致函,盼予函复""谨此函询,盼复"等。

函例文5：

四川省人民政府办公厅

关于建设蒲江至井研高速公路有关事宜的复函①

川办函〔2014〕110号

眉山、乐山市人民政府：

你们《关于授权建设蒲江至井研高速公路的请示》(眉府〔2014〕30号)收悉。经省政府领导同志同意,现将有关事宜函复如下。

一、原则同意蒲江至井研高速公路项目采取BOT方式进行建设,由眉山市人民政府牵头,会同乐山市人民政府,面向社会投资者,采用公开招标方式,选择实力雄厚、筹融资能力强的社会投资人投资建设。

二、眉山、乐山市人民政府是项目实施的工作责任主体,具体负责该项目招商工作,并做好项目实施的组织领导、监管和相关保障工作。省发展改革委、交通运输厅等省直有关部门要加强对项目实施的监督管理和协调服务,确保项目顺利推进。

---

① 见四川省人民政府网站:www.sc.gov.cn。

三、请按照有关法律、法规和省政府有关文件规定抓紧做好项目前期工作,并及时按规定上报招商结果。若以 BOT 外的其他方式建设该项目,需另行报省政府批准。

四川省人民政府办公厅

2014 年 7 月 16 日

例文评析:

这是一份针对"请示"公文发回的具有批复性质的复函。我们知道,"请示"与"批复"是发生在下级机关与上级机关之间的往来公文,下级机关用"请示"的方式向上级机关提出请示事项,上级机关以"批复"的方式将自己的意见答复给下级机关。在本例文中,由于"四川省人民政府办公厅"在被授权("经省政府领导同志同意")情况下代替"四川省人民政府"对外发文,而受文机关"眉山、乐山市人民政府"与"四川省人民政府办公厅"都属于四川省人民政府的下属部门,是同级的关系,所以"批复"就成了"复函"。另,本文的主送机关写法不规范,应写成"眉山市人民政府、乐山市人民政府"。

顺便说明一下,文中提到的"BOT"实质上是基础设施投资、建设和经营的一种方式,BOT 是英文 Build-Operate-Transfer 的缩写,通常直译为"建设—经营—转让"。

第二节　报请性公文

报请性公文,顾名思义,是向上级机关报告和请示有关事项的公文。这是基层工作单位经常使用的公文种类。向上级机关报告和请示工作,也是机关制度化的常规工作。报请性公文主要有报告、请示。

一、报告

[知识讲解]

根据《党政机关公文处理工作条例》的规定,报告适用于向上级机关汇报工作、反映情况,回复上级机关的询问,发挥着下情上达、为上级机关做出决策提供依据的作用。

这里的"报告"与党政机关领导人在会议上所做的工作报告是不一样的。例如每年召开的人大、政协"两会"上,都会有领导人代表本届领导班子在会上就过去一年的工作做报告,提请与会代表们审议。一个单位的每一届党代会、职代会、团代会等,也会有这样的工作报告。这是一种总结汇报性质的会议文书,从广义上看当然也属于公文"报告",不妨将它称为会议报告。而我们这里所讲的主要是日常工作中需要向上级机关汇报工作、反映情况或者回复上级机关的询问的公文"报告"。为了给大家提供一种直接的感性认识,本节也专门选了一篇会议报告例文。

报告有专题性报告(一文一事)和综合性报告(一文数事)。报告的标题一般采用标准公文标题的写法,其中报告事由既要写具体又要简明概括。报告的正文除主送机关外,通常分报告缘由、报告内容和结束语三个层次。报告缘由是陈述本报告的主要原因,有的属于按照工作惯例报告,有的是根据上级要求报告,有的则因出现特殊情况而报告。报告内容可以分条列项,也可以一贯到底。报告的结束语一般采用"特此报告""以上报告,请审阅""以上报告,如无不当,请批转(有关单位执行)"等写法。

报告的真正目的是为了实现下情上达的"告晓"作用,所以,在撰写报告时一定要注意全面、准确、客观、简明。制发报告的工作要迅速及时,以便于上级领导机关及时掌握情况,制定决策。同时也要防止事无巨细,样样报告;或不负责任,一报了之;或以偏概全,报喜不报忧。

在实际工作中,常常有人将报告和请示混淆,口语中经常会说"这件事情要发文向上级机关报告一下,按照上级机关的指示来办",这句话中的"报告"落实到发文上,则应该是"请示",因为说话人要"按照上级机关的指示来办",而只有发送"请示",才会收到上级机关的批复(指示),如果发送的是"报告",上级机关一般不予回复。正因如此,我们不能用"报告"代替"请示",不能在"报告"中向上级机关提申请、要批准等。

关于报告,还要注意的是:生活和工作中我们经常见到"会议报告",这种报告与本节所讲的报告有所不同。下面是一篇会议报告:

国务院关于城镇化建设工作情况的报告①
——2013 年 6 月 26 日在第十二届全国人民代表大会常务委员会第三次会议上
国家发展和改革委员会主任 徐绍史

全国人民代表大会常务委员会:

我受国务院委托,向全国人大常委会报告城镇化工作情况,请审议。

一、近年来围绕城镇化开展的主要工作

城镇化是现代化的必由之路,是转变发展方式、调整经济结构、扩大国内需求的战略重点,是解决农业农村农民问题、促进城乡区域协调发展、提高人民生活水平的重要途径。党中央、国务院高度重视城镇化工作,"十二五"规划纲要对积极稳妥推进城镇

---

① 见"中国人大网":www.npc.gov.cn。

化进行了部署,党的十八大报告提出了城镇化质量明显提高的战略目标,明确了促进工业化、信息化、城镇化、农业现代化同步发展的总体要求,对科学规划城市群规模和布局、增强中小城市和小城镇功能、有序推进农业转移人口市民化等进行了重点部署。围绕推进城镇化发展、提高城镇化质量,国务院有关部门和地方积极探索,做了大量工作。

一是积极稳妥推进户籍制度改革。(略)

二是努力提升基本公共服务水平。(略)

三是切实加强土地利用管控和综合整治。(略)

四是加快推进城市市政设施建设。(略)

五是不断强化城镇化领域国际合作。(略)

六是组织编制国家城镇化规划。(略)

二、我国城镇化现状及趋势

改革开放以来,我国城镇化率年均提高 1.02 个百分点;2000 年以来,城镇化率年均提高 1.36 个百分点,2012 年城镇化率达到 52.57%,与世界平均水平大体相当。城镇数量和规模不断扩大,城市群形态更加明显,京津冀、长江三角洲、珠江三角洲三大城市群以 2.8% 的国土面积集聚了 18% 的人口,创造了 36% 的国内生产总值,成为拉动我国经济快速增长和参与国际经济合作与竞争的主要平台。城市综合服务能力明显提升,人居环境逐步改善。但也必须看到,我国城镇化质量不高的问题也越来越突出,主要表现为五个方面:

一是大量农业转移人口难以融入城市社会,市民化进程滞后。(略)

二是土地城镇化快于人口城镇化,城镇用地粗放低效。(略)

三是城镇空间分布与资源环境承载能力不匹配,城镇规模结构不合理。(略)

四是"城市病"问题日益突出,城市服务管理水平不高。(略)

五是体制机制不健全,阻碍了城镇化健康发展。(略)

根据世界城市化的一般规律,我国仍处在城镇化率 30%—70% 的快速发展期,但我国城镇化的外部条件和内在动力也在发生深刻变化。随着全球经济再平衡和产业格局再调整,以及越来越多的发展中国家进入工业化城镇化快速发展阶段,全球市场争夺、资源供求矛盾和减排压力加剧;随着国内农业富余劳动力减少和人口老龄化程度提高、资源环境瓶颈制约日益加剧、户籍人口与外来人口公共服务差距造成的城市内部二元结构矛盾日益凸显,过去主要靠高投入、高消耗、高排放的工业化、城镇化发展模式难以为继,必须走以提升质量为主的转型发展之路。

三、促进城镇化健康发展的基本思路

我国城镇化是在人口多、资源相对短缺、生态环境比较脆弱、城乡发展不平衡的背景下推进的,这决定了必须从基本国情出发,遵循城镇化发展规律,积极稳妥推进城镇化健康发展。要紧紧围绕推动城镇化转型发展，以人口城镇化为核心，以城市群为主体形态，以综合承载能力为支撑，以体制机制创新为保障，促进产业发展、就业转移和人口集聚相统一，走以人为本、集约高效、绿色智能、四化同步的中国特色新型城镇化道路，全面提高城镇化质量。

……

促进城镇化健康发展的四大战略重点是：

第一，有序推进农业转移人口市民化。……

第二，优化城市化布局和形态。……

第三，提高城市可持续发展能力。……

第四，推动城乡发展一体化。……

促进城镇化健康发展，需要着力加强制度顶层设计，统筹推进人口管理、土地管理、财税金融、城镇住房、行政管理、生态环境等重要领域的体制机制改革。创新和完善人口服务和管理制度，逐步消除城乡区域间户籍壁垒，促进人口有序流动、合理分布和社会融合。实施最严格的耕地保护制度和节约用地制度，按照管住总量、严控增量、盘活存量的原则，创新土地管理制度，优化土地利用结构，提高土地利用效率，合理满足城镇化用地需求。建立可持续的城市公共财政体系和投融资机制，为实现城镇基本公共服务常住人口全覆盖和城镇基础设施建设提供资金保障。建立市场配置和政府保障相结合的住房制度，推动形成总量基本平衡、结构基本合理、房价与消费能力基本适应的住房供需格局，有效保障城镇常住人口的合理住房需求。优化行政层级和行政区划设置，合理增设城市建制，形成设置科学、布局合理、服务高效的行政区划和管理体制。加强生态文明制度建设，形成节约资源和保护环境的空间格局、产业结构、生产方式和生活方式。

以上报告，请审议。

这是一篇典型、规范的会议报告，是在第十二届全国人民代表大会常务委员会第三次会议上，由发展改革委负责人代表国务院向全国人大常委会所作的关于城镇化建设工作的专题报告。报告的正标题与一般公文的写法一致，但副标题注明了报告时间和会议名称，以及报告人职务、姓名，这是与本节所讲的日常工作的报告不一样的。日常工作中的"报告"是写给上级机关的，而"会议报告"是在会上向与会者宣读的。此外，"报告"是为了让上级及时了解掌握本单位的信息，所以才提交报告汇报工作、反映问题，而"会议报告"多是为了指导和部署有关单位更好地开展工作，让他们更好地了解上级意图，起到上情下达的作用。从内容上看，"报告"主要是情况和问题，而"会议报告"主要是成绩和经验，以及今后工作的任务和奋斗目标。

[例文评析]

报告例文1:

2012 年度江苏省文化厅关于公开招聘正式聘用××等 35 名同志的报告①

省人力资源和社会保障厅:

在省人力资源和社会保障厅的大力支持下,2012 年度省文化厅直属单位面向社会公开招聘 37 名正式工作人员(其中:南京图书馆 20 名,南京博物院 17 名)。按事业单位招聘的有关规定,我厅在人社厅相关业务处室的具体帮助指导下,经在省人事人才服务网上发布公告、现场组织资格审查、省高校就业联盟统一命题笔试、面试、考核、体检,在省人事人才服务网上发布拟聘用人员公示等程序,最终共有 35 名同志被确定为正式聘用对象,其中:南京图书馆 18 名,南京博物院 17 名,聘用人员基本情况附后。

专此报告。

附件: 1. 南京图书馆聘用人员材料(共 18 人,各 3 份)
      2. 南京博物院聘用人员材料(共 17 人,各 3 份)

江苏省文化厅
2013 年 3 月 28 日

例文评析:

这是一份日常工作的报告,写作基本规范。存在的主要问题是:

1. 标题中的"2012 年度"应该放在发文事由中表述,不应该放在发文机关的名称之前。即应该写成"江苏省文化厅关于 2012 年度公开招聘正式聘用××等 35 名同志的报告"。

2. 标题中写到"正式聘用××等 35 名同志",本来是完全可以的,但是该报告正文中的表述却没有"××等 35 名同志"字样,只有"最终共有 35 名同志被确定为正式聘用对象"的字样。上下表述不一致。

正确做法:要么将正文中的字样改成"最终共有××等 35 名同志被确定为正式聘用对象";要么修改标题,可以写成"江苏省文化厅关于 2012 年度公开招聘正式聘用人员的报告"。根据实际情况,修改标题更好,因为招聘的 35 名同志中,如果一定要提到"××"这个具体人名,就要注明是聘用在"南京图书馆"还是"南京博物院",最后一句写成"南京图书馆×××等 18 名,南京博物院×××等同志 17 名"。既然本报告有专门的"附件"陈述具体的被聘用人员情况,所以标题和正文中都不必出现具体人名。

3. 本报告正文中的"人社厅"并不是"人力资源和社会保障厅"的书面规范简称。

---

① 见"江苏省文化厅"网站:www.jscnt.gov.cn。

"人社厅"的表述应该与报告开头的写法一致。"人力资源和社会保障厅"的书面规范简称是"人力资源社会保障厅",只省略一个"和"字。

4. 在本报告正文中,发文机关江苏省文化厅如果将省人力资源和社会保障厅尊称为"贵厅",也是可以的。

报告例文2:

江苏省文化厅关于纪检组副组长、监察室主任推荐人选的报告①

中共江苏省纪律检查委员会、江苏省监察厅:

党的纪律检查机关是加强党内监督,发扬党内民主,维护党的团结统一,提高党的领导水平和执政水平,增强拒腐防变和抵御风险能力的强力部门,我厅党组高度重视纪检部门干部队伍建设。为选强配齐厅纪检监察部门领导力量,本着好中选优的原则向省纪委推荐人选,我厅党组先后组织两轮民主推荐,一轮差额考核推荐征求意见,拟推荐江苏省文化厅人事处调研员、江苏省文化馆党总支书记郭×同志作为我厅纪检组副组长、监察室主任人选。

专此报告。

附件: 1、郭×同志基本情况
   2、郭×同志现实表现

中共江苏省文化厅党组
二〇一三年三月二十日

例文评析:

这份报告的写作基本规范。存在的主要问题是:

1. 这份报告的主送机关写了两个,根据《党政机关公文处理工作条例》中"行文规则"第十五条的规定,向上级机关行文,"原则上主送一个上级机关,根据需要同时抄送相关上级机关",所以,这里应该只写其中一个上级机关("中共江苏省纪律检查委员会"),在"抄送"栏中注明另一个机关。

还有一种正确处理方式是制发两份报告:给"中共江苏省纪律检查委员会"发送一份关于推荐纪检组副组长人选的报告,给"江苏省监察厅"发送一份关于推荐监察室主任人选的报告。两份报告分别送达受文机关。

2. "附件说明"中的"1、""2、"应该写为"1.""2."。

3. 成文日期"二〇一三年三月二十日"应该使用阿拉伯数字写法。

---

① 见"江苏省文化厅"网站:www.jscnt.gov.cn。

二、请示

请示与报告一样都属于上行公文,它是专门用于向上级机关请求指示、批准的。请示与报告的区别主要表现在:(1)请示是恳请性质的公文,其行文宗旨是希望得到上级机关的支持或批复;而报告是陈述性质的公文,其行文宗旨是下情上达,使上级机关及时了解情况,掌握动态。(2)请示写作必须于事前发生,不能"先斩后奏"或"边奏边斩";报告则比较灵活些,尽量事前行文,但视情况需要也可事后报告或者事情进行过程中随时报告。(3)请示应该做到一文一事,以免使分属于不同机关部门负责的若干事情混在一起,造成相互观望、等待甚至互相推诿;报告也应尽量一文一事,令行文简洁利索,主题明确集中,但视情况也可将若干有关联的事情综合在一起陈述,形成综合性报告。(4)请示之中可以包含原本应当"报告"的内容,作为背景或缘由而使请示事项获得一种充足支持,显得很实在;而报告中则不可以包含任何属于请示的事项,不能提出任何请求。

请示的标题多采用完整的标题形式,标题中一定要写明具体的请求事项,使受文的上级机关一望而知。要注意的是,有人常常在标题中向上级机关提出明确具体的批复意见,比如写成《关于请求同意……的请示》、《关于请求批准……的请示》等,其中"请求同意"、"申请批准"都是不对的。同时,"请示"一词已经包含请求的意思,所以事项的前面也不用再写"请求"之类的词语。

请示的正文包括请示缘由、请示事项和结语三个层次。请示缘由用于阐述请示的原因、理由、依据等。行文要注意简明扼要,抓住关键,重在阐述行文必要性、紧迫性。请示事项部分要全面、准确、客观,重在阐明实现请示事项的可行性和具体希望达到的请求目标。结语分两种情况,如果请示的事项主要是政策问题,通俗地讲就是请示"能不能做""该不该做"时,一般用"以上请示当否,请批复""可否,请指示"等作结语;如果请示的事项主要是措施问题,请示单位已经在文中明确提出了工作方法和打算等,通俗地讲就是请示"这么做对不对""是否可以这样做"时,一般用"以上请示,如无不妥,请批准(或批转)"作结语。前者可谓政策性请示,后者可谓方案性请示。凡是请求上级机关批转的请示,也叫呈转性请示,上级机关一旦批准并转发,就顺理成章地解决了"条条对块块不能发文"的问题。

写作请示时要注意运用恳请的语气,措辞要严肃,愿望的表述要清晰,如果事项复杂,可以分条款表达其各个方面。如果请示中包含着报告的内容,要防止主次不明,用大量报告内容淹没了请示事项,这是有悖于行文宗旨的。

制发请示时,要按照规定,在附注处写明联系人姓名和电话。该联系人应该是请示事项的具体负责人,不一定是机关负责人,但也不可以是普通员工。

请示例文 1：

关于推荐第二批国家级非物质文化遗产生产性
保护示范基地名单的请示①

文化部非遗司：

为推进我省非物质文化遗产生产性保护工作的深入开展，激发非物质文化遗产的内在活力，促进地方经济社会全面协调可持续发展，根据文化部《关于推荐第二批国家级生产性保护示范基地的通知》要求，结合国家级"生产性保护示范基地"推荐要求，我厅认真组织申报推荐工作。经过评审，拟推荐南京金线金箔总厂、苏州镇湖刺绣艺术馆有限公司、扬州广陵古籍刻印社、惠山泥人厂有限公司等 11 个单位为第二批国家级非物质文化遗产生产性保护示范基地。

特此请示。

附件：1. 推荐第二批国家级非物质文化遗产生产性保护示范基地名单汇总表
     2. 第二批国家级非物质文化遗产生产性保护示范基地推荐材料

江苏省文化厅
2013 年 1 月 21 日

（联系人：宋×× 电话：025-8779××××）

例文评析：

这是一份写作比较规范的请示。请示的正文文字虽然不多，但是言简意赅地阐述了发文的目的、意义、根据，汇报了推荐工作基本流程、评审结果。结构完整，语言畅达，基本格式规范。

需要指出的是，按照新的公文写作要求，该请示的标题中缺少了发文机关名称。

请示例文 2：
关于批准公布第三批江苏省珍贵古籍名录的请示②

省政府：

根据《省政府办公厅关于进一步加强古籍保护工作的意见》提出的"建立古籍保护制度，建立《省级珍贵古籍名录》，经省政府批准后公布，并择优申报国家级名录"的要求，参照国家评选《国家珍贵古籍名录》的做法，在全省各古籍收藏单位积极申报和各市文化行政主管部门推荐的基础上，省文化厅组织开展了第三批《江苏省珍贵古籍

---

① 见"江苏省文化厅"网站：www.jscnt.gov.cn。
② 同上。

名录》的申报、评选工作。经省古籍保护工作专家委员会反复审议、遴选、论证,并通过有关媒体向社会公示,同时征求部分省古籍保护工作厅际联席会议成员单位意见后,初步确定了 249 部古籍(见附件)拟入选第三批《江苏省珍贵古籍名录》,现提请省政府审核并予以批准公布。

附件:第三批《江苏省珍贵古籍名录》推荐名单

二○一二年五月三十一日

(联系人:宋××　　联系电话:025-8779××××)

例文评析:

这份请示公文虽然制发于《党政机关公文处理工作条例》正式实施之前,但写作比较规范,正文部分简明扼要地交待了发文依据、工作程序,然后将结果呈报给上级机关,提请审核批准。

如果按照现行的公文写作要求,该公文需要作出以下修改:

1. 标题中写入发文机关名称。

2. 标题中的发文事由,"批准公布"措辞有点主观化,对上级机关提出请示事项,应该使用恳请语气和措辞,所以,改为"拟公布"更恰当。因为是否批准由上级机关决定,下级机关无需写明具体批复要求。

3. 落款处增加发文机关的署名。

4. 将成文日期"二○一二年五月三十一日"改为阿拉伯数字写法。

第三节　指示性公文

指示性公文,是上级机关为了向下级机关或者在一定范围内公开发布对落实某项工作提出的指导意见、执行要求等而制发的公文。常用的指示性公文有决定、批复。决定属于"主动性"的发文,是根据工作需要和领导部署制发的;批复属于"被动性"的发文,是针对下级机关的某一具体请示而制发的。

一、决定

[知识讲解]

《党政机关公文处理工作条例》明确指出,决定"适用于对重要事项作出决策和部署、奖惩有关单位和人员、变更或者撤销下级机关不适当的决定事项"。据此,我们首先要明确一点，"决定"不是每个机关单位无论事项大小都可以随便适用的，它只能适用于"重要事项"。当然，不同性质、不同级别、不同规模的机关单位，对"重要事项"的界定可能有差别，但至少对于发文机关本身来说必须是涉及到"重要"的事项才会用"决定"，一般事项可以适用"通知"。

决定的写法与其他公文区别不大，基本格式和行文要求是一致的。除了标题、正文、发文机关署名、成文日期之外，决定的主送机关、印章两个格式要素可以在媒体发布时省略。决定正文的具体内容，可以是对某项工作提出原则性的指导意见，为下级机关制定具体的执行细则提供政策依据；也可以提出具体性的工作要求，指示下级机关或相关单位贯彻执行。

此外，决定的正文呈现形式通常与普通文章相似，所以，决定的结尾方式随着内容的结束而自然截止，最后一个自然段就是结语，而不再用"特此决定"之类的结束语。

[例文评析]

决定例文1：

国务院关于取消和调整一批行政审批项目等事项的决定①

国发〔2014〕50号

各省、自治区、直辖市人民政府，国务院各部委、各直属机构：

经研究论证，国务院决定，取消和下放58项行政审批项目，取消67项职业资格许可和认定事项，取消19项评比达标表彰项目，将82项工商登记前置审批事项调整或明确为后置审批。另建议取消和下放32项依据有关法律设立的行政审批和职业资格许可认定事项，将7项依据有关法律设立的工商登记前置审批事项改为后置审批，国务院将依照法定程序提请全国人民代表大会常务委员会修订相关法律规定。

附件：1. 国务院决定取消和下放管理层级的行政审批项目目录（共计58项）

2. 国务院决定取消的职业资格许可和认定事项目录（共计67项）

3. 国务院决定取消的评比达标表彰项目目录（共计19项）

4. 国务院决定调整或明确为后置审批的工商登记前置审批事项目录（共计82项）

国务院

2014年10月23日

（此件公开发布）

---

① 见中华人民共和国中央人民政府门户网站：www.gov.cn。

例文评析：

这份公文是"对重要事项作出决策和部署"的决定,堪称决定写作的范文。全文语言简洁明快,事项表述清楚,做法明确具体,格式完备规范。"附注"注明了该公文的处理要求:"公开发布"。

决定例文 2：

省政府关于授予 2014 年江苏省质量奖的决定①

各市、县(市、区)人民政府,省各委办厅局,省各直属单位:

为引导和激励各类组织加强质量管理、追求卓越绩效,进一步推动全省经济发展方式转变和质量总体水平提升,根据《省政府关于加快推进质量强省建设的意见》(苏政发〔2012〕91 号)和《江苏省质量奖管理办法》,省人民政府决定,授予江苏上上电缆集团有限公司、大全集团有限公司、江苏阳光集团有限公司、海澜之家股份有限公司、江苏中洋集团股份有限公司(中小企业)等 5 家组织 2014 年江苏省质量奖。

当前,全省上下正认真贯彻落实党的十八大、十八届三中四中全会和习近平总书记系列重要讲话精神,按照总书记对江苏工作的最新要求,努力建设经济强、百姓富、环境美、社会文明程度高的新江苏。希望获奖组织再接再厉,开拓进取,不断提升质量管理水平,创造质量发展新业绩。广大企事业单位要向获奖组织学习,坚持以提高经济发展质量和效益为中心,担起产品和服务质量的主体责任,在创新、管理和提高劳动者素质上下功夫,加快技术和产品创新,完善质量管理体系,造就责任心强、有专业素养的职业队伍,夯实质量发展基础。各地、各有关部门和单位要加快转变职能,把推动发展的立足点转到提高质量和效益上来,努力完善全社会质量共治机制,营造公平规范的市场秩序,把经济社会发展推向质量时代,为"迈上新台阶、建设新江苏"作出新的贡献!

江苏省人民政府
2015 年 1 月 13 日

例文评析：

这同样是一篇写作非常规范的决定,属于适用范围中的"奖惩有关单位和人员"。如果苛刻一点要求,标题中的"省政府"写作"江苏省人民政府"更好。

这份决定的最大特点是结构层次非常清晰、严谨。第一段文字阐述了作出奖励决定的目的("为引导和激励各类组织加强质量管理、追求卓越绩效,进一步推动全省经济发展方式转变和质量总体水平提升")、依据("根据《省政府关于加快推进质量强省

---

① 见"江苏省政府信息公开"网站:www.js.gov.cn。

建设的意见》(苏政发〔2012〕91 号)和《江苏省质量奖管理办法》"),宣布了奖励决定。第二段文字宣讲了当前的形势,对获奖单位提出了更高的要求,对其他单位明确了今后工作的努力方向,发出了热情的号召。语言流畅,语体恰当。

决定例文 3:

河南省人民政府关于表彰河南省劳动模范和先进工作者的决定①

豫政〔2014〕38 号

各省辖市、省直管县(市)人民政府,省人民政府各部门:

2009 年河南省劳动模范和先进工作者表彰大会以来,全省人民在党中央、国务院和省委、省政府的正确领导下,积极投身改革开放和社会主义现代化建设的伟大实践,各行各业、各条战线涌现出一大批品德高尚、业绩显著、贡献突出的先进模范人物,成为解放思想、锐意改革的时代先锋和推动发展、促进和谐的行动楷模。为全面贯彻落实党的十八大、十八届三中全会精神,大力弘扬"爱岗敬业、争创一流,艰苦奋斗、勇于创新,淡泊名利、甘于奉献"的劳模精神,进一步形成"劳动光荣、知识崇高、人才宝贵、创造伟大"的良好风尚,汇聚全省人民积极投身全面深化改革、打造"四个河南"(富强河南、文明河南、平安河南、美丽河南)、推进"两项建设"(社会主义民主政治制度建设、加强和提高党的执政能力制度建设)的强大正能量,努力开创我省改革开放和社会主义现代化建设新局面,省政府决定授予王××、朱××、张××等 1 198 名同志河南省劳动模范和先进工作者荣誉称号。

希望受表彰的河南省劳动模范和先进工作者珍惜荣誉、再接再厉,争取更大成绩。全省人民要以河南省劳动模范和先进工作者为榜样,学习他们信念坚定、胸怀大局的崇高思想,开拓创新、自强不息的进取精神,艰苦奋斗、甘于奉献的高尚品质,求真务实、纪律严明的优良作风,解放思想、开拓创新,为推进国家粮食生产核心区、中原经济区、郑州航空港经济综合实验区三大国家战略实施和加快实现中原崛起、河南振兴、富民强省而努力奋斗。

附件:河南省劳动模范和先进工作者名单

河南省人民政府
2014 年 4 月 25 日

例文评析:

这同样是一份规范的适用于奖励有关单位和人员的决定。与上一篇略有不同的

---

① 见河南省人民政府网站:www.henan.gov.cn。

是,正文开篇简要回顾了自从 2009 年开展本项表彰活动以来全省各地取得的可喜变化,涌现出一大批先进人物。然后阐明了发文目的,宣布了奖励决定。最后向受表彰的人员提出再创辉煌的要求,并向全省人民发出了学习先进人物的具体号召。内容充实,结构完整,格式规范,语言流畅。

二、批复

[**知识讲解**]

批复适用于答复下级机关请示事项。上级机关收到下级机关的请示公文,按照现行公文处理工作的有关规定,应该以发文形式对下级机关的请示事项作出明确的回复,或同意,或不同意,或提出具体指示和意见。换句话说,批复的制发是缘于下级机关的请示,所以,批复具有非常突出的被动性、针对性和指示性。没有请示就不会有批复,一份批复只针对一份请示中的请示事项,批复的意见必须明确清楚,便于下级机关准确领会和执行。

相比较其他公文文种,批复的特点导致了在写作上与其他公文具有比较明显的区别。主要应该注意以下几点:

1. 标题中的发文事由的表述要与下级机关的请示事项相对应,根据需要可以在标题中明确表明同意与否。

2. 上级机关的办公厅(室)经领导授权同意,代表上级机关作出批复时,如果该办公厅(室)与下级机关属于同级关系,则标题中的文种名称"批复"通常写作"复函"。

3. 批复正文开始要先引用下级机关的请示,表示收悉。先引请示的标题,再用括号引注请示的发文字号。

4. 为了便于下级机关对批复意见执行到位,批复意见、执行要求等必须写明确。可以用分条列项的办法来写。

5. 必要时应该在批复中写明做出批复的依据,如法律法规、有关政策、上级文件或领导指示、会议精神等,便于下级机关深入领会理解。

批复例文 1:

省政府关于同意建立江苏护理职业学院的批复①

苏政复〔2014〕132 号

省卫生计生委:

你委《关于正式建立江苏护理职业学院的请示》(苏卫科教〔2014〕20 号)收悉。

---

① 见"江苏省政府信息公开"网站:www.js.gov.cn。

经研究,同意在淮阴卫生高等职业学校基础上建立江苏护理职业学院,同时撤销淮阴卫生高等职业学校建制。江苏护理职业学院为专科层次的普通高等学校,学校隶属关系、经费保障渠道等不变。

江苏省人民政府

2014 年 12 月 16 日

例文评析:

这份批复言简意赅,行文规范,格式要素完备。正文开头的"你委"是上级机关向下级机关行文时常用的简称方式,同级机关之间也可以如此仿用,但下级机关对上级机关不可以如此称谓。

这类批复的一般写作惯例都是开头引用对方的请示来文,然后用括号方式引注对方请示的发文字号,接着"经研究",阐明本机关的批复意见。必要时可以分条列项地写。如下面一篇例文。

批复例文 2:

四川省人民政府关于遂宁市城市总体规划的批复①

川府函〔2014〕123 号

遂宁市人民政府:

你市《关于报请审批〈遂宁市城市总体规划(2013—2030)〉的请示》(遂府〔2014〕39 号)收悉。经研究,现批复如下:

一、原则同意修改后的《遂宁市城市总体规划(2013—2030)》(以下简称《总体规划》)。

二、遂宁市的城市性质为:成渝经济区的区域性中心城市,四川省的次级综合交通枢纽和现代产业基地,以"养心"文化为特色的现代生态花园城市。

三、重视城乡统筹发展,合理控制城市规模。在《总体规划》确定的 1 317 平方公里的规划区范围内,实行城乡规划统一管理。规划控制目标为:2020 年城市常住人口 112 万人,中心城区城市建设用地 110.49 平方公里。城市用地终极规模 210 平方公里,城市终极人口规模 210 万人。根据遂宁市资源、环境实际条件,重视集约和节约利用土地,有效控制 280 平方公里的城市开发边界,切实保护好耕地特别是基本农田。按照因地制宜、城乡统筹发展要求,根据市域内不同地区条件,有重点地发展县城和基础条件好、发展潜力大的建制镇,优化城镇布局,促进农村经济快速发展。

四、完善城市公共服务设施和基础设施体系。加强保障性住房建设,统筹安排关

---

① 见四川省人民政府网站:www.sc.gov.cn。

系人民群众切身利益的教育、医疗、文化等公共服务设施和给水、排水、污水、生活垃圾处理等基础设施。重视城市防灾减灾工作，建立健全包括防震、防洪、消防、防地质灾害等在内的城市综合防灾体系。

五、加强生态绿地保护，创造良好人居环境。建设以滨江公园绿地、生态湿地公园以及生态绿岛为"一湖"，以中心城区东部和中部两片贯穿南北的两大山脉为"两山"，以盟河、渠河、琼江三条水系为滨水带状绿地廊道为"三廊"，以"两山"延伸至城市内部的五条楔状绿地为"五楔"以及以城市内部的独立山体，打造结构性的郊野公园、湿地公园、城市公园等多种类型的点状绿地形生态绿地为"多点"的城市绿地系统。注重城市园林绿化和景观风貌塑造，促进山水城和谐相融，提高城市居住和生活质量。

《总体规划》是遂宁市城市发展、建设和管理的基本依据，城市规划区内的一切建设活动都必须符合《总体规划》的要求。你市要结合国民经济和社会发展规划，明确实施《总体规划》的重点和建设时序。城乡规划行政主管部门要依法对城市规划区范围内（包括各类开发区）的一切建设用地与建设活动实行统一、严格规划管理，切实保障规划实施，任何单位和个人不得随意改变。同时，住房城乡建设厅要加强对《总体规划》实施工作的指导、监督和检查。

四川省人民政府

2014 年 7 月 1 日

例文评析：

这篇批复虽然内容较多，但同样写得非常规范。只需提醒大家注意的一点是，该公文中出现了"（以下简称《总体规划》）"字样。按照公文写作的有关规定和惯例，如果某个文件名称较长，并且在文中反复出现，则正确的写作方式是：第一次出现时写出全称，然后用括号注明"以下简称……"。后面再出现该名称时就只需写简称了。而本文是在第二次出现全称时才注明，这是不符合惯例的。

批复例文 3：

关于对上海网鱼网络发展有限公司在
江苏省南通市设立连锁直营门店的批复①

上海网鱼网络发展有限公司：

你公司《关于上海网鱼网络发展有限公司在江苏省南通市经营连锁直营门店的申请》收悉，根据 2013 年长三角地区文化市场一体化建设联席会议纪要精神及江、浙、

---

① 见"江苏省文化厅"网站：www.jscnt.gov.cn。

沪两省一市《加快长三角地区网吧市场一体化建设的若干意见》要求,结合你公司向我厅提交的备案材料,并参考上海市文广局意见及你公司实际情况,现批复如下:

一、同意你公司在我省南通市设立1家连锁直营门店。

二、你公司必须按照《江苏省文化厅关于加强网吧连锁经营管理的规定》(苏文规【2009】1号),严格落实"六统一"要求,确保新发展直营门店的建设质量,并做好后续的服务及管理工作。

三、连锁企业门店必须接受当地文化行政部门的监督管理。

四、此次网吧门店的设立审批仍实行由市、县文化行政部门审批,省级文化行政部门核准的审批模式。你公司必须按照要求向当地文化行政部门提交直营门店的相关申请材料。

江苏省文化厅

2013 年 8 月 18 日

例文评析:

这份文件的适用文种"批复"是不正确的,因为发文机关与受文机关之间的行政关系应属于"不相隶属"关系,所以,他们之间应该用公文"函"的方式进行往来联系。从该公文的内容判断,这应该是一份适用于"请求批准和答复审批事项"的函,不应该是"批复"。该公文完整而正确的标题应该写成:"江苏省文化厅关于对上海网鱼网络发展有限公司在江苏省南通市设立连锁直营门店的复函"。

此外,"批复"应该是上级机关针对下级机关的某个"请示"公文制发的公文,而该公文中显示,上海网鱼网络有限公司提交的是"《关于上海网鱼网络发展有限公司在江苏省南通市经营连锁直营门店的申请》",从公文写作的角度看,这是不符合公文要求的,标题中的"申请"也并不是公文名称,文种名称错误。

另外,正文中引注的发文字号"(苏文规【2009】1号)"写法也是错误的。其中的年代号应该用六角括号括起来,也就是应该写成"(苏文规〔2009〕1号)"。

[**实践练习**]

1. 通过网络查找《党政机关公文处理工作条例》并全文下载,认真阅读领会,掌握现行的党政机关公文的行文规则,以及公文处理工作对每一个环节的要求。

2. 熟记现行的党政机关15种公文的适用范围。

3. 通过网络查找最新的《党政机关公文格式》并全文下载,认真阅读领会,掌握现行的党政机关公文格式要素以及写作要求。

4. A 大学学生会准备联合 B 大学、C 师大、D 财大、E 学院学生会,召开一个大学生志愿者工作研讨会,为期一天。请你代 A 大学学生会起草一份五个学校学生会联合发文的会议通知。要求:符合通知的写作规范和要求,会议要素(议题、时间、地点、与会人员、来往交通路线、参会费用等)要齐全。

5. 下面两则公文,存在不少问题。请你与同学一起讨论,指出问题所在,并改正。(提示:首先要考虑文种的适用是否准确。文中的语病、错别字、用词不当、标点符号错误等,也要同时指出和改正。)

(1)

启用高清电子监控抓拍系统通知

进一步强化全县道路交通管理,规范道路交通次序,最大限度地预防和减少道路交通肇事的发生,保障广大人民群众的生命财产安全受到威胁,根据《中华人民共和国道路交通安全法》及相关规定,县公安局交通警察大队定于 2015 年 1 月 13 日起,正式启用全县高清电子监控抓拍系统,并对机动车违法行为(闯红灯,逆行,不按交通标志、标线行驶,违规掉头,违规停车,不系安全带)进行抓拍并依法实施处罚,望广大群众自觉遵守交通法律法规,安全行驶,并相互转告,共同维护好我县道路交通次序。

县公安交通警察大队
2015 年 1 月 13 日

(2)

通　　知

根据黑政办发[2014]24 号《关于建立贫困重度残疾人护理补贴制度的通知》精神,现将有关事项通知如下:

一、补贴对象申报条件:

具有黑龙江省××县户籍,持有第二代《残疾人证》的一级视力,一级肢体,一、二级智力,一、二级精神残疾,且信息已录入全省第二代《残疾人证》管理系统基础信息数据库,所在家庭或本人为低保或低收入家庭。

二、申报流程:

符合上诉条件的重度残疾人,携带户口、身份证、残疾证、两张照片、低保或者低收入证明到所在的社区、乡(镇)申报办理。咨询电话:5625299

三、申办截止时间:2015 年 2 月 1 日

××县残疾人联合会
2015 年 1 月 12 日

6. 根据下面提供的文字材料内容,选择合适的公文文种,为××县政府办公室代写一份

公文,向全县各乡(镇)政府、各有关单位布置相关工作,并提出要求:

近年来,越来越多的人逐渐认识到,将富余的秸秆通过秸秆还田、秸秆青贮、氨化饲料、秸秆沤肥、秸秆制沼、食用菌生产等办法加以综合利用,变废为宝,不仅改善了我们生存的环境,减少了污染,而且增加了经济收入。《中华人民共和国大气污染防治法》、《秸秆禁烧和综合利用管理办法》等法律法规都对禁止焚烧秸秆做出了明确限制和制裁措施。发现有焚烧行为,坚决制止和查处,进行处罚。对焚烧秸秆造成严重后果的,依法追究责任并进行相应经济处罚。

一年一度的秋收已经来临,辛勤的汗水变成了丰收的果实。然而每年秋收过后,秸秆大部分被废弃或燃烧,不仅污染环境,而且危害群众健康和交通安全。按照省委省政府关于秸秆禁烧的会议精神,县委县政府专门召开了全县秸秆禁烧和转化利用工作会议,制定并颁发了《关于2014年秸秆禁烧和转化利用工作的实施意见》,要求大力宣传秸秆焚烧的危害以及秸秆综合利用工作的重大意义,在全县营造"焚烧秸秆违法浪费,综合利用富民利国"的强大舆论氛围,努力实现全县"不着一把火、不冒一处烟"的目标,有力推动秸秆肥料化、饲料化、原料化、能源化综合利用。

露天焚烧秸秆会引发一系列危害。一是污染空气,危害人体健康。焚烧秸秆所形成的烟雾对人的眼睛、鼻子和咽喉刺激较大,易导致支气管炎,特别是会对成长中的青少年儿童身体造成不利的影响。二是易引发火灾和交通事故,威胁人民生命财产安全。焚烧形成的烟雾,造成大气能见度下降,容易引发交通事故。三是破坏土壤结构,造成耕地质量下降。焚烧秸秆能直接烧死、烫死土壤中的有益微生物,影响作物对土壤养分的吸收,直接影响农业收益。

全县广大人民群众要携起手来,自觉抵制焚烧秸秆,积极营造良好的生活环境,共享一片蓝天,共创一个美好家园,为建设生态、富庶、文明、幸福饶河贡献自己的力量。

7. 假设某个同学违反了某场考试纪律,将事先准备好的写了跟考试内容有关的小纸条以及手机带入考场,在考试中利用小纸条作弊,并用手机给另一个同学发送答案信息。后来被监考老师发现……根据这个"事实"和你所在学校真实的考试纪律和考场规定,编写一份给作弊同学纪律处分的公文。要求:文种适用正确,符合公文写作规范,符合你们学校的实情以及规定。有些不清楚的公文格式要素可以画"×"代替。

8. 根据下面一则新闻稿,写一份情况通报:

2月11日,梁思成文物保护史迹展开馆仪式在隆兴寺方丈院举行。国家文物局文物保护与考古司副司长唐×,省文物局局长张××,石家庄市副市长、县委书记、正定新区党工委书记王××,县领导杨××、李××和中国古迹遗址保护协会、国际古迹遗址理事会、清华大学建筑学院有关专家、梁思成先生的学生代表郭××以及省、市、县相关部门负责人到场祝贺并参观。

王××代表县委、县政府对参加开馆仪式的领导和专家表示热烈欢迎。他说，梁思成是我国著名的古建筑大师，毕生致力于中国古代建筑的研究和建筑教育事业，系统地调查、整理、研究了中国古代建筑历史和理论，是这一学科的开拓者和奠基者。特别是梁思成三次赴我县进行考察，肯定了隆兴寺摩尼殿、开元寺钟楼、县文庙等一批古建筑在中国建筑史上的重要地位。其所撰写的《正定调查纪略》，记载了正定古建筑的历史状况，为后世留下了珍贵的历史资料。此次，我县在国家和省、市文物局倡导和大力支持下，在隆兴寺开辟了梁思成文物保护史迹展，是我县古城保护系列项目之一。它的完成不仅是对梁思成三次赴正定考察古建筑的回顾，更是对梁思成先生的一种缅怀。同时，也能够让人们近距离亲近和感受梁思成等学者的思想和精神，读懂他们的追寻与传承。接下来，我县将按照习近平总书记的批示精神，在各位专家的指导下，把梁思成先生保护文物的精神传承好、发扬好，并用科学的态度把正定的古城保护工作做好，使饱经沧桑的正定古城以较为完整的历史脉络留传于世。

县长杨××介绍了展览筹建情况，希望社会各界人士对展览提出意见和建议，把知道或掌握的有关梁思成先生的资料或实物与我们分享，充实展馆，使展览更好地服务于社会，真正成为古城正定缅怀大师、弘扬优秀历史文化、传承人类文明精华的平台。

县委常委、常务副县长李××主持开馆仪式。

仪式结束后，与会领导和专家参观了梁思成文物保护史迹展。

据悉，位于隆兴寺方丈院的梁思成文物保护史迹展项目，从谋划、实施到完成历时两年多，共有雨花厅、东厢房、正房、西厢房四个展厅。其中，雨花厅主要展示梁思成先生的出身以及求学经历，东厢房主要展示梁思成先生在全国开展古建调查的经历和在正定调查时的起居情况，正房主要展示梁思成先生在正定开展古建筑调查的情况，西厢房主要展示在梁思成先生古建筑保护精神指引下，全国各地文物保护工作所取得的巨大成就等。

9. 将本章"函例文4"中存在很多问题的"函"重新撰写。

10. 根据本章"函例文4"描述的情形，请你为××日报社代写一份复函，表示同意接收10名学生到报社实习。要求：符号答复函的写作规范和要求。

11. 假设你所在的班级准备举行一次主题班会活动，到市博物馆参观，需要向系学生会申请500元交通补贴。请你根据公文"请示"的写作要求，模仿正式发文的形式，以本班级为发文机关，给"上级机关"系学生会写一份请示。要求：内容充实，语言简洁，措辞得当，语体准确，符合请示的写作规范。

12. 根据上一题题意，假设你是"上级机关"系学生会，请你写一份批复，同意给予500元交通补贴。要求：符合批复的写作规范和要求。

13. 下面是一则会议新闻，假设你是××派出所所长，代表××公安分局参加了这个会议,请你写一份报告,以××派出所的名义将会议的主要内容向分局领导汇报。要求:符合报告的写作规范和要求,不得简单照抄所给材料,报告不送领导个人。

全省公安局处长会议强调:构建现代警务模式　建设平安法治吉林

2月3日上午,全省公安局处长会议在长春市召开。会议强调,今年全省公安机关将以建设平安吉林、法治吉林为目标,以改革创新为动力,以深化"两优两强"、"两做一推"为主线,着力推进警务模式和管理模式转变,全力维护社会大局稳定,促进社会公平正义,保障人民安居乐业。副省长、省公安厅厅长黄××出席会议。

2014年,全省公安机关全面深化改革,主动应对风险挑战,各项工作取得重大发展进步。全省实现了刑事案件立案数、8类严重暴力犯罪案件立案数、命案发案数、侵财案件立案数、治安案件受理数、群体访数量和交通、火灾事故死亡人数同比"八下降";全省群众安全感满意度达到94.99%,同比提高1.47个百分点,创历史最好水平。

今年,全省公安机关将深化平安吉林建设,提升新常态下维护国家安全和社会稳定的能力水平。强化社会治安治理、维稳处突、边境管控、网络社会治理、公共安全监管。推进警务转型升级,提升公安机关核心战斗力和现代化水平。加强省市县(区)公安应急指挥平台建设,加强情报信息收集研判,完善派出所社区警务机制,加强信息录入与数据库建设。

加强执法规范化建设,提升执法水平和执法公信力。把法治化要求贯穿到深化改革、科学决策、民警教育、平安建设、执法办案、服务群众等各项工作中。加强队伍正规化建设,提升公安机关依法履职的能力水平。坚持党建统领、文化引领,坚持改革创新、规范管理,进一步强化政治建警、素质强警、从严治警、从优待警。

14. 下列一组公文标题,在写作上都有问题。请逐一指出并更正:

    (1) 关于召开全局职工运动会、提高员工身体健康的通知
    (2) ××区政府号召全区市民学习第四届全国道德模范的决定
    (3) ××区政府关于转发市政府《春节期间禁止燃放烟花爆竹的通知》的通知
    (4) 对×××、×××、×××等三位同志职务任免的通知
    (5) 2014年度市审计局关于彻底清理检查"小金库"工作的通报
    (6) 大学关于同意师范大学来函要求接收进修教师的批复
    (7) 关于是否批准县政府对扶贫对象进行专项补贴的请示的批复
    (8) 市委市政府关于党的群众路线教育实践活动取得显著成效的报告
    (9) 关于加强食品安全大检查、保障全市居民春节食品安全的决定
    (10) 关于调整商学院教学计划的请示报告

15. 下文来自"赣州市政府信息公开"网站(xxgk.ganzhou.gov.cn),发文机关是赣州市水利局。请对照《党政机关公文处理工作条例》和《党政机关公文格式》的要求回

答问题：

转发水利部办公厅关于做好突发性水污染事件
防范保障供水安全工作的通知

各县(市、区)水利局,市水务集团:

为保障城乡供水安全,及时发现和应对突发性水污染事件,切实履行水利部门工作职责,现将《水利部办公厅关于做好突发水污染事件防范保障供水安全工作的通知》(办资源函〔2014〕379号)转发给你们,请你们要高度重视,充分认识加强城乡供水水源地保护、保障水质安全的重要性和紧迫性,对照《赣州市水利局突发性水污染事件应急预案》,进一步加强突发水污染事件防治工作,系统总结本地近年来突发水污染事件应对工作经验,尽快组织水污染风险隐患排查,并将有关落实情况于5月22日前报市水利局。

联系人：陈××

电话：8196440

传真：8196441

附件：《水利部办公厅关于做好突发水污染事件防范保障供水安全工作的通知》

2014 年 5 月 15 日

问题 1. 该通知的标题是否完整？是否需要在前面加上"关于"二字？

问题 2. 该通知的正文在语言表述上是否存在问题？

问题 3. 该通知最后的联系人姓名、电话、传真有无必要写出？放在这个位置可否？

问题 4. 该通知没有写"特此通知"这样的结语,对不对？

问题 5. 该通知的"附件说明"部分有无问题？

问题 6. 该通知还缺少哪些必需的公文格式要素？

16. 阅读下面的公文,在横线上填写恰当的内容：

西安市人民政府关于 2014 年度市科学技术奖励的____
市政发〔2015〕1 号

各区、县人民政府,市人民政府各工作部门,各直属机构:

为深入贯彻党的十八大和十八届三中、四中全会精神,____深化统筹科技资源改革,加快落实创新驱动发展战略,____广大科技人员创新积极性,市政府决定,对推动我市科技进步和为经济社会发展做出突出贡献的科学技术组织和人员_____。

根据《西安市科学技术奖励办法》的规定,经市科学技术奖励专家评审委员会评审、市科学技术奖励委员会审定,市政府批准,授予"超大型径轴向数控轧环装备及工艺研发与应用"等11项成果市科学技术进步一等奖,授予"城市交通管理设施设置技术研究"等38项成果市科学技术进步二等奖,授予"西安市灾害性天气预报预警系统"等58项成果市科学技术进步三等奖,授予"西安西电开关电气有限公司特高压开关设备创新团队"等7个团队市科学技术进步奖(创新团队),授予西安富士达科技股份有限公司总经理郭建雄等17人市科技创新企业家奖。

希望获奖组织和个人＿＿＿＿＿＿＿＿＿＿＿。全市科技工作者要向获奖者学习,＿＿＿＿＿＿＿＿＿＿＿＿＿＿＿＿＿＿＿＿＿＿＿＿＿＿＿＿＿＿＿＿＿＿＿,促进统筹科技资源改革示范基地建设,＿＿＿科技创新能力,为西安经济和社会发展做出更大贡献。

附件:2014年度西安市科学技术奖励名单

＿＿＿＿＿＿＿＿＿＿＿＿

2015 年 1 月 30 日

第四章 事务类文体写作

[**本章导引**]

　　事务类文体包括公务类事务文体和私务类事务文体。公务类事务文体是指除了《党政机关公文处理工作条例》中提到的 15 种公文（通常称之为通用公文）之外的、在公务活动中为完成具体事务性工作所形成和使用的、具有一定的规范体式或写作惯例，且具有一定行政约束力的文章，如计划、总结、调查报告、会议记录、讲话稿、简报、须知、规定、办法、制度、章程、介绍信等等。私务类事务文体是指为了记录私人信息、传达私人意愿、履行私人义务等所形成和使用的、具有约定俗成的写作惯例或模式、约束范围很小且写作起来比较灵活自由的文章，如日记、书信、协议、请假条、遗嘱、字据、留言条、启事、笔记等等。本章内容是讲解机关常用的部分公务类事务文体。

　　事务类文体具有以下特点：

　　1. 因事而发，事无巨细，具体明确

　　顾名思义，事务类文体是适用于具体事务的，大到单位工作的全面部署，小到某部门乃至个人事宜，或为记录备案，或为传达告知，或为对照检验，每一份事务文书都必须有具体明确的事项，要求收文者知晓和执行。

　　2. 格式稳定，语体规范，适用广泛

　　事务类文体的种类很多，虽然不同于通用公文那样每一种都有固定的标准格式，但在长期运用实践中，也已经基本形成了稳定不变的行文格式。不仅如此，每一种事务类文体也形成了自己的语体规范，有些与通用公文语体一致，有些则比通用公文更具个性化风格，如讲话稿等。尤其突出的是，事务类文体的适用范围十分广泛，不仅党政机关常用，其他企事业单位、社会团体组织也都广泛应用，正因如此，所以更应该注重规范,不能把事务类文体写得五花八门,随意多变,不利于公务文书的管理和运作,以至于影响公务活动。

3. 制发灵活,程序简单,约束力不如通用公文

通用公文的制发和运作、管理程序非常严格,每个环节都有明确的规定。相比之下,事务类文体要相对灵活得多,一般说来约束力也不如通用公文强。此外,事务类文体的"变数"相对较大,随时可以根据情况变化做出修正、调整,而通用公文一旦发出,如果要修改、调整或撤销,必须严格按照公文运作的规定程序进行,并须补发公文予以说明。

事务类文体很多,如果大致进行分类的话,有计划类、总结类、调研类、会议类、书信类、告启类、契约类、规章类、凭据类等等。无论哪种事务类文体,都在机关工作中发挥着上下传达、内部沟通、外部交流、立此为据等作用。

本章所讲的几种事务类文体,是在机关工作中最常见常用的。掌握这些文体的写作,对于将来走上工作岗位之后干好本职工作,大有益处。

第一节　调查报告

[**知识讲解**]

机关工作中的一项很重要的内容是调查研究工作,作为一种行之有效的科学的工作方法,它对于提高工作效率,实现领导层决策的科学化、民主化,总结经验教训,树立典型,推动改革开放事业健康发展等,都具有重要意义。

调研工作可以分为相互联系、相互渗透的若干阶段,如准备阶段、调查阶段、研究阶段、成果阶段等。一个完整的调查研究过程,可能涉及多种文书,如调研方案(计划)、调查访问提纲、调查问卷、调查研究报告等。当然,调研的最终成果形式就是调查报告。

调查报告是以调查中获得的事实和数据为依据,运用科学的研究分析手段和方法进行逻辑推理论证,用庄重平实的语言、简单明了的结构以及叙述和议论相结合的表达方式,全面反映调查研究结果的文章。

一、调查报告的特点

(一) 事实性强,针对性突出

调研工作本身具有一种被动性,总是因为出现了某种新情况、新问题、新的转折等,需要通过调查,弄清来龙去脉,进行总结归纳,获取真实材料,以作为制定新的决策

和措施的依据,或者作为推广学习的样本,或者作为引以为戒的典型。正是这种被动性决定了调研工作突出的针对性以及调查报告很强的事实性。原因很简单,调查时要针对需要弄清的情况、问题,不能绕弯子,兜圈子,铺摊子,做很多无用功,浪费人力、财力、物力。报告时要把调查的内容准确反映出来,同样要体现针对性。在报告时,事实是胜于雄辩的,准确陈述调查中获得的事实,要比抽象的理论阐述更有说服力。

(二) 结论性强,逻辑性突出

调查报告的作用在于提供决策依据,推广先进经验和做法,扶持新生事物,纠正不正之风。它既有公文文体的某种特性,又有新闻文体的一些特点。但一个明显的区别是,不管写作调查报告的目的是什么,都要求作者根据调查获得的材料进行分析,提出明确的结论性意见。这种结论性意见是通过鲜明的逻辑性体现出来的。就是说,作者不是在报告中先提出结论,然后用调查得来的材料去佐证,而是客观地列出材料、数据,运用科学的方法分析解剖,合乎逻辑地推导出自然结论,这样,调查报告才具有实用价值。所以调查报告的写作过程就是一个逻辑推理分析的过程。

(三) 科学性强,客观性突出

报告中运用的材料都是作者自己亲自调查获得的第一手资料,或者是经过核实的第二手资料,真实性很强。同时作者运用的分析方法是科学的、合乎逻辑的,因此得到的结论也是科学的、客观的。在分析情况以及撰写报告过程中,应该始终坚持以事实为依据,以科学为准绳,不掺杂个人的情绪因素,突出材料陈述、分析过程和结论的客观性。

(四) 叙述性强,论证性突出

从写作的角度看,调查报告所运用的主要表达方式是叙述和议论,兼有说明。其中主要篇幅用来叙述调查所获得的材料、情况和数据,对一些特殊问题或细节作说明。议论所占篇幅不大,但却起着统率作用。事实的真相,事物的特点和规律,问题的主要矛盾和次要矛盾等,光靠罗列材料是难以明了的,必须依靠作者鞭辟入里的议论分析。读者正是通过观察作者严密科学的论证,接受其观点和结论。

二、调查报告的类型

(一) 总结经验型调查报告

撰写这类调查报告的目的是要总结介绍先进单位或个人的典型经验或做法。这些经验或做法在"面"上具有一定的代表性,经得起实践的检验,如果推广开来,对于全面贯彻党的路线、方针、政策,表彰先进,激励后进,推动某项工作的展开等,都具有积极的意义。写作这类调查报告时,要注意突出典型经验或做法的思想基础、具体做法或过程、收到的实效等。

（二）揭露问题型调查报告

这种类型的调查报告主要是针对工作中存在的某个突出问题进行周密的调查，弄清事实真相，揭露问题的实质，总结教训，引起上级领导或有关单位广泛关注和高度重视，促成某些问题尽早解决。在撰写这类调查报告时，不仅要对问题进行如实的反映，更要深入分析其中根源，并尽可能指出改正的方法和途径。对于敌我性质的问题，在撰写时要给予充分揭露和抨击，在大是大非问题上决不让步。

（三）综合情况型调查报告

这是为制定新的决策和措施提供基本情况，或者为反映某项新政策贯彻执行之后的效果而撰写的。要对调查对象的基本情况进行具体、全面、系统的介绍、分析和论证，指出未来可能的发展方向和变化趋势，对将来的新政策和措施提出建设性的意见，或者对新政策继续贯彻执行的可行性和必要性提出结论性的意见。

（四）学术研究型调查报告

这是指带着明确的学术研究目的，对自然的或社会的特定现象进行深入调查，通过研究，获得科学性的结果，揭示自然或社会现象的发生、发展、变化规律。具有鲜明的"解剖麻雀"般的科学研究特征。

三、调查报告的文本结构

调查报告的文本结构由标题、引言、主体、结语四部分组成，外加调查报告的撰写者署名和成文日期。具体写法和要求如下：

（一）标题

调查报告的标题形式有三种：

1. 公文式标题。由"关于"引导出调查对象、调查内容和文种名称。有时将调查者的名称也写入标题，放在最前面。如《××市审计局关于××县教育局挪用教育经费修建办公楼问题的调查报告》《关于废旧物资回收利用的调查》。"关于"一词也可以省略，如《××市审计局机关实行民主管理的调查》《南京化工厂在改革中做好工会工作的调查》。

2. 揭示主题式标题。这种标题和一般文章的标题形式一致，文种"调查报告"可以省略，从调查研究的结果中归纳提炼出能够概括主要内容、揭示主题思想的词组或一句话做标题。例如《完善三个机制　强化查案工作》《××市对领导干部实行全程经济责任审计》。为了引人注目、启人深思，可以将标题设计成问句，如《××钢铁公司是怎样实行经济责任制的?》《××塑料厂的领导班子为什么涣散无力?》

3. 正副标题式。实际上是将前两种标题方法结合起来。如《邻村设站　乡村联办——××镇村级医疗体制改革调查》《丘陵山区的致富之路——××市依靠科技开发丘陵山区调查》《产权制度改革:讲好方言念真经——来自××市的调查报告》等。

（二）引言

调查报告的引言部分独立成段,一般用来介绍调查目的、方法、时间、结果、被调查者的概况等。由于调查研究活动是一项常常涉及国家政策的活动,所以对于进行调查研究的政策依据也要在引言部分作专门说明,也可将调研的最终结论在这里先作提示,摆出调查者的基本观点和意见。这部分的篇幅不要太长,有关内容点到为止。

（三）主体

主体部分是调查报告的核心,主要用来系统全面地介绍调查研究的具体内容、调查经过、发现的主要问题或总结出来的经验、解决问题的主导意见或推广经验的初步设想、解决问题或推广经验之后的效果判断与分析等。

由于这部分内容较多,因此要注意层次清楚、结构严整,对有关情况的陈述以及数据资料的交代要准确、客观、实事求是,必要时还要说明情况、数据资料的来源以及核实结果。写作时要处理好叙述材料和论证观点的关系,以叙述为主,叙议结合,边叙边议,逐步将文章引导到结论上来,体现出理从事出的逻辑关系。

主体部分通常按照调查顺序展开来写比较容易,但如果能将调查材料按照类型归类,用“分点论列”(即同类材料组合在一起,产生一个分论点;分论点与分论点之间是并列关系,共同阐述总论点)的方法安排材料、结构文章,则效果更好。此外,根据不同的调查内容,还可以采用对比手法(如先进与落后、历史与现状、成绩与问题等)或者按照事件的时间序列来结构文章。

（四）结语

结语部分多用来总结全篇,强调观点或结论,对调查中的存在问题与不足以及特殊情况做出说明,或者可以展望前景,提出建议,发出呼吁等。还可以作为和前面引言的呼应,简单说明本次调查研究活动的完成情况、实际效果等。调查报告本身存在的问题也可在这部分做必要说明。有些调查报告干脆没有结语,文章在主体部分结束时戛然而止,干净利落。

（五）撰写者署名及成文日期

除了由个人完成的调研工作(调研人就是调查报告的撰写者),很多调研工作都是由专门的调研小组完成的,所以,调查报告的撰写者常常以调研组的名义出现。撰写者的署名可以有三种呈现方式,一是可以放在标题中,例如《××市审计局关于××县教育局挪用教育经费修建办公楼问题的调查报告》这个标题中,“××市审计局”就是撰写者;二是可以放在标题下单独成行;三是可以放在文尾落款处。

成文日期一般跟随在撰写者署名的下方,除非撰写者署名包含在标题中,则成文日期可以在标题下单独成行,也可以放在文尾。

撰写调查报告,还要注意语言的清新和庄重。一方面要严肃,无论是经验的总结推广,还是问题的揭露批评,都要紧密结合党的路线、方针、政策,结合现阶段的形势和工作重点,客观、公正地展示调查结果,而不能感情用事,言语不宜过分渲染夸张或轻描淡写。另一方面,要清新自然,不能板着面孔,高高在上,或一副"报纸腔",文章读来呆板枯燥,味同嚼蜡。

[例文评析]
调查报告例文 1:

关于县政府政务服务工作情况的调研报告[①]

县人大常委会调研组

2014 年 3 月

各位主任,各位委员:

根据县人大常委会工作安排,为了能更有针对性地听取和审议县政府政务服务工作情况的报告,常委会成立了政务服务工作调研组,在副主任李×同志的带领下,于 2 月下旬至 3 月上旬采取视察、走访、座谈等形式,对县政府政务服务工作情况进行了调查了解,现将有关情况报告如下,供大家在听取和审议县政府政务服务工作报告时参考。

一、政务服务工作开展情况

近年来,县政府以便民服务为目标,以优化投资发展环境为重点,不断加强和完善政务服务工作,开展了一些卓有成效的工作:强力推进行政审批"两集中、两到位"改革,认真抓好项目清理和流程再造工作,着力解决进驻项目流程繁琐等审批环节存在的问题,积极探索"并联审批"的方式方法,建立和完善了各项规章制度,努力实现政务服务的标准化等等。目前,县政府政务服务中心进驻单位 46 家,设立 78 个服务窗口,5 家分中心,窗口工作人员达 153 人。2013 年办理各类行政审批和便民服务事项25.35 万件,收缴各类税费 2.13 亿元。有关县政府政务服务工作的详细情况,县政府向本次常委会还要作专项工作报告,为此,这里不再赘述。

二、政务服务工作存在的主要问题

县政府虽然在政务服务工作中,采取了一些强有力的措施,使该项工作有了长足的发展,取得了较为显著的成绩,但是,在我们的这次调研中也发现一些存在的问题,经归纳整理,主要有以下方面:

1. 办公场所严重不足。目前,县政府政务服务中心设在县经济开发区,且租用企业商业用房,按要求,若将所有审批、服务项目都集中到政务服务中心,场所严重不能满足现实需要,且运营成本较高。

---

① 见"临泉县人大常委会"网站:www.lqxrd.cn。

2. "两集中、两到位"的工作还有待进一步落实。在调查了解中,我们看到绝大多数进驻政务服务中心的单位,都能做到授权到位、人员落实到位,审批事项在服务窗口承诺的时限内可以办结。但也有少数单位授权不到位,所派驻人员只能做到项目受理,具体办理还在原单位的情况。

3. 交通便民措施有待加强。由于政务服务中心设在县经济开发区,相对来说较为偏远,目前途径政务服务中心的公交线路少、车次少,给群众到政务服务中心办事带来不便,群众反映较多。

三、几点建议

县政府政务服务中心的建设事关政府职能的转变,为民提供高效便捷的服务事关政府在群众心目中的形象,大家也都极为关注,为县政府政务服务工作提出一些意见和建议,经梳理主要有以下方面:

1. 加快建设县政府政务服务中心办公场所。县政府政务服务中心为民提供高效便捷的服务,是一项长期的工作,应该有自己的办公场所。一是从长远看可大幅较少运营成本;二是进驻单位的设备投入可考虑固定性、长期性;三是便于管理,安全性较为可靠。为此,建议县政府在条件具备的情况下,尽快建设政务服务中心办公场所。

2. "两集中、两到位"的工作还要进一步落实。要根据项目的不同类别、性质,凡是能在服务中心窗口办理的,督促有关单位切实做到授权到位、人员落实到位。

3. 为进驻政务服务中心工作的人员提供良好的生活和工作环境。服务中心每天接待人员多,业务量大,往往中午都是加班加点,建议给他们适当调整交通、午餐补贴标准,在条件许可的情况下,采取朝九晚五工作制,以方便群众进城办事。

4. 增加途径政务服务中心的公交线路。建议县政府合理规划和调整公交线路,尽可能方便群众去往政务服务中心办理有关业务,同时也便于政务服务中心工作人员上下班。

例文评析:

这是一篇写作比较规范的调查报告,虽然篇幅不长,但内容充实,条理清晰,结构完整,语言简明扼要。

标题"关于县政府政务服务工作情况的调研报告"属于公文式标题,标题之下是撰写者署名和成文日期。多数调查报告没有"主送机关",但这篇报告的正文之前出现了"各位主任,各位委员"称谓,说明调查报告是向谁陈述提交的,这种情形也是有的,并不错。有时候调研工作是受委托人的委托进行的,所以调查报告就会直接向委托人呈送。

开篇引言部分非常简要地介绍了调研工作小组的产生、任务、调研时间和方式。主体部分分为基本情况、主要问题、建议三个层次,事实陈述清楚,问题明确,建议有针对性和合理性。通篇写作体现了"摆事实、讲道理"的基本原则,很少大话、空话、套话。

这篇调查报告没有专门的结语,这也是常见写法,意到笔停,戛然而止,干净利落。文中出现两次的"途径"应为"途经",系笔误。

调查报告例文2:

关于政府关注民生的实践调查报告①

在放寒假期间我参加了××县××乡政府部门关于民生的调查情况,在调查期间让我真切感受到耕耘的艰辛,收获的喜悦,农民的幸劳(辛劳),在实践期间我主要做了以下的工作。

我们调查了整个××乡受教育状况。村民中有70%受过初等教育、50%受到过高等教育。经调查多数家庭都有高中生。如今儿童的上学年龄限制到6岁,但有50%的孩子8岁才开始上学。

我们还调查了农民的生活状况,据调查村民的粮食、蔬菜,肉制品都自给,只买一些油盐、(,)因此大部分家庭每月生活费在100元以下。

经过这一段时间与乡亲们的接触,我深深地感到:农村对教育的重视程度比起城市有过之而无不及,甚至越是贫穷地区的人们对教育的渴望越强烈。教育滞后的根源不在于观念的落后而在于经济的落后。

在我们调查的家庭中有80%的家庭的三分之二家庭收入用于孩子的教育,绝大部分的家长非常希望孩子能上到大学。我依然清楚地记得乡亲们朴实的话语,搞调查时,当问及孩子们的学习情况时,他们总说:(,)我的孩子能像你们一样就好了。其实我们这么辛苦,啥也不图,就希望他们多学点东西,找一条好的出路。还记得有个老汉对我们说:俺孩子能上到哪,我供到哪,就算砸锅卖铁也得上。由此,我们转过头来想一想,一个地区是否重视教育能单凭入学率或人口文化水平来衡量吗?答案是否定的。对于农村来说,判断人们重视教育程度的标准应是他们用于教育的开支所占家庭收入的比重。虽然农村地区经济落后,但也正因为落后,他们比城里人更渴望受到教育、更渴望个个都能考上大学!当你看到××村的乡亲省吃俭用供孩子们上学的时候;当你听到老汉说砸锅卖铁也得上的时候,你还会说他们不重视教育、还在扳着指头数有几个失学儿童吗?!那么,盲目地给老少边穷地区扣上不重视教育、教育意识薄之类的帽子是不是过于武断、是否含有某些歧视成份呢?不是因为我是一个农村的学生我才说这样的话,而这是我们调查的真实情况,而且在这一方面我以(有)过亲身的体验。

---

① 见"莲山课件"网站:www.5ykj.com,原文中有些明显的文字、标点符号错误,在括号内修正。

从开始调查到调查结束,我的心情经历过一次次的万千感慨、一遍遍的心潮澎湃。在与乡亲们从接触到磨合再到打成一片(的过程中),乡亲们对我们关怀备至,待我们如亲生儿女,我们体会到乡亲们淳朴的情怀,也感受到了农村对知识的渴求,对富裕的渴望。面对这份深重的情谊,我们都想尽自己的最大努力为××的父老乡亲们做出贡献。但是对于有一些想法我只是想得到却无能为力(没有能力)帮助他们,然而现今我们只能在宣传成功的经验的同时,提一些不够成熟的建议。

以前该村连乡村公路都没有通,目前,村民们的收入主要是靠养猪和种土豆,公路以(已)到了村公所,这样就为他们提供了更多的赚钱机会,比如,他们可以种很多的土豆,还可以养猪、养牛销售出去。当然,这取得的一切成绩离不开村领导付出的巨大努力和广大村民的辛勤劳动。

通过几天的实践,我们发现该地农民的经商意识非常薄弱,或许是受传统观念影响太深,其时(其实),逐步使他们转变观念对经济发展是有重要意义的。

在我们调查完了以上的项目后我还参加了建设新农村对政府的要求调查报告。县乡政府最贴近农民,更容易获得和把握农民对公共产品和服务的需求信息,由县乡政府分析利用这些信息,可以避免信息在政府间传递过程中可能发生的信息不对称乃至信息失真,从而可以使公共支出的安排更有效。与中央和省级政府相比,由县乡政府负责农村公共产品的供给,具有信息搜寻费用低、安排的项目针对性强和更便于引导农民参与等优势。

从建设服务型政府的角度看,县乡政府在新农村建设中的职责范围包括三个层面。一是为新农村建设提供基本的公共管理服务,包括为国家机器正常运转所提供的管理服务,以确保县域社会经济运行的协调有序。这是县乡政府的基本职能,也是开展社会主义新农村建设的必要条件。二是落实中央提出的扩大公共财政覆盖农村范围的目标,促进县域范围内的公共事业的发展。一方面,为辖区内农民提供教育、卫生、环保等公共产品和服务;另一方面,完善农村优抚、救济、救灾等社会保障体系,在有条件的地方建立农村最低生活保障和养老、失业保障制度,创建和谐有序的社会氛围。三是把握辖区的社会经济走向,特别是区域的比较优势及其变化,并通过制定新农村建设规划和提供政策指导,为区域比较优势的发挥做出应有的贡献。

开展新农村建设,一方面各级政府要加大对"三农"的政策扶持和资金投入;另一方面要转变县乡政府职能。县乡政府要通过职能转变,为社会主义新农村建设提供强有力的基层组织保障,促进政策的合理调整和资金的优化配置,加快社会主义新农村建设的进程。

我们通过大学学习后,要想尽快的成为现代化建设的有用人才,适应社会的需要,就要在学习期间,积极参加社会实践活动,认识社会,认识自己的社会位置,明确自己的历史使命,激发自己的学习热情,调整和完善自己的知识结构,战胜各种困难和挫折,锻炼意志和毅力,为适应以后的工作做一定准备,这是我参加这次社会实践的目的之一。

社会上的很多东西单从课堂上是难以得到的。因此我们必须走向社会,深入农村,(了解)农民的现状,了解他们的所思所想,才能真正在实践中增长我们的才干。

还有淳厚民情和朴素民风中的情感滋养,难以尽得于书本;贫困母亲脸上的愁容和失学儿童眼中的渴望所激发的力量,难以取之于校园。走出象牙之塔,融入坚实的土地,贴近农民的心,才会真切感受到耕耘的艰辛,收获的喜悦,才会真正把成长的根深深植入祖国的沃土。

实践以(已)充分证明,社会实践促进了大学生的全面发展。通过社会实践活动,我们从与人民群众的广泛接触、了解、交流中受到真切的感染和体验,从无数活生生的典型事例中受到深刻的启发和教育,使思想得到升华,社会责任感增强。在实践中,我们的人生观、价值观得到进一步的强化,提高了认识能力、适应能力和创新(能力)。

最后我在这里真心的(地)感谢在实践活动过程中帮助过我的朋友和领导,谢谢你们让我实践,给予我信任,使我明白更多人生的意义。

例文评析:

网上的这篇调查报告,未署作者姓名,其实更像是一篇参加调查研究工作之后的个人体会。

按照调查报告的写作要求来看,这篇例文的问题突出表现在以下几方面,应当在写作时引起重视:

1. 标题"大"而无当,调查对象不明。"政府关注民生"所指并不明确,因为撰写者是个人口吻,所以既看不出是哪个政府,也看不出是关注民生的哪些方面,毕竟民生一词所包含的东西太多了。一篇调查报告不可能涉及所有政府关注的民生问题。另外,"关于政府关注民生的实践调查报告"也文理不通,是调查"政府"还是调查"民生"?从后面的内容判断,应该是调查"民生",所以标题应该写成"关于民生问题的调查报告"(严格而言即使这样写仍然有问题,因为"民生问题"所指含糊,涉及范围太大)。

2. 调查内容不清,文章逻辑混乱。先是说调查农民受教育状况,又说调查农民的生活状况,然后又提到调查建设新农村对政府的要求。三个调查内容调查的基本事实没有说清楚。受教育状况提到了两个基本数据,但随即只是引发作者的一通感慨。生活状况调查还没说清楚,又扯回教育投入占家庭收入的比例,回到了教育问题。所谓建设新农村对政府的要求,根本没有提到调查获得的情况,就直接说了一堆大话、套话、空话,用"报纸腔"向政府提出了建议和要求。文章最后又扯到大学生参加社会实践活动的意义上。总之,看完整个文章,根本不清楚作者究竟想要说什么。

3. 感情用事,妄下结论。仅凭"越是贫穷地区的人们对教育的渴望越强烈"的发现,就断言"教育滞后的根源不在于观念的落后而在于经济的落后"。还有,"对于农村来说,判断人们重视教育程度的标准应是他们用于教育的开支所占家庭收入的比重"这样的判断,不是建立在对具体事实的科学分析和研究基础上,而是带着强烈的个人感情倾向。这类做法是调研工作以及撰写调查研究报告的大忌。

第二节　计　划

计划工作是一项根据现代管理科学原理实施的科学的预测和决策工作,属于管理活动的一部分。它处在决策和决策的实现之间,发挥着导引工作方向、监督工作进程、促进工作效率、规范工作行为等作用。将计划工作内容用书面形式呈现出来,以供参照执行,就是计划类文体。

[知识讲解]

一、计划的含义

从文书的角度来认识,计划有广义的计划和狭义的计划。广义的计划是指各机关单位以党和国家的路线、方针、政策及上级领导机关的指示精神为指导,将自己的主观愿望和客观条件相结合,对今后一段时期的工作、学习、生产、科研、活动等做出安排、提出要求、确定目标、制定措施而写成的文书材料的总称,包括规划、计划、要点、方案、设想或打算等。狭义的计划仅仅是指计划这一个文种。

生活中有一种说法:计划没有变化快。这句看似随意甚至调侃的话,却反映了人们对"计划"的准确认识。"计"是算计、估计,"划"是谋划、筹划,这都是人的主观意志和愿望,从时间节点上看具有"超前"性,很难与未来的事物发展变化完全吻合。

二、计划的特点

(一) 主观性

无论计划是长远的还是近期的,是综合的还是单一的,都是制定者从主观愿望出发,为主动做好工作、定期完成任务而采取的自发或自觉行为,表达一种主观愿望。只有发现这种主观性在实际工作中存在不合理因子的时候,才会对计划进行调整。

（二）预想性

计划的内容是针对未来一段时期的，虽然制定的时候都有历史的或现实的依据，依靠一套科学的预见方法，但毕竟是从主观愿望出发提出的"设想"。当然，如果方法正确，提高这种预想的准确度，该计划不仅能顺利实现，有时甚至能超出当初预想，达到更理想的效果。

（三）执行性

计划一旦制定，就将成为未来一定时期内完成某项工作任务的"指南"，同时也将成为有关管理机构履行管理监督和检查职责时的重要参照，所以，计划的单位和人员必须认真执行。这也就要求计划的制定必须具有可行性、可操作性。

（四）可变性

社会发展日新月异，充满很多变数。计划的制定也应该充分考虑到各种可能发生的变化。事实上，越是成功的计划，越是具有"退路"，把各种可能影响目标实现的因素考虑周全，在完成指标数、时间进度等方面保持一定的"弹性"空间。

三、计划的类别

按照内容分类，计划可以分为工作计划、学习计划、科研计划、生产计划、教学计划、宣传计划、发展规划等。

按照执行主体或范围分类，计划可以分为国家计划、地方计划、单位计划、部门计划、个人计划、行业计划等。

按照时限分类，计划可以分为长期计划、中期（近期）计划、短期计划，或者年度计划、月度计划、阶段性计划等。

按照执行的严格程度分类，计划可以分为指令性计划、指导性计划。

按照性质分类，计划可以分为综合性计划、单项性计划、专题性计划。

按照文本结构形式分类，可以分为文章式计划、条款式计划、图表式计划、图表兼条文式计划等。

四、计划的常见形式

一是规划，又叫远景规划、长期计划。它是一种比较全面而概括的、带有战略性和发展性的、时间跨度较大（一般十年以上）、涉及全局范围的计划。

二是计划，多为某一方面比较具体单一的、时间较短的、涉及范围较小的、带有较强指令性、限期完成的计划。

三是要点，它是计划的提纲挈领的表现。要点的"要"，既是从宏观角度阐明计划的重点内容、主要方面,也是从表述方面必须简明扼要。

四是设想,对长期或近期的某项工作如何落实完成提出粗略的思考和想法,做出非正式的安排。

五是打算,对近期将要完成的某项工作提出大致的阶段性指标、措施。

六是安排,涉及工作范围更小,时间更短,任务实施的步骤更具体,措施更细致的一种计划。

此外,诸如方案、意见、纲要、草案等文种,也具有计划的属性,但不能算严格的计划,而是带有规定、制度、办法、标准的含义。

五、计划的写作要点

(一)写作计划要紧扣计划"三要素",即"做什么""怎么做""何时做成"。计划中涉及到任务、措施、要求等明确具体,凡是能够落实到"位"(单位或个人)的尽量写到位。由于计划的指令性强,内容相对单一,写作时要注意措施的可行性、措辞的准确度。例如在完成时间的表述上,计划一般不用"到本世纪末下世纪初"之类的含糊写法,而是具体到某年,甚至某月某日。

(二)制定计划要有针对性,防止"套裁"上级机关的工作计划,失去本单位特色,联系实际不够。

(三)在文字表述方面,计划多使用筋条型的语言,简明扼要,以叙述和说明为主,无需论述。个人订立的学习计划、读书计划或者完成某项工作的计划,可以直接用表格式、条款式直接成文。计划的写作不同于一般文章写作,它的目的性非常明确,就是供计划的执行者提醒自己,对照检查。所以,一些说理性的文字也可以省略,直接从目标任务、进度安排等方面入手,达到"备忘"目的即可。

六、计划的结构

大多采用条款式。有些部门计划,因为专业性、量化性比较突出,因而采用图表式或者图表兼条文式,如企业中的《工程进度计划》《一季度生产计划》等。

计划的基本型是"标题+正文+落款"。

(一)标题

即计划的名称,通常包括执行单位、适用时限、计划内容和文种名称几部分,例如《××市审计局2015年工作计划》这样的标题中,"××市审计局"是执行单位,写全称或规范简称,"2015年"是适用年限,"计划"是文种名称。计划内容直接写明"工作"("学习""生产""调研"等)。年限的表示尽量使用阿拉伯数字,表示季度、阶段等时应该用汉字,如"一季度""二期工程"等。凡是需征求意见的、需经上级机关批准的,一般在标题后面或者下面用括号注明"(初稿)""(草案)""(讨论稿)""(征求意见稿)"或"(送审稿)"等字样。

(二)正文

这是计划的主体。正式的计划主体包括指导思想、基本情况、任务目标、措施要求、时限等几个部分。从结构上说,这几个部分以并列关系排放在正文中。指导思想的确立必须以党和国家路线、方针、政策和上级机关的指示为指导,以本单位具体实际情况为依据,使全体成员容易理解和接受。基本情况的写作往往顾及主观条件和客观条件(软件和硬件)各方面的有利和不利因素,既考虑对过去相同工作的延续,又考虑新时期出现的新问题,使全体成员对计划出台的背景、面临的状况等心中有数。任务目标的提出要分清主次、急缓、重轻,尽量具体和量化。措施要求要明确,要充分考虑面对同一任务指标,不同岗位不同人员担负的不同角色和职责,措施的制定要具有科学性,有可操作性,应该体现出"集思广益"。时限的确定要适中,要根据任务指标的性质周密计算,太紧了必然影响工作完成的质量。比如有的工程建设项目,将竣工交付使用的时限硬性地确定在某个重大节日或纪念日,搞所谓的"献礼工程",这是没有必要的,也是违反科学的。当然,如果时间限定太宽了也必然降低工作效率。尤其在市场经济竞争激烈的形势下,更要讲求"时间就是金钱,效率就是生命"。好的计划,应该把完成总的目标任务的时间表进行具体分解,按阶段分步骤提出时限要求,既符合事物发展变化的规律,又方便今后对照检查计划的落实情况。

(三)落款

包括制定计划的单位和成文日期。如果标题中已经写明单位名称,这里可以省略。成文日期一般写计划通过的日期。

[例文评析]

计划例文1:

××市蓝天工程行动计划

为贯彻落实《××省人民政府关于印发××省蓝天工程行动计划的通知》(×政〔2014〕32号)精神,着力缓解可吸入颗粒物(PM10)、细颗粒物(PM2.5)等污染因子对大气环境造成的影响,改善环境空气质量,结合我市实际,制定本行动计划。

一、总体要求

以科学发展观为指导,以保护人民群众身体健康为根本出发点,以改善大气环境质量、减少灰霾天气为目标,坚持经济发展与环境保护相协调、政府调控与市场调节相结合、重点突破与全面推进相结合、属地管理和区域协作相结合,加快产业结构、能源结构调整,深化工业大气污染综合治理、加强城乡大气污染防治,推进经济发展转型,为建设生态活力幸福之城提供环境支撑。

二、目标任务

到 2017 年,全市可吸入颗粒物(PM10)浓度比 2012 年下降 15%,细颗粒物(PM2.5)浓度比 2012 年明显下降,达到省政府考核目标,优良天数逐年增加,重污染天气较大幅度减少,全市空气质量总体改善。

三、主要措施

(一)深化工业大气污染综合治理

1. 强化二氧化硫治理。(具体内容略)

2. 加快氮氧化物治理。(具体内容略)

3. 严控颗粒物排放。(具体内容略)

4. 治理挥发性有机气体。(具体内容略)

5. 全面推进清洁生产。(具体内容略)

(二)加快产业结构调整

1. 加快淘汰落后产能。(具体内容略)

2. 严控"两高"(高耗能、高污染)行业新增产能。(具体内容略)

3. 严格实施污染物排放总量控制。(具体内容略)

4. 大力发展循环经济。(具体内容略)

(三)推进能源结构调整

1. 控制优化煤炭消费。(具体内容略)

2. 加快清洁能源替代利用。(具体内容略)

3. 积极发展绿色建筑。(具体内容略)

4. 加快农村清洁能源建设。(具体内容略)

(四)加强城乡大气污染防治

1. 实施燃煤锅炉集中治理。(具体内容略)

2. 强化扬尘综合治理。(具体内容略)

3. 全面开展油气回收治理。(具体内容略)

4. 加强餐饮油烟治理。(具体内容略)

5. 严控高污染燃料。(具体内容略)

6. 优化城市空间格局。(具体内容略)

(五)强化机动车污染防治

1. 加强机动车环保管理。(具体内容略)

2. 合理控制机动车保有量。(具体内容略)

3. 积极推广环保节能车辆。(具体内容略)

4. 大力发展公共交通。(具体内容略)

5. 全面提升油品质量。(具体内容略)

四、保障机制

(一) 强化组织保障(具体内容略)

(二) 强化政策保障(具体内容略)

(三) 强化法治保障(具体内容略)

(四) 强化应急保障(具体内容略)

(五) 强化考核问责(具体内容略)

附件:各相关部门责任分工

(下略)

例文评析:

这份计划相对于某部门或个人的工作、学习计划而言属于"大"计划。这份计划写作规范,最大的特点是事项集中,计划周全,责权分明,条理清晰。虽然具体内容省略,但从全文大的框架能够看出这份计划的内在逻辑严谨,既有宏观要求,又有细致周密的部署。

作为一级政府推出的针对某项具体工作制定的计划,这篇《××市蓝天工程计划行动》的写作具有一定的战略眼光,充分考虑到"蓝天工程"的复杂性和艰巨性,在宏观要求之下也有具体指标,并且针对具体问题提出具体执行标准和要求,并明确了监督、考核的目标任务以及保障措施。各项措施的制定都具有法律法规或政策依据,具有很强的说服力。开篇阐明制定计划的目的和意义,接着从总体要求、目标任务,到主要措施、保障机制,层次清楚,结构严谨,附件中对相关部门提出的责任分工非常具体明确,便于各相关部门对照落实。

这份计划在写作上的显著特点是"段旨句"居于句首的表达方法。内容复杂的事务文书,常常用"段旨句"概括本段的主要内容,放在每一段的开头,后面的文字是对"段旨句"的阐述和展开。这样的写作方法有突出重点、层次清晰的好处,在实践中被证明是行之有效的。

计划例文2:

××市财政局20××年干部教育培训计划(节选)

20××年是实施"十二五"规划的开局之年,是在新的历史起点上推进全面建设小康社会进程的重要一年。为切实做好本年度财政局干部教育培训工作,特制定本计划。

一、指导思想

以邓小平理论和"三个代表"重要思想为指导,牢固树立和全面落实科学发展观,按照局党组的指示精神,紧紧围绕财政改革与发展的中心工作,以开展财政业务培训为重点,以提高财政干部能力素质为核心,以推动财政改革与发展为目标,工作更加主动,服务更加积极,视野更加开阔,创造性地做好财政干部教育培训工作,把教育培训工作推向一个新高度。

二、主要任务

根据局党委提出的20××年财政工作的八项主要任务和建设学习型财政部门的要求,经局党组会议审议通过,20××年,我局计划举办各类培训、研讨班(以下简称培训班)共9个,培训干部190人。

三、实施要求

(一)加强组织领导。(具体内容略)

(二)完善培训机制。(具体内容略)

(三)严格计划管理。(具体内容略)

(四)突出培训重点。(具体内容略)

(五)努力求实创新。(具体内容略)

(六)切实提高质量。(具体内容略)

(七)严肃培训纪律。(具体内容略)

(八)加强基础建设。(具体内容略)

附:××市财政局××××年干部教育培训计划表

××市财政局××××年干部教育培训计划表

序号	申报单位	培训班名称	培训内容	培训对象	培训天数	培训人数	预计时间	培训地点
1	各分局	地方信息工作培训班	财政系统信息报送软件和写作技巧	各分局办公室信息工作人员	3	30	4月	××市
2	各分局	财政部年度预算编制培训班	编制部门预算的政策、要求和方法	局属各事业单位财务人员	4	30	7月	××市
3	……	……	……	……	……	……	……	……
…	……	……	……	……	……	……	……	……
8	教育中心	英语脱产培训班	英语强化训练	局内具有大学英语四级以上水平的干部	30	20	4—6月	××市

序号	申报单位	培训班名称	培训内容	培训对象	培训天数	培训人数	预计时间	培训地点
9	教育中心	英语沙龙	听说能力训练	局内具有一定听说能力的干部	6周（双休日）	10	上半年	局内
合计						190人		

例文评析：

这份培训工作计划总体思路是清晰的，从宏观到微观，考虑周密。将工作的具体安排用表格罗列清楚，也是有效的表达方法。像这种文字加表格的呈现方式，在计划的写作中非常常见。不足之处在于，这份计划有些时间安排、人员选择、地点安排等，都还是比较模糊的、大致的概念，等将来执行计划的时候，必然要重新全面考虑和安排，这份计划的效用就打了一定折扣。

计划例文3：

中共××县委办公室 2013 年度学习计划①

为深入贯彻十八大精神，推进学习型机关建设，按照"讲政治、守纪律、优作风、提效率"的工作要求，进一步提高全办人员办文、办会、办事工作水平，进一步增强办公室服务发展、服务决策、服务落实的能力，根据办公室主任会议关于开展"打基础、提水平、改文风、树品牌"学习活动的要求，特制定本计划。

一、时间人员

（一）时间：2013 年 1 月—12 月

（二）人员：办公室全体人员（或相关科室人员）

二、学习形式

（一）读书活动

开展读书活动，倡导每天读书两小时。每人每月至少选择一本书籍阅读，原则上选择有助于提升自身修养、提高工作能力、增强业务水平的书籍进行学习。个人应根据自身实际拟定读书计划，并做好学习笔记。每月安排一次读书活动汇报会（详见附件），交流学习心得。

---

① 见"中国·五河"网站：www.wuhe.gov.cn。

（二）专题培训

办公室全体人员参加全县办公室主任培训活动(5月中旬)，学习文秘调研、公文处理、信息、机要保密、督查、后勤接待等工作知识。

（三）专家讲座

积极采用"请进来"的方式，安排县发改、国土、环保、住建、统计、规划、招商、大建办、园区、行政服务中心等单位负责人或专家，就土地整治、城市建设规划、项目建设审批、环境保护治理、招商引资、美好乡村建设、行政审批服务、统计审计等方面内容开展讲座。具体安排详见附件。

（四）集中学习

围绕办公室工作、政治理论、经济发展、文秘写作等方面开展业务学习。具体安排详见附件。

（五）网络学习

1. 干部教育在线。按照干部教育在线学习要求，按时完成个人学习任务。

2. 党校网络课程。由具体科室负责，根据服务县委、县政府中心工作需要，结合办公室工作实际，选择党校网络学习课程，每月进行一次网络课程学习。具体安排详见附件。

三、有关要求

1. 全体成员必须按照学习要求，积极参加学习，如确有事不能参加学习的应向分管领导书面请假。

2. 全体成员要确保按照学习要求完成全部读书活动、干部教育在线学习内容，确保完成其他集中学习80%以上的学习课时。

3. 每次学习由主持人负责安排人员做好会议通知、材料准备、专家邀请、活动主持等工作，会议室周值班人员负责活动场地布置、茶水准备等工作。

4. 全体人员应积极参加读书活动，根据自身实际拟定读书计划。每月第一个工作日，将该月学习书目报送科室负责人，由科室负责人汇总报送分管领导。每人每月学习一本书籍并写出学习心得。每月安排一次自学讨论交流活动，原则上每人进行5分钟左右的发言，介绍学习心得。

5. 奖惩制度

对认真组织开展并参加学习活动表现优异的，对在年度干部教育学分制考核中名列前茅的，作为年终评优评先重要参考。对不能完成学习任务，年终不予评优评先。对个人学习成果在公开出版刊物上发表的，按照办公室相关规定进行奖励。

附件：2013年度学习安排计划表。

例文评析:

这是一份政府部门的年度学习计划。这份计划的制定结合了本部门的工作特点,最大优点是在学习形式方面也进行了周密具体的安排部署,能够有效避免学习活动的单调重复。提出的执行计划要求也非常具有可操作性,比较实事求是。附件中对于每次学习的内容以及主讲人或主持人都做了明确规定,保证学习活动落实到位。整个计划的条理性非常好。

第三节　总　结

[**知识讲解**]

一、总结的含义和作用

总结工作是工作的重要环节,是机关单位或个人以党和国家的路线、方针、政策和法律、法规为准绳,以单位或行业的规章制度和预定的目标任务为参照,以具体事实经过为依据,对自己过去一定时期的工作、学习、生产、科研等情况进行全面的或单方面的回顾和检查,联系当初制定的相关计划中提出的目标、任务、要求、措施、时限等,做出客观的、一分为二的分析判断和自我评价,从中归纳出经验和教训,再上升到理论,通过理性认识,找出规律性的东西。如果将这种认识和评价工作的结果写成书面文章,就是总结。因此,简单地说,总结就是对过去一段时期的工作、学习等进行自我认识和评价的书面材料,如总结、小结、述职报告等。

总结的作用概括来说主要集中在几个方面:汇报作用(下情上达);督查作用(自查或他查);通气作用(内部沟通);交流作用(对外沟通);认知作用(理性认识自我);凭证作用(记载过去的情况)。

二、总结的特点

体现在以下四个方面:

其一,限定性。具体来说,总结的对象(自我)、时间(过去的一段时间)是限定的,使用的人称(第一人称)、评价的标准(如上级的指示、计划的指标、行业的规程、相关的规定等)也是限定的。

其二,理论性。不仅要客观陈述某方面的事实经过,举出具体数据来证明对某项工作的完成效果或执行任务的达标程度,而且要上升到理论高度,从找寻规律这一目的出发进行分析研究,根据总结的内容和性质,分别涉及相关的理论,例如经济理论、管理科学、领导艺术、心理学等。

其三,承接性。一份有价值的总结,一方面是对过去的回顾,另一方面也包含着对未来的前瞻。总结的结果不仅是对过去划上一个句号,意味着一个阶段的结束,而且通过规律的找寻,对今后的相同或相关工作产生指导和借鉴意义。既要承上,又要启下。

其四,自律性。总结不能变成自我表扬,尽管成绩应该肯定,但更重要的是善于发现并勇于暴露和承认缺点与问题。应该力避"谈成绩洋洋洒洒,说不足挂一漏万"的现象。

三、总结的分类

从总结的内容区分,总结有工作总结、学习总结、思想总结、生产总结、销售总结、科研总结、会议总结等;从总结的时间段区分,总结有年度总结、季度总结、月度总结、阶段性总结等;从总结主体区分,总结有单位总结、部门总结、班组总结、个人总结等。

由于总结的目的有差别,有的是为向上级机关汇报,有的是为向下级机关通气,有的是为推广经验,有的则是为了检讨问题,因此,不同类型的总结侧重点是不同的。

四、总结写作的要点

要写好总结,首先要明确目的,端正思想,从实事求是出发,不能好大喜功,粉饰夸大,报喜不报忧,也不能妄自菲薄,自卑自轻。其次要处理好材料和观点的关系,要用材料统摄观点,以真实材料为依据,用科学的定量分析和定性分析等方法客观分析评价,而不能先确立观点,再罗列一些材料来证明。第三应该摆正成绩与不足、经验与教训的位置。透过成绩能看到问题,从教训中能发现希望。第四要充分注意总结的"承前启后"特质,针对问题和不足,能找出今后改进的办法和努力方向。最后一定要注意总结的语言风格,清新、自然、恳切,不说套话、空话、假话。

五、总结的结构

总结的文本结构比较简单,由标题、总结者名称、正文、日期组成。

(一) 标题

标题形式有三种:

1. 陈述式标题,由单位名称、期限范围、内容和文种构成,如《××市卫生局2014年工作总结》《××集团2014年上半年生产总结》《××市机关工委2014年人员培训情况总结》等。

2. 正副标题式。正标题一般是将总结的结论归纳成论断式语句,或者将总结的核心内容揭示出来,副标题则按照陈述式标题写作。例如《团结拼搏出成绩 严格管理结硕果——××县玩具厂2013年工作总结》《努力发挥共青团员在改革中的作用——共青团××厂委员会2012年工作总结》。

3. 普通文章标题形式,如同第二种形式中的正标题写法。例如《我们是如何做好残疾人帮扶工作的》《××市××区教育局2012年度财务工作回顾》。

（二）总结者名称

总结者名称一般写在标题下,也可放在结尾落款处,日期的上面一行。当然,按照公文标题的写作方式,将总结者的名称写入总结的标题,也是可以的。如《南京大学金陵学院2014年度党政工作总结》这个标题中的"南京大学金陵学院"其实就是总结者。

（三）正文

总结的正文一般包含四个方面内容:

1. 基本情况。对所要总结的工作大体上进行概述,比如何时开始、是否分几个阶段、对该工作起初的认识、采取行动的依据、主客观方面的条件等。摆出这种"起点",是便于比较出后来的进步和发展。可以在这部分先亮出结论性的意见,做简短的总评价。如果写常规性工作总结,或者非专题、非专项工作的总结,这部分可以非常简单,只需一两句话交代总结的背景(如工作上告一段落,时间上进入新时段等),引出下文。

2. 成绩和经验。这是总结最重要部分。可以用边叙边议的办法陈述工作进程中或完成任务指标过程中的具体做法、这么做的基本出发点、效果如何等,可以归纳成哪些具有指导意义和认识价值的、带有规律性的经验。也可以先叙述后分析归纳。这部分要引用确实有代表性的材料和数据作说明,语言不要太啰嗦,经验的归纳可以分条列项来写,每条(项)文字独立成段。要善于引用政策、法规、科学理论,使总结达到一定的理论高度。分析原因时要正确表述主观因素的努力和客观条件的限制关系,对提供指导和帮助的上级领导、有关单位或人,要有明确的声明或感谢。如果是总结对某项计划的执行情况,通常要有对计划的简要评价。

3. 不足与教训。事物总是一分为二的,取得成绩和经验的同时一定还存在着某些不足或教训,有些是主观努力不够,有些属于客观条件的制约,也有些属于两者兼而有之。要如实说明情况,坦陈现有认识,同样也可以归纳成条文,从理论高度分析原因,指出可以吸取哪些教训。对工作中因失误造成损失的,有必要追究责任的,应当分清责任,说明处理经过和结果。

4. 今后设想。针对取得的成绩与经验、发现的问题与教训,提出今后努力的方向。成绩已经成为过去,经验应当继承和发扬;问题值得重视,教训需要记取;是否已经有了改进想法、措施等。这部分文字虽然不长,但同样很重要,它是前面所说的"承前"与"启后"的标志。

5. 结尾。或进行"综上所述",重申总体评价;或提出希望、发出号召;或表示谦虚的态度;或表示百尺竿头更进一步的决心。这部分文字更短,可以单独成段,也可以包容在前面谈今后设想的段落里。

(四)成文日期

成文日期写在正文结束之后,有存档、备查之用。

[例文评析]

总结例文1:

××大学××学院 2014 年党政工作总结

2014 年我校深入贯彻落实党的十八大、十八届三中、四中全会精神与习近平总书记系列重要讲话精神,按照"强基础、促改革"的总体部署与要求,以"立德树人、服务发展"为根本宗旨,坚持"优化布局、提升内涵、开放办学、特色发展"的指导思想,创新体制机制、激发办学活力,积极探索应用技术型大学发展的道路。现将全年党政主要工作总结如下:

一、党建工作

(一)组织建设与党员教育管理

1. 按照××大学党委总体部署,选举产生我校出席××大学第十次党代会的十名代表,并完成××大学两委委员酝酿提名等工作。

2. 加强基层组织建设,建立健全工作机制,明确各党总支兼职总支秘书和宣传委员。(略)

3. 规范党员发展,着力提高发展质量,全年发展党员 392 名,转正党员 596 名。(略)

4. 拓宽活动载体、丰富活动内涵,激发基层党组织活力。(略)

(二)宣传思想工作

1. 积极开展各类学习活动。(略)

2. 营造浓厚改革氛围,以校报为阵地,出版两期《××学院报》改革专刊……(略)

3. 加强宣传报道力度,提升学校美誉度,初步形成"大宣传"格局。(略)

(三)党风廉政建设

1. 加强党风廉政教育与师德师风建设。(略)

2. 加强监督管理。（略）

（四）统战与群团工作（略）

二、综合改革

（一）明确改革重要意义（略）

（二）做好改革方案（略）

（三）推动改革落地（略）

三、机构设置与治理体系建设（略）

四、专业建设与教学科研（略）

五、队伍建设与师资培养（略）

六、招生就业与学生工作（略）

七、校园建设与公共服务（略）

2014 年我们高度重视学校的基础性工作，大力推进规范化、制度化建设，2014 年也是××学院改革的起步之年，经过全校上下一年来的共同努力，各项改革工作齐头并进，各个层面的办学活力深度激发，办学事业处处展现蓬勃生机。这一年，我校入选武书连发布的 12 所"中国高水平独立学院"，综合本科毕业生质量、教师创新能力、教师绩效等指标名列第六，社会美誉再攀新高。这一年，蒋××、洪××、王××等老领导与著名学者重返浦园，高度评价我校的特色办学思路和应用型人才培养目标。2014 年的起好头、开好局，昭示着我校正在改革创新的道路上蹄急而步稳地前进，拥有强劲的发展驱动和光明的未来愿景。

2015 年继往开来、充满希望，××学院将牢固树立办出特色、争创一流的目标，以"依法治校、推进改革"为基本遵循，继续统一思想、振奋精神、凝心聚力、开拓进取，着力构建创新发展的新常态，努力推动各项事业的新跨越！

××大学××学院

中共××大学××学院委员会

2015 年 1 月 4 日

例文评析：

一个具有一定规模的单位，要对全年的各方面工作进行总结，并非易事，必须对一年来的工作进行归类梳理，区别工作的主次大小，分清常规性工作与临时性工作，既不能面面俱到，也不能挂一漏万。既不能报喜不报忧，只见成绩不见问题，也不能妄自菲薄，只有远虑近忧，看不到成绩和希望。这篇总结难在要把单位的党政工作一并写在一篇总结里，而大多数单位是采取党政分开总结的方式。由于该单位的体制是党委领导下的院长负责制，很多工作都是党政齐抓共管，所以这样一体化地总结也是合适的。

该总结的最大特色是全面、条理，重点突出，不仅将各项工作的主要成绩有事实、有数据地总结归纳，而且透过总结提出了新的奋斗目标，提升了信心，展示了发展的希望。

该总结的不足之处是没有对学院各项工作中存在的主要问题、面临的发展困难等做全面准确的回顾和评说，因而也就少了总结上常见的有针对性的改进措施。

此外，落款处总结者名称的写法不合惯例。应该将"中共××大学××学院委员会"写在前面。公务文书中涉及到多个机关名称排列时，一般按照党、政、军、人大、政协、事业单位、群众团体或社会组织的顺序，从高到低排列。

总结例文2：

推进国际环境管理标准　实现机关标准化管理（节选）

××市财政局机关事务处

随着ISO14001环境认证工作的不断深入，保护和改善环境在全局上下已形成良好的氛围，使环境管理和服务的每一个环节、每一项操作，形成了人人严格执行和层层认真把关的标准化管理机制，确保了局环境管理体系的高效运行，有力地推动了我局环境管理水平的进一步提高。现将我们的工作经验总结如下。

1. 组织培训，提高专业技能。 按照ISO14001的标准要求，制定了年度环境管理体系知识培训计划，聘请专业人员讲授有关消防、绿化、监测等知识，提高了专业技术人员技能水平，增强了大家的环保意识，同时加强了环保知识的宣传力度。制作环境认证知识宣传栏8块、印刷发放宣传手册700本，并将认证有关内容上传于局域网。

2. 规范环境管理，完善监督监测。

（1）在绿化管理、节电、节水、节约能源方面，定做了"爱护花草""节约用水""节约用电"等明显的标志牌，责任到每一科室，并由科长（主任）负责管理，杜绝了长明灯，节约电12 000度，水暖电工负责非工作时间的检查记录，发现情况及时报告，及时处理。维修跑、冒、滴、漏30余处，节约水900吨。

（2）在局机关污水处理与蓄水池消毒方面……（略）

（3）局机关公共环境卫生管理。由机关后勤中心负责，分别对办公楼大厅、楼道、卫生间等公共面积1 560平方米，以及局机关马路、广场、球场等公共面积4 657平方米，进行具体分工，实行分片管理、定岗包干制，并规定了清扫方式、清扫次数（每天不低于4次）、清扫标准，由专人负责检查监督，并有详细检查记录。

（4）消防工作。组建了消防机构与义务消防队，并定期组织干部职工、义务消防队员学习消防知识，并进行灭火和应急疏散预案的实施和演练，每年演练次数不少于4次，制定了消防工作制度、安全管理制度、灭火应急预案。并设消防设施检查记录本、消防值班检查记录本、消防设施器材位置图，每年定期对所有消防设施和器材进行了检测与校验,已更换过期灭火器40余个,保证了完好有效。

(5) 食堂卫生管理。按照国家《食品卫生法》的有关要求,对所属卫生实行了区域划分、责任到人的方法,并制定了具体的卫生标准制度。每年2次请市卫生防疫站的人员对机关食堂进行检查指导,各项设施、用具都符合卫生要求,卫生许可证、健康证二证齐全。

(6) 卫生垃圾的处理……(略)

(7) 机关绿化工作……(略)

例文评析:

这份总结的写作看似全面,几乎面面俱到,仔细一看,其实只是日常工作的流水账,最多只能算是"回顾",把过去做的工作内容一一罗列,看不出何处体现了"精心""扎实""标准化"。看不出总结者通过总结,从中获得哪些经验或教训,发现哪些问题,以及今后努力的方向在哪儿。叙事多,但缺少理论升华和提炼。这是不成功的总结。

总结例文3:

廉洁自律个人总结①

根据工委、纪检部门的具体安排,我坚持以邓小平理论和"三个代表"重要思想为指导,按照上级关于加强党风廉政建设的指示,切实落实党风廉政建设责任制的各项要求,把党风廉政建设工作与本职工作"同部署、同落实、同检查、同考核、同奖惩"。现结合本人的实际将个人执行党风廉政建设情况总结如下:

一、本人廉洁自律执行情况

1. 加强学习,不断提高思想认识,增强了自觉执行党风廉政规定的自觉性。认真学习邓小平理论和"三个代表"重要思想,学习有关廉政建设方面的规定政策。切实把为人民服务、致富一方作为自己的行动指南。按照上级纪检部门的有关要求,经常性地学习党纪法规和廉政建设的有关规定,学习中纪委提出的关于领导干部廉洁自律的"六项规定""四大纪律八项要求"。不断增强自律意识,提高自身思想修养,与党中央和上级保持一致,以此端正工作作风、生活作风。

2. 正确对待权力,认真履行好职责。按照党风廉政建设落实情况,做到制度之内"不缺位",制度之外"不越位"。切实履行好自己工作职责,能严格执行廉洁自律规定,一年来,没有违反廉政规定和制度的行为。本人住房是1999年拆旧建新自建房,居住至今。对家人能严格要求,严以律己。妻子在教育战线工作,我们能经常交换意

---

① 见 office.51jb.net。

见,互相督促,从来没有利用职务为家庭谋私利,从事个人经商活动。在公务活动中由本人经手的事务,一律经主要领导审批同意,本人不自作主张。对分管范围内的党风廉政建设责任制能抓好落实,同志们能经常进行思想交流,互相鞭策,互相促进。在财务工作管理方面,先请示申报,再逐级审批,杜绝了违纪违规事件的发生。

3. 努力做好本职工作,积极配合主要领导做好工作。能够同工委、办事处一班人团结一致,密切配合,勤奋工作。真正做到该做的事情积极去做好,不该做的事情不去管闲事,该忙的忙,不该忙的不忙。廉洁自律,保持共产党员本色。按照工委、纪委和上级党风廉政建设的要求,对照各项规定:(1)、没有收受过任何单位和个人的现金、有价证券、支付凭证等;(2)、没有到任何单位和企业报销过属于自己支付的费用;(3)、没有违背"十个严禁"、"三个不准"的规定;(4)、没有拖欠公款,将公款借给亲友或违规到金融机构贷款的行为;(5)、保持了艰苦朴素,没有奢侈浪费和到过高档娱乐场地消费活动;(6)、没有驾驶公车。

二、今后廉洁自律工作主要做好以下三个方面

一要认真学习十六大五中会精神并深刻领会其思想内涵,要以"三个代表"重要思想指导自己实际工作。要认识到加强党风廉政建设是推动经济社会发展的有力保证。平时,要经常性地学习上级纪检部门廉洁自律有关规定,自觉接受廉政部门的监督检查,做到警钟长鸣,不断增强自律意识和拒腐防变能力。

二要以《党风廉政责任书》所规定的内容和要求为行为准则,认真贯彻执行。具体工作中,在有关程序和细节上公开透明,严格政策,为经济发展和服务人民群众用好权,把好关,要在廉政责任书的基础上加以细化,明确个人及本人所联系的部门执行好廉政制度的具体规定,坚决杜绝吃、拿、卡、要等违纪行为。

三要对所联系中心、办的同志进行经常性思想沟通,及时把握本单位廉政建设执行情况。深入基层,听取群众意见,针对存在的实际问题,及时改正,切实转变工作作风。同时,自己也要虚心接受群众监督,倾听下属意见,对照廉洁自律规定和有关规章制度,经常性对照检查。身先士卒,发挥好模范带头作用。

总之,在抓党风廉政建设和个人廉洁自律方面,我严格执行了有关的制度规定,无一例不廉洁行为发生,取得了一定成绩。今后我要继续按照党风廉政建设责任制的要求,坚持不懈地抓好个人及所联系中心、办的党风廉政建设工作,力争工作再上一个台阶。

例文评析:

这是网上列举的一篇个人总结,真伪不辨,权且当做例文。从内容中透露的信息看,"作者"是一名基层管理干部。

这篇总结只针对总结者本人一段时间内在党风廉政建设和廉洁自律方面的情况

进行回顾总结,主题很集中。总体上看,总结的写作中规中矩,没有大的问题,但在文风方面、文字方面都还存在一定的缺陷。例如开篇的第一句话:"……我坚持以邓小平理论和'三个代表'重要思想为指导,按照上级关于加强党风廉政建设的指示,切实落实党风廉政建设责任制的各项要求,把党风廉政建设工作与本职工作'同部署、同落实、同检查、同考核、同奖惩'"就纯属套话,用于个人总结并不十分恰当。其实完全可以删除这句话,用后面一句话直接开门见山:"现将本人执行党风廉政建设情况总结如下"反而更干净利落。

在总结自己的廉洁自律情况时,作者能比较具体地对照各项规定逐一总结陈词,条理比较清楚。不过在写要点序数时,"(1)"、"—(6)、"中括号外面的顿号应该删除。后面谈到今后如何继续做好廉洁自律工作时也基本做到宏观与微观相结合,既有原则性的要求,也有具体性的措施。这是比较好的。但总体而论,这部分的篇幅有点偏长,淡化了"总结"的主旨。

第四节　规章制度类文书

各行各业、各级机关单位除了严格遵守国家的法律法规、政策法令,还需根据本地区、本单位的具体情况,制定一系列规章制度,加强管理监督,促进各项工作科学、规范、有序地展开。需要注意的是,任何规章制度的建立健全,都必须在国家宪法和法律法规的框架内进行,用法律术语来说,"下位法"必须服从"上位法",不能有任何超越、违背、矛盾之处。此外,任何规章制度的出台都应该恪守严格的既定程序,如经过代表大会、董事会、股东大会等审查批准,向上级管理机关报备。

一、须知

[知识讲解]

须知,顾名思义,就是必须知晓。相对而言,这是各种规章制度中约束力最弱的文种,但也是最常用、最普通、最基本的规章制度。一旦订立,有关人员就应该遵守。

须知的适用范围很广,一般单位、科室、图书馆、机房、工地、门卫(传达室)等均可使用。须知的制定程序比较简单,通常由相关部门自己制定,报主管部门批准即可实施。须知的内容应该具体明细,涉及到的事项甚至比较琐碎细小。

须知的写作比较简单,用条文式结构,分条列项,写完即止。

须知例文1：

阅览室须知

一、进入阅览室需出示本人有效证件,履行登记手续。

二、保持安静,禁止喧哗,禁止在室内打手机,观看视频必须佩戴耳机。

三、爱护图书和室内公共财物,禁止在书上涂画书写,损坏照价赔偿。

四、保持室内整洁,禁止在室内吃水果、食物等。

五、阅览室属于公共场所,严禁吸烟。

六、如需复印服务,请与管理员联系。

例文评析：

这是日常生活中最常见的须知,篇幅短小,涉及范围很窄,但涉及的须知事项非常具体,虽然只有简短几条,但简明扼要,应有尽有,非常适用于张贴形式,令人一望而知,易懂易记。这类出现在公共场所的须知,如果内容太多太复杂,就不容易收到应有的效果。

须知例文2：

旅客乘车须知①

1 购票

1.1 车票是乘车凭证,是您与运方签订的旅客运输合同。购票时请到车站的售票窗口或代理售票点、自动售票处购买,以免上当受骗。

1.2 成人及身高超过1.50m的儿童购买全价票。持一张全价票的旅客可免费携带1.20米以下儿童一人乘车,但事先必须向售票员申报,且不供给座位,如因您不事先申报造成所携带免票儿童不能同行,其责任将由您负责。如该班次免票儿童计划已用完,请改乘其他班次或购买儿童票。携带免费乘车儿童超过一人或者要求供给座位时,须购买儿童票。

1.3 身高1.20m～1.50m的儿童乘车购买儿童票,供给座位。革命伤残军人、因公致残的人民警察乘车分别凭《中华人民共和国残疾军人证》和《中华人民共和国伤残人民警察证》购买优待票,享受全价票旅客待遇。儿童票和优待票按票面额的50%计算。

1.4 执行防汛、抢险、救灾等紧急任务的人员,以及新闻记者、军人、劳动模范、教师等可凭证明优先购票。

---

① 见"苏州汽车客运站"网站:www.szqcz.com。

1.5 购票时应仔细核对所购客票的车次、乘车日期、开车时间、到达站名和票价等内容,并且当面点清票款。如有差错,应立即向售票员核实纠正。

2 退票

2.1 旅客退票时,退票手续费按下列标准收取:

a) 当次客运班车开车时间二小时前办理退票,按票面金额10%计收,不足1元按1元计算;

b) 当次客运班车开车前二小时以内办理退票,按票面金额20%计收,不足1元按1元计算;

c) 因旅客延误乘车,在当次客运班车发车后一小时内办理退票,按票面金额50%计收,不足1元按1元计算;

d) 开车一小时后不办理退票。

2.2 由于站方或承运人责任造成班车晚点、脱班等延迟运输的,旅客可根据需要改乘其他班次或者退票,免收退票手续费。

3 乘车

3.1 旅客应当持有效客票,并按票面指定的车次、乘车日期、开车时间、检票门号检票乘车。

旅客不得携带或者夹带危险物品、禁运物品、超限物品乘车或办理托运。

3.2 旅客遗失客票,应另行购票乘车。如事先申报,事后找到原客票,在商定时间内,经验证无误,退还原票价,免收退票费。

3.3 乘车时不得将头、手、身伸出车外,不准翻越车窗,车未停稳不准上下,不准随便开启车门。快客、直达班车中途不准下车。

3.4 凡有下列情形之一者不予乘车:

a) 不遵守汽车客运规章而不听劝告者;

b) 精神失常无人护送或者虽有人护送仍可能危及其他旅客安全者;

c) 恶性传染病患者和酗酒者;

d) 危害公共安全的其他情形。

4 小件寄存

旅客寄存小件物品必须包装完好,分清件数,不得多件捆扎。以单件每10千克为计费单位,不足10千克的尾数按10千克计算寄存费。危险物品、鲜活物品、机密文件、有价证券、贵重物品等不能寄存。

5 行包托运

旅客乘车随身携带的物品,每张全票或优待票可免费 10 千克,每张儿童票可免费 5 千克;体积不能超过 0.02 立方米,长度不得超过 1.8 米,并以能放置本人座位下或者行李架(箱)内为限。超过规定时,其超过部分按行包收费,轻泡物品按体积每 0.003 立方米折合 1 千克的折算标准确定计费重量。危险物品、禁运物品、超限物品乘车不得办理托运。

机密文件、贵重物品、易碎品、易污品、武器、精密仪器、有价证券等物品由旅客自行携带看管,不办理托运。

6 运输责任

6.1 站方为运方代理售票,运方均为旅客运输的承运人。旅客运输过程中发生下列情况,均由运方承担责任:

  a) 因运方车辆技术原因或装备的问题造成旅客人身伤害及行包损坏、灭失的;

  b) 因运方驾驶员违章行驶或操作造成旅客人身伤害及行包损坏、灭失的;

  c) 因运方驾驶员擅自改变运行计划,如提前开车,绕道行驶或越站,致使旅客漏乘等,造成的直接经济损失;

  d) 不按运行计划,使班车无故停开、脱班的;

  e) 由于运方原因发生的其他问题。

6.2 旅客运输过程中发生下列情况,均由站方承担责任:

  a) 因站方在发售客票中填错发车日期、班次、开车时间造成旅客误乘或漏乘的;

  b) 因站方场地管理人员指挥不当造成旅客人身伤害及行包损坏、灭失的;

  c) 由于站方原因发生的其他问题。

6.3 旅客运输过程中发生的下列情况,均由旅客承担责任:

  a) 旅客无票、持无效客票或不符合规定的客票乘车的;

  b) 隐瞒酒醉、恶性传染病乘车造成污染,危及其他旅客的;

  c) 夹带危险品或其他政府禁运物品进站、上车、托运的;

  d) 损坏车站客车设施和设备或造成其他旅客伤害的;

  e) 自理行包和随身携带的物品丢失、损坏的;

  f) 客车中途停靠不按时上车造成漏乘错乘的;

  g) 旅客乘车途中自身病害造成的伤亡和损失;

  h) 由于旅客原因发生的其他问题。

6.4 欢迎旅客监督,苏汽集团公司服务热线 0512—65776577,也可拨打车站服务质量监督电话。如有表扬、批评或建议,您可在《旅客意见薄》上留言,或找值班站长反映。

例文评析：

这是一篇篇幅比较长的须知。虽然篇幅长，但内容分类非常清楚，将旅客出行经常遇到的问题及其相关规定都尽量罗列其中，全面、具体、细致。由于采取条款式结构，不同旅客遇到问题时，只要到相对应的那部分文字中阅读查找，就可以获得相关答案，不易造成阅读理解上的障碍。

值得商榷的是，该须知的结构层次序数，采用的是论文式结构层次序数的写法，即"1""1.1""1.2"……"2""2.1""2.2"……，这当然是可以的。但是涉及第三层次时，该须知采用的是英文字母排序，而没有继续采取阿拉伯数字法，比如"2.1"之下应该写成"2.1.1""2.1.2"……，尤其在"6.3"之下一直排列到"h）"，不太适用中国国情。多数中国普通百姓更习惯于看数字标注。

二、规定

[**知识讲解**]

（一）规定的含义

在实施《党政机关公文处理工作条例》之前，党的机关公文工作执行的是《中国共产党机关公文处理条例》的相关规定，该条例中所列举的党的机关公文文种中就有"规定"，并指出：规定"用于对特定范围内的工作和事务制定具有约束力的行为规范。"实施了《党政机关公文处理工作条例》之后，"规定"这个文种虽然被去掉了，但在日常工作和生活中，规定仍处处可见，是非常常用的一种具有严肃性、制度性、约束力的公务事务文书。它的基本含义没有改变，仍然是"对特定范围内的工作和事务制定具有约束力的行为规范"。

规定，顾名思义，有规有定。规，是规矩、规范，是原则性的要求；定，则是具体的约束措施。所以规定的写作一定要把原则性的规范要求和具体的约束措施结合起来，一般前"规"后"定"。应该怎么做，不应该怎么做，都交代得很具体。

（二）规定的作用

规定的作用可大可小，大到对法律条文的具体化，或对某项工作的管理制定具体的规范要求，小到限定一些具体事项，或对有关文件做一些补充。所以生活中常常见到"补充规定"。从另一个角度说，大的规定可以是长篇大论的文章，小的规定则可以是寥寥几条。规定的约束力比前面讲到的"须知"、下面要讲到的"办法"都要强些，但不如条例、制度、章程的约束力强。当然，法律条文中涉及的"规定"另当别论，这里只是在机关事务文书的语境下来谈规定。

（三）规定的结构

规定的写作比较灵活，形式多样。一般说来，规定的结构由标题、签署、正文三个部分组成。

1. 标题。多采用公文式标题,用"关于"引导规定范围和事项,后面加上文种名称;或者直接用规定事项与文种名称构成标题。例如:《关于加强干部选拔任用工作监督管理的五项制度规定》《出版物上数字用法的规定》《江苏省职工生育保险规定》。"规定"之前还可以有"若干""补充""几项""有关"等修饰语。有些新的规定需要随着形势的发展和实践的检验适时进行修改完善,所以还可以在规定前面加上"暂行""试行"修饰语,或者标题后面用括号加上"(试行)""(征求意见稿)"字样。例如:《关于禁止商业贿赂行为的暂行规定》《关于规范基金会行为的若干规定(试行)》《徐州市规范性文件制定程序规定(征求意见稿)》。

2. 签署。规定的签署可以放在标题下一行,居中。也可以放在正文最后落款处。签署的内容既可以仅仅署名发文机关全称或规范简称,也可以连同规定发布日期一起签署。

3. 正文。规定的正文一般都使用条款式结构。第一条通常会写为了什么目的而制定本规定。最后一条通常会写本规定自何时起施行,中间的一些条目是规定的具体内容。如果之前有旧的类似规定需要废除或终止实施的,应该在最后一条或倒数第二条中予以声明。

[例文评析]

规定例文1:

关于禁止商业贿赂行为的暂行规定
中华人民共和国国家工商行政管理局令第 60 号

第一条　为制止商业贿赂行为,维护公平竞争秩序,根据《中华人民共和国反不正当竞争法》(以下简称《反不正当竞争法》)的有关规定,制定本规定。

第二条　经营者不得违反《反不正当竞争法》第八条规定,采用商业贿赂手段销售或者购买商品。

本规定所称商业贿赂,是指经营者为销售或者购买商品而采用财物或者其他手段贿赂对方单位或者个人的行为。

前款所称财物,是指现金和实物,包括经营者为销售或者购买商品,假借促销费、宣传费、赞助费、科研费、劳务费、咨询费、佣金等名义,或者以报销各种费用等方式,给付对方单位或者个人的财物。

第二款所称其他手段,是指提供国内外各种名义的旅游、考察等给付财物以外的其他利益的手段。

第三条　经营者的职工采用商业贿赂手段为经营者销售或者购买商品的行为,应当认定为经营者的行为。

第四条　任何单位或者个人在销售或者购买商品时不得收受或者索取贿赂。

第五条　在账外暗中给予对方单位或者个人回扣的,以行贿论处;对方单位或者个人在账外暗中收受回扣的,以受贿论处。

本规定所称回扣,是指经营者销售商品时在账外暗中以现金、实物或者其他方式退给对方单位或者个人的一定比例的商品价款。

本规定所称账外暗中,是指未在依法设立的反映其生产经营活动或者行政事业经费收支的财务账上按照财务会计制度规定明确如实记载,包括不记入财务账、转入其他财务账或者做假账等。

第六条　经营者销售商品,可以以明示方式给予对方折扣。经营者给予对方折扣的,必须如实入账;经营者或者其他单位接受折扣的,必须如实入账。

本规定所称折扣,即商品购销中的让利,是指经营者在销售商品时,以明示并如实入账的方式给予对方的价格优惠,包括支付价款时对价款总额按一定比例即时予以扣除和支付价款总额后再按一定比例予以退还两种形式。

本规定所称明示和入账,是指根据合同约定的金额和支付方式,在依法设立的反映其生产经营活动或者行政事业经费收支的财务账上按照财务会计制度规定明确如实记载。

第七条　经营者销售或者购买商品,可以以明示方式给中间人佣金。经营者给中间人佣金的,必须如实入账;中间人接受佣金的,必须如实入账。

本规定所称佣金,是指经营者在市场交易中给予为其提供服务的具有合法经营资格的中间人的劳务报酬。

第八条　经营者在商品交易中不得向对方单位或者其个人附赠现金或者物品。但按照商业惯例赠送小额广告礼品的除外。

违反前款规定的,视为商业贿赂行为。

第九条　经营者违反本规定以行贿手段销售或者购买商品的,由工商行政管理机关依照《反不正当竞争法》第二十二条的规定,根据情节处以一万元以上二十万元以下的罚款,有违法所得的,应当予以没收;构成犯罪的,移交司法机关依法追究刑事责任。

有关单位或者个人购买或者销售商品时收受贿赂的,由工商行政管理机关按照前款的规定处罚;构成犯罪的,移交司法机关依法追究刑事责任。

第十条　商业贿赂行为由县级以上工商行政管理机关监督检查。

工商行政管理机关在监督检查商业贿赂行为时,可以对行贿行为和受贿行为一并予以调查处理。

第十一条　经营者在以贿赂手段销售或者购买商品中,同时有其他违反工商行政管理法规行为的,对贿赂行为和其他违法行为应当一并处罚。

第十二条　本规定自公布之日起施行。

例文评析：

　　这是一个具有严肃的法律约束力的"大"规定，严格来说不属于机关事务文书范畴，而是属于法律法规条文。将该规定作为例文选在这里，仅供学习者对照参考。

规定例文2：

××大学关于自学考试"专接本"专业申请学士学位的规定

一、申请学位的条件

　　1. "英语（二）"课程的考试成绩70分或70分以上。不考"英语（二）"课程，仅考"英语（二）"换考课程的，不授予学位。自学考试面向社会开考本科段专业其他三门公共外语课程（俄语、日语、法语）中的任何一门课程，均可替代"英语（二）"课程，其考试成绩（不计取校考成绩）70分或70分以上。

　　2. 以下五门学位要求课程的考试总成绩350分或350分以上（平均每门课程的考试成绩70分或70分以上）：

　　①"工商管理"专业：管理科学、国际贸易理论与实务、财务管理学、人力资源管理（一）、企业经营战略；

　　②"人力资源管理"专业：工作分析、招聘管理、绩效管理、职业生涯规划与管理、人力资源开发与管理；

　　③"计算机及应用"专业：计算机系统结构、操作系统（含实践）、C++程序设计（含实践）、数据结构（含实践）、数据库原理（含实践）。

　　3. 毕业论文成绩良或良以上。

二、申请学位的时间

　　申请学位的时间为每年的3月份和10月份（具体日期另行通知），申请学位的地点为××大学继续教育学院（××大学鼓楼校区南园教学楼二楼）。

三、注意事项

　　1. 要求申请学位的，虽然"英语（二）"课程和其他五门学位申请课程免考，但也必须参加相关课程的考试。"英语（二）"课程既可参加该课程的考试，也可参加成人教育学位英语考试。成人教育学位英语考试从"专接本"专业入学到毕业后一年内进行，每年10月份报名，11月份考试，具体时间另行通知。

　　2. 符合毕业条件，但不符合申请学位条件，而要求申请学位的，必须暂缓毕业登记，参加相关课程的考试，直至符合申请学位条件时再作毕业登记。不符合申请学位条件的一旦申请毕业，就失去了申请学位的机会。

　　3. 从"专接本"专业毕业之日起一年内，按规定时间由学生本人到我校办理申请手续。逾期不授予学位。

4. 申请学位时,须携带本科毕业证书原件和复印件一份、毕业生登记表原件和复印件一份、一寸近期免冠正面照片一张、学位资审费 200 元。"英语(二)"课程免考者,还须携带申请"英语(二)"课程免考的相关材料原件和成人教育学位英语考试的及格成绩单。

例文评析:

这篇规定属于"小"规定,出自一个单位针对某个具体事项作出规范要求。这篇规定的写作比较简单易懂,将有关内容分条列项地写清楚即可。这样的写作看起来有点干巴巴的,但是很实用,省略了一些不必要的文章成分,比如引言、结尾,可谓是意到笔止,把全部信息准确传递出来就行了。

三、办法

[知识讲解]

(一) 办法的含义和作用

"办法"这个文体的性质,与"规定"基本一致,都是为了对特定范围内的某项工作或事务提出规范性的要求和执行措施。但在日常工作和生活中,人们常常对办法的使用不经考究,太随意,因此造成有的办法很"大",大到类似法律法规,例如曾经实施多年的《国家行政机关公文处理办法》,在实施期间一直是国家行政机关乃至企事业单位进行公文处理工作的法规性文件依据。再例如《江苏省行政事业性收费监督管理办法》是为了控制行政事业性收费,规范行政事业性收费管理,保护公民、法人和其他组织的合法权益,根据有关法律、法规的规定制定的,是规范江苏省所有行政事业性收费行为的准则。有的办法则很"小",小到就是一种工作或事项的具体完成方法,例如《成人高考网上缴费办法》,只是告诉考生如何通过网络系统缴费的操作流程,提醒一下注意事项,严格说来应该叫"方法"而不是"办法"。

作为机关事务文书的一种,"办法"具有一定的约束力,一旦制定,有关单位和个人都应该遵守。有些"办法"的内容是比较原则性的条款,颁布之后还要有关部门再制定"实施细则",指导相关单位和个人贯彻执行。

(二) 办法的结构

办法的基本结构类型是"标题+正文"。

1. 标题。标题的构成有两个核心要素:事项、文种。例如《土地登记资料公开查询办法》《全日制普通高等学校学生学籍管理办法》。有时因为"办法"可能处于试点尝试阶段,还存在随时修改完善的可能,所以文种名称"办法"的前后会有修饰语,如"暂行""试行""草案""讨论稿""征求意见稿"等,如《成都市非全日制工作劳动者社会保险费缴纳暂行办法》《居住证管理办法(征求意见稿)》《特别纳税调整实施办法(试行)》等。

2. 正文。办法的正文都采用条款式结构,通常直接从"第一条"入手,而第一条的内容大多说明制定本办法的目的、意义、根据等。汉语文章的层次结构由高到低一共六级,分别是章、节、条、款、项、目。所以用条款式结构写作,要注意条、款的关系,一"条"之中可以包含若干"款",要条款分明,不能条款混杂。每一"条"中"款"的数量可以有多有少,根据具体内容而定。"办法"正文的最后一条通常写本办法正式实施日期。如果本办法实施之前有旧的办法或其他规定需要废除或撤销,也应该在最后一条或者倒数第二条中说明。

[例文评析]
办法例文1:

国家教育考试违规处理办法
中华人民共和国教育部令第 18 号

第一章　总　则

第一条　为规范对国家教育考试违规行为的认定与处理,维护国家教育考试的公平、公正,保障参加国家教育考试的人员(以下简称考生)、从事和参与国家教育考试工作的人员(以下简称考试工作人员)的合法权益,根据《中华人民共和国教育法》及相关法律、行政法规,制定本办法。

第二条　本办法所称国家教育考试是指普通和成人高等学校招生考试、全国硕士研究生招生考试、高等教育自学考试等,由国务院教育行政部门确定实施,由经批准的教育考试机构承办,在全国范围内统一举行的教育考试。

第三条　对参加国家教育考试的考生以及考试工作人员、其他相关人员,违反考试管理规定和考场纪律,影响考试公平、公正行为的认定与处理,适用本办法。对国家教育考试违规行为的认定与处理应当公开公平、合法适当。

第四条　国务院教育行政部门及地方各级人民政府教育行政部门负责全国或者本地区国家教育考试组织工作的管理与监督。承办国家教育考试的各级教育考试机构负责有关考试的具体实施,依据本办法,负责对考试违规行为的认定与处理。

第二章　违规行为的认定与处理

第五条　考生不遵守考场纪律,不服从考试工作人员的安排与要求,有下列行为

之一的,应当认定为考试违纪:

（一）携带规定以外的物品进入考场或者未放在指定位置的;

（二）未在规定的座位参加考试的;

（三）考试开始信号发出前答题或者考试结束信号发出后继续答题的;

（四）在考试过程中旁窥、交头接耳、互打暗号或者手势的;

（五）在考场或者教育考试机构禁止的范围内,喧哗、吸烟或者实施其他影响考场秩序的行为的;

（六）未经考试工作人员同意在考试过程中擅自离开考场的;

（七）将试卷、答卷(含答题卡、答题纸等,下同)、草稿纸等考试用纸带出考场的;

（八）用规定以外的笔或者纸答题或者在试卷规定以外的地方书写姓名、考号或者以其他方式在答卷上标记信息的;

（九）其他违反考场规则但尚未构成作弊的行为。

第六条　考生违背考试公平、公正原则,以不正当手段获得或者试图获得试题答案、考试成绩,有下列行为之一的,应当认定为考试作弊:

（一）携带与考试内容相关的文字材料或者存储有与考试内容相关资料的电子设备参加考试的;

（二）抄袭或者协助他人抄袭试题答案或者与考试内容相关的资料的;

（三）抢夺、窃取他人试卷、答卷或者强迫他人为自己抄袭提供方便的;

（四）在考试过程中使用通讯设备的;

（五）由他人冒名代替参加考试的;

（六）故意销毁试卷、答卷或者考试材料的;

（七）在答卷上填写与本人身份不符的姓名、考号等信息的;

（八）传、接物品或者交换试卷、答卷、草稿纸的;

（九）其他作弊行为。

第七条　教育考试机构、考试工作人员在考试过程中或者在考试结束后发现下列行为之一的,应当认定相关的考生实施了考试作弊行为:

（一）通过伪造证件、证明、档案及其他材料获得考试资格和考试成绩的;

（二）评卷过程中被发现同一科目同一考场有两份以上(含两份)答卷答案雷同的;

（三）考场纪律混乱、考试秩序失控,出现大面积考试作弊现象的;

（四）考试工作人员协助实施作弊行为,事后查实的;

（五）其他应认定为作弊的行为。

第八条　考生及其他人员应当自觉维护考试工作场所的秩序,服从考试工作人员的管理,不得有下列扰乱考场及考试工作场所秩序的行为:

（一）故意扰乱考点、考场、评卷场所等考试工作场所秩序；

（二）拒绝、妨碍考试工作人员履行管理职责；

（三）威胁、侮辱、诽谤、诬陷考试工作人员或其他考生；

（四）其他扰乱考试管理秩序的行为。

第九条 考生有第五条所列考试违纪行为之一的，取消该科目的考试成绩。考生有第六条、第七条所列考试作弊行为之一的，其当次报名参加考试的各科成绩无效；参加高等教育自学考试考生，视情节轻重，可同时给予停考一至三年，或者延迟毕业时间一至三年的处理，停考期间考试成绩无效。

第十条 考生有第八条所列行为之一的，应当终止其继续参加本科目考试，其当次报名参加考试的各科成绩无效；考生及其他人员的行为违反《治安管理处罚条例》的，由公安机关进行处理；构成犯罪的，由司法机关依法追究刑事责任。

第十一条 考生以作弊行为获得的考试成绩并由此取得相应的学位证书、学历证书及其他学业证书、资格资质证书或者入学资格的，由证书颁发机关宣布证书无效，责令收回证书或者予以没收；已经被录取或者入学的，由录取学校取消录取资格或者其学籍。

第十二条 代替他人或由他人代替参加国家教育考试，是在校生的，由所在学校按有关规定严肃处理，直至开除学籍；其他人员，由教育考试机构建议其所在单位给予行政处分，直至开除或解聘，教育考试机构按照作弊行为记录并向有关单位公开其个人基本信息。

第十三条 （略）

第十四条 （略）

第十五条 （略）

第十六条 （略）

第十七条 （略）

第三章 违规行为认定与处理程序

（略）

第四章 附 则

第三十二条 本办法所称考场是指实施考试的封闭空间；所称考点是指设置若干考场独立进行考务活动的特定场所；所称考区是指由省级教育考试机构设置，由若干考点组成，进行国家教育考试实施工作的特定地区。

第三十三条　非全日制攻读硕士学位全国考试、中国人民解放军高等教育自学考试及其他各级各类教育考试的违规处理可以参照本办法执行。

第三十四条　本办法自发布之日起施行。此前教育部颁布的各有关国家教育考试的违规处理规定同时废止。

例文评析：

之所以选择这样一篇例文，主要是为了说明"办法"写作中常见的另一种结构形式，也是条款式结构中的特殊呈现方式：章条式。

这种结构的要求是：以"章"划块，以"条"相连。有人谓之"章断条连式"[①]，虽然分为若干章，但"条"的序号是依次排列、一贯到底的。

前面讲过，汉语文章有章、节、条、款、项、目六级层次，这篇《国家教育考试违规处理办法》使用到了章、条、款、项、目。

办法例文2：

成人高考网上缴费办法[②]

1. 缴费时间：9月10日8：30至15日下午5点，每天8：30至下午5点。

2. 登录系统（http://crbm.sdzk.gov.cn）：点击"网上缴费"使用考生信息确认单上的九位报名序号＋证件号码后四位，或者点击"考生登录"使用报名证件号码＋个人设置的密码登录报名网站。

3. 操作步骤：点击网上缴费→财政厅非税收支付网关→选择缴费银行→银行网上支付→银行提示扣款成功→支付网关提示成功→报名网站提示缴费成功。

4. 注意事项：网上缴费时不要关闭操作页面，一直要等到报名网站提示缴费成功后再退出系统、关闭页面。

说明：若网上银行提示扣款成功，或通过交易记录和账户余额查到已经扣款，但报名网站没有提示缴费成功，一定不要再次缴费，必须等第二天再登录查看缴费结果。为了保证缴费的成功率，请不要等到最后一天（15日）缴费，防止因缴费不成功造成考生的报名无效，无法参加成人高考的考试和录取。

例文评析：

这篇例文虽然名为"办法"，实际上属于"方法"。因为即使"登录系统""操作步骤"等不会变化，但"缴费时间"肯定每年、每次都会根据考试季节、具体时间、考试科

---

① 例如何永康主编、丁晓昌副主编的《应用文写作》（武汉大学出版社1994年11月第1版）就有"章断条连"之说。

② 见"济宁教育网"：www.jnjyw.edu.cn。

目等因素的变化而发生相应变化。也就是说,"办法"是有一定的约束力,甚至具有一定的法律效力的,因此必须要有相对稳定的执行期限和要求,虽然可以根据需要进行"补充""修订",使得"办法"进一步完善,但不能朝令夕改,随时变化。本例文给人一种"这次适用、下次也许不能用,要重新制定"的感觉,这样的"办法"就显得有点草率了。

四、制度

[知识讲解]

(一) 制度的含义

关于制度,《辞海》的解释有三种:1.要求成员共同遵守的、按一定程序办事的规程或行动准则。如工作制度、学习制度。2.在一定的历史条件下形成的政治、经济、文化等各方面的体系。如社会主义制度。3.旧指政治上的规模法度。显然,在机关事务文书的语境之下,制度的含义是第一种。

(二) 制度的特征

"要求成员共同遵守"说出了制度的最重要特征:内部性。也就是说,制度的制定,是针对某个单位或组织的内部成员,并且只在本单位或组织范围内产生效力。它的执行者主要是该单位或组织的所属成员,也包含进入该单位或组织办事或参与活动的相关人员,其他人则与该单位或组织的制度无关。即使是同类性质的单位或组织,也各自执行自己的制度,比如北京大学制定的教学制度,自然应该是北京大学的师生执行,与南京大学师生无关,南京大学师生执行的是南京大学制定的教学制度。当然,如果南京大学的师生到北京大学做访问学者或听课学习,则必须遵守北京大学的有关制度。再比如,每个医院为了让住院病员得到安心的治疗和充分的休息,都会制定《病房探视制度》,这是针对要求前来探视病员的亲友而制定的,不来医院探视的任何亲友都与此无关。

在日常生活中,在"内部性"这个特征上与"制度"基本一致的最常见文体应该是"章程",甚至章程的内部性特征比制度更突显,因为章程只是对单位或组织内部成员产生约束力或效力。例如《中国共产党章程》《中国共产主义青年团章程》是对中国共产党员、共青团员制定的行为准则,并不限制其他党团组织成员。

(三) 制度的结构

制度的结构比较简单,一般都采用条款式结构方法,分条列项地把有关的行为准则或办事原则写下来。从字面上理解,"制"是限制,规范成员应该干什么;"度"是尺度,规定成员不能干什么。所以制度的条文一般写得都比较具体,便于有关成员理解和实施。

[例文评析]

制度例文1：

ICU 探视制度^①

尊敬的先生/女士：

您好,

你的亲友因病情需要入住重症监护病房(ICU),我科全体工作人员将尽最大努力为你的亲友提供优良的医疗和护理服务,请配合做好以下事项：

1. 请您为病人准备面盆、毛巾、水杯、吸管、卫生纸卷等用品;病人的财物请家属自行保管。如果病人能够自主进食并且需要订饭的,请留就诊卡。

2. 由于ICU病人病情的特殊性,ICU病人不允许家属陪住,但允许探视。

3. 探病时间：下午3:00—3:30,每次只能进一名家属,特殊情况(行动不便的老人、儿童)需要家属陪伴。

4. 探视须知：穿上鞋套或拖鞋(科室提供),戴口罩(家属自行准备);未经允许不要给病人送任何药品以及食品;保持病室清洁及安静,不要在室内吸烟;ICU病室内不摆放鲜花;入室前请关闭手机,以免干扰仪器正常运转。

5. 探视完后由主管医生向家属介绍病情。因为ICU病房性质和普通病房不一样,病人随时抢救,个别时间有可能不能在3:30pm介绍病情,建议家属耐心等待,家属可以按门铃联系医生。

6. 家属在病人入住ICU期间,要留好确切的联系方式,一个或多个联系方式,同时一定要保持通讯通畅,家属24内手机不要关机。

7. 家属是否留下的问题：如果病人家属能够在通知后迅速来院原则上可以不留,但家属不能保证的建议留下,具体情况可和主管医生联系。

例文评析：

这是一篇体现了制度写作的灵活性的例文,是医院重症医学科(ICU)对探视病员的人制定的人性化制度。该制度采用书信式方法和口吻,将探视者最关心的常见问题、应该遵守的有关事项,一条一条地写清楚,让人一目了然。

当然,换个角度来说,这样的"制度"由于强调了人文情怀,文字上就显得不是很正规严肃,"您好"后面应为感叹号,文中"您"与"你"交替使用,不统一,日常工作中的大多数制度都不会使用这种写法。一般写成下面的样式：

---

① 见"北京协和医院·重症医学科"网站:www.pumch.cn。

江门市中心医院住院病人探视制度①

为体现以病人为中心,为患者提供安全良好的医疗环境,保证医院各项工作有序进行,结合我院实际情况,特制定住院病人探视制度如下:

一、每日上午 8:00—10:00,中午 13:00—15:00,晚上 22:00—06:00 为非探视时间,此时间内谢绝探视,严禁非医务人员进入。

二、每日上午 08:00—10:00 为病区查房时间,在此时间内住院部医生门诊工作站将被锁定,住院部医生不得诊治门诊病人。

三、非探视时间住院楼大门和侧门关闭,设保安值班人员把守门岗;病区的大门、后门关闭,病区医护人员请探视人员离开。

四、住院病人必须在早上 8 时前进入病房,特殊情况需在查房期间进入者(外出检查),凭手腕带或由保安致电病区确认身份方可进入。

五、非探视时间进入住院部,工作人员须出示胸卡,陪护人员须出示陪护证(办理流程详见附件),每位病人只限一名陪护人;办理入院手续的病人及家属须凭门诊病历医生签署"收入院"字样进入;危重病人的家属可持"病危通知单"或病区电话或书面通知探视,如病情不宜探视者,医护人员须做好解释工作。

六、医院探视管理的监督部门为保卫科。保安值班人员必须坚守工作岗位。工作中既要坚持制度,又要文明有礼,耐心做好解释说服工作。

七、每晚 10:00 后探视人员须离开病区,各科室组织夜查房进行监督,由保卫科协助执行。

制度例文 2:

员工带薪休假制度②

为加强对公司员工带薪休假的管理,在不影响公司正常工作的基础上,使员工有充分休息时间,增强公司的凝聚力,提高员工的积极性,特制定本管理办法。

第一条 享受范围和天数

一、公司在册正式员工连续工作一年以上的、不满十年者,每年休假 5 天;参加工作满十年、不满二十年者,每年休假 10 天;参加工作满二十年及以上者,每年休假 15 天。

二、年休假只能当年使用,半天起休。

三、员工上半年聘用进公司的,按本人可享受年休天数的 50% 给假;下半年聘用进公司的当年不给假。公司退休返聘人员公休假参照国家对在岗人员的公休假规定

---

① 见"江门市中心医院"网站:www.bjch.com。
② 见 wenku.baidu.com 少数字符有修正。

执行。

四、公司各项目管理部原则上可在每年生产淡季安排统一休假，员工休假应服从生产工作的安排，不得影响生产工作的正常进行。

五、公司各部门可根据工作进度和节奏，统筹合理安排休假。

第二条　申请流程和审批程序

一、公司在册正式员工每年年休假单分两次发放，1月发上半年度，7月发下半年度。

二、员工休假审批程序：

（一）公司本部员工提出申请，须填写《公司员工休假申请单》，由部门负责人审批后，交综合办公室备案；

（二）部门副职提出申请，须填写《公司员工休假申请单》，由部门负责人及分管领导审批后，交综合办公室备案；

（三）部门正职提出申请，须填写《公司员工年休假申请单》，由分管领导及公司总经理审批后，交综合办公室备案；

（四）公司党政副职提出申请，须填写《公司员工年休假申请单》，由总经理审批后，交综合办公室备案。

第三条　公司组织安排疗休养

一、公司干部疗休养

（一）公司组织安排部室正、副职、项目管理部正副经理、分公司正副经理的疗休养；

（二）干部的疗休养经费原则上控制在每两年一万元以内，其中每两年内一年安排一次国内远途疗休养，另一年安排一次国内近途疗休养；

（三）干部的疗休养由综合办公室具体操作，事先提出书面计划，报总经理批准后实施。

二、公司一般管理人员及一线员工的疗休养

（一）原则上一般管理人员和员工每三年安排一次疗休养；

（二）疗休养时间根据各部室和项目部工作情况而定，基本在春秋季节安排；

（三）员工疗休养经费原则上行政补贴1 500元，其余部分由个人负担；

（四）优先考虑先进、即将退休员工、献血人员，新进员工一年内不安排；

（五）员工疗休养由工会统筹安排。

三、疗休养一般安排在工作相对空闲阶段，以不影响工作为前提。

四、疗休养途中产生的额外费用由本人自理。

五、在公司安排后，因本人原因放弃疗休养的，作自愿放弃。

六、公司部组织出国（出境）疗休养，如受行业管理单位、上级单位等邀请参团学习考察,则履行相关报批手续。

第四条

一、本规定经公司职代会通过后实施。

二、本制度与国家法令法规相抵触时,按国家法令法规执行。

例文评析:

这是一份公司内部的员工带薪休假制度。制定这样的制度,正如该制度第四条第二项所说,应该按国家法令法规执行,而不能与国家法令法规有任何相抵触。

这则制度的写作总体上符合要求,但文字不够严谨,有些地方有语病。比如开头的引言最后提到"特制定本管理办法",明明是"制度",为什么要用"办法"?比如第一条第一项中"公司在册正式员工连续工作一年以上的、不满十年者"的说法就有语病,应该去掉"的"字。再比如"第四条"条干部分没有文字,按照写作惯例,应该写成"第四条　其他"。再比如第四条中虽然写了"本规定经公司职代会通过后实施",但并没有具体的实施时间。

第五节　讲话稿

[**知识讲解**]

一、讲话稿的含义

讲话稿是为了公开表达一种观点、意见、态度或立场,在公开场合(主要是会议上)对现场听众发表讲话而写的文稿。凡开会总有发言,如果把要说的话事先写下来,用于会上宣读,也叫会议讲话稿。会议讲话稿的种类很多,如会议报告、开幕词、闭幕词、欢迎词、答谢词、欢送词、祝词、悼词等。

如果纯粹从写作行为上看,讲话稿可以分为自言与代言。所谓自言,就是写稿人与讲话人是同一个人,写稿人为自己的讲话而写作。所谓代言,就是写稿人与讲话人不是同一个人,写稿人是为别人的讲话而写作。显然,自言者,文中表达的是自己的观点、意见、态度或立场,例如演讲词、述职报告、学术发言等。代言者,文中表达的则是讲话人而不是写稿人的观点、意见、态度或立场,例如很多领导人的讲话稿,其实是由秘书或其他指定人员起草成文、经领导审定后发表的。秘书或其他指定人员在写作中要表达的应该是领导者个人或领导集体的意志,所以写作之前必须与领导人充分沟通,准确全面地了解领导的意图,并且还要掌握领导人(讲话者)的语言个性和表达习惯,让听者感觉到领导人说的是自己的话,而不是照本宣科念稿子。

无论自言还是代言,讲话稿都要在内容上"接地气",让听众直接感受到与他们有密切关系,在形式上要尽量言简意赅,结构分明,措辞得体,语言流畅,符合口语表达的特征,这样才能使讲话人在讲话的时候"聚人气"。

二、讲话稿写作的基本要求

(一) 话题集中,篇幅适可

一篇讲话稿适用于一个场合,内容总是集中于一个方面。好的讲话稿应该给人一种干净利落的感觉,没有大话、空话、套话、废话,应该充分体现出"什么场合说什么话"的基本要求。讲话稿篇幅可长可短,关键要看讲什么问题,是否有必要讲长话。能短则短,宁短勿长,尽量节约时间,提高效率,这是对的。

(二) 言者清楚,听者明白

讲话稿是用于现场向听众口述的,不是提供给读者阅读的,所以,能不能说清楚是首要关键。只有说得清楚,才能听得明白。这除了要求讲话稿要条理有序、层次清晰、主次分明,还要讲究遣词用语的通俗化、口语化,不能"转文",不要故作深奥、故弄玄虚。好的讲话稿即使是涉及专业性、理论性比较强的话题,也总是深入浅出、生动形象,使听众心知肚明,易懂易记。

(三) 现场交流,情感共鸣

讲话稿的表达传送过程,是讲话人与现场听众的交流过程。要使讲话赢得听众的赞赏和欢迎,首先要注意话题本身与听众间的关系,也就是说,讲话稿的内容应该是与听众的切身利益有关的,是听众关心和感兴趣的。其次,要注意讲话的态度、语气,保持平易近人、亲切自然的文风,不要摆出居高临下、盛气凌人的架势,对有些复杂问题、新问题、听众可能一时想不通的问题,措辞更要注意听众的情绪和承受心理。另外,讲话要富有激情,用深刻的思想、明白的道理、流畅的言语、诚恳的态度来感染听众、打动听众。

(四) 称呼问候,设疑提问

这是讲话稿"抓"住听众的重要技巧,也是讲话稿区别于其他文稿的最突出特征。除了讲话开头要对现场听众作出亲切、恰当的称呼和问候,在讲话过程中还经常用称呼唤起听众的注意力。另外,将一些重要问题设置成问话向现场听众提问,活跃现场气氛,引发听众思考,激活听众想象,留下回味余地,也是优秀讲话稿的魅力所在。

三、讲话稿的结构

讲话稿结构的基本型是"标题+称呼+正文",其中正文由开场白、正题、结尾组成。

（一）标题

讲话稿的标题大多数情况下并不在现场读出来，所以经常写成《在××××会议上的讲话》。如果会后发表，则大多另加一个正标题。标题下写讲话日期、讲话人姓名等。如：

推动创新发展 实现联动增长

——在二十国集团领导人第九次峰会第一阶段会议上的发言

（2014 年 11 月 15 日 布里斯班会展中心）

中华人民共和国主席 习近平

（二）称呼

讲话稿开头的称呼要切合讲话人身份，准确体现言者与听众之间的关系，给人亲近感。除了"同志们""朋友们""女士们、先生们"一类，视会议代表性质，还可以有"各位代表""各位来宾""姐妹们""同学们""战友们""工人老大哥们""来自××××的朋友们"之类，以尽量拉近与听众的距离。有重要贵宾在场的时候，应该首先尊称贵宾，例如"尊敬的×××先生"等。贵宾姓名后面可以加职务、职称等。外事活动中的讲话要注意不同国家、民族的不同习俗，事先要询问清楚怎么称呼，是"教授"还是"博士"，是"女士"还是"夫人""小姐"，是"先生"还是"阁下"。外国人的姓名较长且复杂，多数是名在前姓在后，有人习惯将名缩写成一个字头，有人只习惯别人称姓而不道名，有人姓氏前面还会加个字表示出生地或身份，比如德国文学家歌德的姓名中间就有个"VON"（冯），称"约翰·沃尔夫冈·冯·歌德"。这些都是应该事先弄清楚的。

（三）开场白

讲话稿的开场白非常重要，最能体现讲话的艺术，必须立刻"抓"住听众。不同类型的讲话稿，开场白的色彩、基调、节奏、情绪等都不一样，有的要很严肃庄重，有的要很喜庆轻松；有的适宜一本正经，直奔主题，有的则可以诙谐幽默，迂回含蓄，甚至卖卖关子；有时需要鼓动、煽情，有时需要冷静、谦逊。

从写作的角度来看，开场白可以是开门见山的直述式，如习近平总书记在党的群众路线教育实践活动总结大会上的讲话，开头是："今天这个大会，是对党的群众路线教育实践活动进行总结，对巩固和拓展教育实践活动成果、加强党的作风建设、全面推进从严治党进行部署。"

可以是打招呼式，让讲话的气氛显得比较轻松愉快。比如十八届中央政治局常委与中外记者见面，习近平发表讲话的开头："女士们，先生们，朋友们：大家好！让大家久等了，很高兴同各位记者朋友见面。昨天，中国共产党第十八次全国代表大会胜利闭幕了。这些天来，各位记者朋友们对这次大会作了大量报道，向世界各国传递了许多'中国声音'。大家很敬业、很专业、很辛苦，在此，我代表十八大大会秘书处，向你们表示衷心的感谢。"

可以是引用式，比如一位领导干部在党的群众路线教育实践活动动员会上讲话，开头是这样的:"有这么一句戏剧台词,大家一定很熟悉:当官不为民做主,不如回家卖红薯。"

可以是迂回式,比如莫言在瑞典文学院领取诺贝尔文学奖时发表题为《讲故事的人》的演说,开头是:"通过电视或者网络,我想在座的各位,对遥远的高密东北乡,已经有了或多或少的了解,你们也许看到了我的九十岁的老父亲,看到了我的哥哥姐姐我的妻子女儿和我的一岁零四个月的外孙女。但有一个我此刻最想念的人,我的母亲,你们永远无法看到了。我获奖后,很多人分享了我的光荣,但我的母亲却无法分享了。"随后进入"讲故事"之中,自然而然,非常朴素顺畅。

(四) 正题

这是讲话内容的主体部分,体现讲话目的。不管什么内容,都要做到层次清楚,把要讲的几个问题说得很明白。观点突出,讲话人的态度、情感等让人一听就知道。语言畅晓,听众没有任何听知障碍。生动鲜活,听众不会觉得素然无味。可以用序号把讲话内容的几个方面划分开来,但序号不宜过多,三五个以内最好。只有特殊的长篇讲话才可以超过十个问题,如《政府工作报告》。问题少时可以用"首先""其次""最后"领起和过渡。一些篇幅长的讲话稿,有时会写有小标题,根据口述的特点,每个小标题前面最好有序号,避免听觉误差。任何讲话稿写作,都应该尽量不用长句子,不用晦涩冷僻的字词,注意克服因汉语多音字、同音字等容易产生歧义的现象,不要文白夹杂,半文半白。少用或不用括号、破折号、引号等很难准确地从讲话语调中体现出来的标点符号。尽量少用单音节词,如"故""则""应"等,而用双音节词,如"所以""那么""应该"等。一些比较冷僻的方言俗语也尽量不要用。

(五) 结尾

讲话稿的结尾可以重申自己的观点,可以总结归纳前面的讲话,可以提出希望,发出号召,可以提出问题,启发深思。最后应该向听众表示感谢,如"我的讲话完了,谢谢大家。"

[例文评析]

讲话稿例文1:

在公司年会上的讲话[①]

各位朋友们、同事们:

辛苦一年了,向您和您的家人问好,并给你们拜年了!

在过去的一年中,××中国公司取得了历史上从来没有过的好成绩,超额完成了年初预计的各项任务。我们为北京又建设出了一批具有时代感的、漂亮的建筑,它们已经成了城市的亮点,吸引着无数热爱生活、崇尚美感的人们的目光,得到了大家的赞许,又给一批公司和个人提供了工作场所。我和大家一样为这些成绩感到自豪和

---

① 见"潘石屹的 BLOG":blog.sina.com.cn。

骄傲。

这些销售成绩和建筑成就,是全公司每一位同事辛勤努力的结果,是用自己的心、用自己的汗水浇灌出来的果实。在这个过程中,大家克服了无数困难,也经受了许多考验,甚至是非常艰难的考验。但这些困难和考验让我们每个人、每个部门的精神品质都在成长,让我们更加诚实、更有责任心、更有服务意识、更加团结,让我们懂得付出和收获之间的奥秘。走进我们的办公室,走进我们的每一个工地,看到每位同事的笑脸,专注、专业的工作态度和精神,都不会简单地认为这只是为了利润指标的完成,只是一座座大楼的建成,而这背后一定有精神、灵魂的成长和进步。

这一年来,我们公司和每位同事的进步,离不开客户对我们的支持,离不开几百家合作单位的支持和配合,更离不开近万名工人辛勤的劳动和努力,我们只是这伟大项目和工程中的一个部分、一个环节。团结合作是这个时代最重要的特征,是我们必须锻炼和提高的美德之一,也是最重要的美德。在此向与我们合作的所有单位、尊敬的朋友们,以及近万名工人致以节日的问候,给大家拜年了!

××中国基金会其中一个重要项目"美德在行动"今年将要覆盖300所学校,超过10万名学生受益,他们与我们一起进步!

当我们追问我们企业的基础是什么,答案是诚实、团结、创新的美德。这是我们不变的追求,是我们建造楼房、创造物质财富的基础,是指导我们每一个决策、每一句话、每一个行动的标准。"诚实、团结、创新"更是我们的企业文化,在此与大家共勉!

最后,祝2011年各位同事成长、进步、快乐!

潘××

2011 年 1 月 20 日

例文评析:

这篇讲话稿有几个突出优点:

1. 篇幅适中。在公司年会这样的场合,作为企业负责人,本来多说几句也属正常,但年会带有喜庆的内容,而不是正式的员工会议,这时候发表讲话,就应该尽量简短。平时我们不时会看到有些领导人的讲话因为篇幅太长,不合时宜,讲话效果很差。如果是秘书人员代领导写稿子,这方面一定要注意。

2. 感情充沛。虽然是领导讲话,但并非像有些单位领导那样板着面孔说话,大讲面临的严峻形势和巨大压力,而是充满鼓舞和激励,回顾过去的成绩也好,展望未来的发展也好,都信心满满,对现场的听众容易产生一种感染力。

3. 话题集中。这篇讲话始终围绕着"诚实、团结、创新"的企业文化理念,不管是回顾过去取得的成绩,叙述当下的慈善事业,还是指示今后的主要工作,都紧扣主题,绝不东扯西拉。因为企业文化是增强企业员工对企业的认同感和凝聚力的关键。

4. 语言流畅。通篇讲话非常生动亲切,流畅自然,并且有文采,有诗意,又不给人矫揉造作之感。

讲话稿例文2:

南京大学文学院莫砺锋教授在百年院庆上的讲话

尊敬的各位领导、各位来宾,

敬爱的学兄、学姐,

亲爱的学弟、学妹:

院里让我以教师代表的身份在大会上讲几句话,我感到十分荣幸,但我能够代表全院教师说的只有两句话,一是向各位来宾表示衷心的感谢,二是对各位系友表示热烈的欢迎!此外,为了不使同仁们感到"被代表",我只能谈几点个人的感想。正是秋色萧瑟,天气初肃的晚秋时节,我们迎来了南大文学院的百年华诞。今天的盛会,真可谓群贤毕至,少长咸集。最难得的是,大家济济一堂,却都有同样的身份标志,我们身上都打着中文学科的烙印。更令人兴奋的是,今天到会的有三百多位南大文学院的历届系友,大家都曾在这里度过风华正茂的青春岁月。大学时代的生活,肯定是人生中最珍贵、最温馨的一段回忆。因为它包含着追求真理的人生期盼,指点江山的慷慨激情,还有知心好友的初次相识,以及一见钟情的怦然心动。而中国语言文学的学科性质为我们的青春岁月增添了浓郁的诗意,从而更加高尚纯洁,优雅美丽。我相信,即使系友们分散在天南海北,也始终忘不了那段岁月,始终对南大的美丽校园魂牵梦萦。我也相信各位系友今天在校园里重逢,一定会热烈地谈论当年在讲坛上的他或她,也会在心里默默思念同桌的你。

各位系友!南大文学院曾是东南学术的重镇,并始终坚持"东南学术"的精神。"东南学术"具有理性、持重、稳健的学术品格,在追求社会进步与发展的同时特别重视人文关怀,在倡导新文化的同时非常强调继承中华传统文化的精华,这是我院最宝贵的学术传统,也是全体系友最值得骄傲的精神财富。无论系友们从事什么具体工作,也无论系友们在事业上成就如何,由于大家都曾在南大文学院接受过传统文化精神的熏陶,从而体现出与众不同的气质和品格。南大文学院虽然也会走出一些官员,但他们一定是清流而不是热衷富贵的政客。南大文学院虽然也会出现一些企业家,但他们一定是儒商而不会是铜臭熏人的土豪。人们常说南大地处南京这座省会城市,其地理优势北不如北京,东不如上海。如果这是指政治学或经济学等学科,当然不无道理。但是对于我们的文学院来说,南大地处江南佳丽地、金陵帝王州,可谓得江山之助。人称六朝故都的南京,最鲜明的城市特征就是深厚而优雅的文化传统。虽然在南京建都的王朝大多短命,但是南京的文脉却千年不衰。当年梁武帝在南京制礼作乐,大得中原士大夫之仰慕,以为正朔之所在。其实梁朝的经济、军事实力都不如北朝,它的真正优势就是文化。正是在公元五世纪的南京城里，出现了中国历史上最早的文学馆，成为与儒学、玄学、史学并列的国家最高学术机构。据历史学家考证，南朝文学馆的故址就在鼓楼之西，正是南大的鼓楼校区。昭明太子的《文选》，在南京编纂的。刘勰的《文心雕龙》，是在南京撰写的。李白一生云游四海，曾七次来到金陵，远多于他进入长安的次数，并写出了"金陵子弟来相送，欲行不行各尽觞。请君试问东流水，别意与之谁短长"的深情诗句。王安石和苏东坡在朝廷里针锋相对，但他们在南京的半山园里相逢时，却心平气和地谈诗论文，以至于东坡动情地说"劝我试求三亩宅，从公已觉十年迟"。安徽人吴敬梓寄寓南京，在秦淮河畔写成《儒林外史》，还自称"记得当时，我爱秦淮"。在南京的江宁织造府长大的曹雪芹把《红楼梦》的故事背景安排在南京，并把其中主要人物称为"金陵十二钗"。即使是南京的下层居民，也受到浓郁文化氛围的熏染。柳如是等"秦淮八艳"，无不精通琴棋书画，其他城市的烟花女子似乎缺少这种集体性的文艺范。《儒林外史》中写才子杜慎卿在雨花台上听到两位挑大粪的底层劳动者说："我和你到永宁泉吃一壶水，回来再到雨花台看看落照。"杜慎卿慨叹说："真乃菜佣酒保都有六朝烟水气。"所谓"六朝烟水气"，就是一种有历史积淀的文化底蕴，一种沦肌浃髓的文化修养。所以我认为，南大文学院地处南京，真是得其所哉！缅怀我院的著名前辈，如王伯沆、黄季刚、吴瞿安、汪辟疆、胡小石、方光焘等先生，石头城下的风声雨声曾伴随他们的琅琅书声，玄武湖畔的烟柳长堤曾掩映他们的潇洒身影。我也认为各位系友能在南大文学院度过青春岁月，真是三生有幸！衷心希望学兄、学姐们常回家看看，来重新感受南大中文的美丽风景！

各位来宾，各位系友！在经济大潮波涛汹涌、功利思想甚嚣尘上的现实处境中，作为中文人的我们似乎已被挤压到社会的边缘，还被世人视为不通时务的一群落伍者。我们在文学院里当教师，也在实用学科和英文书写成为时尚的学界潮流中逐渐边缘化。然而我们认同唐诗中所说的一种生活态度："寂寂寥寥扬子居，年年岁岁一床书。独有南山桂花发，飞来飞去袭人裾。"我们为中文人的身份感到自豪，也因中文人的身份感到幸福。中文人所以自豪，是因为我们肩负着重大的社会责任，我们的任务是为弘扬优秀的传统文化进行学理探讨和代际传承。众所周知，语言文字是人类文化最重要的载体，也是人类文化最重要的组成部分。对于中华民族而言，汉语汉字就是中华文化的精神血脉，是中华民族实现身份认同的文化基因。《尚书》云"惟殷先人有册有典"，从殷商以来，用汉字书写的典籍浩如烟海，"经、史、子、集"四大类图书的惊人数量便是明证。对于现代人来说，中国文学尤其具有独特的意义。中国文学不但以生动具象的方式体现了中华文化的基本精神和心理特征，而且广泛、深刻地影响着中华文化的其他组成部分。中国文学的审美价值和认识功能历久弥新，它是沟通现代人与传统文化的最便捷的桥梁，也是其他文化背景的人们了解中华文化的最佳窗口。所以在当代中国，要想更好地继承传统文化的精神，舍我其谁哉？中文人所以幸福,是因为我们比别人有更丰盈的精神享受。今人常说缺乏幸福感,其实现在人们的物质生活早已达到温饱,人们感到欠缺的正是精神生活。幸福的渠道当然多种多样,但中国文学无疑是极其重要的一种。有人说文学只为人们提供安慰,事实上中国文学所提供的决非仅仅是安慰,而是内涵丰富的精神食粮。大家学习中文,最重要的收获不是关于语言文学的知识,而是一种有价值的生命范式,是先民们的诗意生存。我本人最为敬仰的古代文学家是屈原、陶渊明、李白、杜甫、苏轼和辛弃疾。我认为他们提供了诗意人生的六种范式,为我们构建了永远的精神家园。屈原是诗国中绝无仅有的一位烈士。他以自沉的激烈方式结束了肉体的生命,却在精神上获得了永生。陶渊明是诗国中最著名的隐士。他证明了朴素乃至贫困的日常生活可以具有浓郁的诗意。李白是诗国中独往独来的一位豪士。他用行为与诗歌鼓舞我们在人生境界上追求崇高而拒绝庸俗,在思想上追求自由解放而拒绝作茧自缚。杜甫是中国诗歌史上最典型的儒士。他是儒家"人皆可以为尧舜"这个命题的真正实行者,是我们提升人格境界的精神导师。苏轼是诗歌史上最为名实相符的居士。他以宽广的胸怀和审美情趣去拥抱生活,还以坚韧旷达的人生态度引导我们在风雨人生中实现诗意生存。辛弃疾是诗国中少见的英武侠士。他用英风豪气鼓舞我们追求刚健而杜绝委靡。上述六位诗人,其遭遇和行迹各不相同,但他们都以高远的人生追求超越了所处的实际处境,他们的诗歌都蕴涵着丰盈的精神力量。孔子说"诗可以兴",朱熹确切地解"兴"为"感发志意"。王夫之则在《俟解》一书中明确地指出,没有受到诗歌感发的人,其生存状态非常悲惨:"虽觉如梦,虽视如盲,虽勤动其四体而心不灵"。他还指出诗歌的重要意义是:"圣人以诗歌以荡涤其浊心,震其暮气,纳之于豪杰而后期之圣贤,此救人道于乱世之大权也。"阅读屈、陶、李、杜、苏、辛的作品,一定会使我们从浑浑噩噩的昏沉心境中蓦然醒悟,一定会使我们从紫陌红尘的庸俗环境中猛然挣脱,从而朝着诗意生存的方向大步迈进。而诗意生存正是人生的最高境界,是真正的幸福人生。作为中文人的我们,当然在此类阅读中独占先机。何况富翁捐款资助别人,多捐出一元自己就少了一元。我们则不然,我们向别人传播人生观,分享幸福感,只会在讲解、切磋的过程中增进自己的理解,从而实现双赢。所以在当代社会里,真正感受到幸福的人,舍我其谁哉？

各位来宾,各位系友！由于上面所说的理由,我认为我们应该堂堂正正地亮出自己的身份,那就是读中文的人。对于各位系友来说,我愿意借用张伯伟教授刚出版的著作的书名,我们应该堂堂正正地亮出自己的身份,那就是"读南大中文系的人"！

我的话完了,谢谢大家！

2014 年 10 月 18 日上午

例文评析：

在庆祝大会上发表的讲话，要求热情、热烈，表达祝贺的喜悦之情。这篇讲话稿以讲话者个人身份发表，但同时又代表讲话者所在文学院的全体教师发言。客观地说，这种讲话稿的写作是有一定难度的，既要有个性，又要有共性。个性展示讲话者的风采和观点，共性代表全体同仁的态度和立场。过分展示个性风采，不符合"代表"身份要求；过分表达共性，则失去了讲话者个人的讲话价值。这篇讲话稿纵横古今，充满诗性。语言生动，文采斐然。既有思想的高度、思考的深度，又有学术的厚度、表达的宽度。既庄重严肃，又轻松活泼，堪称学者讲话的典范之作。

[**实践练习**]

1. 与几位同学组成一个调查小组，共同讨论，选择一个本校同学最关心的问题展开多种形式的调查，如采访式、问卷式、座谈会式。

   要求：（1）制定一个调查计划；（2）设计一份调查问卷；（3）撰写一份调查报告。

2. 认真思考和设计个人的职业生涯规划，并制定一个有针对性的为实现职业生涯规划而学习的计划。

3. 为你所在的班级写一篇某个集体活动（如暑期"三下乡"活动、专业实习、爱心支教等）的总结。

4. 为了创造一个美好舒适的宿舍生活环境，请你为自己的宿舍写一篇《室友须知》。

5. 为学校图书馆撰写一则《图书借阅规定》。

6. 跟你的室友一起讨论，写一篇《寝室作息制度》。

7. 你是否参加了学校的某个学生社团？请你为该社团写一个《××社团经费管理办法》。

8. 如果让你在班级主题班会上发言，你会讲什么？请你写一篇讲话稿。

第五章　经济文书写作

[本章导引]

　　当今时代,市场经济日益繁荣发展,国家大力支持在校大学生和应届毕业生投身商海,自主创业,通过创业形式实现就业,鼓励他们发挥自身潜能,拓展业务,努力打拼,创造财富。许多大学生为锻炼创业能力,利用课余、假期,或在外兼职打工,参加各种招聘活动,积累创业经验和知识;或合伙创业,开发具有自己独立知识产权的产品,用智力换取资本;或以低成本的虚拟店铺,在线推销商品,以此完成创业实践,提高创业成功率。这其中自然少不了要写一些过去陌生的经济类实用文:你要从事家教、家政服务,得和对方用书面形式约定时限、服务内容、报酬薪金、违约责任,维护自身的权利;你要开办公司,通过银行贷款、自筹资金或民间贷款等方式垫实创业根基,就得和当事方、当事人签订借贷合同,不能赖账;试办公司,不是儿戏,需要合伙抱团,光靠哥们义气不行,得"先小人,后君子",明确彼此之间的责、权、利,最好形成书面协议,由合作双方和见证人签字,立字为据,以免发生纠纷时口说无凭;小本经营,资金有限,你不可能在繁华闹市租用店铺,往往挤在偏僻冷落的地段街角经营,这时宣传推广工作就显得尤为重要,这就需要自己撰写、张贴许多广告才能广为人知,因为"酒好不怕巷子深"的观念早已过时,在市场竞争激烈的今天,"货好还得勤吆喝",没有广告支撑的自主创业只能是一句空话。

　　合同、协议、广告这类应用文,都属于经济文书。对有志于创业的大学生而言,离开这些经济文书,业务难以开展,实践将难以进行,理想难以实现。因此,在创业的同时,必须掌握与创业密切相关的经济文书的性质用途、构成要素、语体风格和写作要领,这应该也是创业实践的一部分。

第一节　经济合同

[**知识讲解**]

中国有一句成语叫"稳操胜券"，意思是完全有把握取得胜利。其中的"胜券"也作"左券"，是契约（合同）的一部分。古代契约分为左右两联，契约双方各执一联，左券就是左联，一般作为索偿的凭证。左券在手，一旦对簿公堂，自然胜诉。由此可知古人在涉及钱财利益之事时，都遵循口说无凭、立字为据的规则，签订合同，以防后患。现代社会，经济活动频繁活跃，无论是组织、团体、单位还是个人都可能经常发生经济上的往来，许多涉及经济利益、经济往来的事项，需要用书面契约的形式规定下来，对有关各方起约束、监督作用，一旦发生纠纷，就可以作为证据提供给法庭，作为依法判案的依据。经济合同在维护、规范市场经济秩序方面的重要性不言而喻。

从法律的角度讲，经济合同是法人之间或法人与自然人之间为实现一定的经济目的，明确相互权利义务关系而签订的契约。所谓法人，是指具有民事权利能力和民事行为能力，依法独立享有民事权利和承担民事义务的社会组织。经济合同的当事人，一般是具有法人资格的政府机关、社会团体、企事业单位，作为自然人的个体工商户和农村承包经营户也具有与法人签订经济合同的法律地位。

一、经济合同的特点

（一）合法性

订立经济合同是一种法律行为，经济合同的内容必须遵守国家的各项法律、法规，符合国家政策和计划的要求。任何单位和个人都不得利用经济合同进行违法活动，扰乱社会经济秩序，损害国家利益和社会公共利益，牟取非法收入。违反法律、法令的经济合同是无效的，无效的经济合同从订立的时候起，就没有法律约束力。这是合同效力存在的基本前提。

经济合同受法律保护和监督，依法订立的合同，对当事人具有法律约束力。当事方应当按照约定履行自己的义务，不得擅自变更或者解除合同。当事方任何一方不履行经济合同或不完全履行经济合同，都要承担由此引起的法律后果。

（二）平等性

订立经济合同必须贯彻平等互利、协商一致、等价有偿的原则。经济合同是各当事方意志表示一致的法律行为，不是单方面的法律行为，当事方不论是买与卖、租与赁、借与贷、聘与任，也不论单位的大小、级别的高低，在经济合同关系中的地位是平等的,任何一方不得把自己的意志强加给另一方。

商品经济活动本身就是进行交换,不能无偿占有,因此签订经济合同的各方必须遵循等价交换的原则,既享受各自的权利,也要尽各自的义务。

(三) 规定性

经济合同的主要条款和格式一般具有规定性。《中华人民共和国合同法》(以下简称《合同法》)第十二条就规定"合同的内容由当事人约定",一般包括:当事人的名称或者姓名和住所,标的,数量,质量,价款或者报酬,履行的期限、地点和方式,违约责任,解决争议的方法。

多数经济合同的写作格式虽然没有法定的国家标准,但有着大体统一、固定的基本样式,通常包括约首、主体、约尾和附件四个部分。为了规范合同内容,防止纠纷和隐患的产生,有关管理部门还提供了统一的示范样本供当事人订立合同时参照制作或照本填写。

二、经济合同的种类

经济合同的种类很多,不同的行业、不同的部门有不同的合同。

(一) 按标的的性质分类

经济合同的标的有两大类,一是商品,一是劳务。以此为标准,可以将合同分为商品买卖的合同和劳务服务的合同两大类,前者主要包括我国《合同法》所列举的买卖合同,供用电、水、气、热力合同,借款合同(货币是固定地充当一般等价物的特殊商品),租赁合同,融资租赁合同;后者包括我国《合同法》所列举的承揽合同,建设工程合同,运输合同,技术合同,保管合同,仓储合同以及我国《劳动合同法》所指的劳动合同。这其中使用最广泛的是买卖合同和劳动合同。

(二) 按经济合同的表现形式分类

按经济合同的表现形式分类,主要有:

1. 条款式经济合同

这种合同是用文字叙述的形式,把双方协商一致同意的合同事项,一条一条地记载下来。条款具有用语精确、表述周到、逻辑严密的优点,可以包纳牵涉面广、内容相对复杂的内容。条款式合同,因其表述的优点,适用范围最广,多数买卖合同、承揽合同、技术合同、建筑工程合同以及协议书采用这种形式。例如进口一台先进的仪器设备,除法定的条款外,还包括技术资料的提供、操作人员的培训、维修费用的承担、产品的转让条件等等,这些都可以用具体、明确的条款(包括附件)加以确定。

2. 表格式经济合同

这种合同是把协商好的主要条款设计成固定统一的表格,订立合同时,只要按表格栏目——填写即可。表格是一种视觉化的人工语言,可以将纷繁、复杂的数据、过程、顺序、步骤等整理、简化为眉目清楚、条理有序的栏目,提高写作、传播、阅读效率,操作极为简便。当然,从严格的意义上讲,表格还属于对写作材料的进行整理的范畴,只能说明,不能叙述,表达范围有限,表格一般不能作为独立的合同形式,但可以作为合同的组成部分。所以还是需要了解。

3. 表格条款结合式经济合同

这种合同把条款式合同和表格式合同结合在一起,既有文字叙述的条款,又有固定的表格栏目,使用方便灵活,运用范围广。一般篇幅稍长的买卖合同,仓储合同、保管合同、运输合同、借贷合同采用这种形式。

三、经济合同的内容

合同主要条款是指合同的实质性内容,是合同的关键。我国《合同法》第十二条对由当事人约定的合同内容所应包括的条款做了明确规定,这些条款是:

(一) 标的

任何经济合同都必须有明确的标的。"标的"是法律术语,指的是订立合同的各当事方权利和义务指向的对象,如货物交付、劳务交付、工程项目交付等。标的是合同成立的必要条件。有些文章、著述把"标的"称为"标的物",其实两者是有区别的。标的与标的物并不是永远等同的。一个合同必须有标的,而不一定有标的物。例如,在劳动合同中,标的是当事人之间的劳动服务的给付行为,但没有标的物。

合同的标的要合法,要遵守国家的各项法令、法规,不能将诸如《野生动物保护名录》中所列的各种动物、《枪支管理法》所指的各种枪支、《禁毒法》列举的各种毒品作为合同标的。

合同的标的要具体、明确、完整、严密。如果是产品,就必须具体写明产品名称、牌号或商标、品种、型号、规格、等级、产地、花色等。如果是工程项目,就要具体写明工程名称、工程地点、工程位置。如果是租赁房屋,就要具体写明房屋的地址、方位、结构、楼层、房间号等。

(二) 数量

这是合同标的的具体指标,是确定权利和义务大小的尺码。作为合同关键条款的数量,要具体、明确、细致。

数量包括数额、计量单位和计量方法。计量单位通常必须使用《中华人民共和国计量单位》所规定的标准,例如长度用毫米、厘米、分米、米、十米、百米、千米;面积用平方厘米、平方米、平方公里;体积用立方厘米、立方分米、立方米;质量用厘克、分克、克、十克、百克、千克、吨;容量用厘升、分升、升、十升、百升、千升。传统的寸、尺、丈、两、斤、石、分、亩、公斤、公里等不能用于经济合同。

计量单位还应同行业的习惯计量单位一致,例如购买袜子、手套、手帕、铅笔等习惯用"打",但"打"的数量是 12 还是 10,则要注明。计量方法也应在合同中写明(主要是损耗如何计算),"毛重"还是"实重"也应写清。

(三) 质量

质量在合同中起着标的的保证作用,质量不能保证,则对方的权利会受到损害,因此订立合同时要有明确的质量要求。

质量包括产品质量和包装质量。这两种质量要求,如果国家有强制性标准或行业有强制性标准的,合同标的的质量不得低于这些标准。如果没有国家标准或行业标准,则由合同当事各方协商确定。质量标准应该详细、具体,便于检验和检查,避免因内容含糊、笼统而引起合同纠纷。

(四) 价款或者报酬

这是取得标的的一方向另一方支付的报酬,是合同当事方等价有偿交换的经济关系的标志。以实物为标的(如买卖合同、供用电、水、气、热力合同)的叫价款,以劳务为标的(如建筑工程合同,承揽合同、仓储合同、运输合同)的叫报酬,都以货币数量来表示。

价款或报酬必须写得清楚、具体、准确,包括标的物的单价和总价,结算标准和方式,还需要规定其他费用由哪一方负担,怎样负担。除了数字,还应标清货币单位和币制,国内经济合同以人民币计算和支付(法律另有规定的除外),涉外的经济合同则应标明货币种类,如"美元""欧元""日元"等。

标的的价格,按照各级物价主管部门规定的价格(包括国家定价、浮动价)签订。政策上允许议价的,价格由当事方协商议定。

执行政府定价或者政府指导价的,在合同约定的交付期限内政府价格调整时,按照交付时的价格计价。逾期交付标的物的,遇价格上涨时,按照原价格执行;价格下降时,按照新价格执行。逾期提取标的物或者逾期付款的,遇价格上涨时,按照新价格执行;价格下降时,按照原价格执行。

(五) 履行期限、地点和方式

1. 履行期限

合同的履行期限是各当事方的义务完成期限,是确定义务方是否按时履行义务的依据。一切经济活动都是有期限的,一方未按照期限要求履行合同,必然给另一方造成经济损失。因此合同的履行期限要定得准确、具体、合理、清晰,精确到年、月、日,避免使用诸如"年初""月初""上旬"等不太确定的时间术语和"××天以后""年底之前"等含糊词语。

如果是分期分批交货或付款,要写清分几期几批,每期的具体期限,每批的货物数量,每期的付款钱数,写得越具体越明确越好。

2. 履行地点

履行地点是合同各当事方履行合同义务的地点,这是分清各方责任的重要依据,也是一旦发生纠纷,确定诉讼管辖的依据。履行地点一定要写得准确、清楚,一般都先写省、市、县名,再写街道路名和门牌号码,不能只写单位名称。国内外同名的地点很多,不能混淆起来。例如"九江市"和"九江县",不能笼统地写"九江","淮安市"和"淮安区"不能笼统地写成"淮安"。有些大城市的路名、站名虽一字之差,而相距甚远,如果不明确具体,往往偏差很大,从而造成麻烦,产生合同纠纷。

3. 履行方式

履行方式是指采取什么方法来实现经济合同所规定的各方的权利和义务,主要包括标的的交付方式和价款、报酬的结算方式,要约定得明确、具体、清晰,便于操作和检验。例如是一次交货还是分批交货,是供方送货还是需方提货,是否代办货物运输,如何装箱打包,装箱打包用什么材料,费用由谁承担,如何验货,如何付款,付款是一次付清还是分期付清,付款是用现金还是支票或是银行转账,都要一一写明。

(六) 违约责任

违约责任也称为违反合同的民事责任,是指合同当事人因不履行合同义务,或者履行合同义务不符合约定,而向对方承担的民事责任。违约责任可以由当事人在法律规定的范围内约定,具有一定的任意性。必须明确的是:违约责任是财产责任,不是人身责任。

违约责任是合同履行的保障性条款,没有这个条款,合同就是没有执行力的"软合同",难以得到法律的保护。

违约责任应当根据《合同法》和有关规定,分别写明各方的违约责任,越具体越明确越细致越好。要从标的物的品牌、型号、款式、数量、质量、履行方式诸方面明确责任,要考虑周全,防止遗漏。同时也需要明确写明违约金、赔偿金的计算方法。

(七) 解决争议的方法

有些经济合同,特别是涉外经济合同在写明违约责任后,还要写明解决纠纷、争议的方法。我国《合同法》规定,合同当事人可以通过和解或者调解解决合同争议。当事人不愿和解、调解或者和解、调解不成的,可以根据仲裁协议向仲裁机构申请仲裁。涉外合同的当事人可以根据仲裁协议向中国仲裁机构或者其他仲裁机构申请仲裁。当事人没有订立仲裁协议或者仲裁协议无效的,可以向人民法院起诉。当事人应当履行发生法律效力的判决、仲裁裁决、调解书;拒不履行的,对方可以请求人民法院执行。

除以上主要条款外,合同通常还应包括合同份数、效力及合同有效期的条款。有效期通常比履约期要长一些,它是履约的最后期限,一方不能在履约期内履约,但只要不超过有效期,仍可履约,当然要交付一定的违约金。一旦超过有效期,即使履约,也已无效,需要承担的违约责任更大。

四、经济合同的结构

经济合同一般应采用书面形式,其结构一般分为约首、正文和约尾三部分。

(一) 约首
约首包括标题、合同编号、签订合同的当事方。

1. 合同标题。标题一般是由合同事由加"合同"两字组成,应表明合同的业务性质和种类,如买卖合同、借款合同等,有时还需要进一步写出内容,如"电冰箱购销合同""机动车辆保险合同"等。

2. 合同编号。一般用组合编号,即将合同双方的合同号组合在一起,如"苏食司字〔2014〕22 号/皖汽运字〔2014〕83 号",一般位于合同标题的右下方。

3. 合同的当事方名称。在合同编号的左下方,分行并列写明签订经济合同当事双方的单位名称,并在名称后面加括号注明"甲方"和"乙方"(或"买方"和"卖方"),一般是买方在前,卖方在后,不能颠倒。有些合同如租赁合同则相反,是"供方"在前,"需方"在后。

(二) 正文
正文一般包括前言、条款和附件名称。

1. 前言 写明双方签订经济合同的依据和目的。例如:

根据《中华人民共和国合同法》,××市粮油食品公司和××县第三粮食仓库经双方协商一致,签订本合同。

再如:

为了保证"国庆""中秋"节日市场供应,丰富城市居民物质生活,甲乙双方(约首中已经明确双方的名称及简称,这里可用简称——编者注)经充分协商,订立本合同,以便共同遵守。

2. 条款是指把双方商定的内容以条款的形式逐条列出,重点是上面所讲的主要条款(标的物——数量和质量——价款或报酬——履行的期限、地点和方式——违约责任——解决争议的方法),此外还包括合同的生效时间、合同份数及效力等。例如:

一、甲方向乙方订购今年产丰水梨。

二、数量:3 万千克。

三、质量要求:果实个头均匀,每千克 4—5 个,在果实八成熟时采摘。

四、价格:每千克价格为 5 元,总价款为壹拾伍万元人民币。

五、履行的时间、地点和方式:乙方于 2014 年 9 月 1 日用汽车将丰水梨运往甲方所在地,运费由乙方负担。梨子用二皮篾竹筐包装(每筐 20 千克)。每只筐计价 3

元,由甲方负担,乙方以四折回收旧竹筐。梨子经甲方验收合格后,开出收货单,乙方凭收货单与甲方结算。甲方在收到乙方货物后 3 日内将货款汇至××县农业银行×××××账号。

六、违约责任:在正常情况下,乙方拒不交货,则处以货物总款 20％的罚金;数量不足则按不足部分的货款 20％处以罚金,如逾期交货,则每天处以货款 5％的滞罚金;在正常情况下,甲方拒不收货,则处以货物总款 20％的罚金;逾期付款,则每天处以货款 5％的滞罚金。

如因自然灾害或特殊情况一方不能履行合同时,应提前 20 天通知对方,并赔偿对方总价款的 10％的损失费。

七、解决争议的方法:本合同在履行过程中发生争议,应相互协商解决,如果协商难以解决,可向当地人民法院起诉。

八、本合同一式贰份,甲乙双方各执一份为凭。本合同有效期为 2014 年 7 月 10 日至 2014 年 9 月 11 日。

3. 附件。是合同的有机组成部分,有些合同的内容复杂,涉及面多,事无巨细地全部写入条款会增加合同的篇幅,可以采用附件的形式。通常在正文结束后另起一行写明附件名称,附件正文另起一页排印。例如:

(正文毕)

附件：1. 材料暂估价表

      2. 工程设备暂估价表

      3. 专业工程暂估价表

有两个或两个以上附件的,附件名称前要加上序码。如果只有一个附件,则无须加序码。

（三）约尾

约尾包括署名、公证或鉴证单位、合同签订日期。

1. 署名:并列注明签订经济合同各方的单位名称(加盖公章)、法定代表人的姓名(签名或签章)、单位地址、联系电话、电报挂号、开户银行、银行账号、邮政编码等。

2. 需要公证或鉴证的经济合同,将有关部门的公证或鉴证意见写在"公证方"或"鉴证方"的下方,签署有关机关全称,加盖公章。

3. 合同签订日期要写明具体的年月日。

五、经济合同的写法

我国《合同法》对经济合同的主要条款做了规定,但在合同的文面写作和具体形式方面尚无统一的标准。由于经济合同的标的物千差万别,所牵涉的经济法律关系或多或少、或单纯或复杂,各有不同,所以各类经济合同的篇幅或短或长,格式、条款带有同中有异、异中有同等的特点。就总体而言,经济合同的写法大致可分为三类:

（一）有大致的写作格式,条款可多可少,篇幅可长可短,行文较为自由,可以穿插相关表格,也可以安排附件(例如一般的买卖合同)。

（二）有较为统一的写作格式,有固定的表格,条款安排有一定的限定性,篇幅大致固定(例如供用电合同、租赁合同)。

（三）有严格的国家标准和示范文本,条款、项目固定,篇幅固定,签订者按要求和规定逐项填写(例如建设工程施工合同)。

后两类的写作难度较小或没有难度,所以经济合同写作的重点是在第一类上。

下面举一些常用合同的实例。

[例文评析]

合同例文1:

丰水梨购销合同

×果司字(2014)28 号/×东场字(2014)33 号

立合同单位:

　　　　××市嘉丰果品公司(以下简称甲方)

　　　　××县青龙山果林场(以下简称乙方)

为了繁荣市场,保证果品供应,甲乙双方经平等协商,订立本合同,条款如下:

一、甲方向乙方订购丰水梨3万千克,要求个头均匀,每千克4—5个,在果实八成熟时采摘,每千克价格为5元,总价款为壹拾伍万元(人民币)。

二、乙方于2014年9月1日用汽车将丰水梨运往甲方所在地,运费由乙方负担。梨子用二皮篾竹筐包装(每筐20千克)。每只筐计价3元,由甲方负担,乙方以四折回收旧竹筐。

三、梨子经甲方验收合格后,开出收货单,乙方凭收货单与甲方结算。甲方在收到乙方货物后3日内将货款汇至××县农业银行×××××账号。

四、在正常情况下,乙方拒不交货,则处以货物总款20％的罚金;数量不足则按不足部分的货款20％处以罚金,如逾期交货,则每天处以货款5％的滞罚金。

在正常情况下,甲方拒不收货,则处以货物总款20％的罚金;逾期付款,则每天处以货款5％的滞罚金。

如因自然灾害或特殊情况一方不能履行合同时,应提前20天通知对方,并赔偿对方总价款的10％的损失费。

五、本合同一式贰份,甲乙双方各执一份为凭。本合同有效期为2014年7月10日至2014年9月11日。

甲方	乙方
××市果品公司(公章)	××县青龙山果场(公章)
代表人：×××(签字)	代表人：××(签字)
地址：××市××路×号	地址：×县青山镇岔路口
电话：×××××××	电话：×××××××
电报挂号：××××	电报挂号：××××
开户银行：××市商业银行	开户银行：中国农业银行××县分行
账号：×××××	账号：×××××
邮政编码：××××××	邮政编码：××××××

2014年7月10日

例文评析：

这是一份写得比较规范的购销合同,可供一般的买卖合同写作参考。

1. 合同标题比较具体(如果写“买卖合同”也可以),表明合同性质和类别,同时也明确了合同的标的。

2. 合同编号用的是组合编号,即由双方所签订的这份合同的编号合成,买方(甲方)在前,卖方(乙方)在后,对应下面的立合同单位,顺序不能颠倒。

3. 编号下面是订立合同的当事方名称,为行文方便,各自注明“甲方”和“乙方”(用“买方”和“卖方”、“需方”和“供方”也可以)。

4. 主体部分用的是前言段加条款段的写作格式。前言段用简短的文字交代订立合同的目的,然后用合同的习惯用语“甲乙双方经平等协商,订立本合同,条款如下”过渡到下面的条款部分。

5. 经济合同的条款安排大致有两种方式,一种是机械地按《合同法》规定的法定条款的顺序(即“标的→数量→质量→价款或者报酬→履行的时间、地点、方式→违约责任→解决争议的方法”)逐条写明;一种是在保证信息清晰度的前提下,灵活地合并相关条款内容,使表述更加严密,避免因不断反复而造成的文字冗长,精简篇幅,提高表达效率。例文采用的是第二种方式,用5个条款进行表述。

6. 条款“一”先写明标的(丰水梨)和数量(注意计量单位的使用是3万千克,不是3万公斤),然后就标的的“质量”提出要求:一要个头均匀(避免大小差异过大,大小混合),二要在果实八成熟时采摘(采摘的时限和水果的新鲜度、保鲜度密切相关,早摘的果实太生,影响食用,迟摘的果实易烂,不宜保存和运输),在这个质量前提下,约定单价和总金额。

7. 条款“二”先明确乙方履行合同的时间、地点和方式,其中包括产品包装所使用的材料(二皮篾竹筐)、规格(每筐20千克)、材料价格(每只筐计价3元),双方各自负担的费用(运费由乙方出,包装费由甲方出),以及包装材料的后期处理(乙方以四折回收旧竹筐)。这个条款偏重于规定乙方的义务,对甲方只规定包装费用的承担。

8. 条款"三"偏重于规定甲方的义务,前提是"产品验收合格",然后将履约的相关方式、时限写明。

9. 条款"四"是合同违约责任和违约金的约定。前面说过,违约责任可以由当事人在法律规定的范围内约定,具有一定的任意性。而违约责任是财产责任,不是人身责任,所以应该以货币的形式表现。这个条款先分别写明甲乙双方在正常情况下各自违约所承担的对等的罚金及罚金的计算方式,然后写明一方因自然灾害或特殊原因不能履行合同而赔偿对方的损失费。这样的约定具有较强的技术性和可操作性,有利于合同的履行。

10. 条款"五"写明合同的份数和有效期。合同一般一式贰份,具有同等效力,任何一方未经对方同意,不能随意修改,要修改也是两份合同同样修改。有些合同需要公证(公证处)或鉴证(工商局或双方上级部门),则需要一式三份或四份,由各方保存。这份合同的有效期为2014年7月10日至2014年9月11日,比履行期长10天,它是履约的最后期限,一方不能在履约期内履约,但只要不超过有效期,仍可履约(须交付约定的违约金)。

11. 约尾部分列出签订经济合同双方的单位名称、法定代表人的姓名、单位地址、联系电话、电报挂号、开户银行、银行账号、邮政编码和合同签订日期,这些项目在合同中不可或缺,直接关系到合同的合法性和合同能否得到切实的履行。如果没有双方单位的名称、公章、法人代表签字,则合同无效。如果没有甲方的具体地址,那么乙方的货物无法送到"甲方所在地"。如果没有乙方的开户银行和银行账号,那么甲方的货款无法汇交。电话号码、邮政编码等是为了在发生突发事件或情况时及时联系、联络。

合同例文2:

私有房屋买卖合同

买　方:贺××(以下简称甲方)　身份证号码:×××……

卖　方:屠××(以下简称乙方)　身份证号码:×××……

甲乙双方同意买卖××市××区××路302号511室房屋(建筑面积共80平方米),经双方协商,签订本合同,以资共同遵守,条款如下:

一、上述房屋由乙方出售给甲方,全部价款共计人民币壹佰伍拾万元整。

二、本合同签订之日起五日内,甲方应购房款(现金)付与乙方,乙方在收到甲方全部购房款后的一周内将房屋交给甲方。

三、本合同签订后,甲方应向房屋主管部门申请办理房屋所有权登记,所需费用由甲方承担,在取得房屋所有权证后,产权归甲方所有。

四、甲方应遵守国家和本市有关房屋管理的政策和规定,未经市有关部门及乙方同意,不得对上述房屋加层和改建。

五、房屋基地及底层独用园地属国家所有,仅供甲方使用。甲方应遵守国家和本市有关土地管理的政策和规定。从发给产权证之日起,甲方按国家规定向有关部门缴付房产税。

六、自本合同签订之日起,上述房屋的有关权利义务不论甲方住进与否均归甲方。并按照管理和维修费用分担原则,按月由甲方承担管理和维修方面的有关费用。

七、本合同签订之日起,在两年内属于原乙方使用不当造成的质量问题,由乙方负责保修;属于人为的损坏由甲方自行负责。

八、本合同一式叁份,乙方壹份,甲方贰份(其中一份作产权登记附件)。

甲　方　　　　　　　　　　乙　方

贺××(签字)　　　　　　　屠××(签字)

20××年2月1日

例文评析:

私人房屋买卖合同是社会上经常使用的经济合同,它与私人购买房地产开发公司所签订的合同在写法上大致相同,也存在一些差异。可以把这则例文与上一则例文进行比较:

1. 标题写明合同性质,明确标的是"私有房屋",表明合同是私人之间的经济行为,这与"丰水梨购销合同"表明合同是法人之间的经济行为有别。

2. 上则例文的约首有合同编号,这则例文没有。给合同进行编号一般是企业行为,便于统计、归类、存档管理,私人之间订立的合同则无须编号,因为甲方不是连续出售,乙方也不是连续购买,属于一次性交易,编号毫无意义。

3. 标题下面是合同双方姓名,为行文方便,也分别注明"甲方"和"乙方",这与上则例文相同;但双方姓名后面写明各自的身份证号码,则具有确定各自真实身份的必要性,这样便于相互验证,也便于到公安部门进行核实。上则例文是法人之间的经济行为,法人没有身份证,一般凭公章证实其资格。

4. 这则例文用的也是前言段加条款段的形式,与上则例文不同的是,在前言部分直接写明具体的标的物(包括地址、楼层和面积)和同意交易,然后过渡到下面的条款。

5. 前两个条款分别写明房屋价款和双方的权利义务,并规定履行的方式和具体时限,完成以钱购房的行为。但房屋交易还涉及产权转换登记、房屋改造、房产税交付、房屋管理和维修费用分担、房屋质量保证等问题,所以合同用五个条款对这些问题做了具体约定。最后一个条款写明合同份数,乙方执一份,甲方执两份,同时注明甲方的其中一份用作产权登记的附件。这样从总体上看,合同具有合法性和可履行性。

6. 约尾比较简单,只有双方签字和签订日期,没有上则例文的公章、单位地址、电话等项目。

7. 这份合同在内容上存在两个缺陷,一是没有违约责任条款,一方如果毁约或不完全履行合同,难以追究其法律责任,所以还属于"软合同";二是没有涉及户口问题,没有约定乙方将房屋卖给甲方之后,必须将原先的户口迁出,让甲方的户口迁入,同时确定乙方在收到甲方全部购房款后必须一周内迁出户口,才能避免日后纠纷。

这则例文给人的启示是,订立合同,最好按国家《合同法》所规定的条款明确相关约定,尽量考虑周全,以免留下后遗症。

合同例文3:

房屋租赁合同

出租方:××市威龙房地产开发公司(以下简称甲方)

承租方:××市凯丰服装鞋帽公司(以下简称乙方)

经甲乙双方协商决定,甲方将位于本市××区××路××号的总面积为400平米的门面房房屋租给乙方,用于经营服装鞋帽业务。依据有关法律法规的规定,甲乙双方在平等、自愿的基础上就房屋租赁的有关事宜达成协议如下:

第一条 租赁期限及条件

一、房屋租赁期自2014年1月1日起至2017年12月31日止,共计3年。

二、租赁期满或合同解除后甲方有权收回房屋,乙方应按照原状返还房屋及其附属物品、设备设施。甲方对水电使情况进行验收并承担费用。

三、乙方继续承租该处门面房,应提前两个月向甲方提出续租要求,经双方协商一致后重新签订房屋租赁合同。

四、乙方在租赁期间应依法经营,不得随意改变门面房用途。爱护室内设施,不得随意拆卸屋内装修。租赁期间所发生的水、电、税务、物业等费用由乙方自理。

第二条 租金及押金

一、租金标准及支付方式:每年租金伍万元,在每年1月5日前将租金存入乙方银行账号。

二、押金:房屋押金叁万元,待合同期满或特殊情况导致的合同结束时,乙方退租后返还。

第三条 房屋维护及维修

一、甲方应保证房屋的建筑结构和设备设施符合建筑、消防、治安、卫生等方面的安全条件,不得危及人身安全。乙方保证遵守国家相关的法律、法规以及房屋所在地的物业管理规约。

二、租赁期内甲乙双方应共同保障房屋及其附属物品、设备设施处于适用和安全的状态。

1. 对于房屋及其附属物品、设备设施因自然属性或合理使用而导致的损耗,乙方应及时通知甲方修复。甲方应在接到乙方通知后及时进行维修。

2. 因乙方保管不当或不合理使用,致使房屋及其附属物品、设备设施发生损坏或故障的,乙方应负责维修或承担赔偿责任。

第四条　转租

除甲乙双方另有约定以外,乙方需事先征得甲方书面同意,方可转租给他人,并就受转租人的行为向甲方承担责任。

第五条　合同解除

一、经甲乙双方协商一致可以解除本合同。

二、因不可抗力导致本合同无法继续履行的本合同自行解除。

第六条　其他约定事项

本合同经双方签字后生效。本合同一式贰份,甲乙双方各执壹份为凭。

本合同生效后,双方对合同内容的变更或补充应采取书面形式作为本合同的附件。附件与本合同具有同等的法律效力。

甲 方	乙 方
××市威龙房地产开发公司(签章)	××市凯丰服装鞋帽公司(签章)
代表人:×××(签字)	代表人:××(签字)
地址:××市××路×号	地址:××市××大道××号
电话:×××××××	电话:×××××××
电报挂号:××××	电报挂号:××××
开户银行:××市商业银行	开户银行:交通银行××市分行
账号:×××××	账号:×××××
邮政编码:××××××	邮政编码:××××××

20××年 12 月 1 日

例文评析:

租赁合同的内容,《合同法》中有专门规定,并列出租赁合同应具备的主要条款,这则例文就是按相关规定订立的。租赁合同与买卖合同在写作上有一些差别:

1. 标题写明合同名称和性质,将标的具体化,标题下面没有合同编号,这是因为尽管甲方和乙方都是企业,甲方又是房地产开发公司,有大量的租赁业务,要签订诸多合同,也有合同编号,但乙方只有这一笔交易,无需编号,而合同一般用组合编号,如果光有一方编号,则无从组合。

2. 标题下面是合同当事方名称，为行文方便，也分别注明"甲方"和"乙方"，与买卖合同不同的是充当"甲方"的是标的提供者(供方)，充当"乙方"的是租赁者(需方)，这是必须注意的，如果次序颠倒，会给下面的行文带来麻烦，破坏对应关系。

3. 主体部分也采用两段式，前言段先明确租赁物(包括位置、面积、类型)和乙方的用途，然后转入下面的条款。

4. 《合同法》第二百一十三条规定："租赁合同的内容包括租赁物的名称、数量、用途、租赁期限、租金及其支付期限和方式、租赁物维修等条款。"前言段已将名称、数量、用途写明，所以下面的条款集中表述除此以外的内容。

5. 这分合同共有六个条款，有的条款内容、层次较多，所以采用"条"以下分款("一""二")，款以下分"目"("1""2")的结构分层序数形式，这样眉目清楚，有利于有条理地表述相关约定。

6. 第一条是租赁期限和条件的约定，分四款，涉及租期、乙方履约的方式、续租的条件、应遵守的承诺，以及双方各自承担的相关费用，内容具体周详，便于履行、操作。

7. 第二条规定了租金的数目及支付方式，也规定了押金的数目和返还条件。关于押金，《合同法》中没有明确规定，所以应该算约定俗成的规则，属于有利于甲方的保障性约定。

8. 第三条房屋的维护维修涉及标的物的质量和履约方式，突出的是安全和适用，同时对双方各自应当承担的义务作了具体约定，这符合《合同法》第二百三十五条的"租赁期间届满，承租人应当返还租赁物。返还的租赁物应当符合按照约定或者租赁物的性质使用后的状态"的规定。

9. 后面三个条款涉及房屋转租、合同解除和其他约定事项，其中转租是租赁合同无可回避的问题。《合同法》第二百二十四条规定："承租人经出租人同意，可以将租赁物转租给第三人。"这份合同的"第四条"与此相符。

10. 因为合同体现的是法人之间的经济行为，所以约尾部分有较多的项目，保证合同的有效性和可操作性，这与例文1相同。

从总体上看，这则例文可以作为一般租赁合同写作的参考文本。

合同例文4：

建筑工程施工合同

合同编号：五水库字(20××)7号/×水工字(20××)16号

发包人：××县五龙水库管理站

承包人：××市水利工程公司

为兴修水利，造福地方，双方经平等协商，订立本合同，条款如下：

一、发包人委托承包人建造小型水闸一座，由发包人提供建筑图样(附件1)。建闸所用材料必须符合双方协议的标准(附件2)。建造费为肆拾万元人民币。

二、承包人保证按期完成工程,工程质量符合 SDJ249—88《水利水电基本建设单元工程质量等级评定标准》的优良标准等级。

三、发包人在合同签订后十天内先付给承包人全部建造费的30%;材料备齐、正式开工后再付给40%;其余部分在水闸建成并验收合格后的十天内全部付清。

四、全部工程要求在20××年7月31日前完成,如延期,承包人应赔偿发包人经济损失,每延期1天赔偿全部建造费的0.5%。发包人如不能按期交付建造款,每延期1天赔偿各期应付的建造费的0.5%。

五、本合同一式二份,双方各执一份为凭。本合同有效期为20××年1月20日至20××年8月31日。

附件:1. 水闸建造工程设计图
　　　2. 建闸所用材料标准

发包人	承包人
××县五龙水库管理站(签章)	××市水利工程公司(签章)
代表人:×××(签字)	代表人:××(签字)
组织机构代码:xxxxxxxx—X	组织机构代码:xxxxxxxx—X
地址:××县××镇	地址:××市××大道209号
电话:×××××××	电话:×××××××
电报挂号:××××	电报挂号:××××
电子信箱:×××××××××	电子信箱:×××××××××
开户行:交通银行××县支行	开户行:中国银行××市市分行
账号:×××××	账号:××××
邮政编码:××××××	邮政编码:××××××

20××年1月20日

例文评析:

建设工程合同包括工程勘察、设计、施工合同,这份合同属于施工合同。

我国《合同法》的第十六章,专门对建设工程合同的内容和执行作了严格规定,这则例文内容明确规范,具有可操作性。

1. 约首部分用标题显示合同类别,然后标明合同组合编号。订立合同的双方没有用通常的"甲方""乙方"简称,而代之"发包人""承包人",一是突出施工合同的特殊性,二是借鉴了国家住房城乡建设部和工商总局联合制定的《建设工程施工合同(示范文本)》的写法。

2. 合同正文以一句简洁的惯用语过渡到相关条款。条款"一"写明标的、建筑图样、建材标准和报酬(建造费)总额。由于图样及标准要求比较专业、复杂,为节省篇幅,用附件名称的形式列在正文后面。

3. 条款"二"明确标的的质量,由于这方面有相关的法定标准,届时可以直接对照,所以也不必细列。

4. 条款"三"约定酬金的支付比例、支付时限,以及完成支付的条件,这对双方都具有约束力。

5. 条款"四"属于违约责任的约定,双方权利义务对等,因违约而赔偿的额度也相等,公平公正。

6. 合同的有效期限和合同的履行期限有一定差异,有效期通常比履行期要长一些,这份合同的有效期比履行期长一个月,并在条款"五"中加以约定,为承包人留有余地,有利于工程保质保量地完成。

7. 约尾项目与一般合同相同,但增加了组织机构代码(国家对国内依法注册、依法登记的机关、企事业单位、社会团体和民办非企业单位颁发的在全国范围内唯一的、始终不变的代码标识)和电子信箱,这体现了合同写作、合同管理与时俱进的特点。

合同例文5:

货物托运合同

托运人:××电机制造公司(以下简称甲方)

承运人:××汽车运输公司(以下简称乙方)

依照国家运输方面的法律规定,甲乙双方友本着平等互惠的原则,经友好协商,就乙方向甲方提供物品运输服务事项达成协议如下:

一、委托代理事项:

1. 甲方委托乙方运输货物由武汉到泰州,运输货物为××型精密机床一台;

2. 甲方委托乙方代理货运时,应当明确告知乙方货物的名称、数量、运货地点;

3. 甲方不得以隐瞒的形式委托乙方承运国家限运、禁运的物品,否则由此产生的责任由甲方承担。

二、保密条款:

为完成本合同委托事项,甲乙双方从对方获取的资料负有保密的义务,并应采取一切合理的措施以使其所获取的资料免于被无关人员接触。

三、托运费用及结算方式:

托运费共计贰万肆仟元,在乙方预付50%(即壹万贰仟元)后发车,余款在提货时另行支付。

四、甲方权利及义务

1. 甲方有权对乙方及乙方代表人和相关人员的工作提出意见并要求改进;

2. 甲方通知乙方提货时应告知货物的品名、数量、取货时间、地点等与货物相关信息；

3. 按照约定支付费用。

五、乙方的权利和义务

1. 乙方负责从甲方指定地点提货并以甲方名义办理相关委托事宜；

2. 乙方必须按合同约定时间提货、转货、送货。

3. 乙方不得擅自改动甲方的包装标准。

六、违约责任和赔偿

1. 乙方提取货物的信息应及时、安全、准确、按客户指定的网络寄达目的地并将签收结果通知甲方，如因乙方的原因造成货物的延误、丢失、损坏，乙方应第一时间通知甲方，并采用航空或其他最快捷的运输方式进行补救，乙方承担一切责任。

2. 甲方无理由不按照约定期限结算委托费用，每逾期一日，按照应付款额1%的比例向乙方支付逾期付款的违约金；

3. 因乙方原因造成货物运错目的地或收货人，乙方无偿运至规定地点或收货人手中，并承担全部责任；

4. 货物在运输途中一旦发生损坏或丢失，乙方承担全部责任，并按货物的实际价值进行赔偿；

5. 如乙方未在合同约定时间内将货物送达指定地点，每逾期一日，按照合同款额10%的比例向甲方支付逾期到货的违约金。

七、合同的解除

1. 任何一方解除合同，都必须以书面形式提前15日通知对方；

2. 协议解除后如尚有待结算费用，一方须在3日内向另一方发出《结算通知书》并附有效单证，另一方须按照本协议有关结算约定核对付款。

3. 此票货物运输结束后合同自然解除。

八、争议的解决办法

甲乙双方在履行本协议过程中发生任何争议，应及时协商解决，不能协商解决的，可向当地人民法院起诉。

本协议一式二份，甲、乙双方各执一份，具有同等法律效力，自签订之日起生效。

甲　方	乙　方
××电机制造公司(签章)	××省××汽车运输公司(签章)
代表人：×××(签字)	代表人：××(签字)
地址：××市××路××号	地址：××市××大道××号
电话：×××××××	电话：×××××××
电报挂号：××××	电报挂号：××××

电子信箱：××××××××   电子信箱：××××××××××

开户行：交通银行××支行   开户行：华夏银行××市××区分行

账号：××××   账号：××××

邮政编码：××××××   邮政编码：××××××

20××年 4 月 12 日

例文评析：

这是一份货物运输合同，属于《合同法》第十七章第三节规定的"货运合同"类别，它的订立基本遵循了《合同法》的相关规定，也符合这类合同的写作要求。

1. 标题写明合同种类和业务性质，因为是企业法人之间的经济行为，所以从严格的意义上讲，标题下应当标示合同编号。

2. 合同当事方先标明"托运人""承运人"，符合《合同法》"货运合同"中对当事方的规定，也与标题相呼应。双方名称的后面的"甲方""乙方"的简称是为了下面行文的方便。

3. 正文采用两段式结构，前言段交代制文依据和合同标的，然后过渡到下面的条款。

4. 条款"一"先约定运输路线、货物名称和数量，然后明确甲方的义务和可能承担的责任，这符合"货运合同"中托运人应当向承运人准确表明"货物的名称、性质、重量、数量，收货地点等有关货物运输的必要情况"和"因托运人申报不实或者遗漏重要情况，造成承运人损失的，托运人应当承担损害赔偿责任"的规定。

5. 条款"二"（保密条款）属于"货运合同"规定外的事项，是对双方的提出的要求，但缺乏"违约责任"的约束，执行力较弱，容易引起争议，应当加以明确。

6. 条款"三"涉及报酬及支付方式，约定得粗略一些，应该写明支付的是现金、支票还是通过银行转账，这样更具有可操作性。

7. 条款"四""五"分别对双方的权利义务作了约定，体现了对等的原则，其中有些款目（如"乙方不得擅自改动甲方的包装标准"）起了突出强调的作用，更有利于合同的顺利履行。

8. 条款"六"是违约责任的规定，款目较其他条款为多，这是因为货运业务因诸如野蛮装卸、逾期运货、运错地点、逾期取货等产生的矛盾纠纷较多，必须将违约责任和赔偿金额细化、量化，便于执行。

9. 最后两个条款对合同的解除及争议的解决办法作了约定，这是任何运货合同都必须具备的。

10. 约尾部分的"电子信箱"不能舍去，没有这个项目，合同中"乙方提取货物的信息应及时、安全、准确、按客户指定的网络寄达目的地并将签收结果通知甲方"的约定则毫无意义。"细节决定成败"的警示,在合同写作中尤为重要。

第二节　经济协议

[知识讲解]

经济协议是有关组织、团体、单位和个人在平等协商的基础上订立的一种契约,其意义、作用、特点、结构、写法与经济合同基本相同。在一般情况下,经济协议和经济合同可以是同义词,但从严格的角度上讲,两者还存在一些差异,主要表现在如下方面:

一、经济合同的订立必须以《合同法》为据,内容必须包括《合同法》所规定的必备条款;经济协议的订立可以参照《合同法》的规定,也可以按其他的法律、法规(例如《民法通则》《广告法》《物权法》等)进行约定。

二、经济合同中的每一条款都必须明确、具体、完善,尤其是"违约责任"要订得非常准确、周密,以免发生争议纠纷;经济协议中的不少条款则比较原则、宽泛一些,允许有一定的机动性和灵活性,"违约责任"可有可无,不是必备条款。

三、经济合同的写作格式比较规范,有关方面甚至规定样式范本,让订立者参照填写,合同用语讲求规范、严谨、准确,不以是否通俗为转移,目的是避免发生歧义;经济协议的格式、结构则比较灵活自由,没有统一的标准写法,有时会借用一些流行语和民间口语,使内容更贴近现实。

四、经济合同的类别有限,《合同法》中明确规定为 15 种,除此而外的诸多经济往来则多借助协议进行约定。与经济合同相比,经济协议种类繁多,形式灵活,操作方便,面广量大,有力地促进了民间、基层的经济活动和经济发展。

还有一种类似协议的文契,是买卖或借贷双方所订立的文字契约,广泛运用于民间、基层的小额经济交易,一旦发生法律纠纷,可以作为诉讼证据。

文契和协议有所区别,主要表现在两个方面:

一是协议书通常一式两份,由双方签字后各执一份为凭;而一般的文契则多由一方写给另一方,由一方向另一方提供承诺,而不是双方处于同等地位相互享受权利和履行义务。

二是协议双方所订的权利义务所需的时间一般都不很长,一旦双方权利义务履行完毕,合同就失去了对双方的约束力。文契则是一方对另一方的承诺,这种承诺有时是永久性的(如"技术转让文契"),有时要维持一个相当长的时间(如"抵押文契")。

[例文评析]
协议例文 1：

兼职教师聘用协议

编号：0411522

甲方：××文秘职业学院

乙方：宣××

根据《中华人民共和国劳动法》，结合具体实际，经甲乙方双方协商一致，签订本协议。

第一条　甲方聘用乙方从事秘书系教学工作。

第二条　乙方的任务

课程名称：公文写作

任课班级：秘书专业 2013 级一班、二班

上课时数：24 学时

教学时间：3—18 周每周四下午 1—3 节

第三条　甲方的权利与义务

1. 为乙方提供教学工作需求的条件；

2. 根据工作需要和学院的规章制度及本协议条款对乙方进行管理；

3. 对乙方的教学工作进行考核；

4. 依据考核、考查情况对乙方实施奖励和减免酬金；

5. 年末甲方将根据本年度所有兼职教师的考核结果，评出的优秀兼职教师，给予一次性奖励，并颁发荣誉证书。

6. 按照本协议及学院有关规定，给予乙方受聘于甲方从事教学工作应得的报酬及奖励。

第四条　乙方的权利与义务

1. 认真如实填写兼职教师信息表；

2. 严格按照教学大纲授课。开学一周内将自己所任课程的教学进度交所在系（部）审查，合格后备查；

3. 遵守甲方教学管理规章制度，接受甲方的教学管理及教学检查，并参加必要的教研活动；

4. 在甲方工作期间，须遵守国家政策、法律和甲方的规章制度；

5. 在聘期内，不得擅自辞职、离职；

6. 根据本协议及学院有关规定取得甲方支付的报酬及奖励。

第五条　甲方支付乙方报酬的形式

1. 乙方所得酬金暂按授课每学时 120 元的标准执行。每月按实际授课情况每学

时 100 元预发。

2. 甲方将对乙方在本学期的教学工作进行考核,合格后甲方在学期末支付乙方酬金余额;若不合格,甲方酌情减免乙方酬金余额。

第六条 协议生效后,在约定的服务期内,乙方若确有实际困难,不能履行协议,须提前两周通知甲方。甲乙双方均不得无故擅自终止协议,否则,违约方应支付给对方与本协议课时数相应酬金全额相等的违约金。

第七条 本协议中甲方支付乙方的报酬只限于乙方受聘于甲方而应得的课时酬金,不包括医疗、保险等费用。

第八条 本协议经甲乙方签字、盖章后生效。一式三份,甲乙方各执一份,一份交教务处备案。

第九条 未尽事宜,由甲乙双方协商解决。

甲方:××文秘职业学院(盖章)

甲方代表:丁××(签字)

2014 年 8 月 7 日

签订地点:××文秘职业学院

乙方:宣××(签字)

2014 年 8 月 9 日

签订地点:××文化大学

例文评析:

这是一份聘用协议,根据我国《劳动法》签订,属于我国《劳动合同法》所规定的管辖范畴。

1. 标题为"兼职教师聘用合同",明确了这是期限较短的兼职性劳务协议,而非全职性劳动合同,不涉及医疗保险、养老保险等事项。

2. 聘用方为单位(法人),因开展教学工作,需要签订诸多聘用合同,从科学管理的角度讲,应该给协议统一编号,这与买卖合同的组合编号有别。

3. 编号下面先写甲方(需方)的单位名称,再写乙方(供方)的姓名,与租赁合同的甲方(供方)在前、乙方(需方)在后的顺序不同。

4. 正文部分用的是两段式,前言段先交代制文依据,然后用惯用语简洁过渡到条款段。前面两个条款明确标的(教学工作)和具体任务,侧重对乙方进行约定,第三条分六个细目,将甲方的权利与义务具体化,第四条同样也用六个细目将乙方的权利与义务具体化,体现了对等的原则。

5. 第五条涉及《劳动合同法》所规定的"劳动报酬",将课时酬金及支付方式、支付条件细化。第六条属于违约责任,对双方因故不能履约所承担的责任作了明确约定。这两条都便于操作和履行。

6. 兼职性劳务协议具有短期性,按劳取酬,不包括医疗保险、养老保险等费用,这一点在第七条中得到强调(这一条如果不写也可以,因为劳务合同不包括社会保险)。

7. 第八条写明协议份数、生效条件和保存的三方。第九条的"未尽事宜,由甲乙双方协商解决"的约定,文字虽短,但非常重要。由于被聘用者的各人情况未必相同,有些具体事宜(例如兼职教师交通费用的承担、作业批改报酬的计算、法定节假日与上课时间发生冲突后如何处理工作量等问题)需要协商,作出口头或书面协议,才能避免发生纠纷,这样约定,留有余地,带有一定的灵活性,其实有利于合同的履行。

8. 约尾先写甲方名称、代表姓名、签订时间和地点,再写乙方姓名、签订时间和地点。甲乙双方的签约时间可能相同也可能不同,合同生效期以最后一方签约的时间为准。

例文 2:

保洁员劳务协议

甲　方：××区××路居民委员会

负责人：田××(居委会主任)

乙　方：王××,男,61 岁

身份证号码：××××××

根据《中华人民共和国劳动合同法》相关规定,甲乙双方经平等协商,自愿签订本协议,以资共同遵守。

一、劳务期限：一年,自 2014 年 2 月 1 日起至 2015 年 1 月 31 日止。

二、劳务内容：

1. 背街小巷(即市政、物业管理以外的车行道、人行道、梯道、走廊、巷道、绿化带、高边坡、犄角旮旯)的清扫保洁;

2. 街巷垃圾箱、果皮箱的维护、清洁;

3. 街巷公共区域内的违禁广告("牛皮癣")的清除。

三、工作要求：

1. 遵守甲方各项规章制度;

2. 服从甲方管理、安排;

3. 注意文明礼貌,不与他人发生争吵、冲突;

4. 爱护保洁用具和环卫设施,着装上岗;

5. 按时上班保洁,不得无故旷工。

四、工作时间：

1. 实行区域责任承包制,作业区域一日两扫。

2. 具体清扫时间为：夏季上午9点前、下午16点前；冬季上午10点前、下午17点前。

五、劳务报酬：

1. 每月酬金800元，由甲方根据乙方月考核情况按月支付乙方，时间为每月1日；

2. 乙方所提供的劳务达不到甲方要求的，甲方不支付或少支付乙方劳务报酬。

六、乙方提供劳务期间，甲方应向乙方无偿提供必备的劳保服装、劳保用具；劳务期限届满或劳务关系解除后，乙方应无条件将劳保服装、劳保用具退还甲方。

七、协议有效期间，乙方因特殊情况不能上班，须提前两天向甲方请假，请假期间不享受任何劳务报酬。

八、奖惩办法：

1. 实行半年评比制，对认真履行工作职责被评为优秀者，奖励人民币200元。

2. 乙方工作不称职，按以下标准处罚：

（1）未在规定时间内完成清扫任务，每次扣劳务费5元，同日同时出现第二次者，扣劳务费10元；

（2）未着装上班，每次扣除劳务费5元；

（3）责任区域内垃圾箱、果皮箱不整洁，绿化带内与行道树下有成片未清扫的垃圾及杂草杂物，每次扣劳务费5元。

九、发现有下列情形之一，本协议终止或解除：

1. 乙方因健康等个人原因不能履约；

2. 严重违反甲方规章制度及本协议约定；

3. 乙方无故缺岗3天以上，或因保洁不到位受社区级以上点名批评累计三次以上。

十、本协议终止或解除时，双方互不支付违约金或其他任何补偿。因乙方为甲方提供劳务，故不享受任何社会保险待遇。

十一、本协议一式两份，甲乙双方各执一份为凭。

甲　方　　　　　　　　　　　　乙　方

××区××路居民委员会（签章）　　王××（签字）

代表人：田××（签字）

2014年1月18日

例文评析：

标的为体力劳务的短期性劳务协议，多用于民间和基层，一般没有严格的标准结构，写法灵活随机，这份例文就具有代表性。它在内容上要比上一则聘用协议更细化、量化一些。

协议正文采用两段式结构,共有十一个条款。由于标题已经点名合同标的为保洁劳务,所以条款"一"先约定一年的劳务期限,接着用条款"二"具体写明劳务内容,其中使用了一些口语(如"牛皮癣""犄角旮旯"),目的是保证表述的切实性。"三""四"两个条款约定了工作要求和工作时间,具体明确,也便于履行。这四个条款涉及的都是乙方的义务,条款"五"则涉及乙方的权利即酬金,约定了酬金数额、支付时间和支付条件。协议对劳保服装、劳保用品的提供、交还,以及乙方在请假期间的待遇,分别用两个条款加以明确。条款"八"的奖惩办法和条款"九"的终止或解除协议的情形的约定写得较为详细、周全。由于乙方是退休人员,不具备全职性劳动合同的当事人的主体资格,所以不能享受社会保险待遇,这一点在协议中也作了约定。

这份协议可供订立劳务合同、劳务协议时参考,但也存在三个问题:一是偏重强调乙方的违约责任,缺少甲方的违约责任的约定,应该加上甲方如无故解除、变更协议,辞退乙方,必须支付相应的违约金的约定,这样才公平。二是缺少乙方在工作时间内发生工伤事故,医药费用和治疗期间的劳务报酬如何解决的条款,这涉及劳动保护和职业危害防护,涉及乙方的切身利益,是不能疏忽的,也应该加上。三是夏季、冬季的时间概念比较模糊,又缺少春季和秋季的具体清扫时间,容易产生矛盾,不如用具体的月份日期加以规定,这样更切实可行一些。

协议例文3:

广告宣传协议书

甲方:××体育用品公司

乙方:××机电学院

甲乙双方根据我国《合同法》有关规定,按照自愿、平等、协商一致的原则,就××机电学院第15届学生运动会期间的广告宣传达成以下协议:

一、工作内容:

乙方为甲方提供广告宣传服务。具体工作为:乙方在比赛的过程中为甲方提供悬挂广告条幅,地点为××机电学院操场北侧围墙及比赛现场;在比赛现场,乙方加入甲方的公司介绍;在乙方展出板上注明赞助单位为甲方,并另外制作一个专门展板宣传甲方概况。

二、广告费用

甲方一次性支付给乙方费用贰万元人民币。

三、其他事项

1. 合作期间甲方提供的广告宣传内容需经过乙方审核,乙方有权拒绝侵害学生利益的内容。

2. 合作期间,甲方来××机电学院进行宣传时,乙方应在力所能及的范围内予以配合并提供各种方便。

3. 合作期间,如出现违约及法律纠纷,将按照我国法律相关条例处理。

四、本协议一式两份,甲、乙双方各执一份,双方代表签字签章后生效。

　　　　甲方　　　　　　　　　　　乙方

××体育用品公司(签章)　　　　××机电学院(签章)

代表:佘××(签字)　　　　　　代表:蒋××(签字)

20××年9月5日

例文评析:

大学要开运动会,企业要宣传体育用品,这就为双方合作提供了机会,协商以后,签订了这份协议。广告宣传虽然不在《合同法》所列的广告类别的范围内,但这份协议也应遵循《合同法》的相关规定订立,不过它的内容相对简单,条款较少,写法灵活。

1. 标题直接写明协议的业务性质,虽然协议是法人之间的经济行为,但这种合作带有随机性,非计划性,所以本文无从编号,也不必编号。约首部分的双方名称前用"甲方""乙方"明确了需方和供方的关系,这与买卖合同相同。

2. 正文在前言段明确了订立协议的依据,明确了标的(广告宣传)和履约的时限(15届学生运动会期间),这样就缩减了下面的条款数目,便于简洁地表述协议内容。

3. 第一条款规定宣传工作内容,明确乙方应尽的义务,涉及履约的地点场所、活动和具体的服务方式,比较切实可行。第二条款约定酬金,一次付清,简单明了。第三条款极为关键,涉及乙方的相关权利(审核广告内容,保护学生利益)和义务(予以配合,提供方便),并就出现违约和法律纠纷的解决方法达成一致意见。最后一条写明协议份数和生效条件,要言不烦。应该说,《合同法》所规定的广告主要内容基本上都包括在这四个条款中了。

协议例文4:

肖像权使用协议

授权方(以下简称甲方)

平××,女,24岁

联系地址:××省艺术学院舞蹈系　联系电话:×××××××××

使用方(以下简称乙方)

××市××广告公司

根据《中华人民共和国广告法》和《中华人民共和国民法通则》有关规定,为明确甲乙双方的权利义务,经相互友好协商,达成协议如下:

一、甲方自愿将自己的肖像权授予乙方使用。

二、使用形式包括杂志封面、户外广告、报刊广告,可以编辑加工。

三、肖像使用期限自 2014 年 1 月 1 日起至 2014 年 12 月 31 日止。

四、乙方向甲方一次性支付肖像权使用费壹万元。

五、甲乙双方如因履行协议发生争执,可协商解决;协商不成,双方均可向乙方所在地点人民法院提起诉讼。

六、本协议自双方签字之日起生效。

七、本协议一式二份,甲乙双方各执一份为凭。

授权方　　　　　　　　　　　　　使用方

平××(签字)　　　　　　　　　　××市××广告公司(签章)

　　　　　　　　　　　　　　　　2013 年 12 月 12 日

例文评析:

肖像权使用协议大量用于演员、模特、名人、名流与广告公司、摄影公司、影剧公司和媒体之间。《合同法》中没有以肖像权作为标的的合同种类,所以这类协议属于我国《民法通则》相关条款调整的范畴。

这份协议借鉴了经济合同常用的"两段式"写法,用七个条款表述相关约定,内容具有法律效力。

1. 条款"一"明确协议标的(肖像权使用)和授权方,下面的"二""三"条款约定使用形式和使用期限(相当于经济合同中的履约方式和履约时间),但没有规定履约地点(也就是说不限地点),这与通常的经济合同有所不同。

2. 条款"五"约定了酬金和交付方式,这与一般的经济合同无异。而条款"五"约定了解决争议的办法,却没有约定违约责任,这是因为这份合同不属于《合同法》规范的类别,如有争议提起诉讼,法院只能按《民法通则》中"民事活动应当遵循自愿、公平、等价有偿、诚实信用的原则"和"公民、法人的合法权益受法律保护,任何组织和个人不得侵犯"的条款进行判决。

从总体上讲,这份协议文字简洁,条款少却内容周全,写法可资借鉴。

协议例文5:

大学生就业推荐协议书

甲方:××市就业指导培训中心

乙方:彭××

为顺利安排乙方就业,甲乙双方经协商,达成如下协议:

一、甲乙双方的责任

1. 甲方做好乙方就业前初步面试工作及岗前培训工作,负责推荐乙方到用人单位就业。

2. 乙方经甲方人员面试合格后,甲方应保证乙方百分之百就业;如乙方放弃就业,则甲方不退任何费用。

3. 乙方要按《聘用通知》的时间和要求上班,若乙方未按用人单位规定的时间和要求上班,或放弃就业机会,所产生的后果由乙方负责。

4. 从甲方安排乙方到单位工作起,若乙方出现下列任何一种情况时,甲方不负任何责任:

(1) 因违法犯罪、触犯刑法、违反《治安管理条例》而被公安机关拘捕的;

(2) 在工作期间因偷窃、打架、旷工等行为而被用人单位辞退的;

(3) 乙方未征得甲方同意而擅自离开工作岗位或辞职的;

(4) 乙方因本人原因回家、跳槽或参加其他活动而发生意外的;

(5) 乙方就业期间患染疾病导致乙方不能从事专业工作的。

5. 乙方上岗前的一切人身、财产安全自行负责。

二、培训推荐费及支付方式

1. 甲方为乙方培训推荐就业,其费用(含岗前培训费、伙食费、住宿费、半年跟踪服务费)为贰万伍仟元人民币。

2. 支付方式:乙方到甲方培训地点时一次交清。

3. 培训推荐期间,乙方的交通费、日常开支自理。

三、本协议一式二份,具有同等法律效力,甲乙双方各执一份为凭。

甲 方 　　　　　　　　　　　　乙 方

××市就业指导培训中心(签章) 　　彭××(签字)

代表人:谢××(签字) 　　　　　　身份证号码:×××……

20××年6月8日

例文评析:

　　大学生结束在校学业就面临就业,参加岗前培训,有利于获得称心的职业,所以社会上的各种各样的培训中心、推荐部门就应运而生。参加这些机构的培训,当然要签订相关协议,这则例文就是其中的一份。它的写法与一般经济合同大致相同,内容比较适合"培训推荐"的业务实践。

　　1. 开头的前言写明制文目的和标的(顺利安排乙方就业),针对性极强。

　　2. 正文共三个条款,但各条款的容量不同。第一条"甲乙双方的责任"分成四款将双方各自应负的责任和工作加以明确,款目"2"中包含违约责任的约定,"乙方放弃就业,则甲方不退任何费用",虽然字面上没有明确约定甲方的违约责任,但这个约定也可以这样理解,即如果甲方不能顺利安排乙方就业,就应该退还乙方的相关费用。款目"4"用5个细目,对乙方就业后因自身行为而产生的后果进行约定,这应当属于"免责条款",目的是防止后遗症的出现。第二条是酬金的约定,设计标的数额、支付方式和相关限定,具有可操作性。第三条内容简单,是绝大多数经济协议必须具备的。

3. 这份协议中没有"解决争议的办法"的条款,主要还是这类协议不属于《合同法》规范的范围,如有争议,只能按《民法通则》相关条款加以解决。

协议例文6:

借款协议书

甲方(出借人):王××,男,××贸易公司经理。身份证号码:×××

乙方(借款人):李××,男,××服装公司经理。身份证号码:×××

丙方(担保人):言××,男,××服装厂厂长。身份证号码:×××

乙方因扩大业务,欲办连锁店而资金紧缺,托担保人言××(以下简称丙方)向甲方借款。双方签订本协议以资遵守,条款如下:

一、借款金额为壹拾万元人民币,年利率为×%,期限为贰年。

二、甲方在签订协议之日将全部款项交付乙方,并同时开始计息。乙方收到此款后,每半年向甲方清息一次,不得借词拖延。

三、期满后,乙方须按期清息还本,逾期每天以未付款的1%向甲方支付滞纳金。

四、本借款事宜,言××先生自愿为乙方作经济担保人,承担其连带经济责任。

五、本协议一式三份,由甲、乙、丙三方各执一份为凭。

甲方(出借人):王××(签字)

乙方(借款人):李××(签字)

丙方(担保人):言××(签字)

××××年×月××日

例文评析:

借贷还贷是法人之间、法人与个人之间、个人与个人之间经常发生的经济行为。《合同法》第十二章专门对"借贷合同"的订立做了规定。借用大额资金,最好采用经济合同的形式,对当事双方进行严格约束。民间私人之间的借贷交易,可以用书面协议的方式进行约定,这类协议方式多种多样,写法灵活自由,内容切实可行。这则例文参照了一般合同的写法,有标题、约首、正文、约尾,涉及标的(人民币)、数量(10万元)、质量(人民币是币种,其实际含金量跟质量有关)、酬金(利息)、双方履约的时间和期限(2年)、双方履约的方式、乙方的违约责任。这份协议没有约定借贷合同所必须具备"解决争议的办法",是因为这是一份三方协议,有担保人参与其间,如果乙方违约,那么丙方就要按照我国《物权法》中有关担保的明确规定承担相应的经济责任。这则例文可以私人之间签订借贷协议提供参考。

协议例文7:

卖车文契

立契方××贸易有限公司因需偿还债务,将桑塔纳牌——2000型2009年款九成新轿车壹部(车牌号为××—10892号)卖给××技师职业学院劳动服务公司,价格为人民币壹拾肆万元整,在立契之日交割。此后该车即由买主过户,完税使用,与立契方永无任何干系。口说无凭,特立此为据。

立契方:××贸易公司(印章)

经　理:唐××(签字)

身份证号码:××××××××××××××

见证人:缪××(签字)

身份证号码:××××××××××××××

20××年9月14日

例文评析:

文契无统一的规范写法,多以短文形式出现,无约首,有约尾,文字简洁,内容通常包括以下内容:1. 文契名称或性质;2. 立契人的姓名、住址、身份证号码;3. 见证人、公证人或担保人的姓名及身份证号码;4. 立契的原因;5. 双方或多方同意的各种条件;6. 双方或多方商定的立契事项和有关的款项(涉及数字必须用汉字大写);7. 文契的附件和其他有关事项;8. 立契的日期(年、月、日);9. 立契人、担保人(见证人、公证人)的签名(签章)。这份卖车文契完全符合文契的写作要求和内容构成。

第三节　广告文案

[知识讲解]

广告是商品经营者或服务提供者承担费用,通过一定的媒介和形式,公开而广泛、直接或间接地向社会介绍自己所推销的商品或所提供的服务的大众传播活动。广告文案也称广告文本,指的是报刊广告、广播广告、电视广告、网络广告和户外广告用以展示广告主题、传递商品和服务信息的书面语言部分。

市场经济时代,商场如同战场,日趋激烈的市场竞争越来越依赖广告,当今消费品的世界就是广告的世界。竞争需要广告,广告促进竞争;商品以质取胜,广告则以智取胜;商品和商品在竞争,广告和广告也在竞争。广告文案是广告创意的重点,也是广告表现的基本手段。广告文本的优劣,直接影响广告的宣传效果,而广告创意的重点,就是如何撰写好广告文案。

一、广告文案的写作原则

广告作为一种促销的催化剂,作为一种消费引导方式,在信息社会的今天,已经成为传播经济、文化、科学技术、社会信息的有力工具和手段,影响甚至在改变人们的思想观念、思维方式和选择方式。在信息时代,广告早已超出了狭义的商业范畴,越来越具有表现文化、传播文化和交流文化的作用。在今天,广告的内容,不仅关系到社会物质文明建设,也关系到社会精神文明建设,作为广告内容最主要表现手段的文案写作,必须遵循以下原则:

(一) 真实性原则

《中华人民共和国广告法》(以下简称《广告法》)明文规定:"广告应当真实、合法,符合社会主义精神文明建设的要求。""广告不得含有虚假的内容,不得欺骗和误导消费者。"以假乱真、偷换概念、闪烁其词、挂羊头卖狗肉是广告文案写作的大忌。因为任何对商品的质量、性能、用途、功效、生产者、产地等所作的虚伪或引人误解的文字宣传,无疑将造成消费者及用户不能正确地选择所需产品,使其他诚实的经营者失去客户,市场的透明度变得暗淡,竞争的公平性无法保障,从而导致经济秩序的混乱。广告文案的不真实,主要表现在虚假、夸大两个方面。

所谓虚假,指的是用虚构、编造或歪曲事实的手法欺骗受众,达到推销伪劣产品以骗取钱财的目的。例如辽宁蚁力神天玺集团有限公司的蚁力神广告,宣传该产品"选用鼎突多刺蚁、血红林蚁,并配有海狗肾、牦牛鞭、鹿鞭、肉苁蓉、枸杞子、人参、牡蛎等","以先进生物技术提取精华素,配以西班牙丛林含肾活性因子植物精华素精制而成,能增加内分泌功能,刺激大脑皮层兴奋","神奇配方","谁用谁知道",并请明星大腕造势,非法集资,结果诈骗谎言败露,被依法提起公诉。

所谓夸大,就是滥用各种溢美之词,言过其实,进行过度、过誉宣传。例如曾经轰动一时的蒙妮坦奇妙换肤霜的广告风波,起因就是其广告文案大肆宣传产品"能够在短期内,使脸部包括其他部位的肌肤,由粗糙、灰暗、苍老,变细,变白,富有弹性,也就是说,使您换了一个面孔,变得年轻,"产品"没有任何副作用",引发争购,但不久就出现消费者的大量投诉,反映该产品使用后"面部出现黑斑","有头晕症状",有关部门经调查检验,确认该产品只能改善皮肤却不能更换皮肤,起名"换肤霜",显然属于不合理夸张,责令广告主停止广告宣传,产品走向没落。

（二）科学性原则

在当今社会，广告所传播的并非单纯的商品信息，广告同时也是传播科技知识、科技信息的重要形式。举凡涉及广告产品的性能、质量、原料、配方、用途、用量、用法等方面的概念、原理、定律、判断、数据等都必须正确、准确、明确，不能有任何含混不清的阐释，更不允许有任何的疏忽、遗漏、错乱，否则就将使消费者、购买者产生误解，甚至造成严重的后果。广告文案写作要符合科学性要求，就必须做到求实、准确。

求实就是坚持实事求是的科学态度，使文案内容符合所宣传的商品的实际情况，不能违背已知的科学常识。像"即使你抽上一卡车，你也不会咳嗽一声"（老金牌香烟）、"既能滤去有毒物质，又保留了好味道"（健牌香烟）这类广告词就有悖于吸烟有害健康的科学结论，以多抽无害、尽情吸食的宣传来怂恿、鼓动烟草消费，只会影响公共卫生，毒化社会环境。

准确就是用明晰、确切、缜密的文字如实地宣传产品或服务，恰如其分地表达广告内容，做到定性准确，定量准确。定性准确是指从商品本身的属性出发，具体而明确地表述商品的性能、功效、原料、适用性等方面的特点。像"秀外慧中"这句广告词比较适合钟表，而不适合鞋袜，"神机妙算"这句广告词比较适合电脑，而不适合玩具。定量准确是指用数字将商品的性能、功效、规格、价销量等各项指标量化，显示诸方面的优点和优势。例如"一只鸡蛋一亩麦"（农业保险广告）、"33种上乘原料酿成一杯无与伦比的啤酒"（帕尔斯特啤酒公司）、"它敏感得可以感受到一片羽毛的触碰"（阿克来电器公司触摸式开关广告），都是以具体数字为客观尺度，显示商品、服务的价廉物美、性能卓越、质量非凡。其宣传效果是那些只高喊"价格公道"、"质量优异"而不注明具体数据的广告望尘莫及的。

（三）合法性原则

《广告法》规定："广告内容应当有利于人民的身心健康，促进商品和服务质量的提高，保护消费者的合法权益，遵守社会公德和职业道德，维护国家的尊严和利益。"作为广告的主要表现手段和形式的广告语言设计，必须受社会各种法律、法规、条例、规定和道德准则的约束，不能单纯地追求广告宣传的经济效益而忽视其社会效益。在社会环境广告化的今天，如果广告普遍充满了不能兑现的虚假承诺、言过其实的自吹自擂、不负责任的虚张声势和毫无法制观念的夸饰炫耀，那就不但在普通意义上使消费者上当受害，使经济秩序遭到破坏，而且更在深层上营造一种不讲信义、公然说谎、"假作真时真亦假"的社会文化氛围，助长"不顾一切先捞一把"的不正常的社会心理。因此，作为广告语言的策划者、设计者，必须懂得什么可以说、什么不可以说，必须懂得应当怎么说和不应当怎么说。

例如吉林省四平制药厂和华康制药厂都是中成药血栓宁的生产厂家，两家产品均被当地政府认定为"吉林名牌"产品。但华康制药厂却在药品说明书上注明"国内首创独家生产"等用语,并在广告中提醒消费者"购买此药时,请您认准正宗'圣喜'商标,谨防假冒",这就触犯了《广告法》和《反不正当竞争法》的有关规定,被判赔偿四平制药厂损失并登报道歉。

有些饭店餐厅以"正宗天然野味,绝非人工饲养""宁吃野味一两,不吃家禽一斤"的广告招揽顾客,触犯了国家《野生动物保护法》。至于"巴蜀文化四川火锅川妹服务"(某火锅城户外广告)、"凯旋门100名女服务生欢迎阁下光临,一间包厢一片情"(某酒楼街头广告)、"保护隐私,随心所欲"(某宾馆钟点房招贴广告)这类广告词包含色情暗示,格调低下,伤风败俗,也属违禁广告。

(四) 艺术性原则

广告不是说教,不是灌输,而是一门重在诉求以情动人的实用艺术。广告不但要传递商品信息,还要陶冶公众的情操,美化社会环境,给人以赏心悦目、悦耳之感。因此,广告文案写作要力求融真实性、观赏性、趣味性为一体,增强主题的感染力和说服力。优秀的广告文案总是借助简洁、准确、富于形象性和美感的语言,有时还要综合调动各种技巧手段和修辞方式,或以消费者熟知的形象来比喻广告商品的优点,或化实为虚着意创造一种充满诗情画意的艺术氛围,或将广告寓于美妙动人的故事传说之中,诱发消费者的想象,来实现信息传递的功能,增强广告内容的审美价值。以下是美国某银行的四则广告:

　　我们会像对待客人一样善待您的狗!

　　您的狗同样是我们的客人!

　　您就是牵了三只狗也不要紧,不必拴在门外,把它们牵进来,我们有专人
接待这些客人。

　　多数银行都认为他们可以随便拍拍你的脑袋,再时不时地扔给你一根骨
头就行了。而我们却会让你坐在前排,而且神气地伸出你的头。

第一则用的是明喻,第二则用的是隐喻,第三则用的是借喻,都生动有趣。第四则把狗当作人写,用的是比拟,通过直接向狗倾诉,来博得狗的好感,并以此博得狗的主人的好感。四则广告都是把为来银行办理业务的储户的狗提供服务当作诉求点,以善待宠物、减少主人的不便和烦恼来提高其储户对银行服务的满意度,可谓别出心裁。又如

　　被磨损……磨损……磨损……但永远不会磨损。(××地毯公司)

　　它飞驰着——飞驰着——飞驰着——飞驰着——飞驰着……(××汽车
公司)

上一例的"磨损"和省略号相互配合,连续反复,既表示时间之长、次数之多,又呈现出产品被不断磨损的动感,但这都是为了烘托产品"永远不会磨损"的坚固和柔韧,生动而形象。下一例的"飞驰着"和破折号相互配合,反复六次再连接省略号,给人以车轮飞速转动,一往无前、永不停歇的感觉并产生风驰电掣的联想。

（五）适切性原则

广告作为一种促销手段，通常只面对某一特定的消费群体宣传商品功能或企业形象，而不是对所有的人促销。因为任何商品通常只适合于一种特定的对象，广告就是要达成对这种特定的目标对象的允诺和说服，以期促成其实际的购买行为。适切性原则要求文案作者针对不同的消费者的爱好和欲求，设计出新颖、巧妙且表述得体的广告文案，而要做到这一点，必须适切商品特征，做到"文如其物"，以保证信息传播的清晰度和有效性；适切消费对象，针对不同的消费者进行诉求，有的放矢；适切时令时机，抓住消费者在不同时令、不同季节的关心点、利益点，不失时机地推出有关商品或突出商品的功能效用；并借助雅致精妙、准确到位的广告词来引导、提醒、说服、感染消费者，激发有效需求，促进商品销售。不妨举一些实例：

　　　　为冻得发抖的屋子披上一件外衣。

　　　　使梳子上的头发更少，使您头上的头发更多。

上则广告词适切建筑上使用的隔热草料的用途特性，下则广告词适切生发水的功能效果。

　　　　在每一件美人牌内衣里都有一个真正的美人。（××内衣公司）

　　　　不会再有人说你是胖子。（××内衣公司）

这是适切消费对象的内衣广告，一则针对女性，一则针对男性，都迎合了目标对象爱美的心理需求。

　　　　让中秋的感觉更浓一些。（××牌月饼）

　　　　粥到腊八格外香。（××粥店）

中秋节、腊八节都是传统节日，两句广告词都适切时令、时节，针对消费者的节日需求进行宣传，既突出了产品，又增添了过节的气氛。

二、广告文案所表现的产品市场定位

广告文案写作为表现广告主题服务。广告主题的确定，在市场学上称为广告产品定位，即广告制作者根据消费者对广告产品的需求、重视和爱好程度，确定该产品的市场位置和市场投向，以利于与其他厂家的产品竞争。在社会环境广告化的当今世界，要想让广告产品在包围公众、令人目不暇接的各种广告和喧腾聒噪的叫卖声中超群出众，给人以深刻印象，就必须有精确的广告定位，让人一看一听就知道这种产品针对哪些人，与众不同的优点是什么。产品定位以后，就可以确定广告目标和广告主题，并据此进行创意。

广告文案中的产品市场定位，大体上分为实体定位和观念定位两大类。

（一）实体定位

实体定位是指在广告宣传中对产品本身的功效、品质、原料、档次、用途、价格等进行定位，突出本产品的独特性，使它与同类产品区分开来，树立自己的形象，以吸引消费者。实体定位在具体运用中又可细分为功效定位、品质定位、消费者定位、价格定位、品种定位等等。

1. 功效定位

这种定位是在广告中强调和强化本产品与众不同的特异功效，使其在众多产品中脱颖而出，便于消费者识别和选择。例如：

让每一个房间充满魅力。（壁毯）

它能将愤怒吞没。（镇定药）

从今往后，你再也不必擦洗窗户了。（玻璃清洁剂）

"怎么连养鸡也能名扬全球？"（养鸡场）

既能杀死跳蚤，也能使它们不敢再来。（防跳蚤粉）

就像用灯罩调节灯光色彩，我们也能用窗罩来调节阳光的色彩。（窗罩）

都是在产品功效上做文章，选用不同的人称、不同的语气，借助拟人、设问、夸张、比喻等修辞方式，突出重点地强调产品在使用和操作上的高效、方便、可靠，以增强其竞争力。

2. 品质定位

"产品的高质量正是制造者的正直和名誉所在。"（××制药公司广告）品质定位就是通过强调产品的优良品质、优势地位来对它进行定位。例如：

尽管打结，它从不起皱。（领带）

永远也不会有一丝裂缝。（地板）

我们只用新鲜水果。（果酱）

制造得像钟表一样精巧。（燃油取暖炉）

或着眼于宣传产品的耐折、耐用，或着眼于突出产品原料的优质可靠，或着眼于显示产品制造的精湛工艺，都给人留下深刻印象。

3. 消费者定位

任何商业广告宣传都不可能针对所有的人，而是只针对一部分受众。选择明确的诉求对象，针对其心理需求，有的放矢，激发他们的购买欲望，这就是消费者定位。例如：

你的宝宝需要干燥。（尿布）

生活从四十岁开始。（营养食品）

瓷器总是最能显示女主人的品味。（瓷器）

每一位新娘的秘密武器。（梳子）

分别以年轻的父母、中年男女、家庭主妇和新婚女性为诉求对象，强调产品的功效和魅力,言简意赅。

4. 品种定位

这种定位是针对消费者选购产品时重视货比三家的心理特征,刻意显示自家产品与同类竞争产品在性能、质量、功效等方面实际存在的差异,诱发消费者对该产品产生兴趣和信赖感。例如:

世界上唯一以空气为动力的时钟。(时钟)

我们跑得更远,因此结识的朋友也更多。(轮胎)

比一切咖啡更像咖啡的咖啡。(咖啡)

当所有的肥皂都无能为力时……(制皂公司)

品种优势离不开比较,但《广告法》第十二条规定:"广告不得贬低其他生产经营者的商品或者服务。"所以这种比较应力避指名道姓的明比,而用委婉含蓄的方式强化优势。例一用"唯一",具有排他性。例二用两个"更"字夸耀产品的质量和知名度。例三采用泛比的手法,突出产品的品味纯正和原料的优质。例四用的是省藏辞格,话说一半留一半,暗示本产品具有比其他产品更强的功效。

5. 价格定位

这是针对消费者希望价廉物美的心理,在保证产品的质量、性能的前提下,压低产品价格以击败竞争对象的定位策略。例如:

你只要花一个工具间的钱,就能得到一个设备精良的实验室。(仪表公司)

花四分之一美元就能买到一夸脱最好的汽油,为什么还要花更多的钱呢?(炼油公司)

你想不到一毛钱竟能买这么多奇妙的糖果吧?(糖果)

欧洲低廉价格的急先锋。(航空公司)

例一通过"工具间"和"实验室"的比较,将"价廉"和"物美"联系起来,激发目标对象的购买欲望。例二例三则突出了少花钱多享受的宣传主题。例四的"急先锋"三个字,给人以降价不断"打头阵"的生动印象,一旦要乘飞机,必然想到这家航空公司。

实体定位必须准确,应该从产品或服务本身的属性出发,让消费者得到明确的信息,而不能玩文字游戏,似是而非,故弄玄虚,令人不知所云。像"××肛泰,痔在必得"、"××大曲,天尝地酒"这类广告词,恣意篡改成语,定位模糊,一厢情愿地玩弄词义,令人不知所云。某品牌电冰箱曾经有过这样的广告词:

春季给您带来沉醉,

夏季给您带来欣慰,

秋季给您带来甜蜜,

冬季给您带来回味。

采用排比、押韵的辞格,读之如诗,琅琅上口,但与其说它是冰箱广告,不如说它是酒类、饮料、调味品广告,这是因其定位不准确而带来的主题模糊。

(二) 观念定位

观念定位实质上是产品品质意义的延伸。在同类产品竞争十分激烈的情况下,广告产品不太可能在品质、功能等方面超出其他同类产品多少,进行实体定位强调本产品的优势就显得非常困难,因此只能在突出广告产品的新意义上下功夫。改变消费者现有的商品观念、消费观念、生活方式或习惯心理,使其对广告产品产生特殊的或新的感受,激发其购买动机和消费欲望,这就是观念定位。观念定位在实际运用中,主要有是非定位、逆向定位和文化定位三种。

1. 是非定位

所谓是非定位,就是将一种确定的观念或道理传播给消费者,使他们能够理解并加深记忆,并由此而联想到相关的企业或产品,起到诱导目标对象走向广告目标的作用。例如:

要活得更好首先得学得更多。(函授学校)

为休息投资就是为健康投资。(床业公司)

再小的伤口也不能忽视。(创可贴)

穿新鞋,不要忘旧鞋。(鞋油)

都是针对消费者的利益、需求,用叮嘱、提醒、规劝的语气,提出企业的主张、建议,间接地向受众提示产品功效,采用警句或格言的形式,既富于哲理,又醒目传神。

2. 逆向定位

这是以退为进,通过承认本产品的"缺点""不足"而赢得消费者青睐的定位方式。例如:

××摩托的唯一缺点就是不能用脚启动。(摩托)

抱歉,车上无法复印。(复印件)

为什么有人不喜欢"百科知识"?(月刊)

××车的检验员因仪表版上的小贮藏柜里有一道划痕而拒绝接受。(汽车公司)

都是正面文章反面做,出奇制胜。例一的"缺点"恰恰是优点,因为这款摩托车是用电启动的。例二着意突出产品不可能具有的功能,从反面说明产品的方便性和可靠性。例三用设问的句式引人深思,从而得出正确的结论,走进该刊的读者队伍。例四承认有次品(其实一道划痕算不了什么),但决不允许出厂,反倒强调了企业对顾客的认真负责态度和对产品的严格要求,树立了良好的企业形象。

3. 文化定位

现代商品的竞争,已经进入以文化价值为标志的品牌竞争,人们在追求一种名牌产品时,往往既追求它的品质,更追求一种精神和文化的满足。所谓文化定位,就是将先进的广告理念和传统文化相结合,创立基于文化概念的品牌,以文化为感召,吸引目

标对象。例如:

> 要是没有这只凤凰,龙的传人何等寂寞。(××酒)
>
> 瓷器,你的名字叫中国! (瓷器)
>
> 融入法国的温情,绽出中国的红花。(××花露水)
>
> 表达孝心的最佳选择。(药枕)

例一将产品比作民族本土化的吉祥物凤凰,巧妙地借用"寂寞"二字将它与"龙的传人"联系起来,暗示××酒已成为炎黄子孙的内在需求,从而激起海外游子的思乡之情。例二以赞颂的语气,显示瓷器与中国"我中有你"、"你中有我"的关系,给人以回肠荡气的自豪感。例三虽然推销的是外国配方的产品,但采用了符合中国人审美的对偶辞格,极有推销力。例四将尊老的亲情文化观念引入广告,以孝子孝女为诉求对象,从而激起良好的心理效应,自然有利于产品的推销。

观念定位看似"虚",其实很"实",它必须以产品或服务的属性、质量、功效、特征为依托进行宣传,以"虚"求"实",引导受众联想到产品或服务本身,达到突出产品(服务)或企业形象的目的。如果以为这种定位可以天马行空,无拘无束,背离产品和服务的实际状况,任意发挥,只能让受众费心猜测揣度,百思不得其解,最终摇头而去。请看下面这则广告:

丰功伟业穿肠过　杯酒沉浮江山定

标题两句莫名其妙:"丰功伟业"成食物,可以吃进肚肠,不但语法不通,逻辑也不通;喝几杯酒就能坐定江山,当皇帝似乎太容易了些。有人说这是借用宋太祖赵匡胤"杯酒释兵权"的典故,那么这"酒"里就含有阴谋,为江山彻底姓"赵"立下功劳,这值得现代广告夸耀吗? 这样的广告词只是一种文字游戏。

三、广告文案的构成要素

关于广告文案的构成要素,众说纷纭,比较有影响的是国外广告界所推崇的"AIDAS 法则"和"DDPC 法则"。所谓"AIDAS 法则",是指撰写广告,开头要引人注目(Attention),再使读者产生兴趣(Intrest),进而产生购买欲望(Desire),促成购买行为(Action),购买后获得心理满足(Satisfaction)。而 DDPC 法则要求广告的开头必须惹人注目(Dramatic),接着描写商品特征或劳务情况(Descriptive),再进行说服劝诱(persuasive),说明购买或利用商品后的好处,最后决定交易(Clinching)。这两种"法则"内容相近,都有道理,但就广告文案的实际撰写而言,还嫌概括、粗略,操作性不强。

从系统论的角度说,任何文章都是由若干要素按一定的结构方式组成的有机整体即系统。文章的要素就是文章必须直接或间接回答的问题。广告文案也有其构成要素,也

就是说,广告要准确、完整、有效地提供和传递商品或服务信息,就必须回答下列问题:

（一）广告主是谁?

广告主是指为推销商品或提供服务,自行或者委托他人设计、制作、发布广告的法人、其他经济组织或个人。广告主作为广告活动的主体,必须对广告的内容负责。标明商品经营者或者服务提供者的名称或者姓名是广告文本的必备项目,无主广告一般是难以取得消费者的信任的。

（二）推销什么产品或提供什么服务?

产品或服务是广告内容的核心所在,广告的一切宣传都围绕商品或服务展开。广告文本如果不写明产品的性质、品牌或服务的项目、内容,就不能保证广告的针对性和信息的有效性,同时也失去广告存在的意义和目的。

（三）产品或服务有何特点?

产品或服务的特点是广告市场定位的依据,所谓特点,是指产品在性能、质量、用途、功效、价格、使用期、市场地位等方面所具有的与众不同的优点、优势,或指所提供的服务在形式、质量、设施、环境、范围、期限等方面的特异个性。鲜明地突出、强调产品或服务的显著特点,有助于加深消费者对广告内容的理解并产生兴趣。

（四）特点如何确认?

宣传产品或服务的特点,还必须证明、确认其真实性、可靠性。这就需要提供真实准确的数据、统计资料、有关文章、调查结果、检验报告、用户反映、获奖证明等作为依据,并说明理由,讲清道理,使消费者信服,对商品或服务产生好感。

（五）有何承诺?

承诺是广告主对商品在质量、性能、使用效果等方面的好处所作出的保证,或强调在购买产品或享受服务时将得到的各种优惠或馈赠的礼品等等,以此消除消费者的犹豫心理,缩小买卖双方的心理距离,刺激消费欲望,促成购买。

（六）有何相关说明?

相关说明是指除上述内容外的与产品或服务相关的一些标注、说明。如广告中涉及专利产品或者专利方法的,应标明专利号和专利种类;一些特殊产品(如烟草、药品、医疗器械等)要按规定注明广告宣传批准文号和忠告语(如"吸烟有害健康""请在医生指导下使用"等)。此外还包括诸如广告策划代理、抽奖办法、注意事项、防假防劣识别等方面的提示、说明,目的是对消费者负责,对社会负责,对商品负责。

（七）如何交易?

要回答"如何交易"这个问题,就应该将广告主的地址、网址、电话号码、电报挂号、邮政编码、银行账号、经销部门等告诉消费者,以便联系、购买。

以上要素可以概括为:广告主、产品(服务)、特点、证明、承诺、说明、交易。广告文案必须表现或突出相关要素,才能进行有效宣传。例如下面的这则广告:

健康一身轻，××紫黄精

××紫黄精片

紫——紫锥菊

又名松果菊，是西方最为悠久的植物药，也是最受欢迎的用于增加免疫的植物药之一，因其具有显著增强抗病能力的功能，被印第安人奉为上天恩赐的"神草"。

黄——黄芪

在《本草纲目》《神农本草经》中，称为"黄老"。几千年来，黄芪被中医列为补益中药之首。

精——紫锥菊精华 + 黄芪精华 = 紫黄精

××"紫黄精"不是紫锥菊和黄芪等简单叠加，而是利用现代生物技术，提出它们的有效成分，按科学的配比，有机地复合在一起，是中西方植物药之王的经典融合，其核心成分为紫黄精活性植物多糖，其配方已获得具有自主知识产权的国家专利。

活性植物多糖能靶向滋养和修复骨髓，增强人体造血功能和产生免疫细胞的能力，从而持久提高人体免疫力，激发机体抗病潜能，有效提升精、气、神！

若要少生病，就用××紫黄精！

××制药集团有限公司　国家天然药物工程技术公司 联合研制

咨询电话：4006—698—×××　（×××）85143131

网址：www.diaobjp.com

这则广告对七个问题都作出回答：(一)广告主是谁？××制药集团有限公司、国家天然药物工程技术公司(二)推销什么产品？"××紫黄精片"(三) 产品有何特点？"中西方植物药之王的经典融合"(四) 特点如何确认？"配方已获得具有自主知识产权的国家专利"(五)有何承诺？"若要少生病，就用××紫黄精"(六)有何相关说明？"活性植物多糖能靶向滋养和修复骨髓，增强人体造血功能和产生免疫细胞的能力，从而持久提高人体免疫力，激发机体抗病潜能，有效提升精、气、神！""本品不能代替药物"(七)如何交易？ 有电话号码、网址。

当然，并非所有的广告文案都必须具备这七个要素，广告设计者可以根据产品定位需要和广告具体情况，有所取舍，有所侧重，不一定需要逐项写出，平均使用笔墨。这是因为任何一种产品从投入市场到最终被淘汰，大致经历投入期、增长期、成熟期和衰退期四个阶段；就一般情况而言，投入期应大做广告，重在让消费者了解产品的性能、功效，让消费者认识新产品；进入增长期，则应加强品牌的宣传，扩大产品知名度；进入成熟期，人们对产品及品牌均已熟悉，就需要突出产品的获奖情况、销售方面的优势，以提醒人们继续购买某名牌产品。衰退期的产品则应少做广告或不做广告。不同时期的广告的构成要素不尽相同，各有侧重，但任何广告都必须包含广告主、商品、特点这三个基本要素，否则就会影响广告信息的有效性。例如：

我的生活离不开它
××柔软调理油

适用于棉、麻、丝、毛及涤纶、腈纶、尼龙等纤维、织物的柔软处理,使其保持原有风貌。

××合成洗涤剂三厂

厂址:××市××路 15 号

邮政编码:200070

电话:66276××总机

电报挂号:55××

这则广告属于产品投入期广告,所以除广告主(××合成洗涤剂三厂)、如何交易(厂址、邮政编码、电话、电报挂号)之外,重在突出商品(××柔软调理剂)、特点(用于各种质地的纺织品的"柔软处理,使其保持原有风貌")和说明("我的生活离不开它")三个要素,证明、承诺还无从谈起。又如:

神州国药香　北京同仁堂
同仁堂名药

因为是人人皆知的著名企业、知名品牌,所以文案只体现广告主、产品、特点三个要素,文字简洁、精炼。

四、广告文案的结构

广告文案在结构上通常由标题、正文、标语、附文组成。

(一) 标题

标题是广告信息的集中概括与高度浓缩,也是广告文案的精髓所在,它的功能是突出主旨,揭示文案要点,增添趣味,刺激消费者注意广告,诱导他们去阅读和理解广告的正文及全篇。广告标题按其所表明的商品信息的直接程度,可分为直接性标题、间接性标题和复合性标题。

1. 直接性标题

这类广告标题多采用明白、晓畅、通俗的语言传递"显信息",直接体现广告的一个或几个要素,将广告的主要内容在标题中揭示出来。有的是以企业名称作标题,回答"广告主"是谁的问题,例如:

中外合资广东省佛山市××不锈钢管厂

北京××白癜风医学研究院

有的是以产品或服务的名称作标题,回答"推销什么产品或提供什么服务"的问题,例如:

强力安喘通胶囊

2015 年春节南京新剧目表演

有的是以突出产品或服务的功效为标题,回答"产品或服务有何特点"的问题,例如:

替您挡住下一个喷嚏!(××缓释胶囊)

我们可以载运任何货物(××航空公司)

有的在标题中以众多消费者的一致好评和巨大的销售量来突出商品的优势,增强说服力,回答"特点如何确认"的问题,例如:

有 85 个国家的人们说:"这是家里最好的威士忌。"。(××酿酒公司)

既然有 100 万美国人选择它,那一定是正确的选择。(××制鞋公司)

有的直接在标题中对消费者作出承诺,回答"有何承诺"的问题,显得自信、自豪,如

给您最清爽舒适的感受(××牌空调)

只要住上一天,你一辈子都不会忘怀(××广场饭店)

有的标题则用特别提醒的口气,体现"相关说明"这个要素,例如

小心,别把你自己粘住!(××粘合剂)

想吃火龙果的快下手!(火龙果)

有的标题中直接回答"如何交易"的问题,例如:

就在你家附近(××地毯公司)

请到上海家具公司××商厦办公家具展销厅来

有的标题不止体现的一个要素,信息量要大一些,例如

××灭害灵 家居保安宁(××灭害灵)

上海××牙膏的承诺:酸甜冷热都不怕!(上海牙膏厂)

都是直接性标题,上例体现产品和特点两个要素,下例体现产品和承诺两个要素。

2. 间接性标题

这类广告标题不直接体现广告文案的要素,也不直接点明广告的宗旨和主题,而是巧妙地运用比喻、比拟、省藏、暗示、双关、夸张等修辞方式和含蓄的艺术手法传递"潜信息",委婉地诱导消费者转读广告正文,达到引人入胜、引人入文的目的。例如:

来自照相机故乡的一家著名公司(德国××照相机公司)

"黑眼睛"早晚会走进你心里(××牌姜汁酒)

融入法国的温情 开出中国的红花(中法合资××花露水)

自从 1889 年起,一直戴着葡萄酒最高品质的桂冠(××酿酒公司)

你在这里将得到青春和欢乐(××饭店)

注意:它会产生太大的诱惑力(××香水)

无论走到何处都能买到"可口可乐"(××饮料公司)

都别出心裁,富于创意,用迂回曲折的方式体现广告文案的七个要素,具有独特的

韵味和情趣,富于个性特点,能使人产生联想和回味,起着诱读广告正文的作用。

3. 复合性标题

直接性标题和间接性标题各有所长也各有所短,前者往往因过于直露明白,使有些受众不想阅读广告正文;后者又常常因表达委婉,使有些受众不愿花时间去领会、推敲其中所暗示的意图。复合性标题则兼具直接性标题和间接性标题之长,优势互补,以表达较多、较复杂的内容,形成融科学性与艺术性于一炉、集实用性与欣赏性于一体的特点。例如:

盛夏变凉爽　严寒吹暖风
先进空调的×××隆重推出"冷暖空调机×××/1270"

×××节能灯
使您的储蓄日增

来自刘三姐故乡的名贵中草药冲剂
×××中成药
常服×××　健康乐百年

采用类似新闻消息的双行或三行标题,自由灵活,参差错落,形式多变,虚实结合,信息量大,具有多重含义,有利于浓缩和概括文案的基本内容,生动地展示广告主题。

以简洁、精炼的词语和丰富多样、不落俗套的手法对文案内容和广告主题进行浓缩和概括,是广告标题制作的要求,也是提高文案宣传效果的重要途径。请看国外的一些经典实例:

它的苦更甜蜜(××咖啡公司)

我们的铜器由历史作证(××铜器公司)

将阳光注入你的秀发(××洗发香波)

你用锤子来砸我们的锤子吧!(××工具公司)

用我们的调味品将食物惊醒(××粮油食品公司)

支撑着你的裤子也支撑着你的尊严(××背带广告)

这类广告标题在展开心理攻势,印象战术方面颇具功夫,既吸引受众眼球,又适切产品功效和文案主题,使其为自己的生意增光添彩,成为打开市场大门的钥匙。

与此相反,构思平庸、格调粗俗、内容空洞、胡言乱语则是广告标题创意的大敌,这类标题非但无助于产品的推销,反而引起受众的反感,或为消费者所深恶痛绝。例如:

我妈说了:你要买了这儿的房,我就嫁给你……

这是某房地产公司售楼广告的标题,以虚拟的准丈母娘的口吻为广告商站台,全不顾起码的社会道德,把女儿当商品进行交易,粗鄙恶俗,而且表达产生歧义:"你要买了这儿的房,我就嫁给你",这个"我"是妈妈还是女儿? 应该是"你要买了这儿的房,她就让我嫁给你",至少在逻辑上才不会闹出笑话来。又如:

哪怕罚款五百块,也要放出年味来!

这是一则街头张贴的销售烟花爆竹广告的标题,目无法纪,摆出一副不搞污染不罢休的架势,公然教唆和挑逗公众违法乱纪,破坏生态文明,属于违禁广告。

(二)广告正文

广告正文是继广告标题之后,对广告内容作进一步陈述或说明的部分。如果说广告标题重在吸引消费者,那么广告正文则重在说服消费者。广告主题的表现和发挥、商品或服务信息的传递,主要是通过广告正文实现的。由于广告正文的目的是介绍商品或服务,树立企业形象和推动购买,所以正文撰写的质量如何,对广告的宣传效果起着决定性的作用。在广告正文中,广告文案的构成要素更加具体、明确。

1. 广告正文的结构形态

广告正文一般包括三方面内容:即解说广告标题中提到的事实或问题,提供商品或服务信息的细节,敦促消费者采取购买行动。这样,正文的结构就相应地分为开头、主体和结尾三个部分。这种传统的"三段式"结构,至今仍被现代广告文案所广泛采用。请看下例:

(标题) 求婚的好主意

与她相处　已有多年　按法定年龄　我们都已超出　而她　唉　女孩子的心真是一团谜　她　究竟还在　等什么　在我心中　她　早已　是我的　太太　多少次　想这么直呼　又恐她　窘迫羞恼　今天　灵感突发　对!　好主意!　给她一个　明明白白的　暗示

这的确是个喜讯:"××口服液"采用多种药食同源的植物提炼而成,从调理内分泌开始,达到滋养颜面肌肤、消除色素沉着的效果,难怪"黄"太太们从此容光焕发,重展娇媚。

请认准××口服液新装样式

这篇广告文案构思巧妙,创意独特,它以已有心上人,想表白,"又恐她窘迫羞恼"而苦于无法明言的小伙子为诉求对象,将"××"品牌的产品作为沟通男女情感的桥梁,标题就极具吸引力。正文开头一段,呼应标题,用人物独白的形式,将"好主意"公诸于众,烘托出产品给目标对象带来的精神上愉悦。主体部分又以第三者的口气,先强调"这的确是个是个喜讯",承上启下,然后介绍产品的优异特点和对"黄"太太们的显著功效。结尾部分以一句提醒,激发目标对象的购买欲望。全篇层次清楚,过渡自然,加之语言富于文采,定位准确,有很强的感染力和说服力。

以"三段式"安排广告正文内容,符合人们的一般思维次序,但并不是说所有的广告正文都必须三段齐备,面面俱到。广告文案撰写者可以根据产品的市场定位,有所

侧重,有所取舍,灵活地选择正文结构样式,主次有别、轻重不同、详略有序地突出中心要素。例如:

(标题) 遇高温融化,冰糖心尝鲜倒计时!

××冰糖心苹果集天地精华,经风沙考验成长,十分珍稀。与普通苹果不同,冰糖心汁多甜蜜,而且越近果核处越甜。此外,它生长期长,存世更短,营养极高,一年就两个月能吃到(春节期间基本就没有货了),被称为最不可错过的水果之一。

××晚报与阿克苏当地最大的××农场合作,从源头上保证品质,承诺80%的果子都能开出糖心!

用的是直接性标题,体现"产品有何特点"这个要素,所以正文舍去"三段式"的开头部分,直接从中间段启笔,重在介绍产品的独特之处,以显示与众不同的优势,然后以庄重的承诺敦促消费者购买。

还有些广告的正文干脆直接从三段式的结尾部分启笔。例如:

(正题) ××牌高级系列磨毛牙刷

(副题) 毛端磨圆 洁齿护龈

定于三月二日下午在市商业展览馆召开供货会,欢迎惠顾。

请认准"××牌"商标,谨防假冒。

产品的品牌、特点已经在标题中交代,所以正文只敦促客户前来订货、购货。

2. 广告正文与广告标题的关系

文应对题,题应对文,这是文章写作的最基本的要求,也是广告文案写作的基本要求。广告正文是广告标题内容的展开、补充和细化,是广告宣传的中心,广告标题是对广告正文内容的提炼和浓缩,两者应当相互映衬,相得益彰。当今有些广告文案的构成顺序则突破了传统的先标题、后正文的模式,出现了先正文、后标题,标题嵌入正文,标题、正文一体化的诸多形式。例如:

他是一个教师,他的影集好厚好沉,他如数家珍地讲述着每一个身影的故事,这给了他最大的满足。然而随着这些故事的继续,他的青春渐渐耗尽,负重的身躯不再挺拔……

他的欢乐与苦恼只有他自己知道。

啊,男子汉!

这是一个普通男人的生活轨迹。在许多人看来,似乎是男人,就应该活得轰轰烈烈,所以在许多场合里,平凡的他常常被忽视……据医学专家研究,生活压力大、身心过度疲劳的人易患胃病,而在众多的胃病患者中,男人占大多数。

——其实,男人更需要关怀

这是宣传××胃药的广告文案,正文在上,标题在下。正文先陈述,标题后概括,两者既融为一体,相互依附,又具有各自的独立性,但如果顺序颠倒,就显得不太协调。

上面所举的几则例文,都符合题文相符的要求。而有些广告文案的标题和正文内容往往相悖,极不协调。例如:

牛郎织女到人间,意外怀孕怎么办?

不管是心灵还是身体,如果伤痛不可避免,让我们将它降到最低。

××宫腔镜取胚术是目前最安全、免伤害的终止妊娠手术。

这是某医院宣传先进的妇科手术的广告,正文内容无可非议,问题出在标题上。牛郎织女是民间神话人物,以神话人物为诉求对象,其定位本身就是虚浮的,假想中的"到人间"、"意外怀孕"则给人以私奔偷情的暧昧联想,这是对传统文化的玷污,有悖于本民族的审美观念和社会心理。又如:

天下无瘢

白大夫——专注科学美白!

白大夫,祛斑、克斑、消斑!白!白!白!

白大夫——创造科学美白新标准!

白大夫,细胞美白天天抹!一白再白!白!白!白!

你白,我白,大家白!白大夫就是要让你白!

题目采用夸张修辞,给人以医院用外科手术或药物外敷的方式,消除世人的各种创痕、疮痕、疤痕的印象。但看正文,却发现是推销一种增白面霜,而面霜是消除不了瘢痕的。"斑"是一种颜色中夹杂它色,"瘢"是伤口或疮口愈合后留下的痕迹,两者同音不同义。"斑""瘢"不分,造成题文不符,就成了虚假广告。且正文不断重复相同的广告词,搞"白"字轰炸,空洞、张狂、庸俗,更招人反感。

(三)广告口号

广告口号又叫广告标语、广告词,是一种以短句形式概括企业或商品的特征,并且在较长时间内反复使用的特定的商业用语,被称为"文案的商标",并成为消费者识别企业、商品的符号。广告口号对于提高产品或企业的声望,促进销售和启动市场,乃至增强企业员工的光荣感与质量意识,具有长远的效应。而广告语言对人们日常生活语言的影响和渗透,则集中地表现在广告口号上。成功的广告口号会给公众留下强烈、深刻的印象,在日常生活中被引用,甚至成为社会的流行语和人们的口头禅。例如"不要太潇洒"(××西服)、"覆盖整个地球"(××油漆公司)、"从未留下一丝擦痕"(××牌清洁剂)等广告口号,已成为一种经典的语言形式。

1. 广告口号的特点

广告口号的特点可以通过和广告标题对比显示出来。由于广告口号和广告标题的表现形式相似相近,一些广告口号又是从一些影响较大、脍炙人口的广告标题演变而来,所以人们往往将两者混淆起来。其实广告口号和广告标题相比,具有两点不同:

(1) 使用的长期性

广告标题的目的在于吸引消费者的注意并诱导其阅读广告正文,同样的产品可以设计出不同的广告文案和标题,同样的标题不能在不同内容的广告文案中反复使用。而广告口号的目的是表现企业相对不变的广告宣传基本概念或主题,在消费者心目中树立企业或产品的形象,同一企业的不同产品的广告文案或相同产品的不同广告文案,必须反复使用相同的广告口号才能奏效。

（2）内容的独立性

广告标题和广告口号都是广告文案的组成部分,但广告标题作为广告正文的题目,具有依附性。广告标题的写法灵活多变,可以是句子,也可以是短语甚至是词,可以用多行题,也可以用单行题。在通常情况下,广告标题一般不能单独使用。广告口号则必须采用意义完整的句子形式,配合广告标题和广告正文进行宣传,但不依附于正文或标题,内容具有独立性,可以单独使用。广告口号有时可以充当广告标题,但广告标题不能替代广告口号。

就总体情况而言,国内广告文案普遍不重视广告口号的设计和写作,这与国外商业广告形成鲜明的对比。之所以出现这种情况,原因主要有两点:一是企业缺乏创立著名品牌的战略思维,看重眼前利益,忽视长远目标,不明白树立企业形象的重要性远甚于宣传产品的重要性;二是多数企业产品的生命周期短暂,缺乏市场竞争的长久力和持续力,不能与时俱进,从而使广告口号失去依存的基础。

2. 广告口号的种类及设计要求

如果按体现广告文案的构成要素分,可以把广告口号分为6类:

一是突出广告主的口号,如:

"梅瑞狄斯"替每件商品插上翅膀(梅瑞狄斯广告公司)

除了天堂,也许只有"希尔顿"……(希尔顿饭店集团)

二是突出商品品牌的口号,如:

佳能佳能 最佳性能(佳能公司照相机)

活力28 沙市日化(沙市日用化学品厂)

三是突出商品或服务特点(包括质量、功能、效用等)的口号,如:

解酒 醒酒 酒后保健(济公·酒伴侣)

青春属于任何年龄(克拉夫特内衣公司)

四是突出证明商品或服务特点的口号,如:

半个世纪以来,整个上流社会一直戴它(威尔士豪森帽业公司)

看看罐子上的日期你就会明白,它永远供不应求!（标准咖啡公司）

五是突出承诺的口号,如:

岁岁平安 三九胃泰的承诺(三九胃泰)

对客户承诺责任 对大众承诺真诚(诺贝广告有限公司)

六是突出相关说明的口号,如:

　　　记住:每餐之后!（瑞格里口香糖）

　　　科龙容声是一家(广东科龙电器股份有限公司)

　　不论哪一种类型的广告口号,为了提高宣传效果,加深公众印象,使消费者乐于接受,在设计上应注意以下几点:

　　一是广告口号应该是一个概念明确、意思完整的句子,有一定的语气。

　　二是广告口号应力求简洁精炼,通俗易记。据测试,少于 12 字的广告信息,收到的注意率和记忆率最高。

　　三是广告口号应该富于创意,个性突出,切忌模仿借用。

　　四是广告口号应符合国情民俗,具有时代特点。

（四）广告附文

　　附文是广告文案的有机组成部分,重点体现“如何交易”这个要素,直接关系到产品的推销、购买、维修、售后服务。附文要具体、明确、详细地列出广告主的名称、地址、网址、电话号码、邮政编码、开户银行、账号或产品的销售部门、销售日期、联系人、联系地址、联系方式等项目内容,以保证信息的清晰度和实用性。

五、广告正文的体裁样式

　　英国作家兼评论家赫胥黎曾经说过:“广告是现代文学形式中最富兴趣和最难的一种。”作为广告文案主体的广告正文的设计和撰写,应做到重点突出,层次分明,内容充实,文如其“物”,富于创意。广告正文并无固定的写作模式,广告内容因商品或服务的不同、产品或服务的市场定位的不同、传播媒介的不同而千变万化,那么与之相适应的广告正文的写法也必然灵活多变,不拘一格。下面介绍广告正文常用的一些体裁样式。

［例文评析］

广告例文 1(新闻体):

春节不打烊　××启动“年货”盛宴

　　1 月 19 日,××全平台年货大促销活动正式开启,品类日专场满减直降、爆品秒杀、特色板块活动、极速配送服务等福利全方位回馈消费者,打造属于中国年味的年货盛宴。

　　本次××年货大促销活动持续到羊年春节之后。从 1 月 19 日开始到 2 月 17 日为专场日用品类大促销活动,带来日用百货、服装箱包、美食图书、手机数码、家用电器以及金融服务等专项福利:iPad mini1699 元限量疯抢、潮流电子产品低至 5 折、护肤礼盒直降 500、5 英寸 4 核大牌手机 599 起、大牌母婴用品低至 4 折、年货礼盒满 198 送 20,

更有各种满减直降神券可供领取。

此外,2月18日起至2月25日春节期间,喜气"洋洋"春节全品类专场开启,掀起××年货促销高潮。

例文评析:

新闻体广告,是采用类似新闻消息的写法,对新近发生的有关商品或服务的情况作简要报道,以减少广告的商业色彩,突出新闻价值,增强传播效果,在某一限定时段展开宣传攻势。这篇例文的开头一段类似新闻消息的导语,将最重要、最新鲜的事实写出,然后将活动的具体日期及活动内容分两个部分加以细化,突出介绍各项优惠以造声势,具有较强的吸引力。因为是即兴式的广告,为抢时效,难以字斟句酌,故语言比较粗糙,口语化色彩明显。

广告例文2(简介体):

新疆食品迎新年

在新疆地区流传着一句话"吐鲁番的葡萄哈密的瓜,库尔勒的香梨没有渣"。库尔勒香梨,维吾尔语叫"奶西姆提",意思是喷香的梨子,在新疆栽培已有上千年历史。汉唐时期就通过"丝绸之路"传入印度,被誉为"西域圣果"。库尔勒香梨香味浓郁、皮薄、肉细、汁多甜酥、清爽可口,果肉脆嫩细致,是梨之上品。香梨具有多种功效,能保护心脏,减轻疲劳,增强心肌活力,降低血压。梨所含的配糖体及鞣酸等成分,能祛痰止咳,滋阴养人。

若羌红枣是位于新疆巴音郭楞蒙古自治州若羌县境内生产的红枣,那里光热资源丰富,昼夜温差极大,造就了红枣果型饱满果皮鲜亮的特点。若羌红枣个大美观,椭圆形,晒干为深红色,才下果时肉脆枣甜,晒干后肉软甜润,吃后余香满口。每100克红枣含钙100毫克、维生素31毫克、各种微量元素及氨基酸537毫克,可食率为92.6%。红枣具有补虚益气、养血安神、健脾和胃等作用,是脾胃虚弱、气血不足、倦怠无力、失眠多梦等患者的良好保健品。

新疆薄皮大核桃含有丰富的营养素,含有人体必需钙、磷、铁等多种微量元素和矿物质,以及胡萝卜素、核黄素等多种维生素。核桃中所含脂肪的主要成分是亚麻酸甘油酯,食后不但不会使胆固醇升高,还能减少肠道对胆固醇的吸收,因此可作为高血压、动脉硬化患者的滋补品。此外,这些油脂还可供给大脑基质的需要。核桃中所含的微量元素锌和锰是脑垂体的重要成分,常食有益于脑的营养补充,有健脑益智的作用。

果农直供,新鲜到家!

新疆香梨13斤 ⎫
若羌红枣3斤 ⎬ 99元
薄皮核桃3斤 ⎭

例文评析：

简介体广告，是对商品作简要介绍的广告，主要用说明的方式，表述商品的性能、特点，注重内容的真实性、科学性和可读性，一般配有商品及其包装的图片。

这则广告意在打包推销香梨、红枣、核桃三种地区特产，正文直接入题，分三个段落，分别对这三种商品进行宣传，从养生学的角度，介绍它们的生长环境、栽培历史、果型果色、营养成分、保健功能，并突出"直供"、"新鲜"、"价廉物美"的特点和承诺，有助于推销。虽然标题含有"新年"一词，但这些商品销售并不限于新年期间，因此广告采用简介体就比采用新闻体更适合宣传。

广告例文3(散文体)：

献上一束清香的康乃馨
给妈妈带去深情的祝福

慈母手中线，游子身上衣。

临行密密缝，意恐迟迟归。

谁言寸草心，报得三春晖。

——(唐)孟郊：《游子吟》

人的嘴唇所能发出的最甜美的字眼，就是"母亲"，最美好的呼唤，就是"妈妈"。这是一个简单而又意味深长的字眼，充满了希望、爱、抚慰和人的心灵中所有的亲昵、甜蜜和友好的感情。在人生中，母亲乃是一切。在悲伤时，她是慰藉；在沮丧时，她是希望；在软弱时，她是力量；她是同情、怜悯、慈爱、宽容的源泉。

——纪伯伦：《母亲颂》

在世界浩如烟海的语汇中，有一个词的发音是最相近的，那就是每个婴儿在牙牙学语时就能牢记的：妈妈(中文)，mum (英文)、MaMa (德文)、MaMan (法文)……

妈妈为我们的成长付出了所有的心血。当我们长大，当我们懂事和成熟，妈妈却已日渐衰老。多么想抚平您脸上的皱纹，多么想抹去您满头的银白，这是普天下子女共同的心声。

××化学品公司，为庆祝今年5月9日的母亲节，敬备一份节日的厚礼。清纯柔和的××化妆品系列，最能表达您的爱意：祝妈妈永远年轻，永远健康！

例文评析：

散文体广告多采用文学创作中的文情并茂的散文笔法，通过对某些与产品功能或企业形象有关的生活片段、人物经历或风俗习惯的描述，或托物言志，或借景抒情,或借事寓情,将广告内容以某种强烈的情感抒发表现出来,使消费者感到亲切,乐于欣赏,并由此对产品或企业留下深刻印象和好感,从而产生购物欲望。

这篇例文抓住母亲节这个适宜抒情的话题和契机,以对母亲的祝福和关怀为感情线索,分别引用中外诗人歌颂母亲、赞美母爱的诗文渲染气氛,并予以强化发挥,抒发古今中外"普天下子女敬母爱母"的共同心声,使广告正文融为一个有机的整体,从而大大提升了广告的思想内涵。在使特定的广告目标(热爱母亲的子女们)受到感动的同时,推出广告产品,突出其独特的功能价值和心理价值,具有极强的感情推动力,而广告主在推销产品的时候,也树立了良好的企业形象。

广告例文 4(论述体):

200 年来,灾害一个接一个

1798 年加勒比海渔船失事

1835 年纽约船坞大火

1871 年芝加哥大火

1889 年约翰斯敦水灾

1906 年旧金山地震和大火

1938 年新英格兰飓风

1947 年纳布拉斯卡龙卷风

1955 年康涅狄格水灾

1971 年洛杉矶地震

1980 年华盛顿火山爆发

1987 年衣阿华龙卷风

1989 年胡戈飓风

1989 年旧金山地震

……

天灾人祸一直是保险业兴起的根源。灾害是生活中的严酷现实。在以往的 200 年里,××财产和伤亡保险公司处理了几千家公司的保险业务。保险公司的财源和专长使他们有能力支付世界上最严重的一些灾害所造成的损失,履行他们的诺言。但是即使最小的灾害对于受害的公司来说也是损害巨大的,大火,管道破裂,屋顶倒塌,我们所处理的事务比我们在一千个广告中所介绍的还要多。我们对所有参加保险的单位都是以诚相待、一视同仁的。不幸的是灾害总是伴随着我们,我们不知道下一个灾祸会降临在何处,也不知道它是大是小。但是有一点是明确的,哪儿有灾害,我们将会在哪里。我们赔偿它带来的后果。

例文评析:

论述体广告是用叙述事实,发表意见,进行议论的方式表现广告的内容和主题,有理有据地宣传产品或服务的质量、功效、优势、长处、承诺,使消费者对产品或服务产生信任感。

买保险是一个理性的话题,适合采用逻辑说理的方式进行说服,如用抒情方式,可信度就低。这则财产和伤亡保险公司的广告文案带有夹叙夹议的特点。开头呼应标题,罗列出200年以来在美国历年所发生的造成重大财产损失和人员伤亡的各种自然、人为灾害,而这一系列灾害两百年历史,也是广告主的不断理赔的两百年历史、履行和兑现承诺的两百年历史,这一点在后面的叙述议论中得到印证。既然灾害是生活中无可避免的严酷现实,那么参加保险自然成为一种明智选择。要参加保险,必须选择信得过的保险公司,那么有着悠久历史和良好信誉的老字号保险公司正在向你招手。全文态度诚恳,实话实说,承诺庄重,很能打动受众。

广告例文5(修辞体):

生活中离不开那口子

要娶就娶那口子,
嫁就嫁给我那口子,
背耳目偷偷喝上那口子,
俏闪眼悄悄亲上那口子,
秉花烛拜天地我们结成两口子,
结连理那个谢大媒,
生活中离不开那口子。

迎春花市

红馥馥、黄澄澄、蓝英英、墨黑黑、粉嫩嫩、紫蔚蔚、青翠翠、绿茵茵、金晃晃、碧油油、鲜艳艳、银灿灿、白洁洁、黑绿绿、赤丹丹、翠盈盈……满园春色,美不胜收。

例文评析:

修辞体广告是单独使用一种辞格或综合使用多种辞格,在"言辞"上加力,对产品或服务的质量、功效、特色等方面的优势或企业名称、产品品牌加以突出,使之鲜明、生动,以强化视听刺激,深化消费者对企业或产品的印象的一类广告。多用于食品、饮料、玩具、花卉、旅游、艺术品广告。

第一篇例文用间隔反复("要娶就娶""嫁就嫁给")、摹绘("偷偷""悄悄")、对偶("秉花烛""拜天地")以及语意双关、拟人等辞格,配以男女主人公结婚时的热闹场面以及他们晚年回忆往昔美好岁月的画面,给人生动、欢快、活泼、热烈、喜悦的感觉。

第二篇例文是张贴广告,正文采用"摹绘"这种辞格,以姹紫嫣红、翠绿青碧、争奇斗艳的花卉、盆景、苗圃为背景,连用十几个"ABB"式叠音词(由两个相同音节的单字重叠而成的词)对各种鲜花进行描写,把"春色"渲染得色彩斑斓、艳丽悦目、溢香生辉、引人入胜、充满诗情画意,给人以美不胜收、眼花缭乱的视觉感受和视觉冲击,具有巨大的吸引力。

广告例文6(对话体):

游　　客:(拿着一张旅游景点图边走边看,迎面过来一位老者)老人家,请问到卖团山该怎么走?

老　　者:卖团山?(摇头)没听说过。

游　　客:就在你们江油!(拿出旅游景点图,指着上面的"窦圌山")

老　　者:(大笑)什么"卖团山",这是窦(音"豆")圌(音"船")山。

游　　客:窦圌山?不好意思,认错了。

老　　者:窦圌山又名圌山,"圌"字的意思是圆形米仓,因为窦圌山山顶有三峰拔地而起,鼎足而立,上小下大,如同米仓。唐代有一个叫窦子明的县官,喜爱那里的风景幽奇,辞官归隐在山中,传说他后来得道成仙飞升,人们就称那山为窦圌山。那里景色秀丽,是我们四川著名旅游景区,非常值得一去。去窦圌山很方便,从这里乘班车去江油县城,县城到窦圌山有专线旅游车。

游　　客:谢谢您!再见!

例文评析:

对话体广告文案一般作为广播制作、电视拍摄的底本,通过虚拟的人物对话,传播产品或服务信息,给人以生动、具体的感触或印象。这篇例文是电视广告文案,重点介绍位于李白故里的川中名胜窦圌山。由于"圌"字较为生僻,外地人不易认读,所以文案采用"飞白",即故意用白字(别字)来增强表达效果的修辞方式,通过人物对话和电视画面(广播广告难以显示"圌"的字形),向广大旅游爱好者介绍容易这个容易读错字音的著名景点,较之采用其他辞格,更容易被人理解并产生宣传效果,达到吸引受众的注意力并强化记忆的目的。

[**实践练习**]

1. 根据下述内容,拟一份购销合同。

××县电力工程公司(甲方)向××市电力器材公司(乙方)购买光明牌钢芯裸铝线(规格见附件)200吨,每吨单价5 000元,共计1 000 000元。交货期限为20××年9月

30 日,交货地点为××县汽车货运站,运费由乙方承担。货物由甲方验收合格后开出收货单,乙方凭收货单与甲方结算。甲方在结算后 3 日内将货款汇至乙方在交通银行的账号。乙方如不能按期交货,应赔偿甲方经济损失,每延期一天赔偿总货款的 0.5%。甲方如不能按期汇出货款,应赔偿乙方经济损失,每延期一天赔偿总货款的 0.5%。合同一式两份,双方各执一份为凭。

2. 指出下面这份经济合同的错误之处。

干芦根购销合同

立合同单位:

南华中药制品厂(我方)

××县药材供销公司(你方)

兹因我方向你方购买下列货物,经双方协商,订立本契约如下:

品名	规格	数量	单位	单价	总金额
干芦根	干燥无霉变	5	吨	4 000.0	20 000
货款计算人民币二万元整					

交货地点:××县药材供销公司仓库

交货办法:你方仓库当面验收交货

交货期限:3 月 20 日前交货

交款办法:3 月 20 日前先付你方货款一万元,余款在收货后付完。如拒付,按总金额罚款 10%。

二○××年二月末

3. 以下是一份购销合同的范本,请按此样式改写上一题的干芦根购销合同。

本合同于_____年_____月由_____(以下简称甲方)和_____(以下简称乙方),在_____经过友好协商签订,以资双方共同遵守执行。

一、乙方所提供的产品及费用

名　　称:

规　　格:

数　　量:

单　　价(元):

合　　计(元):

总金额(大写):

二、包　　装:由乙方按国家标准进行包装。任何因包装不善所致之损失均由乙方负责。

三、交货期:××××年××月×日

四、交货地点和方式

1. 交货地点：_____。

2. 交货方式：乙方将货物运至甲方指定的目的地。乙方负责办理货物运至甲方指定的目的地,包括保险和储存在内的一切事项,有关费用已包括在合同总价中。

五、付款方式

1. 本合同生效后,甲方在_____个工作日内向乙方支付本合同总价的_____% 作为预付款;

2. 甲方对乙方所提供的产品验收合格后,乙方出具合同总价的全额销售发票,甲方在_____个工作日内支付本合同全部余款。

六、质量保证和售后服务

1. 乙方承诺所提供的产品质量具有可追溯性,产品质量保证期为_____天,自交付之日起计算。

2. 在产品质量保证期内,如出现产品质量问题,甲方有权随时要求乙方免费维修或更换;如属甲方人员使用不当不能正常使用,乙方也应及时提供维修服务,但甲方应承担乙方人员的差旅费和材料成本费用。

七、合同的修改

任何对本合同条款的变更、修改均须双方签订书面的修改书。变更后的内容与本合同(被修改部分除外)具有同等法律效力。

八、违约责任

在合同履行期间,乙方延期交货、甲方延期付款,除双方协商同意免责外,均按未交付/未支付本合同价款日的_____%承担违约责任。

九、争端的解决

合同实施或与合同有关的一切争端应通过双方友好协商解决。如果友好协商不能解决,各方均可向有管辖权的人民法院起诉。

十、合同生效及其他

1. 本合同应在双方授权代表签字、单位盖章、预付款到达乙方指定账户后生效。

2. 本合同正本一式贰份,双方各持壹份,具有同等法律效力。

3. 合同如有未尽事宜,须经双方共同协商后作出补充规定,补充规定与本合同具有同等效力。

(约尾略)

4. 请将本章第一节的例文 2 的内容加以补充,使之趋于完善。

5. 请将本章第二节的例文 2 的内容加以补充,使其更利于双方履行。

6. 根据下述内容,拟一份借款文契。

王××(立契人)系××大学教师,因将赴美自费留学,急需经费,特向李××先生借款

20万元人民币,年利息×%,为期壹年,到时本息一并付清,担保人是谢××先生。

7. 以下是××省旅游局的旅游广告文案:

    这里有不染尘俗的名山秀水

    这里有保存完好的历史遗迹

    这里有精彩纷呈的灿烂文化

    这里有热情好客的淳朴民风

    ××旅游　卧虎藏龙

用排比辞格将该省旅游资源方面的优势生动地概括出来,具有极强的感召力和吸引力。请参考或模仿这则广告,为你所在的省、区或市县设计一则或数则旅游广告。

8. 某品牌花生油有如下特点:

（1）原料是就地取材的大花生,并经过精挑细选。

（2）采用"物理压榨"工艺(有些同类产品采用"化学溶剂渗出"工艺。

（3）获得国家"绿色食品"认证。

（4）荣获国家科技进步奖。

请根据这些特点为该产品拟一则或几则广告文案,要求有标题、正文、广告口号(附文略)。

9. "三粒到胃,十分见'笑',还你一个健康的胃。"(胃药胶囊促销广告)用到的是谐音双关。"见笑"本是自谦之词,是"让(被)人笑话"的意思。"吃下三粒胃药,就会让你十分笑话",这大概不是广告设计者的初衷。"效"不能改,一改反而"见笑"了。下面这些广告也存在类似问题:

××胶囊,对肿瘤绝不"瘤"情。(××胶囊促销广告)

××要你好看！(××牌化妆品)

泡的就是你！(某方便面户外广告,画面上是一个年轻洗浴女子在瓷白的浴缸里翘起玉腿,向公众目送秋波)

好色之涂。(某涂料广告)

请分析这些广告词的不当之处,并帮其重新设计或改写。

10. 以下是一些国内的传统日用品,请根据它们的特点、功能、用途分别拟一些广告词(品牌自拟)。

举例：记忆的保险柜(记事本)　支撑面团的力量(发酵粉)

折扇　芭蕉扇　摇篮　热水袋　童车　红木筷　湘妃竹筷

木屐　搓衣板　蒸笼　针线盒　笆斗　针线包　小弹簧秤

11. 以下是一些著名的土特产品,请查阅相关资料,根据它们的特点、功能、用途分别拟一些广告词(品牌自拟)。

范例：谁说我跑不过乌龟？(大白兔奶糖)　香飘万里　臭美远扬(臭豆腐)

江苏高邮双黄蛋　安徽怀远玉石子石榴　山东莱阳梨　宁夏枸杞

云南宣威火腿　兰州白兰瓜　东北鹿茸　江西南丰蜜桔

12. 下面两则广告分别采用了回环、对偶、对比、比拟、夸张辞格，但都存在问题，请分析问题所在，并重新设计。

春光油漆，油漆春光。（四川春光牌油漆）

金浆可口多多乐，玉露清心喷喷香。（多多乐冰室）

广告做得好，没有新飞冰箱好！（河南新飞电冰箱）

美在放声歌唱年轻的你！（化妆品广告）

算盘打得精，袜子也能变背心。（理财公司）

第六章 新闻类文体写作

[本章导引]

　　新闻写作是实用写作的组成部分。从社会分工来说,当然不要求人人都去从事记者的工作,但在互联网高度发达的今天,掌握常用新闻文体的写作方法和技能,是现代社会脑力工作者应当具备的人文素质。毛泽东同志当年在延安曾经对干部提出要求,人人都要学会写新闻。在学校,有很多校园新闻需要报道。走上工作岗位,需要把本单位的新消息、新动态向社会传播,也经常需要写新闻。对于现代社会的脑力工作者来说,这是学习和工作的需要,也是走向专业新闻工作的起点。

　　你以前写过新闻吗? 你觉得写新闻很难吗? 其实,新闻写作并不神秘,也不难学。只要认真学习,动起手来,从基本的新闻文体开始实践练习,每个人都能够写出新闻作品,说不定以后还可以发展成为专业新闻工作者。

　　本章主要介绍新闻中的消息、通讯、新闻评论、网络新闻、简报等常用的新闻体裁。

第一节 新闻概述

[知识讲解]

一、新闻的定义

　　对于新闻的定义,国内外新闻界历来有许多争议,莫衷一是,没有一个具体的定论。一般认为新闻是指通过报纸、电台、电视台、互联网等媒体途径所传播的信息。

在我国,目前新闻界比较一致认可的新闻定义,是由中共中央宣传部原部长陆定一同志提出的——新闻就是"新近发生的事实的报道"。

《人民日报》社原社长范长江同志也对新闻下了一个定义:"新闻就是广大群众欲知应知而未知的重要事实"。这个定义也经常被人们提起,只是没有陆定一的新闻定义直白简单、内涵丰富而被人们所熟知。

二、新闻的分类

新闻有广义与狭义之分。就其广义而言,除了发表于报刊、广播、电视上的评论都属于新闻之列,包括消息、通讯、特写、速写(有的教科书将速写纳入特写范围)、新闻评论、报告文学等。狭义的新闻就是专指消息,消息是用概括的叙述方式,比较简明扼要的文字,迅速及时地报道国内外新近发生的、有价值的事实。

三、新闻的基本要素

新闻的要素包括时间、地点、人物、事件、原因和结果,即 5 个"W"和 1 个"H":When(何时)、Where(何地)、Who(何人)、Why(何因)、What(何事)、How(结果怎么样)。

(一)时间。新闻的时间要准确无误,有的要准确到年、月、日、时、分、秒,如航天飞机或宇宙飞船的发射升空、地震等灾难性事件等,都要求写出精确的时间。有的新闻时间可以略写或模糊带过,这主要用于军事方面保密性事件的事后新闻解密,一般用"上月"、"上周"、"日前"、"前段时间"等模糊词语来表达。

(二)地点。新闻的地点也有详写和略写之分。地点比较精确的而又没有保密要求的新闻要写明地点,如地震、泥石流、山体滑坡、海难等,便于后续的救援工作。对一些特殊的新闻事件,还必须用经纬度、区域等表达,如台风、雾霾、强降雨带、洪水冰雹、暴雪灾害等。有些新闻地点相对比较模糊。

(三)人物。在新闻中,人物的出现一般有 4 种情况。第一种以个人的形式出现的,较多出现在人物通讯里。第二种是以群体的形式出现的,如"××英雄集体"。第三种有些当事人由于个人隐私、系未成年人或是其他原因,需使用化名或笼统称呼,媒体均隐去真名,如"李××",多用于政法类新闻使用。出于保密需要,对军事单位也会称为"解放军某部"等。第四种是以集体的形式出现的,如以单位名义出现在新闻中。

(四)事件。新闻的事件是核心要素,其他内容均围绕事件来组织与安排,事件要求真实可靠,不能道听途说,更不能为了哗众取宠捏造事实或有意导演制造新闻事实。新闻事实要求表述的事实清楚、脉络清晰。

（五）**原因**。新闻必须要交代清楚事件发生的原因,主要有内在的、外在的,或主观的、客观的,或直接的、间接的,或显性的、隐性的。撰写新闻时要准确找到事件发生的原因,一些一时还找不出原因的,可用"事件原因正在进一步调查之中"等语句做交代。如果是动态报道,原因也可以在后续的新闻中予以交代清楚。

（六）**新闻事件的结果**。有的结果当时就能出来,有的需要经过很长时间才能显露出来,有的需要经过科学的调查、研究、分析、评估才能出来。新闻报道要尊重事实,不可主观臆断或道听途说。一些暂时还无法得知结果的,可用"事件的结果还有待相关部门进一步的调查"等语句做交代,如是连续的动态新闻,可在后续的新闻中交待结果。

四、新闻的特点

新闻主要有以下六个特点:

（一）**真实性**。新闻要求报道的是真实的事实,真实是新闻的生命线。如果新闻不是写真实的事实,就不会得到大众的信任,登载新闻的媒体也就失去了公信力,如果虚假的新闻多了,人们就会自觉地抵制这家媒体,那么它离倒闭就不远了。

（二）**实证性**。新闻要让事实本身说话,反映事实的本来的发展规律,记者或写作人员不能将自己的观点强加于新闻事实之中,引起歧义误导群众。

（三）**及时性**。新闻是一种极重视时效性的文体,新闻的价值在很大程度上取决于迅速及时的采写与报道。人们常说:当天的新闻价值是黄金,隔天的新闻价值是白银,第三天的新闻价值就是泥土了,可见新闻及时性的重要。

（四）**广泛性**。有两个方面的含义:一是,新闻广泛关注和报道社会生活,是面向社会,对广大群众传播的广泛的信息,一经新闻媒体发布就会引起全社会的广泛关注,产生极大影响;二是,新闻大部分是由记者写作(制作)的,也可以是通讯员采写的,还可以是由社会群众提供线索,帮助记者、通讯员完成新闻作品。

（五）**开放性**。新闻媒体,特别是广播、电视、网络媒体,是不受距离、空间限制的一种传播形式,具有广泛的开放性,在地球上任意角落发生的每个重要信息,都能在瞬间传遍全世界。

（六）**动态性**。新闻是以生活中发生的具有新闻意义的事实为依据,生活中发生的每一件事情都在不断地发展变化之中,因此新闻就具备了动态的连续性。

五、新闻材料和背景材料

新闻材料是新闻采访所得材料的一部分,主要是写入新闻中的材料,新闻材料不等于采访所得材料。采访所得的材料只是新闻的素材。材料有直接材料和间接材料之分，直接材料一般是记者现场采访的所见所闻、亲身感受的采访所得，现场感强、真实可信，是新闻中最重要的、最生动的第一手材料。间接材料就是通过别人转述或提供的书面材料，或者是查阅历史性的资料等，别人转述的次数越多，真实性越低。

背景材料俗称新闻背后的新闻，不是新近发生的事实，但与新闻事实有联系。它是新闻事实的从属部分，起到补充说明的作用，所处的位置比较灵活多样，可以放在新闻事实的后面，也可以灵活穿插在新闻事实之中。

六、新闻写作的原则

新闻写作一般要坚持以下六项原则。一是用事实说话的真实性原则。真实性包括生活真实和本质真实。生活真实指新闻所写的内容，在时间、地点、人物、事件、原因、结果等六个方面都必须真实。包括细节和背景材料都必须严守真实原则，不能移花接木，更不能胡编乱造、夸大缩小。在引用语上，必须引用原话，不能断章取义。本质真实就是要求所应用的判断、推理等思维形式必须正确，符合思维逻辑，通过新闻内容向读者阐明客观的事实，表达事实的真相。二是以小见大原则。新闻要善于从小事物中选取有价值的典型，来反映整个事物的整体风貌，反映社会的热点、焦点，正所谓一滴水能映出太阳的光辉来。三是对比衬托的原则。要通过时间上的前后对比、事物的正反对比、数字上的大小对比、态度上的冷热对比等等，将新闻的不同内容一起呈现在读者面前，让读者在看完新闻以后，自己得出结论，进行优劣评判。四是点面结合的原则。在新闻写作中要注重应用以点带面的方式，多点成面、多面成体的方法，要有点上的客观事物，面上的归纳总结，体上的相互衔接、相互照应，前后逻辑层次清楚。五是再现场景原则。在新闻的叙述中，现场目击的记录、亲眼所见、亲身经历的叙述、口述实录，最具有现场感和逼真性，为读者提供的是不容置疑的第一手材料，增加新闻的现场感，读者能够获得同步的真切感受。六是语言精炼原则。新闻语言不要铺陈，要善于应用言简意赅的语言交代重要事实，特别在消息中，常用的表达手法是概括叙述。

七、新闻写作的语言要求

新闻的语言是指传播新闻信息内容时所使用的语言文字。一般具有准确、简洁、鲜明、生动的特征，具有时代气息，具备不同的语言风格，在新闻报道中主要用叙述和说明，在新闻评论中主要运用叙述和议论。新闻的语言切忌含糊，忌堆砌，忌混乱、忌空洞。如有一篇新闻里是这样描写主人公小麦育种大王张教授的形象的,不但语言逻辑通顺,符合人们的审美习惯,而且把一位醉心科学研究、不修边幅的科学家形象写活了,人物的神态跃然纸上:

在农村的冬天里,你在早上会看到一位蹲在麦田边观察麦苗的中年人,他头发有点花白凌乱,眼睛直直地看着手里拿着的一片青麦叶,脸上显出陶醉状,他上身穿一件退了色的黄棉袄,裤子也看不出什么颜色来,已经很旧了,皱巴巴把脚踝露在外面,脚上的左右两个大脚趾将布鞋头钻出了两个大洞……他就是被人们称之为小麦育种大王的张××教授。

第二节　消息写作

[知识讲解]

一、消息的含义及特点

消息是狭义的新闻,是用概括的方式,对新近发生或发现的有意义的事实的简短报道。

消息具有真实性、快捷性、简短性特点。真实性是指内容不能有虚假内容。快捷性是指新闻内容要新鲜,争取将消息尽快发出去。简短性是指消息的篇幅长度都较短,字数一般在 100—1 500 字之间,有的简讯只有几十字。

消息按照内容来分,大致有以下几类:

(一) **动态消息**。具有强烈的动感和可读性,是消息报道中数量最大、时效性最强的一种体裁,一般篇幅较小,主题集中,一事一报,简洁明快,只报道了发生什么,不解释为什么,也不需要对事实做具体的叙述和说明。例如:

习近平对云南省普洱市景谷县 6.6 级地震作出重要指示

要求全力以赴抢救受伤群众　妥善做好群众避险和安置工作

李克强就救灾工作作出批示①

新华网北京 10 月 8 日电 北京时间 2014 年 10 月 7 日 21 时 49 分,云南省普洱市景谷县境内(北纬 23.4 度,东经 100.5 度)发生 6.6 级地震,震源深度 5 公里。截至 8 日 15 时,地震已造成 1 人死亡、324 人受伤、6 988 间房屋倒塌、5 个县(区)12.46 万人受灾。

---

① 见《人民日报》2014 年 10 月 9 日报。

地震发生后,中共中央总书记、国家主席、中央军委主席习近平高度重视,作出重要指示,强调有关地方和部门要全力以赴抢救受伤群众,要求驻地解放军、武警部队等有关方面迅速投入抗震救灾,妥善做好群众避险和安置工作,加强余震监测预报,密切防范次生灾害发生,把地震灾害造成的损失减少到最低程度,同时统筹做好鲁甸地震灾区重建工作,确保受灾群众安全过冬。

中共中央政治局常委、国务院总理李克强作出批示,要求有关部门和地方迅速核实灾情,全力以赴组织抢险救援和伤员救治,尽快组织抢修受损的基础设施,抓紧调运救灾物资,严密防范次生灾害,千方百计减少人员伤亡,及时发布灾情信息,维护灾区社会秩序,安定人心。

根据习近平指示和李克强要求,国家减灾委、国务院抗震救灾指挥部已紧急启动国家相应等级救灾应急响应,并组成联合工作组紧急赶赴灾区,协助和指导地方开展抗震救灾,做好受灾群众基本生活救助工作。

(二)综合消息。这是反映带有全局性情况的消息,一般在一个中心下,集中于某个地区、单位或领域的带有全局性的新情况、新成就、新动向的事情,内容上常常一地多事或多地一事,对同类事物或同一事物的不同侧面进行归类的报道,往往抓住事物的本质,通过点面结合,分析与综合相统一,加以综合报道。例如:

国家旅游局发布的统计报告显示

国庆黄金周全国旅游收入达 2453 亿元[①]

本报北京 10 月 8 日电(记者王×)国家旅游局 8 日发布的《2014 年国庆节假日旅游统计报告》显示,今年国庆节期间,全国共接待游客 4.75 亿人次,比 2013 年国庆节增长 10.9%;实现旅游收入 2453 亿元,增长 15.7%。

在全国接待的 4.75 亿人次游客中,过夜游客(仅限于住在宾馆饭店和旅馆招待所)为 9 943 万人次,比 2013 年国庆节增长 5.9%;一日游游客为 3.75 亿人次,比 2013 年国庆节增长 12.3%。北京、天津、承德、秦皇岛、沈阳、大连、长春、吉林、哈尔滨、上海、南京、无锡、苏州、杭州、宁波、黄山、厦门、南昌、瑞金、青岛、洛阳、武汉、长沙、张家界、韶山、广州、深圳、桂林、海口、三亚、重庆、成都、广安、贵阳、遵义、昆明、西安、延安、银川共 39 个重点旅游城市,接待游客 1.48 亿人次,其中过夜游客为 2 719 万人次,一日游游客为 1.21 亿人次。

纳入全国假日旅游统计预报体系的 124 个旅游景区(点),国庆节期间共接待 3 169 万人次,门票收入 16.04 亿元。

根据香港入境事务处发布的数据显示,今年 10 月 1—7 日,香港入境游客累计 295.5 万人次,同比增长 10.29%,其中内地赴港游客 103.9 万人次,同比增长 6.84%。

---

① 见《人民日报》2014 年 10 月 9 日第 6 版。

同期，澳门入境游客 104.1 万人次，同比增长 16.1%，其中内地赴澳游客 84.6 万人次，同比增长 17.1%。与 2013 年"十一"假期内地赴港游客同比增长 14.5% 相比，今年"十一"假期内地赴港游客增幅有所回落。

据台旅会通报，10 月 1—7 日大陆游客入境 74 792 人，同比增长 71.44%；其中，团体游入境 30 102 人，同比增长 50.34%；个人游入境 44 690 人，同比增长 89.33%。

这是一则典型的综合消息，通过国家旅游局对全国各地旅游景点的游客进行详细的统计，是带有全局性的旅游信息的分析报道，抓住了黄金周旅游带动经济发展的本质特征，通过点面结合，加以综合报道。

（三）经验消息，也叫典型报道。 要求新闻具备较强的针对性和说服力，交代的情况和具体做法，反应的结果，由事实中引出有指导意义或普遍性的经验，通常将经验寓于事实之中，主要从思想上进行启发，而不是具体的做法。

北京警方三年清理网上有害信息 1 700 余万条
清朗网络空间正在形成①

本报北京 10 月 8 日电（记者王××）"网络社会也是法治社会"。记者今天从北京警方了解到：自 2011 年北京市公安局网络安全保卫总队成立以来，三年共清理网上有害信息 1 700 余万条，抓获涉网违法犯罪嫌疑人数提升至之前的 6 倍，清朗的网络空间正在形成。

据了解，作为全国科技创新中心，北京云集了全国 70% 以上的大型门户网站。据统计，截至 2013 年底，北京备案网站数量多达 90 余万家，网民数量突破 1 600 万人，上网普及率达 75.8%。在坐拥丰富网络资源、庞大网民群体的同时，网络犯罪、黑客攻击、网络谣言等网络乱象也较为突出。本着"网络社会也是法治社会"的理念，2011 年，北京市公安局成立了网络安全保卫总队，牵头开展首都互联网安全保卫工作。

据北京警方相关负责人介绍，2011 年以来，北京警方逐步探索缜密部署，对利用网络传播有害信息等违法犯罪活动先后开展了多次专项打击行动。截至今年 6 月底，共清理网上有害信息 1 700 余万条。通过集中打击清理整治，形成了强大的震慑效果。据统计，今年 6 月中旬至 9 月中旬期间，网络 110 违法犯罪线索举报平台共接网民举报 9 500 余条，日均 90 条，比去年同期下降 16.1%。综合网民观点，网民普遍认为网上秩序好转、安全感显著提升。

同时，按照"打新型、打源头、规模打击"的工作思路，北京警方先后开展了"春风行动""集中打击整治网络违法犯罪""打击网络有组织制造传播谣言犯罪"等专项行动，对网络违法犯罪活动保持高强度的打击。抓获违法犯罪嫌疑人数，从 2011 年的

---

① 见《人民日报》2014 年 10 月 9 日第 6 版。

3 600余名,上升到2013年的2.3万余名。

这是一篇经验消息,将经验寓于具体的新闻事实之中,主要从思想上进行启发,思路上进行指导,而并未涉及具体人和具体做法。

(四) 人物消息。 以写新闻人物为主的消息,主要报道对社会做出重要贡献、成绩显著、或特定历史时期的重大人物,抓住人物的本质特征,选取生动、鲜活的事例,反映被写人物的典型事迹或精神风貌。

女将军除夕夜为战士站岗　曾多次比武身手不凡[①]

2月18日,正值农历除夕,全国都沉浸在合家团圆、辞旧迎新的欢乐气氛中。晚上8点30分,某防化技术大队总工程师崔玉玲准时来到大队营门口,熟练的接过政委手中的钢枪,站上了第二班夜哨。

春节是中华民族最重要的传统节日,大队党委为了能让基层官兵踏踏实实在军营过好年,采取常委带头、干部站岗的方式,以实际行动向基层官兵送温暖,让辛苦了一整年的大队官兵们好好吃上一顿年夜饭、团圆饭。

干部站岗大家都不稀奇,但是女将军为战士站岗倒是头一次听说。说起大队总工程师崔玉玲,官兵无不竖起大拇指。崔总工,不仅是大队科研创新的领头羊,更是大队军事训练先进个人。她年轻时就身手不凡,曾经多次代表军校参加射击比武,在今年的共同科目射击考核中更是勇拔头筹,被大队评为神枪手。在红灯笼的映衬下,女将军站岗执勤的身影显得格外高大。这个除夕夜很温暖。

这是一篇非常短的人物消息,消息的结构和各要素基本齐全,在特殊的除夕夜,透过站岗的女将军崔玉玲一个平常的表现,写出了崔玉玲将军等军人保家卫国、维护国家安宁,舍小家为大家的高尚情操。

(五) 述评消息,又称新闻述评。 是介于新闻与评论之间的一种消息体裁,一边叙述事实,一边对事实加以议论。

旅游不文明,不能光呼吁[②]

雅×

面对不文明出游,光骂几句"素质低"恐怕无济于事。

深圳锦绣中华景区,5万个陶瓷小人大多被游客"顺手牵羊";武汉中山公园,保洁清理垃圾的速度赶不上游客扔的速度;合肥植物园,有游客直接带着孩子在水池里洗脚。

每次放长假,总有一些不文明现象见诸媒体,随即便是一阵"提升素质"的道德呼吁。呼吁声未歇,新长假又来,爬塑像、乱刻画再次上演,新一轮呼吁锣鼓重开……

---

①　见新华网2015年2月28日,http://news.xinhuanet.com。

②　见《人民日报》2014年10月8日第13版。

游客素质不高，呼吁提高素质，这肯定没错，但是，管不管用呢？

还是应该先找找病根儿，对症下药。

有人认为，从旅游性质看，旅游往往是一锤子买卖。游客多不是本地人，"八辈子不来一次"，用博弈论的话语，这叫"一次性博弈"，对景区没什么归属感，内心的小恶魔很容易挣脱道德的束缚，只顾自己痛快。

有人归因，从法律监管看，新旅游法虽然规定游客应当遵守旅游文明行为规范，但只是停留在原则上，没有具体的处罚细则，执法主体也不明确，所以操作难度大。管理含糊，游客越界的成本就低。

有人分析，从景区管理看，公共假日景区内游客扎堆，对管理资源的占用大，也是客观原因。需要管理的方面一排序，保障游客人身安全、防止踩踏、避免出事，这些都有点儿忙不过来，哪有精力来管乱扔垃圾的、乱刻字的？

细究下来，不文明出游，并不是单一性疾病，开"一种药"吃吃就好。必须综合治理，来点儿"鸡尾酒疗法"，多管齐下。其中，尤其需要从具体处抓起。

比如，有些地方设计激励办法。把垃圾带出景区，给你一瓶矿泉水。有些地方成立"文明旅游银行"，游客全程文明，就能获得积分和免费旅游名额等优惠，甚至可成为"文明旅游形象大使"。微刺激，有时候有大作用。比如，有些地方发现，不文明行为受"破窗效应"影响，窗子破了，容易招第二块石头。那就早下功夫，提前准备，把第一块石头挡住。动员大量志愿者，一有苗头就劝阻，别等积重难返，水池子成了集体洗脚盆再管。当然，最应该做的是，根据《旅游法》的精神，制定处罚细则，明确执法主体，把监管从纸面上落实到实际中。

笔者没有贬低文明教育和宣讲的意思，该呼吁，也得呼吁，道德是人心内部的约束，应该内外一把抓，打打组合拳。关键，还在真想下功夫去做。

这就是一篇典型的述评消息，一边叙述事实，一边加以议论评述，起到辨明是非、褒扬正义、鞭挞丑恶的作用。消息的第一段指出现阶段人们"面对不文明出游，光骂几句'素质低'恐怕无济于事"这个靶子，抛出问题，这是为"评"找准对象。接着第二段就列举了深圳锦绣中华景区的不文明表现，这是消息中的"述"。第三段又是"议"，接下来的几段内容，分析问题产生的原因，文章在叙与议上反复交替进行，如层层剥笋，在分析与议论中，找出问题存在的根源，同时提出了解决办法的可行性，这是在"述"与"评"的过程中逐渐总结出结论，升华了文章的主题。

二、消息的基本结构

[知识讲解]

消息一般有标题、消息头、导语、主体、背景材料、结尾等几个部分构成。

（一）标题

标题是消息的"眼睛"，是对消息内涵的高度概括和精致浓缩，"题好一半文"，是读者阅读消息的第一环节，好的标题能够很好地揭示出消息的重要内容，起到画龙点睛的作用。消息的标题比较特殊，有单标题、双标题、三标题之分。

1. 单行标题

一般用简明的叙事语言点明消息的内容要素，提出消息的核心精华，使读者一目了然。如：

马英九今卸职国民党主席
卢布创 16 年来最高跌幅

2. 双行标题

就是有两个标题，由"引题+正题"或"正题+副题"两种形式组成。引题的位置在正题之上，其作用是介绍背景、说明原因、烘托气氛、阐明意义、引出正题，又称"肩题""眉题"。"正题"又称"主题"，是消息标题的主体，用以点明消息最重要的事实或新闻价值。"副题"放在"正题"之下，又称为"辅题""子题"，主要对正题进行解释、印证、补充、说明的作用。在双行标题中，正题一般是"实题"，交代主要事实，这是在制作标题时需要注意的。例如：

（1）　　　**老街古巷翻旧出新 三个名城同步发展**……………… 引题
　　　　　泰州创新文化创意产业百姓点赞………………………正题
（2）　　　　　　**公务员国考昨日开考**…………………………正题
　　　　　考题难度下降，江苏考区人数减少………………………副题

这两则新闻的标题就是典型的双标题结构，第一个是"引题+正题"式结构，引题介绍的是泰州市政府部门要对现有的老街古巷准备返修，那么老百姓对市政部门的这一做法是什么态度呢？主标题就是为了引题的答案，"百姓点赞"，老百姓都同意了，政府再顺意而为，岂不是两全其美、锦上添花的好事吗！"点赞"是网络术语，具有紧跟时代新潮之意。

第二个是"正题+副题"式结构，正题首先介绍"昨天"国考开始，对考生和家长来说，一定特别关心，作为江苏省级党报的《新华日报》，既要关心全国也要照顾全省，因此副题就给出了两个答案，一个是"考题难度下降"，另一个是"江苏考区人数减少"，考题难度下降了，可以考出高分了，江苏考生人数减少了，竞争力降低了。副题在一定程度上减轻了考生及家长的紧张心态，这是消息标题制作好所起到的作用。

3. 三标题

三标题又称多行标题，一般由三行或三行以上标题组成，主要由"引题""正题""副题"组成，甚至有的还有"提要题"。三行及以上的标题，一般多在重大活动或事件

新闻中出现,如全国党代会、全国人代会、政协会议,以及重大灾难性事件等消息。在三种标题中,正题的地位最重要,用大号字体标出,引题、副题字体较小,以示区别。例如:

国家公祭仪式今天上午十时举行…………………………………… 引题

南京鸣笛致哀 1 分钟……………………………………………… 正题

党和国家领导人将出席仪式…………………………………… 副题

引题告诉读者国家公祭仪式开始的时间;正题告诉读者公祭仪式的核心内容之一是"南京鸣笛致哀 1 分钟";副题进一步告诉读者,这次国际公祭仪式将有党和国家领导人出席,可见仪式的规格之高;如果不看消息的内容,光看标题已经能把主要内容了解清楚了,但每一个读过这篇消息的人,都会要把消息的全部内容看完,急于了解更多的消息内容。

还有的新闻中会出现四行标题的现象,这种比较特殊,一般很少见,只在重特大新闻中使用,在此不做讲解。

(二) 消息头

消息头是发出消息的媒体、地点、时间和作者的说明,它是媒体对于消息拥有的版权的标志,是消息特有的特征。消息头的位置,报纸等平面媒体在消息开头的导语之前,电视台等往往放在消息之后或用字幕标出。消息头根据传递方式不同,分为"电头"、"讯头"两种,"电头"主要是通过电报、电话、电传等形式传回本部的消息稿件,电头有新闻单位的名称、发布地点、时间、播发形式等,如:新华社马尼拉 5 月 5 日电。"讯头"主要是通过邮寄的方式传回报社的消息稿件,报社通过自己的记者及渠道采写的本地消息,写为"本报讯";从外地寄回的消息内容,则标明消息发布的时间、地点,如:"本报深圳 18 日消息"。

(三) 导语

1. 导语的定义

导语是消息区别于其他新闻体裁的一个重要标志,它出现在消息头之后,是消息开头的第一句话、多句话或第一自然段。导语短小精悍,用精炼的语言概括消息的主要内容,揭示消息的主题思想。

2. 导语的作用

导语的主要作用在于,一是告诉读者这条消息的内容是什么,二是使读者愿意读下去,三是必要时制造适当的气氛。

3. 导语的分类

导语有多种类型,按要素分,有时间导语、地点导语、人物导语等。按表达方式分,有叙述式导语、描写式导语、引语式导语。按是否直接概括新闻事件,分为直接导语、间接导语。导语的写法较多。在此,将导语分为概述式导语、描写式导语、评议式导语、提问式导语等四种类型,进行讲解。

（1）概述式导语,就是将消息中最鲜活、最主要的事实,简明扼要地写出来,是对新闻事件的高度概括,即使不看消息内容,也可以让读者对消息所写的内容有一个总体的了解。如:

燃烧了 16 天的亚运圣火,在仁川亚运主体育场缓缓熄灭,第十七届亚洲运动会于 4 日晚在韩国仁川落幕。来自亚洲 45 个国家和地区的近万名运动员参加了 36 个大项、439 个小项的角逐。在射箭、射击、举重 3 个项目上,共 17 次打破世界纪录。中国体育代表团获得 151 金、108 银、83 铜,共计 342 枚奖牌,金牌榜、奖牌榜均位列第一,并打破了 5 项世界纪录。韩国代表团获得 79 金、71 银、84 铜的成绩位列第二,日本代表团以 47 金、76 银、77 铜的成绩位列第三。[①]

（2）描写式导语,就是对消息的主要事实或某一有意义的方面先做一简单描写,使消息的形象更好地展现在读者面前,烘托气氛,引人入胜。如:

走进西朱范村,只见十几米宽的村庄中心路,两旁是挺拔的梧桐、整齐的节能路灯,两侧是几十排的联体别墅,在村南的移民休闲场,几位老人正在休闲健身,他们轮流交换使用着各种健身器材。70 多岁的村民王步森老人乐呵呵地说:"做梦都没想到,晚年的日子过得这么好!"[②]

（3）评议式导语,就是对消息所报道的事实进行评论,夹叙夹议,有评有述,导入主题。如:

12 月 30 日,南京市鼓楼区教育局宣布,从今天起,全区 13 所中、小学校的体育场免费对社会开放。早在今年 4 月,南京市提出主城区各街道都要有学校试点开放,全市已经有 60 所学校对外开放,但开放情况难令人满意。[③]

（4）提问式导语,就是先提出问题,再回答问题,引起读者的强烈关注与思考。如:

2015 年,江苏省卫生计生领域有哪些变化,又有哪些新的举措? 昨天,记者就此采访了省卫生和计划生育委员会主任王咏红。王咏红告诉记者,今年将办好卫生计生便民惠民十件实事。[④]

（四）主体

消息的主体也叫正文,位于导语之后,主体提供消息的详细内容,是消息的主干,重要的组成部分。

消息的主体必须做到以下几点,一是展开导语,使主体内容具体化。二是补充导

---

① 见《人民日报》2014 年 10 月 5 日第 1 版。
② 见《新华日报》2014 年 12 月 16 日 第 5 版。
③ 见《新华日报》2014 年 12 月 31 日 第 9 版。
④ 见《扬子晚报》2015 年 1 月 29 日 A2 版。

语,让主体更丰满。三是回答问题,为读者解疑惑。四是增加"猛料",为读者增添趣味。消息的主体写作要照应导语,主题鲜明、材料典型,补充的内容是导语中未提及的事实,使消息充实饱满。

（五）背景材料

消息的背景是指新闻事实发生的历史条件和现实环境,历史条件是事实自身的历史状况,环境条件就是消息的事实与周边事物的联系。介绍背景有利于了解新闻发生发展的来龙去脉,加深读者对新闻的认识与理解,生发新闻的主体,并有丰富内容、增加知识性和趣味性的作用,因此新闻背景又称之为"新闻背后的新闻。"

消息背景材料主要分为三类:对比性背景材料、说明性背景材料、注释性背景材料。对比性背景材料是指对事物进行前后、左右、正反的对比衬托,以突出新闻事件的意义或阐明一定的主体、表明某种观点。说明性背景材料是指用来说明或解释新闻事实产生的原因、条件、环境,以及人们行为活动等,便于新闻的内容更容易被读者所理解,意义更加突出。注释性背景材料指新闻中涉及一些新科技、新工艺、新产品,往往要加以注释,用通俗的语言"翻译"给读者,既能方便阅读,又能丰富内容。背景材料有历史背景、地理背景、人物背景和事物背景之分。历史背景材料用来对比衬托、解释新闻事实。地理背景材料一般在报道一个地区所发生的变化时,交代那些能说明新闻事实的地理环境、特点等。如:

斯诺登律师:斯诺登考虑回美国[①]

3月3日美国国家安全局前承包商雇员斯诺登的律师表示,斯诺登目前正在考虑返回美国。

斯诺登的律师库切列纳为俄罗斯知名律师,此前他以斯诺登为原型写了一部小说。3日,库切列纳为该小说举行了新书发布会。在发布会上有记者提出"斯诺登是否想回美国"的问题。对此,库切列纳回答称,"当然,斯诺登正在考虑""如果能够保证司法公正,斯诺登愿意返回美国"。

库切列纳称,相关的律师团队正尽一切努力,帮助斯诺登实现这一意愿。

库切列纳表示,斯诺登在俄罗斯没有向任何人转交秘密资料,也并未做任何不利于美国的事。库切列纳说,目前斯诺登仍在适应俄罗斯的生活。"他在学习俄语,取得了一些成绩"。

此外,库切列纳透露,斯诺登女友定期前往俄罗斯与斯诺登见面,"他们的关系很好"。

2013年6月,斯诺登通过媒体曝光了美国国家安全局两大秘密情报监控项目,其中包括主要针对海外目标、代号"棱镜"的网络监控项目,在国际社会引发轩然大

---

① 见中国新闻网 2015 年 3 月 4 日。

波。2013年6月23日斯诺登前往俄罗斯,并在莫斯科谢列梅捷沃机场中转区生活一月有余。此后,斯诺登先后获得俄罗斯的临时避难许可和在俄居留许可。(记者王××)

本条消息最后一段关于斯诺登的情况介绍,就属于说明性的人物背景材料。消息背景材料的选取,要能清楚地表达新闻事实的需要,符合表达新闻主题的需要,符合表达自己意图的需要。背景材料不能太长,篇幅短小,具体简练,巧妙穿插,将背景融入新闻的整体之中。

(六)结尾

结尾是消息的结束句或结束段,起到结束全文,深化主题,显示形式结构上的完整性和内容上的深刻性作用。但是,结尾不是所有的消息都必须具备的结构部分,有的简讯就不要结尾。在事件性的消息中,结尾通常就是事件的结束点,因此,事件消息可以自然结尾,不一定要在消息写完之后专门再写结尾。结尾不能重复导语和主体,而应紧扣主题。

三、消息的基本结构

消息写作要明确主体材料的结构安排,主要有按时间顺序、按逻辑顺序、按时间与逻辑混合顺序等。按时间顺序,就是按照消息发生的时间顺序安排层次,重大事件消息、社会新闻、故事性较强的消息大多采用这种结构方式。按逻辑顺序,就是按照事物的内在联系和主次、因果、并列等逻辑关系安排材料顺序,动态消息、经验消息、综合新闻等常采用这种结构方式。按时间与逻辑混合顺序,主要是内容复杂的经验消息、动态消息等多采用这种结构方式。

(一)"倒金字塔"结构

"倒金字塔"结构又称"倒三角"或"倒宝塔"结构,这是按照消息内容重要程度递减排序的一种结构。整篇消息的结构是按照新闻事实的重要程度或读者关心的程度,先主后次地安排事实材料,将最重要的、最新鲜的事实材料放在消息的开头导语中(导语内部也按重要程度排序),相对次要的材料放在后面写,形成"最重要——重要——次重要——一般"的排列形式,借以突出最重要、最新鲜的事实和主题,这种结构的特点是呈递减状态,内容方面是上重下轻,形象地看像一座倒置的金字塔,顾名思义叫倒金字塔结构。倒金字塔结构在消息中是使用最多、最广泛的一种结构形式。倒金字塔结构的基本形式,如图6—1所示。

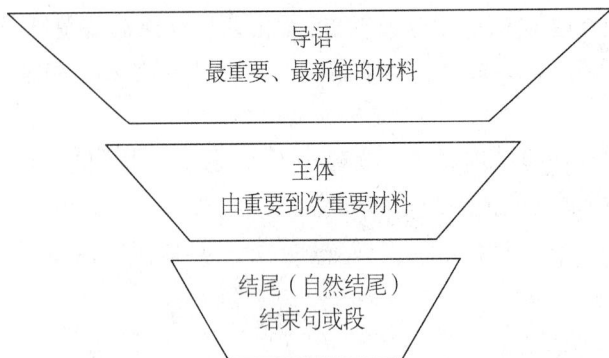

图6—1　倒金字塔结构

[例文评析]

5年560万人次办理养老跨省转续
养老保险"跟你走"

本报北京3月3日电(记者白××)"不论你在哪里干,养老保险接着算"——老百姓的这一期盼,正在变为现实。据人力资源和社会保障部统计,2014年,全国共有181.6万人次办理城镇职工养老保险跨省转移接续手续,其中农民工46.9万人次,跨省转移养老保险资金346.2亿元。

2009年底以来,我国陆续出台了《城镇企业职工基本养老保险关系转移接续暂行办法》和《城乡养老保险制度衔接暂行办法》等相关文件,从制度上解决了包括农民工在内的城镇职工跨地区、跨城乡流动就业时养老保险关系转续和衔接问题。从2010年以来,办理城镇职工养老保险关系跨省转续人次逐年增长,从2010年的28.7万人次增加到2014年的181.6万人次,增长5倍多。5年累计办理跨省转续养老保险关系560.4万人次,累计转移资金931.2亿元。此外,2014年下半年,全国还有15.54万人次办理城乡养老保险制度衔接手续。其中,从城乡居民养老保险转入至城镇职工养老保险11.2万人次;从城镇职工养老保险转出至城乡居民养老保险4.34万人次。①

例文评析:

这是一篇"倒金字塔"结构的消息,该消息第一段导语,将人们普遍关心的职工养老保险跨省转移的办理结果率先告诉读者,养老保险跨省转移接续工作变为现实。这一结果是消息的核心内容,因此放在导语里来写。消息的主体里介绍了为顺利实现养老保险跨省转移接续工作,国家层面出台的政策文件,地方执行情况及具体办理情况,从时间上、人员数量上、转移金额上,以及不同养老保险之间的转接上进行了阐述,数

---

① 　见《人民日报》2015年3月4日第6版。

据详尽具体,措施有力,使老百姓普遍认为是件烦心事变为顺心事。

（二）金字塔结构

金字塔结构是按照时间顺序安排材料的消息结构形式,这种结构的主体部分是名副其实的主干,一般按新闻事实发生的时间顺序或情节发展的过程顺序,从前到后地顺序写作,其目的是将新闻事实及其发展中最重要的部分交代清楚,这种结构又叫时间顺序结构,因形态似正放的金字塔,故名,又称三角形结构。这种结构便于描述复杂的事件纵向联系,动态化地展现事件发生中的各个阶段,一般用来写作故事性强、人情味浓、以情节取胜但线条单一的新闻事件,新闻故事有头有尾,脉络清楚,层次与层次之间纵向展开,具有生动性和吸引力,符合读者的阅读习惯,易于为读者所接受和理解。特别适合写作新闻故事、现场目击类的消息。金字塔结构的基本形式,如图6—2所示。

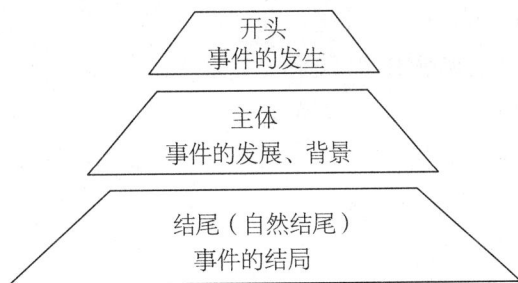

图6—2 金字塔结构

[例文评析]

众人爱心接力 千里运肺施救[①]
广州无锡上演 8 小时"生死速递"

新华报业网讯 昨日清晨 5 点 42 分,国内肺移植专家、无锡市人民医院副院长陈静瑜在个人微博发布:"1 日晚上 19:30 广州取下的供肺于 2 日 1:40 到无锡手术室,5:30 关胸结束,顺利为一位纤维化患者完成双肺移植。感恩昨晚至今所发生的一切,为新生命延续喝彩!"

这条微博,让网络空间一片欢腾。过去的 8 个多小时,一群普通人在网络和现实中发起了一场双向救援。彻夜守望,千里驰援,接力手术,所有的努力都是为了让一个鲜活的生命得以延续。

航班延误,医生微博求助

作为国内肺移植领域首屈一指的专家,陈静瑜率团队几天前刚完成了全国首例心

---

① 见《新华日报》2014 年 12 月 3 日 第 7 版。

脏介入—双肺移植手术。还来不及休息,他就获悉广州军区总院一位心脑死亡患者捐献了肺源,质量良好,可用于移植。

在陈静瑜的病人名单里,一位30多岁的河南患者因肺纤维化急需双肺移植。患者在该院已经等待了3个多月。经过协调,陈静瑜安排同事刘峰医生紧急飞赴广州取肺。

12月1日17时左右,刘峰到达广州军区总院。19:30,健康的肺源被顺利取下。按照预定计划,刘峰医生将于22:10乘坐深圳航空 ZH9552 航班从广州飞回无锡。此时,无锡市人民医院的手术室里,患者已经麻醉,陈静瑜和手术团队准备就绪。

就在这时,意外发生了。1日21:21,陈静瑜在其微博发布求助信息:由于航班延误,"肺源"也许无法在最佳时间——5小时内抵达。他紧急@深圳航空,恳请提供救护生命的绿色通航。

双向努力,"救命肺"及时起飞

2 000多位网友随即接力转发了这一求助微博,其中就有面向民航旅客提供航班动态数据的电子商务平台@飞常准。"身为民航人,我们知道其间将需要协调多少旅客、多少资源,可是为抢救生命,大家都在努力着。"

在获知抢运肺源消息后,航班所属的深圳航空第一时间调整飞行计划,空管和机场紧急协调,对航班一路开启绿灯。22:02,航空公司安排更换飞机;22:39,刘峰医生和其他乘客开始登机;23:34,飞机从广州机场呼啸而起前往无锡。

与此同时,千里之外的无锡,也正有条不紊地进行着各项准备。无锡机场方面与航班取得联系,安排刘峰医生在飞机着陆后第一个下机;无锡市人民医院派出专车在距离出口最近的闸口接应。2日0点整,陈静瑜刷新微博:"飞机带着捐赠的肺源起飞30分钟,感谢@深圳航空开通的应急通道,也感谢各位爱心人士的转发和支持。更要感谢广州的捐献者,由于你的爱心,才能使我的患者得以重生!"

8小时争分夺秒,众人微博感恩

争分夺秒的8小时里,网络上和现实中,无数人彻夜未眠。

凌晨3时,刘峰医生微博报"平安":一点多安全到达手术室,正在进行肺移植手术。12个小时广州来回,虽然累,但很值得。

两个多小时后,陈静瑜在微博上发布好消息:手术顺利完成,供受体大小完全匹配。

彻夜等待的人们放心了。在点赞、感恩、祝福的同时,还有细心网友向陈静瑜发问:肺源取下到手术室已经超过5个小时,会不会影响功能?遇到这种情况,能不能像国外一样派直升机转运?

而这些问题,陈静瑜还来不及细细回答。2日凌晨移植手术结束后,陈静瑜稍作休息就投入了另一台手术中;下午,又马不停蹄赶往外地出差。他忙里偷闲请记者转告广大网友:手术很成功,目前患者正在ICU病房接受进一步治疗。

陈静瑜告诉记者,肺的冷却时间很短,取出后超过12小时功能就会受到影响,为了保证质量,肺源的转运往往需要争分夺秒。今年8月,陈静瑜的团队就曾经上演过一次"生死速递"——从桂林取肺,打"飞的"回无锡,成功为一名女孩实施了肺移植手术。

正如微博中所言,除了感谢航空公司、机场和网友,陈静瑜最想感谢的还是那位肺源捐献者。作为全球第五大肺移植中心,陈静瑜所在的无锡市人民医院有来自全国各地的肺移植患者,由于肺源短缺,多数患者需要长时间等待,有的得等半年以上。目前,全国每月有120多位病人捐献器官,这和患者需求相比还远远不够。"希望更多的人转变观念,志愿捐献器官,帮助有需要的人。"陈静瑜说。（本报记者马×）

例文评析：

这是一则金字塔式结构的新闻,按照时间顺序,报道了无锡市人民医院从广州千里运送肺脏救人的感人故事。新闻故事依照时间的先后顺序,展现医生、网友、航空公司为了抢救肺移植病人,千里运肺,千里爱心传递。随着时间推移,故事情节跌宕起伏,扣人心弦,生动感人,吸引读者,文章透出浓浓的爱心情谊,故事有头有尾,脉络清楚,符合读者的阅读习惯,易于为读者所接受和理解。这种金字塔式结构的写法,特别适合写像本文一样的具有情节性、故事性的新闻的写作。

（三）"倒金字塔"与金字塔混合式结构

这种结构的开头一般是一个导语,然后按新闻事件发生的时间顺序来组织安排材料,其主体采用金字塔结构。这样安排兼具两种结构之长,消除了两种结构形式的局限,既能开门见山突出最重要、最新鲜的新闻事实,引起强烈的新闻感,又有清晰完整的叙事,线索自然清楚,重点突出。写作时要注意安排开头和结尾的材料,尽量避免重复。"倒金字塔"与金字塔混合式结构的基本形式,如图6—3所示。

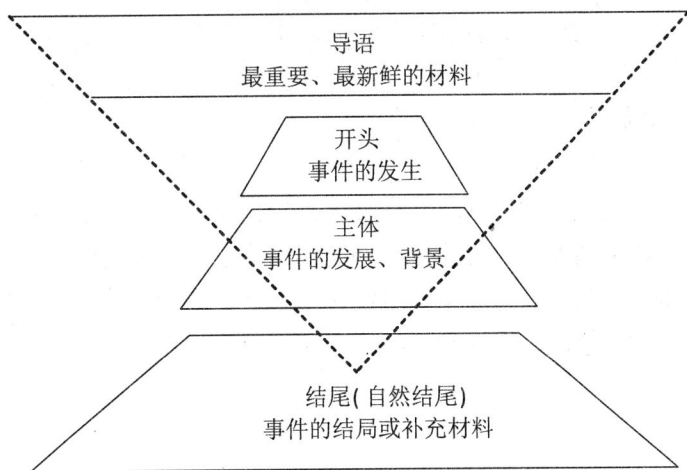

图6—3 "倒金字塔"与金字塔混合式结构

云南昆明××小学踩踏事故7名相关责任人被处分①

新华网昆明3月4日电(记者白××)据昆明市纪委消息,昆明市××区××小学"9·26"踩踏事故7名相关责任人被处分。其中,××区人民政府党组成员、副区长陆×及昆明市教育局党委委员、副局长王×分别被免去职务。

通报称,2014年9月26日,昆明市××区××小学午休场所发生学生踩踏事故,造成6人窒息死亡、26人不同程度受伤。经事故调查组调查认定,该事故是一起校园安全责任事故。根据调查结果,昆明市纪检监察机关按照干部管理权限,分别对7名责任人进行了处分:免去陆×××区人民政府党组成员、副区长职务;免去王×昆明市教育局党委委员、副局长职务。撤销庄××昆明市教育局校园安全保卫处处长职务;撤销李×××区教育局党委副书记、党委委员、局长职务;撤销李×××区教育局党委委员、副局长职务;撤销石×××区拓东街道党工委委员、办事处副主任职务;撤销符××××区教育局校园安全保卫科科长、行政办公室副主任职务,并给予党内严重警告处分。

通报称,××小学校长李×、分管后勤和安全工作副校长杨×、体育教师李××因涉嫌教育设施重大安全事故罪,司法机关正在立案侦查中。

例文评析:

这是一篇"倒金字塔"与金字塔混合式结构的消息,消息的导语使用的是"倒金字塔"结构,即将重要的结果——昆明市××区××小学"9·26"踩踏事故7名相关责任人被处分,放在导语里来写,简洁明了,一目了然。消息的主体使用的则是金字塔结构,按照时间顺序,简要介绍"9·26"踩踏事故发生的基本情况,以及纪检监察机关、司法机关对不同的当事人的处理结果,脉络分明、层次清楚,前后顺序清楚。消息的结尾采用自然结尾的方式,没有刻意再增加结尾,而是言尽自然收尾,没有画蛇添足、拖泥带水之嫌。

(四) 悬念式结构

悬念式结构是指在消息开头设置疑团,点出消息中最重要的部分或最精彩的地方,诱导读者急于了解事件的发展和结果,然后在主体部分展开内容,在主体或结尾处给出答案的一种消息结构形式。往往采用"倒金字塔式"和金字塔式结构,或"倒金字塔式"与散文式相交叉的写法,这种结构方式既有倒金字塔结构的吸引力,又有金字塔结构或散文结构的笔法,生动新颖别致。

---

① 见新华网2015年3月4日。

中国银联大数据告诉您
这个长假，钱都花哪了？[①]

本报记者　谢××

国庆长假，是消费的黄金时段。今年的这个长假，全国的钱都花到哪了？中国银联跨行交易系统和大数据平台提供的一系列数据给出了一些答案。

截至 10 月 7 日 20 时，全国通过银联刷卡交易的总金额达到 5 100 亿元，同比增长 23.5%。其中，"十一"当天刷卡 7 218 万笔，比日常平均水平增长了 30% 以上，这是今年的第二高峰，而今年刷卡的最高峰是 9 月 30 日，刷卡笔数达到了 7 458 万笔。

数据显示，刷卡交易金额最高的前五个省市分别为：广东、浙江、江苏、河南和深圳。

从消费品类看，餐饮消费金额同比增长 4.8%。中国银联信息总中心副总经理马×分析，尽管消费的总量同比在增长，但是，单笔消费的数额同比在减少。这说明，因为单位消费的减少，大额消费正在减少，百姓餐饮消费正在成为主流。

购物消费中，超市仍是主角，金额同比增长了 40.1%，表明与百姓生活相关的日用消费品仍然消费强劲。而与此相悖的是黄金消费，金额同比减少了 15.7%。"去年全国出现了抢购黄金潮，因此黄金消费的基数很大，随着黄金价格的下跌，今年购买黄金的人大幅减少，老百姓消费回归理性。"马×说。

在消费中，有一个数据也值得关注，这就是加油金额的增长。交易金额同比增长了 26.2%。这显示，百姓自驾游的人数在增长。数据还显示，消费量增长幅度最大的地方在西北，百姓出游跑得越来越远。

出境游是长假主要消费亮点之一。从数据看，除了东南亚等仍是中国人出境游的热门地区外，出境游目的地日益分散。其中，消费增幅最大的是韩国、德国、阿联酋，分别增长了 111%、102%、88%。"今年韩国增幅最大，可能与亚运会在韩国举行有关。阿联酋增长较快与其航空枢纽、购物中心的地位有关。"马×说。

而境外的消费结构也在发生变化。"过去，最大的花费是团费和购物，而现在，游玩的消费正在增长。值得关注的是，今年，境外购物类的消费增幅在下滑，而更多的是吃住消费和休闲娱乐的消费，也显示境外个人自由行在增长。中国人出境游只为购物的态势正在改变，境外游正逐步回归休闲与体验。"马×分析。数据显示，境外吃住、游玩的增幅分别达到了 52.2%、56.6%，而购物增长只有 30.4%。他还谈到，出境游目的地的日益多元，与越来越多的国家增加银联卡支付方式密不可分，银联卡的国际支付环境正在日益改善，为老百姓境外刷卡消费带来了极大便利。

---

① 见《人民日报》2014 年 10 月 8 日 第 10 版。

例文评析：

　　这是一篇较为典型的悬念式结构消息,消息的标题就用问答的形式写出了国庆长假,钱都花哪了? 消息通过中国银联跨行交易系统数据平台的统计结果,告诉读者人们出行消费主要集中在购物、加油、餐饮、外出旅游、国外消费等几个方面。消息的导语首先抛出问题,引起读者的关注,激起读者阅读的好奇心,进而通过新闻主体的分析,主体由五个并列内容组成,分别分析消费者花钱的习惯与特征,这就是消息各处的答案,回答了标题的问题,整篇新闻首尾连贯,一问多答,既回答了消息中的问题,也回答了读者的疑问。

（五）并列式结构

　　并列式结构消息是指在一个概括性的导语之后,在主体部分把相关联的或重要性的大致相等的几个材料并列组织起来的结构形式,并列的可以是几个部分,也可以是几个段落或几个层次,这种结构层次不受时间的限制,有利于揭示事物或问题的内在逻辑关系,反映事物的本质特征,既生动别致又引人深思。如图6—4:

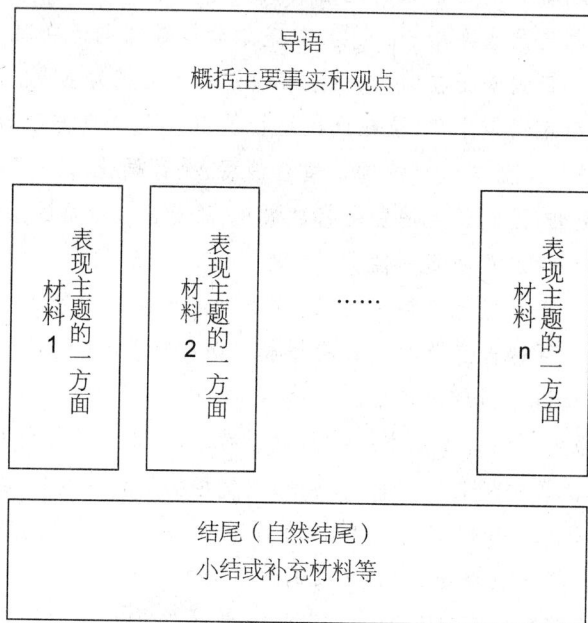

图6—4　并列式结构

[例文评析]

去年中职毕业生就业率超96%①
逾半数在第三产业就业　300万农村青少年进入城镇

　　本报北京3月3日电（记者董××）教育部3日发布的信息显示,2014年,全国中

---

① 见《人民日报》2015年3月4日第6版。

等职业学校(含普通中专、职业高中、成人中专、技工学校)毕业生共 577.70 万,就业人数 558.54 万,就业率达到 96.68%。

从就业去向看,数据(以下均不含技工学校)表明,到国家机关、企事业单位就业的占就业总人数的 55.79%,仍是中职毕业生的主要去向;自主创业和参与创业开始蔚然成风。

从就业结构来看,在第一产业就业的占直接就业人数的 12.45%,在第二产业就业的占 33.38%,在第三产业就业的占 54.17%,比例仍在一半以上。这表明中等职业教育主动适应经济社会新常态,对实体经济发展具有明显支撑作用。

从就业地域分布看,在本地就业的毕业生占直接就业学生的 63.94%;异地就业的占 35.46%;境外就业的占 0.60%。东中西部就业率差距也明显缩小,表明中职毕业生是区域经济社会发展的生力军。同时,超过 70% 的中职毕业生入学时为农村户籍,但毕业后超过 92% 的直接就业学生在城镇就业,表明中等职业教育每年帮助约 300 万农村青少年进入城镇工作生活,正在有力推进以人为中心的城镇化发展。

从就业质量看,在直接就业学生中,签订劳动合同的比例达 88.96%,近 84% 的就业毕业生有社会保险。据不完全统计,毕业生就业月平均起薪在 2000 元以上的省区市有20 个;就业月平均起薪 2001—3000 元的占 33.93%;高于 3000 元的学生占 12.74%。

例文评析:

这是一篇并列式结构的消息,开头导语是总起,消息主体分为四个部分,四部分之间是并列结构,是分述,分为就业去向、就业结构、就业地域分布、就业质量等方面,叙述消息中表达的去年中职生毕业生就业率的情况分析,逻辑层次清楚,结构分明,内容表达流畅。总体结构是"总——分"的形式进行写作的。

(六) 散文式结构

散文式结构就是用自由、灵活的手法组织安排段落和层次的结构方式,结构形态是借用散文的构成方式,机巧灵动、自由洒脱、没有条框的限制,可以将新闻内容写得富于变化,将呆板的叙述写得生动活泼,使单一的新闻丰富多彩、有立体感、人情味,扣动读者心弦加深印象。在应用散文笔法来写作消息时,要注意细节描写、场面描写,增强现场感;要注意恰当运用拟人、通感、双关、借代等修辞手法;要注重对新闻事实的组合,贯穿全线,形散神聚;要笔墨灵活有度,疏密相间。

[例文评析]

里约动物园举办"世界野生动植物日"活动①

新华网里约热内卢 3 月 3 日电(记者刘×)3 日是第二个"世界野生动植物日",今

———

① 见新华网 2015 年 3 月 4 日。

年的主题为"严厉打击野生动植物犯罪"。拥有 100 多年历史的里约动物园当天举办了保护野生动植物主题活动,并特别向参观者介绍了几位特殊"动物嘉宾",宣传人与自然和谐相处的理念。

为了强调保护野生动植物的紧迫性和重要性,里约动物园联合巴西希科·门德斯生物多样性保护中心和巴西环境部一起举办了系列教育宣传活动。一所来自当地贫困社区公立学校的 120 多名孩子成为当天最大的参观群体。

动物园管理方特别为孩子们安排了一场保护野生动植物的宣传会。除了举办有关野生动物的有奖知识竞答,还向每人分发了一本野生动物的画册。画册封面的大熊猫图案甚是显眼。一群孩子兴高采烈地聚在一起翻看画册,气氛十分活跃。

在活动现场一块名叫"我们都为保护野生动植物疯狂"的主题纸板墙上,挂满了孩子们自己创作的绘画和手工作品。虽然笔画和字迹有些稚嫩,但却透露出孩子们对大自然纯真的感情。

作为主题活动日的一部分,里约动物园特别向这群孩子介绍了几个特殊"嘉宾"——4 只刚出生不到两个月、被世界自然保护联盟濒危物种红色名录列为"极危"级的不同种类的灵长类动物幼崽。另外,里约动物园首次在人工圈养下孵化出的南美洲特有大型鸟类的幼崽也首次同游客见面。

生物学家安德森担任本次活动的讲解员。他说:"希望通过这次活动,能让大家更直观地了解大自然的多样性与生物界的美丽,希望孩子们能够更加懂得人类与自然的和谐相处之道,了解多一点关于保护动植物濒危物种的重要性,在未来展现更多对大自然的尊重、爱与责任。"

学校带队老师玛尔西亚表示,组织这次活动除了配合里约建城 450 周年庆典和世界野生植物日的宣传外,还希望这群 5 到 8 岁的孩子通过这次活动,学习到更多关于自然界特别是珍稀动物的知识,学会尊重大自然,从小体会每位公民应该肩负的保护环境的责任。

里约动物园最早建立于 1888 年,是巴西最古老的动物园。如今,动物园占地 13 万多平方米,拥有 350 类 2 000 多种野生动物,其中包括很多珍稀物种和南美洲特有物种。该动物园每月访问人次达到 7 万余人。

例文评析:

这篇消息采用的结构就是散文式结构,作者报道里约动物园举办"世界野生动植物日"活动这件事,是通过一群来自当地贫困社区公立学校的 120 多名孩子的视角来写作的,这群孩子成为当天该动物园最大的参观群体,园方还为孩子们配备了专门的生物学家作为讲解员,引导孩子们与动物们互动,展示孩子们自己创作的绘画、手工作品等。消息的视角从孩童的眼光出发,使消息的内容富于变化,叙述的生动活泼有人情味,文中有细节描写、场面描写,现场感非常强。每段之间看似松散,其实是形散神聚,内部都有连结,即以教育引导孩子们关心、爱护、保护珍稀濒危动物作为消息贯穿全文的主线。

第三节　通讯写作

[**知识讲解**]

一、通讯的定义与特点

（一）通讯的定义

通讯就是运用叙述、描写、抒情、议论等多种手法,具体、生动、形象地反映新闻事件或典型人物的一种新闻报道形式。通讯是记叙文的一种,是报纸、广播电台、通讯社、网站常用的文体。

通讯是一种比消息详细而深入地报道新闻事实的新闻体裁,西方媒体中没有我国所说的"通讯",他们的"新闻专稿"(又称特稿),就是比消息更详尽的新闻,近似于我国的通讯。

（二）通讯的特点

通讯有三个主要特征。一是内容信息量大。通讯内容多,包含的信息量大,可以把更多的、更具体的情况写清楚,可以把新闻事件或典型人物的来龙去脉交代的更详细,篇幅可以较长。二是种类样式多。通讯的分类有很多种,如人物通讯、事件通讯、工作通讯等,在具体的写作过程中要视具体的采访内容来确定。三是表达方式灵活多变。通讯的写法多样,可以叙述、描写、议论等,也可以使用更多的修辞手法等。

（三）通讯与消息的比较

通讯与消息都是新闻文体,但有非常明显的区别。一是选材不同。消息的选材比较广泛,通讯选材比较严格,不但要具备新闻价值,还要具备思想价值和宣传价值,要反映一个主题。二是篇幅长度不同。消息篇幅一般较短,字数大都在 1 000 字以内,通讯的篇幅一般较长,字数基本上都在 1 000 字以上,有的要上万字。三是结构不同。消息写作有其基本的写作模式,由标题、消息头、导语、主体、背景和结尾构成,特别是标题和消息头、导语,具有很强的规范性,常用"倒金字塔"结构等,固定的模式性很强;而通讯除了标题就是正文,标题拟写比较自由,开头和结尾也没有具体的模式,叙事结构多样化。四是写作手法不同。消息多叙述,为事实说话;通讯的表达手法多样,可以用很多的文学表达手法。五是时效性不同。通讯没有消息时效性强,但可以凭借内容的具体生动、主题鲜明深刻吸引读者，能够满足读者对新闻事件更深层次的了解。

二、通讯的主题

主题就是文章的中心思想，是文章的灵魂。在通讯中，主题决定着通讯的社会价值，总领写作的全过程，谋篇布局、取舍材料、表达方式、语言运用等都要围绕主题进行。因此，一篇好的通讯要正确选择主题、提炼主题、表现主题，围绕主题选择新闻事实，选择素材、谋篇布局，选择恰当的表达方法。通讯的质量高低、价值大小，主要取决于文章的主题是否正确、内容是否围绕主题服务、思想是否服从主题中心。

（一）主题要真实。通讯在提炼主题时，要看主题与客观存在的实际情况是否相符，主题必须真实，不容置疑，不能炒作主题，对新闻热点、新闻人物更应审慎，要认真确认新闻事实、事迹的真实性，客观评价。

（二）主题要深刻。要善于透过现象看本质，善于将丰富的感性材料去粗取精、去伪存真，分析问题抓住事物本质。一是主题的深度来自历史感，要善于把新闻事实放到更广阔的时间、空间和一定的高度来认识。二是主题的深度来自于人物的心灵，触及灵魂深处，抚慰心灵、启迪智慧，才能写出涤荡灵魂、震撼人心、激起共鸣的好作品。三是主题的深度来自全局意识，在引领社会主旋律、弘扬社会主义核心价值观上，要有全局观，大局意识，要始终站在党和人民的立场上，激浊扬清、惩恶扬善。

（三）主题的几种提炼方法。一是预选设定，就是作者在长期的生活实践中，依据高度的政治觉悟，深刻的思想认识，敏锐的新闻触觉，不断地思考总结凝练出一段时期内的党的新闻报道热点、重点内容，预先设定主题，慢慢去发现新闻事实。这类新闻具有很强的针对性，可以满足广大读者对新闻现象的好奇心理，起到解惑作用或警醒作用。二是依据事实提炼主题，就是依据事实，在新闻采访过程中不断提炼主题、修订主题、确定主题的过程。作者要先将大量的新闻事实采访到手，然后对这些事实做详细分析，抓住事物的不同侧面，分清事物内在的联系，搞清楚作为原因的事实和作为结果的事实关系，找出具有核心价值、人们普遍认同的主题。

三、通讯的选材

（一）通讯的选材类型

通讯的选材，一是要注重选材的代表性，选那些事实比较完整、事实意义比较突出、具有代表性，能够说明主题的事例。二是要注重选材的细节性，选那些能提升主人翁形象的，能够烘染气氛、烘托感情、具体细致、真情感人的细节的材料作为事例，主要是详细的情节事实、片段性情节事实、语言性情节事实。三是要注重选材的特写性，选那些对提升文章主题具有震撼力的特写镜头来描写人物。特写镜头又分为场景特写（如临其境）、人物特写（如见其人）和人物个性语言的特写（如闻其声）三部分。

（二）通讯选材的特点

一是要注意材料的典型性。选取典型材料，就要使所选材料具有代表性，事迹突出、意义普遍。对所选事例加以细心地鉴别，为我所用，不能拉到篮子里都是菜，不加鉴别地胡子眉毛一把抓。

二是要围绕主题选材。确定好通讯的主题以后，要围绕主题，积极寻找能够表现主题的材料，要求对所选的每一份材料或事例，都要能为主题服务。

三是围绕事实选材料。通讯的主题定调以后，要积极围绕事实选取材料，实事求是地寻找能够支撑主题的有用的事实材料。要防止两种倾向，一是人为地拔高事实、虚构事实，二是人为地贬低事实，故意贬损主题。

四、通讯的结构

通讯的结构总体上要求做到和谐统一，材料安排有序，自然巧妙，完整严谨，有头有尾，前后呼应。结构要服从主题，事实要揭示本质。根据内容不同，灵活安排。

通讯要围绕中心取材，合理安排材料，做好整篇文章的布局，材料为主题服务，凸显主题。可以按照事物发展的前后过程为主线，也可以用条块组合来安排材料，一篇通讯尽量用一条线来组织材料。通讯的结尾比较灵活自由，有的发出号召，引起共鸣；有的意犹未尽，给读者留有回味余地；有的以精辟的议论作结，揭示和深化主题。

通讯常见的结构形式有三种：一是纵式结构，全篇内容的层次与层次之间呈现纵深式发展态势，可以按时间的推进来组织安排材料，用时间为脉络，沿着时间的链条，把事件发生、发展划分为若干不同区域，形成相对独立的层次，几个层次构成全篇。二是横式结构，即层次与层次之间呈现相互并列的关系，把发生在不同区域间的具有相同性质的新闻事实组织在一起，形成一篇完整的通讯，每一次空间的变换，就形成一个新的层次。三是纵横结合式结构，就是在一篇通讯中，既采用纵式结构，又采用横式结构，但总有一种结构占主导地位。

五、通讯的写作要点

通讯的内容之所以翔实具体、生动感人，基础在于有丰富具体、真实入微的第一手现场采访材料，获得这些鲜活的材料，必须深入调查，现场采访挖掘。面对采访回来的一大堆素材，要认真分析研究材料，去粗取精、去伪存真、由此及彼、由表及里，分析材料之间本质的联系，提炼鲜明的主题。人物通讯、事件通讯等要精心剪裁，运用多种表现手法,写好典型材料,加强扣人心弦的精致细节描写,以增强真实感人的力量。

六、通讯的表达方式

比起消息来,通讯的表达方式比较多样化。

一是叙述。新闻中交代和介绍事实的表达方法就是叙述,这是最基本的表达方式。通讯不同于消息的概括叙述,而是常常运用细叙,就是详细叙述事物、人物、观点等,主要用于叙述事实。

二是描写。用质朴的语言文字简单勾勒形象,不用烘托,不加修饰,不着色彩,不用背景渲染。在细节、场景、形态等描写中,运用比喻、比拟、引用等多种修辞手法对人物或事物进行细致入微的刻画,增强感染力。

三是抒情。通过抒情将作者的爱、憎、褒、贬之情体现在叙事中。抒情要抒真情实感。

四是议论。就是作者对通讯中所写的人或事,发表自己的意见、看法,或评价、或分析其本质、或指明其意义,以帮助读者理解事件实质或人物内心情感。议论有时独立成段,有时和叙事融为一体,夹叙夹议。议论力求精辟有深度,能够揭示事物本质、人物的内心世界,展示事物和人物的时代精神面貌。

七、通讯的写作要领

(一) 标题的写作要领

通讯的标题不同于消息的标题。在形式上,通讯通常只有一个标题,也可以用破折号引出一个写实的副标题,主要交代报道对象和新闻的来源。

(二) 开头的写作要领

通讯的开头,形式上可以不拘一格,写得多姿多彩。可以在开端直接进入情节,直接叙述事件,形成精彩的故事开端,用生动的故事来吸引读者的兴趣。也可以起笔就刻画人物,先让笔下的人物给读者以清晰的印象,有利于全文的有序展开。或先进行场景描写、环境描写等,铺开事件或人物,特别是在风貌类通讯中,往往在开头之处都会有一段场面描写或风光描写。或先抒情再议论,给读者以情绪上的感染或理性的启迪,为全文的叙述定好基调。或用比兴手法,增强通讯开头的文学性。当然也可以引经据典,引用名人典故、诗词谚语、名人警句等增强文化意味。

(三) 主体的写作要领

通讯主体的写作方法灵活多样,可根据不同的内容采用横式结构、纵式结构、纵横式交叉结构进行布局,每个故事或情节之间要有逻辑联系,要能首尾一致,承转自如,不可人为割裂,连不成篇。

(四) 结尾的写作要领

通讯的结尾要起到深化主题的作用,在结尾处往往要通过议论和叙述事实同步进行,强调事实深化主题。如采用议论结尾,有作者直接议论和间接议论两种方式,直接议论就是直抒胸臆,直接发表看法,间接议论就是借新闻人物之口发表看法,升华主题,提升通讯的格调。通讯的结尾还常用于抒发情怀,通过含情的结尾,给读者留下回味的余地,使主题得到强化。

八、通讯的分类

通讯的分类方法很多,这里按照通讯的内容,分为人物通讯、事件通讯、工作通讯、风貌通讯等。

(一) 人物通讯

人物通讯就是以报道各领域内的先进人物或典型新闻人物的事迹,展示人物精神面貌为主要内容的通讯,是以人物为主要写作对象的通讯。通过撰写通讯,宣传他们的好思想、好作风、好品德、新成就、新做法、新举措,为社会树立正面的典型和学习榜样,推动社会道德水平、思想情操向更高层次发展,教育引导全社会树立正确的价值观。人物通讯也可以写一些与社会主流价值观相背离的反面角色,为社会提供反面教材,警醒世人。

人物通讯可以写个人,也可以写人物的集体,写人主要有先进人物、反面人物、新闻人物、平凡人物等。

先进人物如众所周知的焦裕禄、孔繁森、任长霞等。

反面人物一般指那些贪污腐败、蜕化变质、对社会有害的人,把他们对社会的危害报道出来,有助于读者认清他们危害社会的丑恶面目,警醒世人。

新闻人物就是在社会事件中涌现出来的杰出人物,他们因"事"突显超出常人的高大形象,他们和新闻事件有着密不可分的关系。如见义勇为、抗震救灾、抗洪抢险、关键时刻舍身救人等英雄人物的事迹。

平凡人物就是社会上普通的民众,这些人没有显赫的身世或惊天的业绩,但他们的一言一行、一举一动都符合社会主义核心价值观的基本要求,他们的执着与坚守,最终做出不平凡的业绩。

人物通讯的重点是写人,一种是全面记叙人物的事迹,另一种是只写人物的一两个侧面来表现其思想心态。

如何写好人物通讯? 首先要选好典型人物,这是写好人物通讯的关键,要察其言观其行,观察言行事迹、思想风貌是否具有时代特征,能不能体现历史的进程,能不能体现社会发展的方向。

其次要注意表现人物性格的特异点,这是小说中常用的刻画人物的方法,人物通讯中的人物写法要注意捕捉人物不同于别人的性格特异点,又不能夸张失实。

第三是要在矛盾冲突中写人,人物性格在激烈的矛盾冲突中才能够充分显现出来,只有把人物放进风口浪尖,才能冲刷出人物的深层本色。这种矛盾冲突多是在人物与自然、人物与落后势力和陈腐观念、人物与自身弱点等关系上展开的。

第四是要运用典型事例来写人物,以事写人是人物通讯常用的方法,所选取的典型事例要具有代表性,能够表现人物思想面貌的事例,可以起到以一当十、以少胜多的作用,那种使用材料多多益善,见物不见人、见事不见人的写法,都是不足取的。

第五是要借景写人,利用景物写人,可以使人物形象更鲜明、更感人。

第六是要借他人之口来刻画人物,就是间接地刻画人物形象,会使所写人物更加真实可信,形象高大。

[例文评析]

通讯例文1:

心里有群众,脚下有力量[①]
——记北京市密云县古北口镇党委书记何丽娟
本报记者　王××

绿水环绕,青山相靠垫;抬头即是长城,放眼都是"别墅"。"想上网,没问题,村里有无线网络,"67岁的村民陈××热情地招呼记者到她的"别墅"做客,"以前我们司马台村可不这样,这都多亏了镇上的何书记。"

陈××口中的何书记叫何丽娟,是北京市密云县古北口镇党委书记,司马台村是何书记的包点村。

"以前我家在离这不远的山坡上,门前就是一道'梁'"。陈××说,"路不好,只能用筐背水果出来卖,一天最多挣个几十元钱。"作为北京的生态涵养区,几年前,古北口的乡亲们生活得还很清苦。但盼发展、盼富裕,早已成为压在大家心头的强烈愿望。

"思路决定出路,只有想不到,没有做不到。"2010年,何丽娟出任古北口镇党委书记,她跑村入户做调研,到处拜师讨高招。古北口地处"京师锁钥",著名的古北口长城就在此处,有极其丰富的历史文化积淀。依此,她先后提出了"文化立镇、旅游强镇、生态富民"的发展思路和打造"国际文化旅游特色镇"的奋斗目标。

说干就干!作为准备引进的重大旅游项目,"古北口镇"能否成功落地,司马台村的搬迁是个大问题。"没了地,我们靠什么生活?"村民倪××回想起搬迁时的情况说,

---

① 见《人民日报》2014年10月4日第4版。

镇上说以后搞民俗接待,可我们从没搞过,心里不踏实。

"只有心中有群众,脚下才会有力量。"作为搬迁总指挥,何丽娟将司马台村502户的基本情况和拆迁政策全部烂熟于心,每家几口人、几间房、面积多大、土地多少、院外有没有建筑全都一清二楚。她白天挨家挨户做工作,晚上把村里的老人、妇女接到村委会讲政策,为了工作连续20多天没回过家。"人嘴两张皮,当时说什么的都有。"陈××说,"一个女同志,为了我们过得好,自己吃不好睡不好,病了都不跟大伙说,看着我都心疼"。

"乡亲们的家就是我的家,他们的心情和顾虑我都理解。"何丽娟说,"谈到动情的时候,大家就一起掉眼泪,那我就陪着他们边哭边谈。何丽娟的真情打动了乡亲们,仅用50天时间,司马台村就完成了502户、1 131口人、393套院落、4 000多间房屋的搬迁任务,无一上访。

2012年,四处投亲奔友的乡亲们如愿回迁司马台新村,倪××家也住上了220平方米的别墅,搞起了民俗接待。"村里成立了合作社,统一管理、统一客房安排、统一价格结算。"

倪××说,"今年五一来的游客太多,从上午10点一直忙到晚上11点。小长假3天的毛收入有1万多。"

据统计,"古北水镇"项目自2014年元旦试营业以来,共接待中外游客40万人次,实现收入667 206万元。

项目落地了,乡亲们富了,何丽娟却依旧喜欢往村里扎。为了能更好服务群众,何丽娟在全镇开展了"摆点桌上门——镇党政领导干部民情日活动,"要求党政干部把桌子摆到村里,现场解决问题。同时,将每周五确定为群众接待日,从书记镇长到职能部门,都要开门听取群众意见,拿出"按着葫芦抠籽"的精神抓好落实。

"在基层没有什么轰轰烈烈的大事,就是老百姓居家过日子,"密云县委常委、组织部长刘×说,"干得好不好,就是看跟群众有没有真感情,是不是真的为大伙想。丽娟同志做到了。"

例文评析:

这篇人物通讯,开头用白描的手法,将古北口新农村的富裕,用特写人物语言引出镇党委书记何丽娟的工作成绩。通讯用对话的形式把古北口守着金饭碗过着穷日子的状况展现在读者面前。通讯从一个侧面表现镇党委书记何丽娟带领群众立志改变贫穷落后村的面貌的先进事迹。作者列举了矛盾特别突出的焦点——搬迁搞旅游产业,将何丽娟放在矛盾的漩涡里去历练,最终何丽娟的真情打动了村民,赢得了村民的信任和爱戴,改革取得了成功,村民们搞起农家乐富裕起来了,何丽娟这个典型人物的形象在具体的事件中,被刻画得栩栩如生,本篇通讯还借他人之口来刻画人物,使所写人物更加真实可信,形象高大,也是其特色之一。

(二)事件通讯

事件通讯就是报道典型、有普遍教育意义的新闻事件。要求真实、生动、形象、具体地写出时间的来龙去脉,深刻挖掘出新闻事件内在的、本质的特征。事件通讯既可以表现时代的伟大变革,也可以表现流行趋势、思想风貌、生活小事等。事件通讯虽然写事件,但是事情是人来做的,因此写事的同时就要写人,写出事件的特定背景、人的思想、行为活动等。事件通讯以报道正面、先进的事情为主,显示社会主流、历史发展趋势。

事件通讯由于要具体形象地反映人和事,没有固定的格式,比较灵活多变。既可以按时间顺序、事实发生发展的顺序或作者对所报道的事件认识发展的顺序来安排层次,也可以按事物的性质分类,或以空间变换为标志来安排层次,还可以按时间顺序和空间变换穿插起来写作,也可以几种形式综合应用。

事件通讯的写作,要准确地写出某一事件发生的缘由、开端、发展、高潮和结果的全过程,让读者了解事件的来龙去脉,在写作中要处理好写人与叙事的关系,即以叙事为主,写人为辅,写人为写事服务。事件通讯的结构较为灵活,可以顺叙、倒叙,也可以运用插叙和补叙的方式。在表达方式上,为增强文章的生动性和形象性,除了叙述外,还可以综合运用描写、议论等手法。

[例文评析]

通讯例文2:

小灾情　大救援①
——云南景谷地震抗震救灾纪实

本报记者　张　×　徐××　杨××

10日下午,云南景谷县永平镇街上的商铺兴旺如常,路通了、电来了、手机信号正常了——受灾群众的生活正得到妥善安置。此刻,据景谷地震发生还不到三天。

7日21时49分,普洱市景谷县发生6.6级地震,震源深度只有5公里!此时,鲁甸地震的伤痛尚未抚平,景谷地震再次来袭,群众的生命财产遭受严重损失。

这是一场挑战!各路人马争分夺秒地救援,四面八方的支援源源不断,一场抗震救灾的硬仗打响!

救援:第一时间火速展开

根据普洱、临沧两市的分别统计,截至目前,地震已造成1人遇难、324人受伤,其中8人重伤,36万余人受灾,紧急转移安置11万余人。

---

① 见《人民日报》2014年10月11日 第4版。

地震发生后,党中央、国务院高度重视、亲切关怀。云南省立即启动一级救灾应急响应,省委书记秦××两次对抗震救灾作出批示,并委派省长李××率省政府工作组赶赴灾区。7日23时许,省长李××立即率领省政府工作组连夜乘机赶赴灾区一线。

救援在第一时间火速展开。

地震发生后,云南省地震局立即启动Ⅱ级地震应急响应,22时30分就派出第一批现场工作队紧急赶往震区,开展现场震情分析、灾情调查等。

"当晚10点接到命令,11点20集结大理、玉溪队伍分头出发,次日早上6点多就进入了永平",14集团军工兵团副团长陈××告诉记者,截至10日上午,14集团军工兵团仅在团结村就排除23处各类险情,搬运发放帐篷97顶。

"孩子,'5·12'汶川大地震时是武警官兵救了我们,现在你参军了,更要为灾区人民出力!"四川巴中的赵××夫妇得知儿子赵××正在灾区,通过武警普洱支队景谷中队联系上儿子。灾情发生后,武警普洱支队200名官兵连夜赶赴灾区搜救受灾群众。

争分夺秒开展地毯式搜救,解放军、武警官兵、公安民警、消防官兵、民兵预备役、专业救援队伍和当地干部群众全力以赴救援抢险,广大医护工作者、新闻工作者和志愿者也纷纷深入灾区……

保障:构筑坚强的"生命线"

地震发生后,首个救灾航班MU7691次航班于10月8日零时49分从昆明飞抵思茅机场,乘坐的救灾人员有百余人;第二个救灾航班也运载救灾人员134人,于8日凌晨到达普洱。昆明机场等各机场单位迅速开启专用安检通道。

没有交通、电力、水利、通信等"生命线"的畅通、保障,抗震救灾就无法高效展开。

云南电网公司启动了Ⅰ级应急响应,迅速组织抢修队伍和应急设备投入"保电第一线",保障应急指挥部、医疗救治等关键环节供电——恢复永平镇卫生院应急用电仅用了90分钟;12小时后,灾区供电受影响的用户超九成恢复正常。

地震及余震,导致景谷至临沧二级路多处山体出现塌方险情,其中平掌岔路大桥两头,山体塌方严重。为确保进入灾区的道路通畅,普洱公路路政管理支队等多部门24小时值守。支队长李××说:"目前灾区的道路比较通畅,没有出现过长时间堵车。"

为保震区通信"生命线"畅通,云南电信派出专人携带发电机、卫星电话等设备挺进灾区;截至8日11时,中国移动云南公司抢修好了所有受影响的基站。

应云南省请求,国家防总早已紧急从中央防汛物资仓库调运了净水设备、橡皮舟、发电机等防汛抢险物资,支持云南水利抗震救灾,工作组和专家组也已抵达震区。

震区外围,多支部队时刻准备着。云南省武警总队二支队政委张×说:"只要有需要,我们一定为灾后重建出把力。"

帮扶:暖流在灾区涌动

随着大量群众搬入临时安置点,永平镇的卫生防疫工作10日全面展开。截至目前,灾区没发现传染病疫情。

"因为村民对地震心有余悸,我们一面巡诊,一面心理干预",武警普洱市森林支队政委高×说。武警普洱支队卫生队到小芒竜村义诊,给村民们送来常备药品。

10 日,云南省住建厅副厅长赵××告诉记者,对景谷地震受到影响的 104 个学校、幼儿园的校舍安全排查评估工作已经展开。经排查后可以使用的校舍,学校将于 13 日开学;不能再使用的校舍将通过搭建活动板房建设临时校舍,争取 27 日复课。

灾区人民也积极自救,投入到抗震救灾中来,暖流在景谷灾区涌动。

"一起来,大家把水抬进去,赶快把萝卜洗了。"在永平镇第一小学安置点的食堂内,36 岁的周××招呼大家把齐腰深的水桶抬进厨房。他本是威远镇威远街村的"监督委员",前不久刚刚成为预备党员。地震发生后,他就一直负责永平镇第一小学安置点的后勤工作。

安置点的居民们吃过早饭后,周××又和大家伙忙活开了,他大声吆喝着:"大家抓紧,要让所有人中午、晚上都吃上热乎饭!"

例文评析:

这篇事件通讯,将景谷地震发生的时间、地点、救援的基本过程、后勤构筑"生命线"线以及灾区群众互帮互助等,写得清楚、感人。事件通讯在写作中,要处理好写人与叙事的关系,以叙事为主,写人为辅,写人为写事服务。本篇通讯写出了党和政府高度重视灾区人民的生产救灾情况,文章分为三个部分,分别用小标题标出,每个部分之间,形成递进式结构,环环相扣,层层展开,把地震灾区救灾现场的场景写活了,增强了文章的生动性和形象性,充分体现了一方有难八方支援的集体主义精神。通讯还综合运用描写、议论等手法,深化了文章的主题。

(三) 工作通讯

工作通讯是针对某项工作进行的深度报道。一般是叙述某项工作如何开展,怎样打开局面的情况,或是贯彻落实党的方针政策所取得的新成绩、新经验,或是回答在实际工作中人们普遍关心的、迫切需要解决的问题,以此推广经验、解决问题、指导工作。

工作通讯在写作上,一要抓住主题,注意选择那些在贯彻执行党和国家方针政策中遇到的问题,选择那些群众普遍关心的问题,把着眼点放在推动工作的开展上。二要用事实说话,要选择典型事例,突出重点问题,多角度、多方面地选取材料,证明观点,否则,所谓的经验、结论、观点都只能是空中楼阁。三要生动活泼,可读性强。工作通讯在情节上不能像事件通讯、人物通讯那样,以情节引人入胜,但不能因此而放弃可读性的追求。四要找出解决问题的办法和出路,在生活中,不仅暴露问题的工作通讯要提出解决问题的办法,报道成功经验的工作通讯同样要提出解决问题的办法,给读者以启迪。

工作通讯选题要有现实的针对性,切合当前工作的需要,如社会进程中的新问题,实际工作中长期积累的而未引起人们关注的问题,长期存在的但悬而未决的问题,都是现实性的问题。工作通讯说理要具体、透彻地阐述问题和经验,讨论问题具备一定的深度,对新情况的交代要具体明晰,对新经验的表达要准确到位,对新问题的分析要深入透彻。工作通讯的议论,要夹叙夹议,有理有据,用议论做点睛之笔点出问题的所在,活用背景材料与现实对比,进行有说服力的分析,或是作者直接发表意见。

[例文评析]

通讯例文3:

板凳不加长　干部咋分流①

记者　潘××

阅读提示:在调整行政区划的过程中,干部配备最为棘手,特别是合区后领导职位的调整,让谁上让谁下,极容易产生矛盾。多余干部如何消化?分流有何标准?怎样防止回流?带着这些问题,记者在青岛市北区展开了调研。

一把手咋精简

通过民主测评和实绩考核的方式互相投票,并现场公示结果

"凭啥让我退居二线?这么多年没功劳也有苦劳吧?这么干我不服!"合区之前,一位政府部门一把手气呼呼地找到了山东青岛市北区区委书记惠××。将心里的不满竹筒倒豆子般说了出来。

"全区投票垫底,民主测评分值低,还有近3年区里对你的考核、市里的垂直部门对全市各个县区局的考核中,你也中等偏下。"惠××与这位一把手谈话进行了一个多小时,最终打开了他的心结。之前,他还以为闹腾闹腾就能继续干,但是这些考核的硬指标让他自己都"脸红"。

2012年底,青岛市进行行政区划调整,将原来的四方区和市北区合并,成立新市北区。合区简政,最难安排的就是合区前各区的部门一把手。据介绍,两套班子合并成一套,青岛市只给新市北区65个部门一把手职位,比原先两区合并之前的120多个部门一把手职位数,减少了近一半。

合区之后各个部门的一把手谁来当?"之前的合区经验是各部门分设党政一把手,这样大家都有理想的位置,也不会得罪人。"惠××说,但是这样设置是有教训的。

据介绍,在上世纪90年代,原市北区就有一次合区,采取的办法是:原来两区的局长分别担任合区之后该部门的书记和局长。由于两人都想掌握实权,于是矛盾在所难免。一位老干部坦言,上一次因为区划调整,书记和局长打仗打了10多年,现在见面

---

① 见《人民日报》2014年10月9日 第11版。

还形同路人。"多头管理也效率低下。"一位干部说。

"除了管理单位较多的教育局、党外干部任局长的服务业局、危旧房改造任务重的开发局等几个局外,其他党政部门放弃党政领导分设,精简一把手。"惠××说,为了避免以往的弊端,对一把手的选拔采取了民主测评和实绩考核的方式。

新市北区组织部部长徐×说,合区之前,组织全区的一把手互相投票进行现场公示,并参考最近3年对各个部门的综合考核,还有到市里对各个县区局考核的位次。最大限度地通过民主和实绩来选人。

据介绍,也有一些考核结果不太好的一把手找上级领导来说情,但是知悉投票结果现场公示之后,就无语了。惠××说:"尽量做到公平、公正、透明,就能顶住压力。"

多余人咋消化

通过加强内部分流和区外分流的方式,坚决减少领导班子人数

除了安排好一把手,班子搭配也很重要。"以往的做法是加长板凳,将合并前两区部门班子副职悉数纳入新班子。"惠××说,在合区时,这种方式避免谁留谁走的矛盾,却会导致干部队伍臃肿,干部成长链条断裂,对工作开展和个人提升造成不利影响。

对于两个相似的老城区来讲,合区有利于整合资源,优化资源配置。但是由于领导职位以及行政编制的减少,一些干部不愿意合区简政。"僧多粥少。本来还盼望着往上升,这下没指望了。"一位原市北区的骨干有苦难言,原市北区因为上一次的合区,致使同级别干部的平均年龄比四方区大10岁。据介绍,合并之前,原市北区和四方区在职处级干部共有963人;区划调整后,共核定编制数664个,富余299人。

不加长板凳,干部如何分流?据新市北区组织部副部长、人社局局长袁××介绍,一方面加强内部分流,允许年龄偏大的同志提高职级或工资待遇退居二线,不再担任领导职务;另一方面加强区外分流,处级干部可根据个人意愿选择区外分流,兄弟区按照现任职务对应安排,确保身份不变、职级不降、待遇不减。另外,还通过公开遴选、考录等方式,向市直机关输送业务骨干。

"只有流动起来,才能为年轻的干部腾出上升的空间,而不至于走原市北区之前合并的老路。"惠××说。通过处级干部分流安置,空出编制146个,提拔处级干部140多位。

班子如何配备?据徐×介绍,在班子搭配上,充分听取了干部个人意见和部门正职的个人安排意向,并尽量做到两个区的平衡,共配备部门主要负责人84人,副处级干部227人。有些一把手还调离原部门到别的部门担任一把手,如果在原部门,另外一个区的可能会闹情绪。

徐×说,从配备后干部的反映看,无论是留任原职的,还是岗位发生变化的,都能够接受任职安排。

基层弱咋补血
将一线作为锻炼、培养干部的平台，将挂职作为年轻干部的"必修课"

在处级干部配备结束后，科级干部安置采取征求意见与民主推荐相结合的方式，各单位综合考虑干部专业特长、任职经历、工作需要安排岗位，实现人岗相适，保持工作连续性。而在科级干部选拔任用方面，调整则采取民主推荐和竞争性选拔相结合的方式，避免了片面的以票取人、以分取人。

经统计，合区之后整个区的干部，66%集中在区直单位，34%集中在街道。"机关的干部配备已经饱和，而街道办事处等一线单位又面临着工作力量不足，科级职位空缺的实际困难。"袁××说，合区并没有合街道，在科级干部调整中，突出基层导向，配强一线干部队伍。据介绍，合区以来，街道和一线单位共提拔重用 154 名科级干部，占提拔重用科级干部总数的 38.7%。

据袁××介绍，借着干部调整的机会，新市北区还建立了群众工作队制度，将基层一线作为锻炼干部、培养干部的平台，将挂职锻炼作为年轻干部的"必修课"。从机关部门分期分批抽调年轻干部到街道一线开展维护稳定、房屋征收、民生保障等群众工作，每批派驻时间 1 年，连续选派 3 年。今年，从新提拔重用的科级干部中先后选派两批共 127 人到一线单位工作。

在 2014 年年初合区一年时，整个区机关运行顺畅，全区经济实现平稳较快增长。全年完成全区生产总值 550 多亿元，增长 10.5%；地方公共财政预算收入完成 78.4 亿元，增长 18%。截至目前，各单位各级职位基本控制在核定的职数范围内，部分单位的各级职位还略有空缺。

例文评析：

这篇工作通讯报道了青岛市北区在行政区划调整、合区的过程中，如何解决人事安排难问题。开头提出许多的问题，具有现实的针对性，切合当前工作的需要，继而分析了调整行政区划、合区过程中，必定会产生干部分流问题，这是现实性的问题。对于这些问题到底怎么解决？青岛市北区提出了解决的方案，克服了僧多粥少的矛盾，很好回答了人们的疑虑。文章用夹叙夹议的方式，基本上是按提出问题、分析问题、回答问题、解决问题的顺序进行的，每段之间是递进关系，逐层深入。

（四）风貌通讯

风貌通讯又称概貌通讯，它是反映某一地区、某一系统、某个单位、某项工程发展变化中的大致情况、基本风貌的通讯。在具体的写作中经常使用"××见闻""××纪行""××散记""××游记""××巡礼""××侧记""××札记""××随笔"等名称来表现。风貌通讯取材广泛，写法灵活，内容生动，常借助于各种逸闻趣事、风土人情、历史掌故来展现历史，再现生活画面，介绍异域风光，起到长见识、开胸襟、增情趣的作用。

风貌通讯的写作，一是重在写新的见闻，能提供新信息、反映新变化，着眼于"新"和"变"，写出事物的新情况、揭示事物的新变化。二是善于应用对比衬托，写"新"要突出"变"，通常运用背景材料，选择事实和数字，做今昔对比，这是最常用的手法，有时还用民谚、故事来衬托事物的变化。三是要用丰富的知识增添趣味，常用历史、地理、人文、科学等方面的知识来增强知识性和趣味性，注意紧扣主题、关联现实。四是要善于使用夹叙夹议、情景交融的表达，边叙边议，叙议结合，写景抒情，情景交融，增添文章的可读性。

[例文评析]

通讯例文4：

20 年不变的追求①
——张家港文明城市建设剪影

本报记者　贺×× 姚×× 王××

从首批国家卫生城市，到全国首家环保模范城市，再到首批全国文明城市……当众多荣誉接踵而至，外地前来取经的人们，总会问张家港人：奥秘何在？

其实，只要置身于这座洋溢着笑脸、充满活力的城市，观察市民日常生活的种种细节，便会找到答案。

城市在变，群众参与主体未变——文明创建，市民始终唱主角

盲人能像普通人一样观看电影吗？在张家港，这不是问题。

"这是一部反映侦探与反侦探的电影，讲述了吴彦祖扮演的男主角艰难完成夙愿的故事……"随着主讲人的介绍，荧幕缓缓亮了起来，40 多位盲人观众随着剧情深入，"看"得津津有味。

"我从小就看不见，如果没有这样的活动，根本不敢想象还能有走进电影院的一天。"70 多岁的张阿婆感动地说。

"金话筒"志愿者团队发起人吴××告诉我们，市广电系统 20 多名一线主持人和播音员分工合作，从选片到查找背景资料，从接送盲人到现场讲解，至今已成功举办了7 次。

市委宣传部副部长、市文明办主任何×表示，仅 2012 年以来，张家港市已发布志愿服务项目 322 个，其中 274 个项目被 113 家企业资助，资助金额达 611 万元，参与志愿者超过 6 万人次，受益群众达 35 万人次。

无论城市发展如何变迁，群众作为文明城市创建参与主体的身份一直未变。这得益于"伙伴计划"，更得益于志愿服务的常创常新。在张家港，志愿者根据时间、服务

---

① 见《人民日报》2014 年 10 月 11 日第 11 版。

等评星定级,可以兑换积分换取"礼遇",获得物质及精神奖励;志愿活动备案后,志愿者即可获得一份最高保额为 20 万元的保险;所有的活动经费进行估算审核和公示,活动过程拍摄照片,保障了志愿者活动的公开透明,常态长效。

经由"市民巡访团""市民巡讲团"和"市民巡演团",成千上万志愿者深入城乡基层开展各类创建督查、宣讲活动,并在全国县级市率先开发"城市 e 管家"信息平台,市民通过手机移动终端参与城市卫生、交通等方面管理。自平台今年 1 月正式上线以来,注册用户数已达 2.1 万余人,受理举报各类问题近 9 000 起,结案率 90%以上。

张家港有 400 多个志愿者组织,但他们的活动并不限于本地。2003 年 9 月 10 日,张家港日报刊发了一篇来自湖北省五峰土家族自治县三坪希望小学的"寻亲"报道,希望寻找多次寄钱寄物给他们的好心人——张家港"张闻明"。当全城发动寻找"张闻明"时,刚刚大学毕业的徐×,立志做另一个"张闻明",从暗助失足村民到义务上山捡垃圾,再到关爱身边弱势群体,如今他已坚持了 10 年志愿服务。

也不仅是在国内,张家港的文明风尚甚至走向境外。走进张家港市民服务中心出入境窗口,市民在办理出入境手续时,会领到一张《文明旅游承诺书》,上面列着"维护环境卫生""保护文物古迹"等八条内容。而对遵守承诺的游客,当地两家旅行社还给出了奖励。张家港华泰旅行社总经理张××说,公司一年为此让利超过十几万元。

班子在变,"两手抓"传统未变——一以贯之,事事处处有人管

张家港城东街道梁丰社区一字排开的 17 间小木屋,从 24 小时自助图书馆到外来工自助洗衣房,从小儿礼仪教育到老人休闲娱乐,这里应有尽有。

梁丰社区是老旧小区,从前既没公共文化设施,环境也差。"文明创建不能有死角",在社区干了 20 年的城东街道主任蔡×介绍说,社区干部群众齐心协力,填平了水沟,齐整了高压线走廊,修好了道路,建设了别具匠心的小木屋文明驿站。

在张家港,市委书记同时兼任市文明委主任。上世纪 90 年代以来,从抓卫生环境,到"以工促农,以城带乡";从城乡一体文明创建,再到提升城市品质、培育创建文明品牌,市委主要领导更换了七任,但"一棒接着一棒传,一任接着一任抓"的传统始终未变。

年过七旬的原张家港市委书记秦振华,当年从上街拍苍蝇、扫马路、拆除露天茅坑开始,"团结拼搏、负重奋进、自加压力、敢于争先",使文明素养在这片土地生根开花。

多年来,每年春节上班后的第一个工作日,张家港市委都要召开精神文明建设总结表彰大会。各类文明创建先进名单,每年都会雷打不动地登上市委 1 号文件。会场外的红榜不仅展示了机关、乡镇经济建设的实绩,还公布精神文明建设成绩的排名。

在张家港市步行街上行走,很难不注意到商场外信用星级和微信号,用手机扫一扫,就可获知该商家的基本信息、资质信息、荣誉鼓励信息及失信信息等。

这是张家港诚信制度建设中的新尝试。"顾客用脚投票,对商家来说,既是动力

也是压力。"一家百货公司的负责人坦言,"五星级的信用等级是推广企业形象的最佳金字招牌。"

2005年以来,张家港市奖励创建先进单位、个人超过3 000万元,6个创建成绩靠后的市级机关主要领导被诚勉谈话。现在,奖惩机制又有了创新,更加公开透明,监管面更广,诚信企业也能在税收、贷款等方面享受到优惠。不少外资企业高管表示,来这里投资,正是看中了这座城市文明诚信的创业环境。

在今年2月首个全市的大会上,市委书记姚××明确表示,要争创全国文明城市"四连冠"。为此,张家港把精神文明建设纳入机关和乡镇绩效考核,考核分值和经济指标各占50%,实现物质文明和精神文明"两手抓、两手硬、两促进"。

方式在变,服务市民宗旨未变——崇德向善,尽在细枝末节处

在张家港杨舍镇,每周日上午,不少孩子会在家长的陪同下来到锦绣社区的"育心读书会",一起诵读国学经典,4年来参与人数已超过2 000人次。

自前年全国首创"书香城市建设指标体系"后,张家港又举办了网格文化员资格认证和阅读推广员专业培训,通过24小时"自助图书馆",以及永联亲子书屋、金港镇公益阅读吧等9家社区阅读活动站等渠道,对市民进行阅读指导。

"网格化"公共服务新模式和"书香城市"的推进,使市民成为基层公共文化服务建设的最大受益者;连续10年举办的长江文化艺术节,使市民在家门口就能看到"大戏"。

而在农村社区,全国道德模范、永联村党委书记吴××带领村民走向富裕后,陆续建起了戏院、图书馆,让村民天天有戏看、家家有书读,而且坚持开展独具特色的"文明家庭"评选。村民说,像随地吐痰、说脏话等行为现已在村里基本绝迹了。

在位于城乡结合部的金塘农民安置社区,200多位邻里聚在社区"和合书场"欣赏戏曲表演。这个书场在没有表演的时候,也被用于"道德讲堂",身边的好人好事乃至不文明行为,都可说唱一番。

该社区60岁以上的老人至少占20%,还有将近一半的新市民,文化程度不高。怎样的活动能将文明创建寓教于乐呢?

社区负责人讲了一个故事:有一天,她看到两位社区居民正在为车位争吵不休,正要上前劝阻,另一位路过的居民小声嘀咕道,"咦,这怎么跟上次在书场表演的小品'抢车位'中的情节那么像呢?"听到这,刚才还争执不下的居民红着脸互相道了歉。

"发挥主题教育的推动作用、先进典型的示范作用、优秀文化的滋养作用和志愿服务的凝聚作用,是做好文明创建的关键所在。"张家港市委常委、宣传部长杨×表示,文明正成为张家港人的一种生活方式。

例文评析:

这是一篇较为典型的风貌通讯,作者抓住张家港市文明城市创建的特点,突出亲

身见闻,用对比衬托的方式,着力描写张家港市 20 年发生的深刻变化,通过缘物寄情,情景交融的现场描写,通过具体的事实和详实的数字做今昔对比,用"新""旧"对比来突出"变"。作者边叙边议,回顾过去展望未来,文明巨变的佐证材料信手拈来,读者就如同在作者的导游下对张家港市作一次漫步旅行,饶有风趣地边走边说边欣赏,设身处地地感受张家港市文明建设的新气象。本文情景交融的表达,边叙边议,叙议结合,写景抒情,状物描写,增添文章的可读性和趣味性。

第四节　新闻评论

[知识讲解]

一、新闻评论的定义

新闻评论是指针对现实生活中新近发生的具有普遍意义的新闻事件、迫切需要解决的现实问题或公众广泛关注的社会话题,发表议论、做出分析、讲明道理、直接发表意见的文体或节目类型。

新闻评论属于议论文的范畴,主要通过分析说理的方法,从理论上、政治上、政策上和思想上启发和引导读者,达到传播党和政府的方针政策,针砭时事、激浊扬清,正确引导舆论宣传的目的。

二、新闻评论与议论文及新闻报道的区别

(一) 新闻评论与议论文的区别

新闻评论属于议论文的范畴,但又和一般的议论文有着严格的区别,普通的议论文只是剖析事物、论述事理、发表意见、提出主张,通过摆事实、讲道理、辨是非,以确定其观点是否正确或错误,树立或否定某种主张,可以谈古论今,纵横捭阖,但没有明确的时效性。新闻评论除了有议论文的基本特点以外,它还具备新闻的特点,具有时效性和现实针对性。

(二) 新闻评论与新闻报道的区别

新闻评论与新闻报道都是对客观事物的真实反映,但二者具有很大的区别,新闻是对新近发生的事实的报道,是对新闻事实进行客观的记录,不能直接表达态度、表明意见,即使有主观倾向,也要通过事实间接地表达。

新闻评论的政治性、目的性、倾向性很明确,代表了党和政府的声音,或表明所在

媒体的态度,或代表了社会大多数读者的意见。新闻评论是对新近发生的具有普遍意义的新闻事实进行评论,表明态度或意见,做出对还是错的判断。

三、新闻评论的特征

(一) 强烈的新闻性

新闻评论讨论的议题,都是现实生活中新近发生的事件和问题,一般是重大的、大众关心的或迫切需要回答的问题。

(二) 鲜明的政治性

新闻评论是新闻媒体的政治旗帜,具有鲜明的时代性和阶级性,我国的新闻媒体根本属性属于党的喉舌,必须坚持党性。因此,我国的新闻评论有着鲜明的政治立场,坚定的态度从不含糊,代表着广大群众的根本利益,这是新闻评论区别于其他议论文和学术论文的主要特点。

(三) 广泛的群众性

新闻评论要讨论的议题是同人民群众的切身利益紧密相关的,能够及时反映人民群众共同心声,是人民大众参与社会管理、发表言论的有效途径,可以直接表达对新近发生的事实的基本看法和基本观点。

四、新闻评论的分类

根据人们对新闻评论的研究,将新闻评论分为五类:社论、评论员文章、短评、编者按、专栏评论。

(一) 社论

社论是代表报社、通讯社、广播电台、电视台等媒体编辑部发言的权威言论。集中反映政党、政府、团体对当前重大事件和迫切问题的立场、观点和主张,是影响并引导社会舆论的有力风向标。社论又分为阐述型社论、评价型社论和仪式型社论。

阐述型社论是用来直接阐述当前形势和党的路线、方针、政策,及时传达党的指示精神。评价型社论对国内外重大政治事件或社会生活中具有代表性与方向性的事物加以评论,表明编辑部对此问题的认识和判断。仪式型社论指以重大节日或纪念日为依托,就全局问题发表议论,分析形势,提出任务,或对重要外事活动发表礼节性评论。

社论的写作从选题、标题制作到写作、修改等各个环节,都是集体构思、创作,体现集体的智慧。

新闻评论例文1：

沿着中国道路走向伟大复兴①
——热烈庆祝中华人民共和国成立65周年

奋斗者总会在时间中留下足迹。65年前的今天，新中国编年史翻开崭新一页；65年后的今天，天安门广场鲜花怒放，为光荣与梦想的65年，为中国道路的65年，再举庆祝的酒杯。这是一个值得铭记的时刻，我们与亿万人民一起，共贺佳节、同享光荣。

远早于今，庆祝中华人民共和国成立65周年的活动便已陆续展开。海内外媒体持续关注，各路记者四处寻访，见证中国的探索、成长与进步，分析中国的过去、现在和未来。中国号巨轮正破浪前行，驶入新的水域。加快转方式调结构，经济步入稳中有进新常态；财税改革、户籍改革、考试改革，改革大潮气势夺人；作风建设抓铁有痕，党风政风民风新风劲吹；拍蝇零容忍、打虎无禁区，反腐败斗争震撼人心……如此短的时间带来如此大的变化。发展蹄疾步稳，政治清风扑面，社会和谐稳定，民生持续改善，从大江大海的奔腾到一枝一叶的生长，中国人民于国家前途充满热望，对未来生活充满向往。

却顾所来径，豪情满胸怀。回首65年光辉历程，从一穷二白起步，中国共产党缔造的社会主义中国，有过激情燃烧的奋斗，有过履险如夷的欣喜；有过百折不挠的尝试，有过波澜壮阔的行进。在艰难曲折的探索中，找寻一条适合中国的道路；从"开除球籍"的忧患中，奋起为世界第二大经济体。面对世所罕见的艰巨繁重任务，面对世所罕见的复杂矛盾问题，面对世所罕见的困难风险考验，我们用经济实力的显著进步、综合国力的不断增强、人民生活水平的持续改善，书写了中华民族的崭新篇章，让占世界四分之一人口的中国，重新回到"世界舞台的中央"。承载百余年仁人志士艰辛的探索，汇聚亿万人民不懈的追求，今天的中国已经可见复兴的曙光。

道路决定命运，道路改变命运。一个国家，在两千多年的封建社会，虽经无数次治乱交替、分合轮回，"却好像什么也没改变"；在近代以来百年历程中，积贫积弱，饱受欺凌，被西方称为一推就倒的"泥足巨人"。然而，在短短65年特别是改革开放30多年里，一个伟大觉醒却让它发生天翻地覆的变化。如此鲜明的历史反差，奥秘何在？答案是我们走出了一条中国特色社会主义道路。当中国道路给一个古老国度带来"千年未有之变局"，我们脚下这块土地，包含着多少惊心动魄的历史转折，蕴藏着多少振聋发聩的观念突破，凝聚着多少前无古人的伟大创造。65载岁月峥嵘，我们和我们的国家，奋斗的重任在肩，复兴的梦想在前。

五千年悠久的文明，十几亿庞大的人口，这样一个人类历史上绝无仅有的超大规模国家，不可能亦步亦趋走别人的路。65年的成功实践证明，汲取其他文明的长处，坚持走自己

---

① 见《人民日报》2014年10月1日第4版。

的路,才能用独特的制度文明、独有的价值追求、独到的文化范式,给予我们这个古老国家更为广阔的发展空间。正如习近平总书记强调的,"实现中国梦必须走中国道路。这就是中国特色社会主义道路"。沿着这条道路,按照党的十八大擘画的宏伟蓝图,以更大的决心和勇气推进改革开放,让制度更加完善,推进国家治理体系和治理能力现代化;让法治更加昌明,构建法治国家、法治政府、法治社会的牢固基石;让社会活力迸发,推动一切财富源泉充分涌流。亿万人民用双手搭建梦想的阶梯,坚持共建共享的伟大探索,社会主义中国有能力书写更加精彩的中国故事,为世界文明做出更多原创性贡献。

"为者常成,行者常至"。负载了传统与现实的交汇与交融,承受着艰辛与光荣的历史和未来,今天的中国,面临的问题与优势一样大,面对的挑战与机遇一样多。新的时间窗口已经打开,放眼未来,中国道路发展与完善的过程,正是我们国家走向现代化的过程,也是我们民族走向复兴的过程。让我们紧密团结在以习近平同志为总书记的党中央周围,携手同心沿着这条道路走下去,我们将一起实现"两个一百年"奋斗目标,一起走向中华民族期盼百年的伟大复兴。

例文评析:

本篇《沿着中国道路走向伟大复兴》是《人民日报》在国庆 65 周年发表的社论,社论是报纸的灵魂与旗帜,它体现报纸的方向。党的各级领导经常通过自己的机关报对群众进行思想教育,引导舆论,指导实践。该社论是代表党中央就建国 65 年来取得的成绩、存在的不足和未来发展方向,所发表的权威性评论。它集中反映并传播中国共产党在未来的发展道路上,必须走中国特色的社会主义道路,梦圆中华民族期盼已久的强国梦,所提出的立场、观点和主张。及时表明党的立场和态度,阐释党的路线、方针和政策,注重政策性、思想性、指导性,文风庄重、严谨、朴实。

(二)评论员文章

评论员文章是介于社论与短评之间的一种评论形式,一般在千字左右,通常不去全面地论述某一重大问题或重大决策,而就某一个问题或选择一个重要的侧面发表意见,做深层次的分析。评论员文章有的署作者姓名,有的只是署名"本报评论员"。

[例文评析]

新闻评论例文 2:

让每一个老年人都能安享晚年①

本报评论员

岁岁重阳,今又重阳。在九九重阳节到来之际,我们衷心祝愿全国所有的老年朋

---

① 见《人民日报》2014 年 10 月 3 日第 4 版。

友平安、健康、幸福！

"老吾老以及人之老"。家家有老人，人人都会老。孝敬老年人，是中华民族的传统美德。老年人曾为社会创造物质和文化成果，为抚养儿女忙碌操劳，他们理应享受社会经济发展成果，得到社会尊敬和关爱。

党中央、国务院一直十分关心老龄问题，高度重视老龄工作。截至2013年底，城乡居民基本养老保险制度实现全覆盖，65岁以上老年人健康管理率达88.8%，基层老年法律援助覆盖面达95.4%。22个省(区、市)建立了困难老年人养老服务补贴制度，一些地方还出台了高龄津贴政策，建立了失能老年人护理补贴制度、老年人生活保健补贴，或探索建立了长期护理保险，支持老龄事业发展的社会氛围更加浓厚。

但是，面对严峻的老龄化形势，我们在物质基础、政策储备、社会参与、管理服务等方面的准备还有很多不足。从中国老龄事业发展"十二五"规划的中期检查评估结果看，有的指标完成得不理想，养老机构床位数、老年护理机构数、城乡社区养老服务设施覆盖率等差距还比较大，一些关系老龄事业长远发展的基础工作还不扎实，涉及老年人生活质量的关键任务推进力度还不够。实现人口老龄化背景下的经济社会可持续发展，对老龄事业和产业发展提出了更高的要求。

做好老龄工作，需要不断完善各项体制机制，通过充分发挥好政府、市场、社会、家庭和个人5个方面的作用，有效破解"老有所养"的难题。政府是筑牢基本保障底线的主力军，要制定规划、出台政策、引导投入、培育市场、营造环境；市场是关键调控手段，要多元主体办产业、多种形式促发展，不断满足老年人多层次、多样化的需求；社会是重要推动力量，要参与提供公益性养老服务、发展老年慈善、创新老年群体社会治理、组织老年文体活动；家庭是精神支柱和重要依托，要最大程度提供对老年人的物质供养、生活照料和精神慰藉；个人是解决自身养老问题的首要责任主体，要老有所学、老有所为、老有所乐。

养老问题，没有远虑，必有近忧。让老年人老有所养、老有所乐，不仅是子女的义务，也是全社会的责任。面对滚滚而来的"银发浪潮"，我们需要不断完善养老保障安全网，调动一切积极因素，让每一个老年人都能安享晚年，让尊老、爱老、敬老、养老成为最美丽的夕阳景。

例文评析：

这是《人民日报》2014年国庆节之后发表的一篇评论员文章，文章侧重对养老问题进行深入阐述，指出面对我国滚滚的"银发浪潮"，我们要充分发挥好政府、市场、社会、家庭和个人5个方面的作用、有效破解"老有所养"的难题，要在物质基础、政策储备、社会参与、管理服务等方面做足准备，要不断完善养老保障安全网，调动一切积极因素，让每一个老年人都能安享晚年，让尊老、爱老、敬老、养老成为最美丽的夕阳美景。这是我们共同的愿景,也是政府和全社会共同的义务和应尽的责任。作为评论员文章,它代表的是报纸编辑部的集体声音,往往是集体写作,成果是集体智慧的结晶,因此在署名时一般都不署个人名字,而是署"本报评论员",代表的是集体的意志。评论员文章在写作时往往站在很高的政策层面,要结合重大活动或重大事件才发表评论员文章,小事不发,不能滥发。评论员文章所提观点要正确,语言要庄重,切中要害,行文要符合报纸的风格,不能流于形式。

(三)短评

短评是一种篇幅短小、内容单一、分析简明扼要、使用灵活的编辑部评论。一般根据党的方针、政策,配合新闻报道,就现实生活和实际工作中某一个方面的问题,代表编辑部发言。

短评字数一般在500—600字,篇幅短小,主题单一,内容集中,语言精练。短评一事(观点或问题)一评,在诸多问题中只选择一个问题,评其一点,不涉及其他。短评具有依附性,既可以为一篇新闻写,也可以为一组有关联的新闻写,还可以针对新闻中的一个事实或一个观点,甚至是一句话写一篇短评。

[例文评析]
新闻评论例文3:

时代呼唤更多的宋×①

家庭联产承包责任制,让集体的"大锅饭"变为自家的"小灶",农村生产力得到了空前解放;农民从先前的为"公家"种地,到现在的为"自家"种地,农村的生产关系发生了颠覆性的变化。旧的矛盾解决了,新的矛盾又出现了。一家一户的农业生产经营方式,很难适应现代农业的要求。

解决这个问题,需要探索和实践。可贵的是,宋×用自己的青春、前途和命运,主动投身到这场新的农村改革的浪潮中来,他本身就是一个改革的样本。

毫无疑问,未来的中国农民,必须有一大批像宋×这样有文化、有抱负、有理想、有探索精神的高素质的年轻人,只有这样,中国的农业发展才有希望,粮食安全才有长治久安的保障。因此,我们鼓励和肯定宋×,期盼出现更多的宋×,更期待从体制机制上,激励出更多的宋×。

例文评析:

新闻短评在发表时有署名与不署名两种,署名短评以个人身份发言,形式自由,手法多样;不署名短评代表媒体编辑部发言,是评论中比较短小、灵便的一种体裁,本篇

---

① 见《人民日报》2014年10月7日第2版。

是不署名的短评。这篇短评依附于新闻报道,配合新闻报道就实务虚、就事论理的短小评论,内容上不具有独立性,但自身也是一篇完整的、独立的文章。这篇短评篇幅短小精悍,评析内容具体、立论角度集中、结构简约、文字精练。它抓住新闻报道中呼唤更多地涌现出新时代有文化、有技术、有抱负、有理想的宋×式职业农民这个中心进行议论,力求行文精粹,不蔓不枝,通过述评把记者、编辑和读者心中想说的话说出来,重在分析,抓住最具时效性的新闻报道,立论角度新,观察事物视角新,论据新颖,见解和结论有个性,语言文字生动活泼。

(四) 编者按

编者按,又称编者按语,不是独立的新闻评论文体,而是一种依附于新闻报道或文稿,起到画龙点睛作用的编辑简短评论,是报刊、通讯社、广播、电视等新闻媒体编辑专用的文体,媒体编辑常常根据需要,对新闻报道内容进行评价、批注、建议,以表明编辑部的态度或立场。

编者按语可分为文前按语、文中按语、文后按语。文前按语的位置在文章的前面或栏目的前面,位置居前,醒目庄重;文中按语又称文间按语,是报刊独有的按语形式,它与新闻报道或文稿既相互配合又相互渗透,通常置于新闻的字里行间,在新闻的某句话或某段文字后面加上括号,括号内写上"编者按"、"编者"或"按"字,其后,就新闻中的词语、材料、内容,或注释、或补正、或修订、或评点批注,帮助读者领会文义,加深认识,有时还代表编者修正失误、提出希望。文后按语也称编后、编余、编后小议、编辑后记等,在广播、电视中称为编后话,它是一种附于新闻报道或文稿之后的编者按语,是编者依托新闻有感而发的抒情、联想及议论性文字,帮助读者领会和理解其意,意在补充和深化新闻的主题或中心思想,增强新闻的深度和力度,使新闻锦上添花。

[例文评析]

新闻评论例文3:

各路救援争分夺秒　救灾力量基本充足[①]

云南景谷:大地震　小灾情

本报记者　张　×　徐××　杨××　朱××

截至8日16时,景谷6.6级地震造成12.46万人受灾,1人死亡,324人受伤。各路救援争分夺秒,灾区救灾力量基本充足。

地震灾害较轻,震中基本恢复正常

……

救援工作有序开展,多支医疗队抵达现场

---

① 报道内容详见《人民日报》2014年10月9日 第9版。

……
地震应对及时,开裂水库紧急泄洪
……

新闻评论例文4:

有备方可无患①

杨××

如果不是路上密集的军车和不时余震,走在震中永平镇,我甚至感觉不到自己身处在刚刚发生在6.6级地震的景谷灾区——不管是镇上还是农村,不管是旧屋还是新房,极少有房屋彻底倒塌。传统的木结构房屋本身的抗震性能就好,新建的钢筋水泥房更是提高了抗震水平。

有备方可无患。这样的准备也体现在避灾上。对防震减灾长期选传,当地不少居民都掌握了避灾的基本常识。而救灾动员之迅速更是远超记者想象:半夜两点多,偏远的团结村就已经搭起了临时帐篷,搭建者还是从县城赶去的县林业局工作人员;而部队在第一时间调集附近力量增援,医疗、消防、工兵团等专业救援力量及时抵达灾区,解决的恐怕不仅仅是救死扶伤,更重要的是带给当地群众以信心。

对任何的天灾都容不得半点侥幸。景谷的抗震救灾工作刚刚开始,我们期待更充分准备,因为群众需要更从容的应对。

例文评析:

前一篇是人民日报《热点解读》栏目里的现场新闻,由人民日报社四位记者集体拟写,而后一篇则是作者署名的编者按,由记者单独拟写。

这篇编后是记者在写作新闻之后,还觉得意犹未尽,便依托新闻有感而发的抒情、联想及议论性文字,意在帮助读者领会和理解其意、补充和深化新闻的主题或中心思想,增强新闻的深度、广度和力度,使新闻锦上添花。这篇编者按以评论为主,编者用最简短、最轻便的评论形式,对新闻报道进行说明和批注。

（五）专栏评论

在媒体评论中,那些有固定栏目名称、定期刊发、篇幅短小,有作者署名的新闻评论,统称为专栏评论。这些评论大多短小精悍,说理透彻,思想深邃。专栏评论一般选题较小,题目切入点小,立论深刻,篇幅短小,言而有物,说理透彻,贴近生活,群众乐于接受。如:人民日报的《人民论坛》、中央人民广播电台的《新闻纵横》、中央电视台的《焦点访谈》《东方时空》、光明日报的《每月聚焦》、中国青年报的《冰点》等都是著名的专栏评论。

---

① 见《人民日报》2014年10月9日第9版。

新闻评论例文5:

清廉要不要"秀"出来①

张 ×

如果有一天,官员的"清廉秀"不再被媒体和公众所关注,成了一种"新常态",那时我们的反腐形势才能让人松一口气。

"这些违法违纪的警员对民众究竟还有没有感情?难道我们要用民众的鲜血来染红自己的'顶戴花翎'?难道我们要踏着民众的鲜血平步青云?他们已经丧失了普通人的良知。"如果不提说这话的人正是秦××,估计谁也不会将如此义正词严地疾声呵斥,同一个刚刚被中纪委请去"喝茶"的省部级高官联系在一起。秦××的"两面派"不是孤例,每当有官员落马,都会有人兴致勃勃地去刨出他们当年的"豪言壮语",引起舆论哗然。

清廉要不要"秀"出来?不仅要"秀",而且要勇敢地"秀"出来。现在官场有种"逆淘汰"的怪现象,就是能干的不如会说的。不少有能力、有担当的干部,要么是干得好但不会说,要么是干得多但说得少,以至于让一些以说代干的投机分子钻了制度空子、抢了媒体版面。真正清廉能干的官员如果属于"沉默的大多数",不站出来喝退不正之风,那么话筒就会被少数钻营名利的人霸占,健康的政治生态就会被污染。

然而,"不仁而在高位,是播其恶于众也。"秦××们的存在,倒逼我们反思为什么原本旨在传播正能量的反腐倡廉,结果却被一些人当作了晋升提拔的"登云梯"、沽名钓誉的"麦克风"、变质腐化的"保护色"?

"显规则"被空转,"潜规则"就会盛行。在秦××们那里,嘴里说的是白纸黑字的"显规则",可手上办的却都是秘不示人的"潜规则",时间一长,"潜规则"就取代了"显规则"成了"真规则"。

国有法,政有令。"把制度的笼子扎紧扎牢",不仅要立好规矩,更要守好规矩。如今一些地方并非制度规范不够详尽,而是在执行过程中存在避重就轻、推脱塞责、阳奉阴违的选择性执法现象,把一架完整的"制度笼子"拆得七零八落,当然不会收到系统治理的效果。

徒善不足以为政,徒法不足以自行。国家治理从古至今都是一门道德教化与制度法令并行不悖的艺术。因此,用"秀清廉"来净化制度运行的政治生态,用制度运行来保障"秀清廉"的示范效果,其实是法治反腐的一体两面。否则,单纯只是口头强调反腐倡廉,其结果容易流于形式,久而久之,这些强调也就没人信了;而一味只顾建章立制,却没有营造好反腐倡廉的社会氛围,那也是鸵鸟心态。

---

① 见《人民日报》2014年10月8日 第17版。

在形式上鼓励官员"秀清廉",更要在制度上保证"秀"出真清廉。如果有一天,官员的"清廉秀"不再被媒体和公众所关注,成了一种"新常态",那时我们的反腐形势才能让人松一口气。

例文评析:

本文是人民日报《民主政治周刊》的专栏《锐评》的一篇有作者署名的专栏评论。该评论短小精悍,即事议理,仅千余字,就直指问题的核心内容,官员们不仅要真"秀"清廉,还要在制度上保证"秀"的真实,让"秀"成为一种常态,让违纪违法人员无处遁迹,才能确保反腐大旗高高飘扬。这篇评论着重从思想、理论问题入手,因事抒感,就实论虚,言之有物,短而有味。作为专栏评论要在内容上经常出新,紧跟实事,要敏锐地把握社会发展的脉搏,善于发现新人新事新风尚,及时给予褒奖、颂扬;善于发现新问题,针砭新时弊,及时给予鞭挞与纠正。通过这样不断寻找新的话题和新的角度,才能保持专栏的长久魅力。否则会给人一种沉闷,呆板之感。专栏评论要保证栏目的稳定性、应时性与开放性,成为群言堂式的言论阵地。

五、新闻评论的结构

新闻评论的结构一般由引论、本论、结论三部分组成,先说什么后说什么、详细说什么略说什么、如何安排观点和材料、如何安排篇幅比重、各部分之间如何衔接与过度,都要注意协调性与合理性。其次层次要分明,评论各层次之间要由点及面、由此及彼、由表及里,层层展开,逐层论述,条理清楚。三是逻辑严密。新闻评论以逻辑思维见长,整篇评论的谋篇布局要符合事物发展的内在逻辑,符合人们认识事物的思维逻辑,这样写出来的评论,才能层次清楚,环环相扣,逻辑关系严密,论证有力,符合人们认识事物的逻辑思维,读者接受起来才能比较容易。

新闻评论的结构方式有多种,主要有归纳式、演绎式、并列式、递进式四种。

(一)归纳式。 就是从特殊到一般、从材料到观点、从分论点到结论的组织方式,比较符合人们的逻辑思维。这样论据充分,结论可信,富有说服力。

(二)演绎式。 这是一种从观点到材料的结构方式,评论开门见山,亮出观点,然后以相应的材料作为证据来证明论点。

(三)并列式。 当观点复杂、内容丰富、层次多时,可以将一个论点分成几个并列的分论点,从不同的方面、不同的层次加以论述,结构全文。这种结构方式层次较清晰,论述较为深入,考虑到方方面面,说理透彻。

(四)递进式。 这是一种对论题进行逐层分析,使议论由此及彼、由表及里、由浅入深的结构方式。每一层分析都建立在上一层分析的基础之上,既是对上一层意思的补充,也是对其意思的深化,做到层层深入,观点鲜明突出。对内容较为复杂的事件或问题,采用这种结构方式,容易使议论更为深入和透彻。

六、新闻评论的写作要求

（一）**论据与论点统一**。这是新闻评论说理论述中的一项重要的原则和要求,要做到论据与论点统一,论据必须真实、准确、充分、典型。要求论据材料完全符合实际,材料和论点相一致,论据足以证明论点的正确,能够选取最具代表性、最能反映事物本质、最有说服力的典型材料,确保所使用的材料没有弄虚作假、不是捕风捉影的虚构。

（二）**"虚"与"实"统一**。"虚"是指理论、观点、政策、思想,"实"是指事实、事件、业务、材料。"虚"与"实"统一就是通常所说的"摆事实,讲道理","有理有据",评论要与当前实际问题结合起来,上升为理论的见解。

（三）**"破"与"立"统一**。"立"就是正面提出观点,并论述自己的观点,"破"是反驳和纠正错误的观点。在反驳对方错误观点的同时,提出自己认为正确的观点,达到观点与材料的统一。

至于新闻评论具体的论证方法,与议论文的论证方法相同,此处不再赘述。

第五节　网络新闻写作

[知识讲解]

一、网络新闻的定义

网络新闻作为新闻家族里的新成员,伴随着网络的迅速普及而高速发展。那么,究竟应该如何定义网络新闻? 目前新闻界对网络新闻的研究如火如荼,对网络新闻的定义众说纷纭,莫衷一是。其实,网络新闻的中心词依旧是新闻,它必须具有新闻的基本特征和基本要素。网络新闻不过是各门户网站基于互联网技术,或原创或转载的新闻。

网络新闻有广义和狭义之分,广义的网络新闻指互联网上综合性门户网站和各类专业性网站所发布的各种有传播价值的新信息。狭义的网络新闻指互联网上新闻类的消息,包括传统媒体所设网站发布的新闻信息、其他网站设立的新闻中心或新闻板块发布的新闻信息、国家有关部门设立的专门网站所发布的新闻信息、个人主页和站点所发布的新闻信息等。本节讨论的网络新闻,仅指狭义的网络新闻。

二、网络新闻的分类及其特征

（一）网络新闻的分类

网络新闻根据其来源可以分为两大类：原创新闻和转载新闻。原创新闻指由网站自己组织记者采写或通讯员向其独家投稿，并由该网站独家发布的新闻，它包括本网站记者或通讯员自己采访撰写的新闻和通过重组新闻资源、重新编辑改写的新闻。转载新闻是指本网站从其他网站或其他介质媒体上转发的新闻。目前网络新闻中大部分属于转载新闻。

根据内容分，可以分为时政新闻、经济新闻、娱乐新闻、法制新闻等，有时根据突发事件或重大政治、经济、文化等活动做专题栏目，专题报道该项活动，如党的十八大、十八届三中全会、十八届四中全会等重大会议的胜利召开，各大新闻门户网站都开设了《十八大专题》《十八届三中全会专题》《十八届四中全会专题》等专题栏目。

根据地域分，网络新闻可以分为国际新闻、国内新闻、地区新闻等，如人民网就设立"地方"栏目，点开"地方"，就可以见到省、市级地区的新闻栏目。

根据报道形式分，网络新闻可以分为文字新闻、图片新闻、视频新闻等，如中国政府网，就把新闻分为视频新闻、图片新闻等栏目。

（二）网络新闻的特征

网络新闻与传统的报纸新闻、广播新闻、电视新闻相比，有着鲜明的特点：

1. 传播时效更快捷。网络新闻的传播速度非常快，常常新闻一发生就上网发布了，几乎是以分、秒为单位进行播报的，更有的是与现场同步直播，大大缩短了新闻与读者见面的时间。网络更容易采用直播的形式发布新闻，如抢险救灾、重大会议或活动等，几乎都是采用新闻直播的形式。而常规的报纸媒体要受出版周期的限制，迟滞性较强，显然没有网络新闻的时效性更快。

2. 信息量巨大。网络新闻的内容从理论上讲，具有无极限的延展性，网络超链接技术的应用，使网络新闻突破了网页版面的限制，读者可以打开网页新闻，通过多层级的超链接，在丰富的信息海洋里浏览海量网络新闻信息。

3. 报道手段多样。网络新闻是集中了报纸新闻、广播新闻、电视新闻的长项，兼具文字、数据、图表、图片、图像、声音、视频于一体的超文本结构，实现了文字、图片、声音、视频等报道手段的完美结合。

4. 传播的交互性强。很多网站在每篇网络新闻之下，都会设置"我要评论""我来说两句"等互动性的网友即时留言，可以实现写作者、编者（或发布者）、读者之间的相互留言互动。如人民网的《强国社区》、新华网的《发展论坛》、中青在线的《中青论坛》等，都成为各自所属网站举足轻重的品牌论坛，不仅实现了网络传播者与网民之间的互动,还是网民之间相互交流的广阔平台。

5. 网络新闻更具个性化。在互联网中,各网站要从云集的网络媒体海量网络新闻中脱颖而出,并牢牢吸引网民的注意力,网络新闻必须具备独特的个性。

6. 网络新闻的局限性也比较明显。正因为网络新闻的个性化与互动性,网络新闻往往会出现真假难辨、鱼龙混杂的局面,网络媒体还不能很好地与传统媒体一样,对所发布的新闻都进行严格的审阅。

三、网络新闻构成要素及写作要求

网络新闻和其他媒体的新闻一样,同样具备新闻的各个要素,遵守新闻的基本规律。网络新闻通常包括标题、导语、主体、关键词、背景资料、延伸阅读(或相关新闻链接)等五个部分,当然不是每一条网络新闻都要完全具备这五个部分,有时可以根据需要省略其中的某一项或几项内容。

(一) 标题

对于传统新闻而言,标题是新闻的眼睛,是对整个新闻事件的概括和浓缩,而对于网络媒体而言,网络新闻标题既继承了普通新闻的精髓,又发展了传统标题,从而形成了自己的特点。要写好网络新闻的标题,除了像传统纸媒新闻一样,要准确、简洁、生动,尤其应该注意以下几点:

1. 注重"眼球效应"。互联网上海量的新闻信息,要求网络新闻的标题必须更加醒目,夺人眼球,必须更加传神,标新立异,只有这样,才不至于使本网站上传的新闻淹没在浩瀚的新闻海洋里,从而能在众多网络新闻中脱颖而出,被网友所关注。

2. 尊重网络传播的基本规律。网站页面的尺寸大小是为了适应计算机屏幕的大小和便于网民阅读习惯需要而设定的,因此网站页面受到限制。

3. 强化新闻的时效性。新闻的传播速度是新闻媒体永恒追求的主题,网络媒体和其他媒体相比,传播速度快,新闻的周期短,有时都是以分或秒作为计时单位,并且很容易做到现场直播,网络新闻在制作标题时要注重实效性,分秒必争,及时更新。

(二) 导语

导语是新闻的开头,往往就是一两句话概述新闻事件的内容。网民在阅读新闻时很少有逐字逐句阅读的习惯,人们习惯将网络阅读称为"快餐化阅读",有鉴于此,网络新闻的导语写作要突出全篇新闻的中心,并能吸引网民的注意力。要尽量符合网民在网上阅读的习惯,遵循网络新闻的基本规律,把最重要的、最新鲜的、最能吸引人的结果或内容放在新闻最前面的导语中来写,以统领全文。

(三) 主体

主体是网络新闻最重要的部分,是对导语的展开,对导语中提及的关键性新闻要素进行具体深入的阐述和补充。主体要运用全面的新闻事实来阐述新闻的发生发展的过程，突出反映新闻的主题思想。

网络新闻的主体写作，常常每个层次用"小标题"导读，精心提炼主要内容，减少网民的阅读负担，使得新闻主体更加一目了然；每个层次要逻辑脉络清晰，要按照时间、地点、人物、事件的重要性原则，进行排序，避免将多个问题混杂在一起进行叙述或评论，引起逻辑混乱。在进行主体写作时，不仅要写清楚新闻的基本要素，还要对现有的信息进行筛选、加工和重组，帮助网民归纳总结出新闻的意义所在。

（四）关键词或背景材料

关键词是网络新闻的关键性因素，面对浩如烟海、数量庞大的网络新闻信息，网民要想很快地找到自己想要的新闻信息，就必须通过网站的搜索引擎，将自己想了解、感兴趣的新闻找出来，大多数网站都会在主页的醒目位置设置搜索栏，有些网站还会列举最新的焦点、热点性的关键词，供网民的搜索。如果网络新闻在写作时就设置好了关键词，就可以最大限度地被网民检索与阅读。一般来说，可以作为关键词的，包括一些重要的人名、地名、法规名、事件等，比如"2015 春晚""复兴航班"等。

网络的超链接功能，使网络新闻具有丰富的表现形式，因此可以打破传统的思维和写作套路，进行层级化写作。对于网络新闻写作而言，可以不必将所有的信息和内容全盘托出，而是用超链接的形式，在不同的层级中逐级展开，直至将全部内容呈现给网民。网民在阅读时可以根据自己的需要，去点击相关链接完成详细阅读。

背景材料是新闻事件发生发展的历史条件和环境条件，用来补充导语中未涉及的新闻内容，使新闻能够更加深入和完整表达事实的来龙去脉，帮助网民立体性地掌握新闻事实。在网络新闻中，新闻背景资料既可以与新闻事实融合在一起进行线性的写作，也可以将新闻背景和新闻事实区别开来，通过链接的方式供网民随时查阅。比如，很多网站会在一则新闻之后附上"更多相关新闻报道"或"更多详细内容"等。在背景资料的写作中，既可以简单地描述与新闻人物和事件形成有机联系的环境和历史条件，也可以深入阐述新闻事件发生、发展的时代背景，提供与新闻人物和新闻事件发生、发展过程直接有关的背景材料，甚至是向记者提供消息、介绍情况的人的背景情况。

（五）延伸阅读

延伸阅读是对当前新闻的一种延伸与扩展，内容可以是涉及与当前新闻信息相关联的新闻，用来扩大网民的知识面，延展阅读的信息量，引导读者对某一类相关事件做出更加全面的了解。当前，大多数新闻网站都采用在新闻正文的前面或后面添加"新闻链接"的方式，来引导网民延伸阅读。网民通过点击新闻链接的阅读，从而对本条新闻就有更加深入的理解，可以更全面地分析新闻事件产生的原因，有助于更好地帮助网民掌握整个新闻事实。

延伸阅读部分的内容一定要与本条新闻的主题内容产生有机的、可类比的联系，而不是牵强附会的联系。延伸阅读部分所选择的新闻内容要与新闻主体相辅相成，二者或者形成纵向或横向的发展轨迹，或从正反两个方面来培养网民看待问题的辩证性、全面性的方法。

延伸阅读的写作，就是补充背景材料的写作，背景材料可能是新闻的某一部分的补充，延伸阅读可以将背景材料从某一部分扩充为涉及方方面面的立体结构，或扩展到与之相关的内容。延伸阅读的内容大多是从互联网上查找的现有资料，一般通过关键词进行搜索，然后进行归纳整理，作为延伸阅读材料，放在新闻的后面，通过超链接的形式提供给网民自由阅读。

[例文评析]

陈吉宁被任命为环境保护部部长[①]

十二届全国人大常委会第十三次会议 27 日下午经表决通过，决定免去周生贤的环境保护部部长职务，任命陈吉宁为环境保护部部长。

陈吉宁：男，汉族，1964 年 2 月出生，吉林梨树人，1984 年 4 月入党，1998 年 4 月参加工作，英国帝国理工学院环境系统分析专业博士研究生毕业，工学博士，教授。现任中华人民共和国环境保护部党组书记、部长。

（学习、工作简历，此处略）

新闻加点料：

新闻连连看

链接：步入政界的校长们

实际上，"专家校长"从政，在法律、科教等专业性较强的领域，已有诸多先例。

经常被引用的案例是万钢，他在出任同济大学校长不到 3 年后，就被任命为科技部部长。

而被央视《东方之子》评价为"平民法学家"的山东大学原校长徐显明，也成为中央综治委办公室专职副主任。大连理工大学原校长申长雨，还转任国家知识产权局局长。

追溯至 2000 年前，还有原华东政法学院（现华东政法大学）院长曹建明调任最高人民法院副院长，直至成为最高人民检察院检察长的案例。

教育部领导中，部长袁贵仁和副部长郝平也都有校长经历，在调入教育部前，袁贵仁曾是北京师范大学校长，郝平则曾是北京外国语大学校长。

---

① 见搜狐网 http://news.sohu.com/20150227/n409203256.shtml。

除成为部委领导外，一些高校校长也转任地方，如中国农业大学原校长陈章良就调至广西壮族自治区，担任政府副主席，后又回京担任中国科协第八届全国委员会副主席、书记处书记。

西北大学原校长王忠民则转任陕西省政府秘书长、办公厅主任，3年后，调任安康市委书记，主管一方"历练"一年后，便来到全国社会保障基金理事会，直至副理事长。

值得注意的是，在浙江大学现任校长林建华之前，浙大已连续有3任校长"从政"，除路甬祥在担任校长时就已是中国科学院副院长、中国科协副主席外，潘云鹤卸任后升为中国工程院常务副院长（正部长级）、党组副书记，杨卫则成为国家自然科学基金委员会党组书记、主任。

有专家分析称，学者与行政官员的"打通"，或在一定程度上实现政、学之间的良性互动。一方面，使得公共决策更加科学合理；另一方面，也有助于平衡各方面的利益关系。

高校校长（书记）出身的部分现任高官一览

人　物	出身年月	现任职务	曾经担任
万　钢	1952年8月	全国政协副主席、致公党中央主席、科技部部长	同济大学校长
陈　希	1953年9月	中组部常务副部长	清华大学党委书记
袁贵仁	1950年11月	教育部部长、党组书记	北京师范大学党委书记、校长
周　济	1946年8月	中国工程院院长	华中科技大学校长
陈存根	1952年5月	中央国家机关工委副书记（正部长级）	西北林学院院长
夏德仁	1955年6月	辽宁省政协主席	东北财经大学校长
徐显明	1955年6月	中央综治委办公室专职副主任（副部长级）	中国政法大学校长、山东大学校长
杜玉波	1955年9月	教育部副部长、党组副书记	北京航空航天大学党委书记
刘　谦	1956年2月	国家计生委副主任	中国协和医科大学党委书记
洪　毅	1954年6月	国家行政学院副院长	甘肃工业大学校长
杨　卫	1954年2月	国家自然科学基金委员会党组书记、主任	浙江大学校长
侯建国	1959年10月	科学技术部副部长	中国科学技术大学校长

本文相关推荐：

我来说两句（1478 人参与）

例文评析：

　　这是一则搜狐网上的消息，搜狐网是转载新华网的消息。

　　新华网上的新闻，全文共 55 字，包含批准单位、批准时间、表决方式，周生贤的免职决定和陈吉宁的任命决定等信息，这则消息可谓是短小精悍。紧接着新华网将陈吉宁的简历附在新闻的后面，作为对陈吉宁信息的补充，至此，这条新闻也就结束了，读者该知道的都知道了。

　　搜狐网在转载、编辑这条新闻时，进行了深入的研究与提炼，加入了自己的东西，使得这条新闻的立体感更强了，读者可以从不同方面阅读陈吉宁这个人，了解他的工作履历、从政轨迹、做出贡献以及研究方向等等。搜狐网把新华网的全部内容都转了过来，又增加了搜狐网特有的"新闻加点料"的新闻连连看的链接——"步入政界的校长们"，增加了"高校校长（书记）出身的部分现任高官一览"，增加了"本文相关推荐",增加了"我来说两句",增加了"相关新闻"及"更多关于陈吉宁环境保护的新闻""相关推荐"等相关的背景材料的阅读。读者在此了解到的信息,已经不完全限定于陈吉宁,而是在了解像陈吉宁一样、具有较多共同特点的一类人——学而优则仕,盘点那些步入政界的大学校长书记们的从政之路。

这则新闻正文虽然字数很少,但通过超级链接,使很多知识都汇聚于本条新闻之下,数量大、内容多、信息含量多、延伸阅读丰富,远远地突破了传统媒体的版面限制,增强了新闻的立体感和可读性,丰富了新闻背后巨大的信息量。

第六节　简报写作

[**知识讲解**]

一、简报的含义

简报,就是情况的简要报道。它不是通过大众传播媒介向社会公开传播的信息,主要用于党政机关、企事业单位、社会团体内部以及会议、活动,用以及时反映工作动态和事件情况、汇报或交流经验、反映或揭示问题。简报具有公务文书与新闻的双重属性。有些简报如同单位的"内部报纸",内容主要是新闻信息。

简报有多种名称,可以叫"××简报",也可以叫"××动态""××简讯"或"情况反映""××交流""内部参考"等等。

有的简报也可以作为公文的附件向上级、下级或不相隶属机关传递信息。

不仅机关工作、会议用简报,班级、学生活动也可以办简报。

二、简报的特点

简报在很多方面具有新闻的特点,主要体现为:

1."真"。就是要反映真实可靠的情况。要坚持实事求是、尊重事实,既要报喜也要报忧,既要反映正面情况,也要反映反面情况,所采用的材料必须是真实准确、经过调查核实的,不能夸张、虚构和想象。领导的谈话、会议的发言等也应尽量请本人过目,否则应加以注明。

2."简"。是指篇幅短小,内容集中,语言简要。一般简报应以千字以内为宜。有的单位的简报还开辟了"一句话信息"的栏目。如果内容太多,宁可分成几篇或几期,也不要堆在一篇简报里。

3. "新"。是指简报反映的应当是新情况、新问题、新经验、新动向、新措施、新观点。

4. "快"。是指简报的编写与印发要迅速及时,讲究时效。

5. "密"。这是简报的内部交流性质决定的。有的简报有不同程度的保密性。有的虽然不需要保密,但也要注意保存,不能乱放乱丢。

三、简报的编写

一份简报,既涉及文章的写作,也涉及版面的编辑。以下所讲,兼顾两个方面。

（一）简报的格式

简报由报头、正文和报尾三部分组成。

1. 报头

简报的报头有简报名称、期数、编发单位、印发日期、编号、保密要求六个项目组成。

（1）简报的名称。位于报头中央,一般用红色大字号印刷,如"工作简报""情况反映""交通简讯"等。

（2）简报的期数。在简报名称正下方,由年度期数加总期数组成,如"第 1 期(总第 25 期)"。也有不标明总期数的。

（3）简报的编发单位。在期数左下侧,一般写全称,如"上海市人民政府办公厅编"。

（4）简报的印发日期。在期数右下侧,写印发年、月、日。

（5）简报的保密要求。如果涉及保密内容,要在简报名称左上端,按照保密公文的要求,分别标明"绝密""机密""秘密"等级或"内部刊物,注意保存"等。

（6）简报的编号。位于简报名称的右上端。一般性简报不必编号。有密级的简报,印多少就有多少号,一份一号,以便保存、查找。如需编号,编号的方法同公文编号,由 6 位阿拉伯数字表示,从 1 号起编,连续编号,前面位数不够用"0"补齐。如:第 1 号简报的编号则写为:"000001",这份简报如果只印了 100 份,则第 100 份的简报编号是"000100"。

2. 主体

简报的主体即简报的主要内容,一般情况下是多篇文章,也可能是一篇文章。正文有目录、标题、编者按、正文、署名五个项目组成。

（1）目录。一期简报有多篇报文时,为了使整期简报的内容一目了然和方便阅读,应在报文首部标明目录或要目,包括每篇简报的标题和页码。某篇简报的标题不只一行时,在目录中可只标主题。

（2）标题。每篇报文必须有标题。标题的写法可以参见新闻中消息标题的写作部分。

（3）编者按。简报编者认为应该对某篇简报有所说明或评议时，应在标题之下，正文之前加编者按，起到提示、关注或警醒的作用。

（4）正文。这是每篇简报的具体内容所在，是简报写作的重点，写法可参照例文讲解部分。

（5）署名。在正文下侧标明简报文章的作者姓名。如果作者是编发单位则不必署名。

3. 报尾

简报的报尾位于简报末页下端，由两个项目组成。

（1）发送范围。按照公文的格式，无论对上、对下、对同级或不相隶属机构，一律使用"抄送"。如果发送机关较多，可用同类型机关的统称，分行排列。

（2）印制份数。在抄送范围下面，再画一条横线，在横线的右下方标明本期简报共印的份数。

简报样式如下图：

（简报报头）

000001		内部刊物
	学习简报	注意保存
	第×期（总第×期）	
江苏省××厅办公室编印		2015 年 2 月 10 日

编者按：为加强和防止春节期间的"嘴上腐败""车轮腐败""拜年腐败"等陈规陋俗，重申党中央的八项规定，厅党组经过研究决定，制定了本系统干部职工违反中央八项规定的倒查机制，凡是发现问题的单位，一律倒查本单位主要负责人、该单位分管厅领导的责任，具体办法已下达，请对照学习。

（简报报尾）

（共印×份）

（二）简报正文

简报不是一种独立的文章体裁。简报登载的文章,可能是总结、决心书、倡议书、计划、讲话摘要……但主要还是新闻性质的短小报道(短讯)。以下所讲,主要是这类动态短讯的写作,与消息的写作有很多相似之处。

简报刊登的消息,主要包括消息的标题、消息的导语、消息的主体及结尾。

1. 标题

简报的标题与消息的标题类似,可分为单标题和双标题两种基本类型。

(1)单行标题。将报道的核心事实或其主要意义概括为一句话作为标题。如:

党委书记××专题向省教工委、教育厅汇报本校教改成果

(2) 双行标题。双标题由正副标题组成,其中正标题一般采用常规文章标题写法,副标题则采用直叙式写法。如:

××大学举行党的群众路线教育实践活动总结汇报会
——省委第×巡视组全体成员听取党委书记××专题汇报

前一个标题是正题,概括事实的性质,后一个标题是副题,补充叙述基本事实或者正题前面加引题。再如:

尽责社会　完善自身
——苏州××学院开展"把知识献给人民"的活动

前一个标题是引题,指出作用和意义,后一个标题是正题,概括报道的主要内容。

2. 导语

导语就是简报中消息的开头话,要用简短的文字,准确地概括报道的内容,说明报道的宗旨,引导读者阅读全文。导语写作要"开门见山",一开始就切入基本事实或核心问题,给人一个明确的印象。

3. 主体

主体是简报中消息的主要部分,要用足够的、典型的、富有说服力的材料把导语的内容加以具体化,用材料来说明观点。写好主体是编好简报的关键。主体的内容,或是反映具体的情况,或是介绍具体的做法,或是叙述取得的成绩和经验,或是指出存在的问题,或是几项兼而有之,要视具体情况而定,没有确定的框框。

简报例文1：

苏州××学院迎评工作简报
第88期(总第88期)

苏州××学院评估办公室宣传组编　　　　　　　　　　　　20××年4月19日

目　录

★编者按
★学院召开评估誓师大会

编者按：我院为贯彻落实国家教育部《关于全面开展高职高专院校人才培养工作水平评估的通知》(高教厅〔20××〕16号)和江苏省教育厅《关于开展高职高专院校人才培养工作水平评估的通知》(苏教高〔20××〕29号)文件精神,全力迎接20××年全省高职高专院校第一轮人才培养工作水平评估。学院20××年4月13日成立"迎接高职高专院校人才水平评估领导小组"和"评估办公室",同时各系部成立评估工作组,拉开了学院"迎评"工作的大幕。

学院为夺取评估创优的最后胜利,并向更高的目标——国家级示范院校迈进,今日举行全院教职工大会,向全体教职工发出号召,紧密团结起来、振奋精神、全力以赴、奋力拼搏,向学院的百年华诞献上一份厚礼!

学院召开评估誓师大会

4月18日下午,我院评估誓师大会在三教楼报告厅举行,院长、评估总指挥成××教授发表重要讲话,副院长、评估总协调陈××教授主持大会,院领导钱××、朱××出席誓师大会,全院教职工参加大会。

誓师大会上,电子信息技术系徐××主任、园艺与园林系余××老师、农业工程系××老师分别代表学院中层干部、教师、评估专家组联络员作表态发言(发言内容另发)。

会上,副院长、评估总协调陈××教授就评估"决战"阶段的校园文化及环境卫生、听课及技能测试、师生访谈、专业剖析、专题研讨会和基地建设等工作进行了全面部署。

成××院长发表重要讲话(全文另发),他指出,再过三天教育部专家组就要进驻我院考察评估。两年的辛勤耕耘,收获就在眼前,决战也就在眼前,全院迎评工作已经进入临战状态。为此,他对全院师生员工两年来夜以继日、克服困难、不怕辛劳、团结协作、奋力拼搏,为迎评创优付出大量的心血、汗水甚至泪水,表示深深的感谢。他说,作为院长,和其他党政班子的同志一样,看在眼里,记在心中,感动于怀。此时此刻,作为评估"决战"的总指挥,有很多很多的话要说,但似乎一切都显得多余。这不仅仅因为评估"决战"的总协调×院长已经做了全面部署,更因为"以评促建,以评促改,以评促管,评建结合,重在建设"的评估方针已经深入人心;因为人人都想当得分手,谁也不愿意因为自己的过失影响全院的评估成绩;因为人人都憋足了一股劲,谁都想为学院的评估优秀多作贡献;因为人人都是主人,校兴我荣,校衰我耻。他鼓励全院教职工以优异的成绩夺取评估创优的最后胜利,并向更高的目标——国家级示范院校迈进! 他号召教职工紧密团结起来、振奋精神、全力以赴、奋力拼搏,向学院的百年华诞献上一份厚礼!

最后,誓师大会在全体教职工齐唱校歌声中结束。(学院办公室)

抄送: 学院各位领导
各系(部)、处、室、中心、所、评估办各职能组

（共印:50 份）

例文评析:

该简报内容和形式全部符合要求。在报头的简报名称、期数、编发单位、印发日期、编号、保密要求等六要素中,仅缺少了编号。因为内部简报,并无保密的内容,因此省去了编号一项内容。

本期简报的正文包括目录、标题、编者按、正文、署名等五项要素齐全。正文中包含了 2 篇文章,文章短小精悍。第 1 篇文章是编者按,从概貌上介绍了该院"迎评"工作开展的时间、过程、取得成绩,以及要取的这次评估工作"优秀"成绩的决心和勇气。第 2 篇是一条这次"迎评"誓师大会的消息,写的简洁有力、鼓舞人心。

简报的结尾抄送和印发份数等要素齐全。

简报例文2:

学院召开全体教职工大会

2014 年 12 月 4 日下午,学院在四教楼报告厅召开了全体教职工大会,进行境外研修人员及暑期出国培训团汇报交流;会议由院长、党委副书记李××教授主持。

会上,省教育厅选派的全省高校优秀中青年教师赴境外研修项目成员之一、东山校区管理委员会科技研发科科长王××博士就在美国加州大学戴维斯分校研修的基本情况、研修任务、经历感受、研修成果、工作展望等进行了汇报交流。

园艺科技学院党总支副书记陈××代表暑期我院选派的由 8 名教师组成的出国培训团作交流汇报。作为培训团分团长,陈××介绍了赴美国加州理工学院参加省教育厅国际交流协会组织的"江苏省高校教师培训项目"的有关情况,具体就培训基本情况、学习生活情况、培训收获体会等方面进行了汇报交流。两位同志的汇报内容翔实,

图文并茂,感悟深刻,通过交流分享,也扩大了研修、培训的影响面。

李××院长指出,近年来,学院高度重视人才队伍建设和教师专业发展,取得了一定成绩,但与争创国家级特色院校的要求相比,还存在着一定的差距。李院长就加强师资队伍建设工作提了三点要求。

例文评析:

这是学院某期简报上刊登的一篇消息,这则消息在写作时存在以下几方面的不足,一是文不对题,标题与文章所写内容不符,学院召开教职工大会要干什么、解决什么问题,没有说清楚;二是导语不精练,没有把基本的重要内容说清楚;三是主体内容没有写清楚,文中王××博士的汇报和陈××的汇报都过于简略,应该增加一些所取得的成绩,来激励即将出国培训的人员,让大家向王××博士、陈××学习;四是结尾部分李××院长代表学院讲话的三点要求没有写出来,要写清楚。本文的修改的原则,一是这篇消息如果是以王××博士的汇报和陈××的汇报作为文章的重点,那么就必须将王、陈二人的汇报成绩写出来,李××院长的点评可以略写;二是这篇消息如果是以李××院长对王、陈二人的汇报内容进行点评作为文章的重点,王××博士的汇报和陈××的汇报就可以略写。

[实践练习]

---

1. 根据以下的材料,按要求分别做练习:

材料 1:苏州××学院是一所省级农业院校,为响应省教育工委号召,积极培育和践行大学生社会主义核心价值观教育,充分发挥身边典型的带动示范作用,培养农林专业大学生立足农业,扎根农村、服务农民的本领。根据学院统一安排,于 12 月 22 日下午,在学院本部四教楼报告厅举行赵××先进事迹报告会,届时邀请全国"时代楷模"、江苏省镇江市人大常委会原副主任、镇江市农科所所长、党委书记来赵××主讲。全院教职工及部分学生代表 500 余人聆听了报告。报告会由学院院长李××教授主持。

材料 2:赵××情况介绍

赵××,男,1941 年生,江苏常州人,汉族,中共党员。1961 年 9 月参加工作。曾任江苏省镇江市人大常委会副主任,镇江市农科所所长、党委书记。

48 年来,赵××把"论文"写在大地上,把致富百姓作为毕生的追求。他先后引进推广种植了 180 万亩的应时果品,给农民带来 25.5 亿多元的收益;他创新产销模式,帮助农民建立了"赵××农产品合作联社"等专业协会和合作社 50 多家;他编写多达百万字的农民科技读物,每年免费为农民上辅导课 100 多场,累计培训农民达 30 万人次。他引进消化了170多项日本新技术,出版了《草莓品种栽培技术》《无花果栽培新技术》等专著,倡导建设了全省最大的"茅山有机农业圈",在全国率先编制了《江苏句容农业和农村发展总体规划》。他以戴庄有机农业合作社顾问的身份无偿为农民服务,每年三分之二以上的时间忙碌在田间地头,创立的"戴庄模式"坚定了农民对脚下土地的信心。如今"要致富、找××"的口号在60万句容人民中广为流传。

2008年,年近七旬的赵××响应号召,担任江苏对口支援四川绵竹灾区高效农业示范园技术总顾问,帮助灾区人民发展高效农业,积极生产自救。

赵××是中共十四大代表,被授予全国优秀领导干部、2007年度全国十大"三农"人物、江苏省劳动模范、全国优秀科技特派员、全国农村科普工作先进个人等荣誉称号,享受国务院特殊津贴。2014年5月,中宣部授予赵××"时代楷模"荣誉称号。

(1) 赵××同志先进事迹报告会如期举行,请你根据参会情况及所给材料,为校园网写一篇不少于300字的"倒金字塔结构"的消息。

(2) 请以《做人民群众的贴心人》《做推动发展的实干家》《做勇于探索的创新者》或《做永葆本色的好干部》为题,写一篇不少于800字的学习赵××精神的评论。

(3) 学院内部的《学习简报》,要发一篇关于赵××同志来院做先进事迹报告会的新闻,新闻已经写好了,赵××同志是时代的楷模,他的先进事迹将在全院掀起学习高潮,你作为编辑,请为简报写一篇300字左右的编者按。

2. 根据以下所给内容,改写成一篇消息,题目自拟。

(1) 荷兰福利弗兰省代表团一行访问我校。

(2) 9月26日上午,荷兰福利弗兰省生活环境和经济部主任埃德里安娜·奥斯特、经济和社会事务部政策顾问安娜·马瑞、荷兰德龙腾应用大学国际交流处主任马蒂纳斯·杜克一行访问我校。

(3) 我校校长李××教授、副校长夏××教授会见了荷兰代表团一行并举行交流会议,园林工程学院院长周××教授、园艺科技学院院长韩××教授出席了交流会。

(4) 福利弗兰省是荷兰最年轻的省份,是30年前围海造地而成。该省现代农业、科技、渔业较为发达,出产土豆、蔬菜、花卉。

(5) 双方会谈中,埃德里安娜·奥斯特女士表达了希望和我校在农业、食品等方面有更多合作的愿望,并希望借助与我校合作,加强与江苏的交流。

(6) 荷兰德龙腾应用大学位于福利弗兰省,有德龙腾和阿尔梅勒两个校区。早在2002年该校就与我校就建立了深厚的友谊,并于2012年签订友好学校协议。

(7) 荷兰阿尔梅勒市赢得了2022年世界园艺博览会的主办权,德龙腾应用大学诚挚邀请我校作为他们的国际合作伙伴,参与世园会的准备工作。

(8) 我校曾两次参加过世界园艺博览会中国馆的设计与建造,并在2012年世界园艺博览会上获得最高奖项——绿色城市奖。

（9）两校还就"3+1"模式的合作办学、校际互访、教师进修等项目进行了初步交流。

3. 采访一位你熟悉的老师（或你敬重的人、熟悉的人），了解其工作学习情况，写一篇人物通讯。要求有标题（标题尽可能醒目），有细节、有描写，语言生动活泼，有感染力。

4. 2015 年春节期间，网上报道上海大学博士生王磊光的一篇回乡手记，在网络上火了。针对王光磊的现象，请你查找相关网站，根据你搜所到的内容和你本人的认识，写一篇不少于 800 字的评论，阐释你对此事的看法。

5. 根据你家乡的风物特点，搜集、查阅资料，撰写一篇介绍你家乡民俗风情的风貌通讯。要求具有鲜明的主题，突出新风貌、新变化，内容充实，富于知识性和趣味性。

6. 根据网络流行词，请你选取 1—2 个进行网络搜索，根据搜索的结果，写一篇 300 字左右的网络新闻。

第七章 交际类文体写作

[本章导引]

一、交际的作用和要求

交际,英语是 communication,也称为"交流""交通"。交际是人类文明有意识的行为。在社会生活中,个人、团体、国家之间,经常需要进行交际。交际有助于拓展生活空间,扩大信息传播范围。

交际要怎样才好? 首先,交际需要准确交流信息,无论是个人、团体还是国家之间都是如此。文字表达的信息通常要比口头表达更为准确,这正是交际文书的固有优势。同时,交际还需要体现出文明和礼仪。不能把礼仪理解为无意义的形式,在社会交往中,礼仪体现的是文化、文明、文雅,而缺少礼仪则显出粗疏、粗放,甚至是粗野。

现代科技条件下,尽管面谈、电话等口语交际方式比较方便,但在正式的交际场合,还是较多运用文章进行书面交际。书面交际有一个重要作用就是文本具有凭证、凭据作用,这是现代文明社会的特征。交际类文体就是在应酬、庆贺、致谢、慰问等场合用到的实用性文章。

二、交际类文体的构成要素和应用范围

交际类文体一般由"客""旨""体""辞""主"五个要素构成①。明白了这些要素的含义,写作时才能心中有数。

"客",即此类文书的呈送客体(对象)——给谁看。

"旨",即此类文书的写作意图——告诉对方什么或请求对方做什么。

"体",即此类文书的写作体式——在长期的写作实践中形成的程式性规范。

"辞",即此类文书的书面表达——怎样恰当地遣词造句。

"主",即此类文书的作者——谁发出的。一般在结尾处落款,也有在开头就交代的(如请柬)。

交际类文体的范围很广,大到外交领域运用的电文,小到人际交往中的柬函。本章主要讲基层工作中常常用到的一些交际类文体。涉及的交际范围主要包括:邀请、祝贺、慰问、迎送、致谢、求职等。

你以前写过交际类文书吗? 感觉写得成功吗? 没有写过也没关系,学一学,练一练,相信就能够掌握写作的技能和技巧。

第一节 礼请文书

在社会交际中,常常需要发出邀请。当今时代,电话联系固然非常方便,但为了显示邀请的郑重和尊重,还是经常用到以书面文字表达的礼请文书。因为声音转瞬即逝,文字能够更准确、明晰地传递邀请的信息。而相比于手机、电邮等电子版的文字,写在纸质载体上的文字,更有保存、纪念的文化价值。

请柬和邀请信,是常用的礼请文书,属于信函格式的实用文。

一、请 柬

[**知识讲解**]

又叫"简帖"。古人曾书于竹帛,写在竹片上的叫"简",写在丝帛上的叫"帖",现在统称柬帖。个人之间的邀请主要是婚嫁、庆贺、丧葬、纪念等。团体活动中也常用于举办活动的邀请。

---

① 这一观点参考了万奇《礼仪文书写作概要》(内蒙古大学出版社,2005 年 6 月)一书"绪言"的第一节,对万著的见解有吸收也有变革和增新。

现在常见的是用于婚庆、寿庆、诞生之庆或集体活动的请柬。市面上有很多请柬，格式已经印制好，只需填入相关内容即可。这类情况无需多讲，因为它需要的是"填写"，而不是"写作"。

需要掌握的是**自撰请柬**的写法。有些印制的请柬只提供了一个纸质载体和版式图案，文字全部需要撰写。因此，了解和掌握请柬的写作格式就是非常必要的。特别是，有些印制精美、古色古香的请柬，配以典雅的措辞，漂亮的书法，在其实用交际功能完成之后仍然具有文化艺术价值。很多老一代文化人保留的一些请柬，已经成为艺术品。

撰写请柬，首先要**保持要素的完整**：请何人？为何事？于何时？到何地？何人邀请？任何一项要素都不能残缺。

同时，还要注意一些细节，如，常见到有的请柬对受邀者只写名字，等于直呼其名，不够礼貌，应当加上"先生""女士""老师""同学"等称谓才更为得体、文雅。再如，有的婚庆请柬写婚宴地点在"某某酒店"，范围太大，不便赴约，应当告知"某某酒店某层某某厅"才具体。信息的确切既是交际的实用需要，也体现出礼仪和尊重。

请柬的语言要求是：叙事简明扼要，态度恭敬而不渲染。

先来做一个写作练习。

【材料】南方工业大学团委要在"五四"青年节之际举办一场联欢舞会，邀请同城的××师范大学团委派 20—30 位同学前来参加舞会。同时还邀请市歌舞团著名舞蹈教练刘×先生现场指导。

这两份请柬，一份给团体，一份给个人，都不是印制好的格式，需要自己撰写。假如由你执笔，请先不要看后面的文本，在下面的文本框内自己练习写作，一份横式，一份竖式，然后与后面的文本对照。

请柬练习（横式）：

请柬练习(竖式):

[空白方框]

[**例文评析**]

请柬例文1(横式):

请　　柬

××师范大学团委:

　　兹定于5月4日下午3点—6点在我校文体活动中心举办"青春飞扬"联谊舞会,并邀请市歌舞团著名舞蹈教练刘×先生现场指导。为增进友谊,加强交流,敬请贵校团委选派20—30位同学届时光临,共展青春风采。

南方工业大学团委(印章)

××××年4月25日

例文评析：

1. 这份请柬的版式是横排。受邀者(收信者)顶格书写,邀请人(发信单位)落款和日期退后书写。

2. "客""旨""体""辞""主"五要素交代清楚,活动地点具体到场馆,讲清了活动的时间长度,并特别告知有著名艺术家指导(这样会增强吸引力)。

3. 措辞方面,"敬请"表示对受邀者的恭敬。"共展青春风采"一句,不写固然不影响要素的完整,但增加这一短句,不仅显出对受邀者的欢迎和尊敬,也使全文的文气更加顺畅,增加了高雅的内涵。

请柬例文2(竖式)：

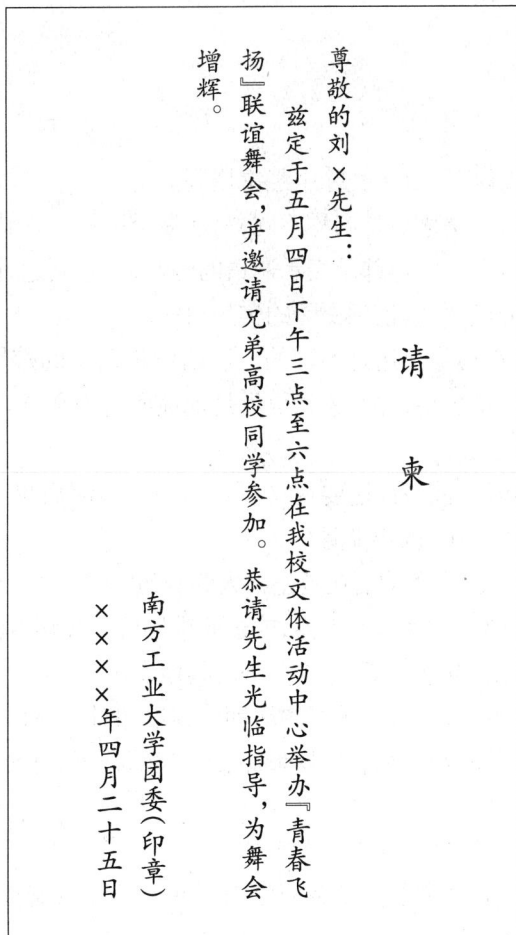

```
┌─────────────────────────────────────┐
│                                       │
│  增  扬  尊                            │
│  辉  』  敬            请              │
│  。  联  的                            │
│      谊  刘            柬              │
│      舞  ×                             │
│      会  先                            │
│      ，  生                            │
│      并  ：                            │
│      邀  兹                            │
│      请  定                            │
│      兄  于                            │
│      弟  五                            │
│      高  月                            │
│      校  四                            │
│      同  日                            │
│      学  下                            │
│      参  午                            │
│      加  三                            │
│      。  点                            │
│      恭  至                            │
│      请  六                            │
│      先  点                            │
│      生  在                            │
│      光  我                            │
│      临  校                            │
│      指  文                            │
│      导  体                            │
│      ，  活                            │
│      为  动                            │
│      舞  中                            │
│      会  心                            │
│          举                            │
│          办                            │
│          『                            │
│  南      青                            │
│  方      春                            │
│  工      飞                            │
│  业                                    │
│  大                                    │
│  学                                    │
│  团                                    │
│  委                                    │
│  ×  (印                                 │
│  ×  章                                 │
│  ×  )                                  │
│  ×                                     │
│  年                                    │
│  四                                    │
│  月                                    │
│  二                                    │
│  十                                    │
│  五                                    │
│  日                                    │
│                                       │
└─────────────────────────────────────┘
```

例文评析：

1. 这份请柬的版式是竖排的。传统的请柬,以竖排版式为多。注意:竖排版式是从书写者的右手一侧向左书写。与横排版式相同的是,受邀者顶格书写,邀请人(发信单位)落款和日期退后书写。因为是竖式版本,日期书写用汉字比用阿拉伯数字更美观。

2. 这份请柬,比前一份简短,但同样是"客""旨""体""辞""主"五要素叙述完整、准确,并特别告知有兄弟院校学生参加,以显示规模之大。

3. 措辞方面,"恭请"表示对受邀者的恭敬。本来,叙事到"光临指导"结束,请柬的要素并不残缺,但文气略显局促、干枯。增加"为舞会增辉"五字短句,显出对艺术家的尊重和景仰,用语典雅,文气圆融。

总体看来。两份请柬都是叙事简明扼要,不渲染,不铺陈,遣词造句客气、文雅。这样的请柬,不仅仅是一件实用的柬帖,同时也是有着文化内涵的创作。初学者暂时达不到如此水平也无妨,可以作为努力的方向,使实用文章能"言之有文,行之更远"。

二、邀请信

[**知识讲解**]

邀请信,也称邀请函,在日常交际中经常用到。

有人认为,邀请信与请柬只是名称不同,写法完全一样。你认为是否如此?

应当说,请柬与邀请信同样都是表示邀请的函件,其相同之处在于:邀请的基本要素都要求完整,表述准确,以求达到交际的实用目的。

但邀请信与请柬在写作上还是不同的。邀请信是请柬的扩展,内容比请柬丰富。如果说,大多数请柬近于表格,那么邀请信就是地地道道的文章。

它们的主要区别在于:

1. 请柬只讲"何事",邀请信还要说一说该事由的前因后果、意义、价值、作用等。中间如有些过程、缘由,有时也要说清楚。

2. 请柬只客气不展开,邀请信在被邀请人的身份、地位、名誉、成就等方面要有适当的渲染。但注意不要流于庸俗的吹捧,或过分堆砌虚言浮语。

3. 请柬是程序确定的邀请,活动内容、时间、地点不与"客"商议,只是告知对方。有的邀请信可以像请柬一样,将确定好的活动内容告知对方,有的就不能如此,而是表达意愿的邀请,具体日期、行程和有关环节需要与"客"协商,甚至由对方确定。

[**例文评析**]

下面是两份邀请信,内容都比请柬要复杂一些。请注意阅读比较,它们之间有区别吗?

邀请信例文 1：

邀 请 信

尊敬的＿＿＿＿＿＿专家：

　　您好！

　　为了更好地传播水文化，促进水文化的大发展大繁荣，拟由××日报集团《东西南北》杂志社与北京天一文化传播有限公司联合创办一份面向全国公开发行的高品位社科性期刊——《东西南北水文化》，现已获得新闻出版管理部门批准，刊号为：CN××-1086/Z。鉴于您在水文化研究、实践、传播等方面的建树，拟邀请您为本刊编委。现将创办期刊的策划方案（征求意见稿）奉上，敬请审阅修改。如您同意担任本刊编委，请及时回复。

　　本刊定于 8 月 18 日在北京召开编委会成立会议，共商办刊之策。待收到专家回复后即发出会议通知，告知会议具体地址。

　　联系人：×××。电话：139108538××。邮箱：6658393××@qq.com

北京天一文化传播有限公司（印章）

××××年 6 月 8 日

例文评析：

1. 这是一份"群发"的邀请信，收信人不止一位，因此撰写内容是面向所有收信人的。

2. 本文事由交代清楚，语言简明扼要。

3. 请柬是毋庸置疑的邀请，对方只需按照请柬告知的时间、地点，准时前往即可。而邀请信却不宜如此，它是协商性的邀请。一般而言，如果邀请方把时间、地点一切确定好了告知对方，使之只能遵命不能变动，就带有"强加于人"的意味，是不太合适、不太礼貌的。本文的邀请之"旨"（担任编委）表述准确，但不仅仅是告知对方，而是征求对方意见，等待回复。这样的邀请符合礼仪，比较得体。

4. 会议时间已经确定（因为涉及诸多人的会议，会期不好协商），但要等回复（同意担任编委）之后再发出通知。实际上，这也是一种尊重的态度，协商的口吻。

5. 邀请信中告知联系人及联系方式，以便受邀者联系。这是从受邀人角度考虑的，是工作的需要，也是交际的礼节。

邀请信例文2：

邀　请　信

尊敬的赵教授：

　　先生为我国著名行政管理学专家，学术造诣深厚，成果丰硕，景仰已久。今年一月，我校曾派人专程赴京邀请先生来校讲学指导。适逢您公务繁忙，暂时无法成行。承蒙先生应允稍后再联系。今谨致函台端，再次诚邀您四、五月间来校做学术报告，并对我校的学科建设和人才培养进行指导。

　　我校为省重点建设高校，行政管理学专业创办多年，具有较大发展潜力，真诚盼望得到著名专家指导。学术报告题目、讲学时间、动身日期及交通方式均由您确定，一俟定下，请告知我校，以便迎接和准备。

　　先生对来校讲学有何要求，请及时告知。其他未尽事宜，请随时联系学校办公室秘书×××，电话：138469358××，电子邮箱：××××@163.com。

　　热情期盼您的光临！

××大学（印章）

××××年×月×日

例文评析：

　　这是一份给单独对象的邀请信，内容细致、措辞得体。与邀请信1有相同之处，也有区别。

　　1. 邀请信开头的称谓，可以写完整姓名，也可以只写姓而略其名字，以示尊重（想想看，你称呼熟悉的老师，不一定用完整姓名吧？）

　　2. 开头第一段是对于受邀者地位、名声的渲染，以示对其熟知和敬仰，同时也交代了此前曾有过邀请的前因。如果缺少了这些交代，说"再次邀请"，便显得有些突兀。

　　3. 第二段告知本校有关情况，是与此次邀请有关的内容，可以使对方加深了解，也是就对方的讲学表达意愿，确定大致范围，这样受邀者的活动将会更有针对性。

　　4. 针对个别人的邀请，与面向群体邀请（开会）不同。一般而言，单独对象的邀请，要比诸多对象的邀请更加注意给对方选择的空间。活动内容、时间、行程等具体事项，可以提出初步意见，与对方协商；也可以请对方确定，更显尊重。

　　5. 邀请信留有联系人和联系方式，以便受邀者的联系。这是邀请信一般都要具备的内容。

6. "景仰""承蒙""致函台端""一俟"等文言词语的运用,增加了文化内涵。当然,如果不熟悉文言词语,使用简洁、得体的白话词语也可以。

由此可以看出,无论请柬还是邀请信,除了遵循基本的写作要求之外,还要根据邀请内容、目的、对象的不同而具体对待,措辞方面也要灵活处理,不可机械照搬。

第二节　祝贺文书

祝贺是社会交往中常有的事情。个体与个体、个体与团体(群体),以及团体(群体)之间,都经常会有一些喜庆的事情需要致以祝贺,这是社会生活必要的文明礼仪。礼仪犹如润滑剂,给社会生活增添和谐和友谊。祝词、贺词有时候是为自己而写,秘书工作人员更多情况是为他人"代言"(如为领导起草文稿),但写作的基本要求是相同的。

一、祝　词

[知识讲解]

(一) 祝词的含义与应用场合

祝词,也称为"祝辞"。古代主要指祭祀时以告神明的致祷之词,今泛指在各种喜庆场合中表示祝贺的文章,是日常交际经常用到的文体之一。写祝词主要运用于祝喜庆(婚姻、寿诞、开业、升学、节日等)和祝活动(演出、展览、运动会等)等场合。祝喜庆的主要是对人员的祝福,祝活动主要是对事项(工作)的祝福。有些重要场合,祝词有档案的价值,需要归档保存,因此更应当认真写作。从文章的角度看,那种一两句话的简单祝贺言词不能称为写作,故不在本书讨论范围之内。

(二) 祝词与贺词

祝词与贺词虽然都是用于喜庆的事情和场合,但还是有差异的。区别在哪里呢?主要是"时间差"。祝词的表达重在祝愿、希望,一般在事前或刚刚开始之际;贺词的表达重在庆贺、道喜,一般在事中或事后。结合我们的生活经验想想就知道,对于一个即将召开的会议,一项即将开展的活动,表达良好祝愿应当选用祝词;而对于一座竣工的建筑,一项成功的实验,一项取得圆满成绩的活动,表达喜庆之情应当选用贺词。当然,文体的划分只是相对的,互用和交叉也是常有的现象。我们的日常语言是"祝""贺"两字常常连用,因此在某些场合祝词与贺词可以互用,如祝寿也可以说是贺寿,我们常说的"贺年"常常表达的是年初的祝福。

(三) 祝词与致辞

常常遇到有些文本,标题写的是"致辞",还有的写"致词"。《现代汉语词典》认为"致辞"和"致词"是一对异形词,意义是一样的。"致辞"词性偏于动词,表示发表言辞的行为,"致词"词性偏于名词,既可以表示发表言辞,也可以表示致辞的内容。从文体种类的角度着眼,我们在此将"致辞"与"致词"视为相同,都是在某种场合发表的言辞。"致辞"是个普泛的说法,其外延比"祝词"大得多,可以用于开幕、闭幕、迎送、祝愿、贺喜、致谢等多种场合,要根据具体场合和内容来判断文种。例如,在毕业聚会时,院系领导或师长的"致辞",其中往往包含对学校生活和师生情谊的叙述,但重点在于表达对毕业同学前程的祝愿和勉励;企业负责人在某大型商场开业典礼上的"致辞",尽管也有对企业历史的简介和行业地位的评价,但重点内容是对商场前景的展望和祝福。也就是说,它们的主要内容是指向未来的希望,这样的"致辞",所致的实际就是"祝词"。

(四) 祝词的结构

散文体祝词的结构一般由五部分组成:

1. 标题。写在第一行居中的位置。可以直接写"祝词",也可以增加"事由"(祝贺的内容),如《在欢迎××先生晚宴上的祝词》。

2. 称呼。在标题之下第一行顶格书写,以示尊重。写法同于一般书信的格式。给单位或部门的祝词直接写其名称即可。

3. 正文。正文是祝词的核心。这部分写法比较灵活,针对不同的祝贺对象,不同的祝贺动机,写出相应的祝贺内容。但总的来说,都应包含下面几层意思:首先应向受祝贺的人员、单位或事项表示祝福或问候,而后要运用叙事,交代祝愿的理由或原因,同时还要常常结合叙事进行适当评价或指出其意义,最后再次表示祝愿、希望,也可以给被祝者以鼓励。

祝词作为抒发情感的文体,虽为实用文体,也可以运用一些积极修辞如比喻、拟人,甚至夸张,增加文章的文采,使之华丽一些。

4. 结束语。通常是一句与场合相适应的礼节性的祝颂语。

5. 落款。在正文的右下方署祝者的名称(单位或个人)以及发祝辞的年、月、日。如果标题部分已注明,此处可省略。现场由本人宣读的祝词,前面的署名或最后的落款可以略而不读,因为在此之前会有主持人介绍致祝词者的身份。如由别人代为宣读,则不能省略。

[例文评析]

祝词例文1:

在奶奶八十寿宴上的祝词

尊敬的各位来宾,各位亲朋好友:

春秋迭易,岁月轮回,当新春迈着轻盈的脚步向我们款款走来的时候,我们欢聚在这里,为我们尊敬的奶奶共祝八十大寿。

在这里,我首先代表在现场和不在现场的孙辈,向奶奶送上最真诚、最温馨的祝福,祝奶奶福如东海,寿比南山,健康如意,福乐绵绵,笑口常开,益寿延年!

风风雨雨八十年,奶奶阅尽人间沧桑,她一生中积累的最大财富是她那勤劳善良的朴素品格,她那宽厚待人的处世之道,她那严爱有加的朴实家风。这一切,伴随她经历了坎坷的岁月,更伴随她迎来了今天晚年生活的幸福。

嘉宾美酒,笑指青山来献寿。百岁平安,人共梅花老岁寒。今天,这里高朋满座,让寒冷的冬天充满了春天般的温暖。

让我们全体亲朋嘉宾一起向老人家献上最衷心的祝愿:祝福老人家生活之树常绿,生命之水长流,寿诞快乐,春辉永绽!

也祝福在座的所有来宾身体健康、工作顺利、合家欢乐、万事如意!

谢谢大家!

孙儿××

20××年×月×日

例文评析:

1. 这是一份个体对个体的祝词,作为晚辈对长辈的祝福,充满感情,真诚自然。

2. 在对奶奶表达祝福之后,有一段叙事的内容,概括了奶奶的可贵品格和美德,这在祝词中是非常必要的。祝福(祝愿、祝贺)是抒发情感,有了事实的基础,情感才更加真切、实在。例如,在婚礼上致祝词,表达对新婚夫妇的祝福,就需要对他们的优点、恋爱过程做一些概括性的介绍,作为抒发情感的基础,这样,赞美才自然、贴切,祝愿、祝福也不显得突兀和飘忽。

3. 本文中两次出现祝福语,并不显得重复。前面一段代表孙辈,后面一段是以全体亲友和嘉宾的名义,角度不同,各有作用。同时也对来宾表达了祝福,礼节得体,措辞恰当。

4. 如果能在祝福之前表达对来宾的谢意,礼貌就更加周全了。

祝词例文2:

学校元旦汇演祝词

××市××中心学校校长　　×××

各位同学,各位老师,各位家长:

2015 的脚步已向我们迈进,值此辞旧迎新之际,我们全校师生欢聚一起,观看元旦汇演,共同庆祝新年的到来。在此我代表学校向全校教职工和同学们致以新年的问候和诚挚的祝福!

过去的一年,在全校师生的共同努力下,学校各项事业取得了较好的发展。学校被评为区级文明单位、市语言文字规范学校、区党风廉政先进集体,在区合唱节、区运动会上也取得较好的成绩。教师有近 60 人次在市、区优质课、论文比赛中获奖,其中×××老师获市优质课二等奖,××老师获市优质课三等奖,×××老师获区教研优质课二等奖,×××老师的课题获省教研课题三等奖,×××老师、××老师的论文获市教研课题二等奖。有 40 多名学生在市、区各类竞赛中获奖。其中在市教育局主办的"快乐成长"征文中,五年级××、八年级×××两位同学获市一等奖,四年级×××、六年级×××、八年级×××、九年级×××四位同学获市二等奖;在科技艺术节中,九年级×××同学获市中学组绘画二等奖;在体育比赛中有三名同学参加市中小学生体育运动会,其中×××同学跳高、跳远均获第三名,××同学获 60 米第四名。在今年的中考中,两名同学被市一中提前录取,四名同学被本市××实验中学录取。

展望 2015 年,希望全体老师能静心教书,潜心育人,扎实推进小班化课堂教学改革,提升学生综合素质。希望同学们在新的一年中养成良好的习惯,做一个有责任的少年,在××中心学校这个温馨大家庭中快乐学习,快乐成长,为自己新的愿望、新的梦想,添写亮丽一笔。

老师们,同学们,一年一度的元旦文艺汇演是我校的传统活动,它不仅展示了我校推行素质教育的丰硕成果,也为同学们展现个性与特长提供了广阔的舞台。在下面的演出中,希望同学们用嘹亮的歌声唱响心中的理想,用青春的活力演绎时代的梦想,用横溢的才华创造我们美好的明天!

祝愿我们学校的教育事业蒸蒸日上,为国家培育更多的优秀人才!

祝愿大家在新的一年里,快乐安康!

谢谢大家!

2014 年 12 月 22 日

例文评析:

1. 这是一份个体对团体的祝愿。与前一篇对人的祝福不同,本篇尽管讲话的对象是师生、家长,也有对他们的祝福,但主要内容是对学校工作(事业)的希望和祝愿,表达的重点是公共情感而非个人情感。

2. 与前一篇相同,本文的抒情也以叙事为基础。这是很多交际类文章(如庆贺、致谢、慰问、欢迎等)写作的共性。因为有家长观看汇演,校长向他们宣传学校的办学成绩,是必要的交际和沟通。祝词中对元旦汇演提出了希望,与通常的"预祝汇演圆满成功"一样,也是表达了祝愿的情感。

3. 如从更高要求看,本文稍有不足之处。为抒情做基础的事实要概括、简练,不能过于详尽,否则,叙事拖沓会冲淡主题,也影响致词的效果。本篇祝词对学校一年来的成绩一一罗列,基本集中于获奖一类,是不是显得单调了? 这样不容易给人留下较深印象。在场的家长,也许更为关注学校一年来的改革措施、师资力量、办学条件、学校面貌等方面的"亮点"。家长感兴趣的这些话题,祝词却完全忽略了。设想一下,如果在撰写祝词时,能适当减少单调的罗列,增加一些别的方面的亮点,是不是更能吸引在场听众? 由此可见,在写作交际类应用文时,要根据"客"的特点,注意把握好事实的内容并用心概括、提炼,达到叙事与抒情的合理配置,以收到良好的传播效果。

祝词例文3:

在××果业集团公司揭牌典礼上的祝词

××果业集团公司:

在这春光烂漫的美好时节,欣逢××果业集团公司举行揭牌典礼,我会特向贵公司致以热烈的祝贺!

我县是水果生产大县,果品资源丰富,历史悠久。我县出产的小核红枣是历代贡品,××牌苹果,已经注册成为果品商标,水果产业是我县的支柱产业,是农民致富的主要途径。××果业集团公司是享誉业界的集果品销售、仓储、深加工为一体的大型工商贸联合体,经营的水果产品在国内市场形成品牌,加工的系列果品饮料和食品在国内市场拥有良好信誉,有的还远销海外。××果业集团公司在我县开业,这是我县努力扩大招商引资、全面推进果品生产现代会、商贸流通一体化的又一喜事,标志着我县水果生产、加工和销售的经营档次和经营规模跃上了一个新台阶。这必将进一步加快以聚集人气、营造商机为主题的我省西南商贸中心的打造步伐。

对外来投资者给予大力支持和帮助,促进企业之间的友谊合作和互利共赢,是我们工商企业联合会义不容辞的责任。××县工商企业联合会热诚欢迎××果业集团公司加盟,我们愿意为所有来我县投资的客商提供热诚服务,为企业的发展创造一个宽松和谐的经营环境。我们期待,××果业集团公司为繁荣我县经济做出贡献,同时也以一流的管理、一流的服务、一流的信誉在我县树起良好的商贸企业形象,为我县工商企业树立一面旗帜。

最后,衷心祝愿××果业集团公司开业大吉,生意兴隆,财源广进!

××县工商企业联合会
2014 年×月×日

例文评析:

1. 这是一份团体对团体的祝贺。就"事由"看,是对工作(商务活动)的祝愿,表达也是公共情感。

2. 本篇也含有叙事的成分。因为涉及经济合作,事实分为两个方面:一是简要介绍了本县水果生产、销售的历史，二是概括介绍了××集团公司的经营业绩，内容安排比较恰当。如果单说一方而忽略另一方，就显得不够全面、得体。

3. 第三段以团体身份表达合作的愿望，也是与商务活动的规律相符合的。

二、贺　词

[**知识讲解**]

贺词是在对他者表示祝贺时的致辞。对喜悦之事表达道喜、祝贺、庆贺，是文明礼貌的体现，也体现了团结、友谊和关怀。

（一）贺词与贺信

贺词有时也称为贺信（贺电），两者没有明显的差异。如细致区分，差别在于：其一，贺信（贺电）的受贺者就是收信者，写在贺信的开头；贺词的受贺者不一定写在贺词的开头（请见贺词例文 3）。其二，贺信（贺电）往往需要当场宣读（可以是致贺者自己宣读，也可以他人代为宣读），贺词则不一定宣读，有的贺词是印发或通过媒体向大众传播（刊登、广播）。不需要宣读的贺词，自然就没有例行的问候语（"大家好"）和致谢语（"谢谢大家"）。对于贺词的撰稿者来说，对贺词与贺信（贺电）之间的细致差异可以不做深究，重要的是写好主体部分。以下的讲解主要是就贺词而言，但例文包括了贺词与贺信（贺电）。

（二）贺词的"主""客"和"事由"

贺词中的"主"是指致贺者，就是发出贺词的主体。贺词中的"客"是指受贺者，即接受贺词的客体。贺词中的"客"和"主"，从性质来看，都可以是团体，也可以是个人。

贺词的"事由"即贺词产生的缘由（因何而贺）。贺词与祝词相同，可以用于对人员、团体的祝贺，也可以用于对事项、工作的祝贺。运用于重要场合以及由重要人物发出的贺词，具有档案价值，常常需要归档保存。

有些节日（如教师节）贺词，内容、格式与慰问信（详见本章第三节）有相同之处，区别在于减少问候话，主要肯定取得的成绩，表达祝贺和鼓励。

（三）贺词的兼容性

前面说过，贺词一般用于庆贺已获成功之事，如竣工、完成任务、夺得锦标、取得重要成绩等。有些庆贺兼有表彰性质，有的贺词"贺"与"祝"兼而有之。

请看习近平主席 2015 年新年贺词全文：

时间过得真快，2014 年就要过去了，2015 年正在向我们走来。在这辞旧迎新的时刻，我向全国各族人民，向香港特别行政区同胞和澳门特别行政区同胞，向台湾同胞和海外侨胞，向世界各国和各地区的朋友们，致以新年的祝福！

2014 年是令人难忘的。这一年，我们锐意推进改革，啃下了不少硬骨头，出台了一系列重大改革举措,许多改革举措同老百姓的利益密切相关。我们适应经济发展新常态,积极推动经济社会发展,人民生活有了新的改善。12 月 12 日,南水北调中线一期工程正式通水,沿线 40 多万人移民搬迁,为这个工程作出了无私奉献,我们要向他们表示敬意,希望他们在新的家园生活幸福。这一年,我们着力正风肃纪,重点反对形式主义、官僚主义、享乐主义和奢靡之风,情况有了很大改观。我们加大反腐败斗争力度,以零容忍的态度严惩腐败分子,显示了反腐惩恶的坚定决心。这一年,我们加强同世界各国的合作交往,主办了北京亚太经合组织领导人非正式会议,我国领导人多次出访,外国领导人也大量来访,这些活动让世界更好认识了中国。

为了做好这些工作,我们的各级干部也是蛮拼的。当然,没有人民支持,这些工作是难以做好的,我要为我们伟大的人民点赞。

这一年,我们通过立法确定了中国人民抗日战争胜利纪念日、烈士纪念日、南京大屠杀死难者国家公祭日,举行了隆重活动。对一切为国家、为民族、为和平付出宝贵生命的人们,不管时代怎样变化,我们都要永远铭记他们的牺牲和奉献。

这一年,我们也经历了一些令人悲伤的时刻。马航 MH370 航班失踪,150 多名同胞下落不明,我们没有忘记他们,我们一定要持续努力、想方设法找到他们。这一年,我国发生了一些重大自然灾害和安全事故,不少同胞不幸离开了我们,云南鲁甸地震就造成了 600 多人遇难,我们怀念他们,祝愿他们的亲人们都安好。

新年的钟声即将敲响。我们要继续努力,把人民的期待变成我们的行动,把人民的希望变成生活的现实。我们要继续全面深化改革,开弓没有回头箭,改革关头勇者胜。我们要全面推进依法治国,用法治保障人民权益、维护社会公平正义、促进国家发展。我们要让全面深化改革、全面推进依法治国如鸟之两翼、车之双轮,推动全面建成小康社会的目标如期实现。

我国人民生活总体越来越好,但我们时刻都要想着那些生活中还有难处的群众。我们要满腔热情做好民生工作,特别是要做好扶贫开发和基本生活保障工作,让农村贫困人口、城市困难群众等所有需要帮助的人们都能生活得到保障、心灵充满温暖。

我们要继续全面推进从严治党,毫不动摇转变作风,高举反腐的利剑,扎牢制度的笼子,在中国共产党领导的社会主义国家里,腐败分子发现一个就要查处一个,有腐必惩,有贪必肃。

我们正在从事的事业是伟大的,坚忍不拔才能胜利,半途而废必将一事无成。我们的蓝图是宏伟的,我们的奋斗必将是艰巨的。全党全国各族人民要团结一心,集思广益用好机遇,众志成城应对挑战,立行立改破解难题,奋发有为进行创新,让国家发展和人民生活一年比一年好。

中国人民关注自己国家的前途,也关注世界的前途。非洲发生了埃博拉疫情,我们给予帮助;马尔代夫首都遭遇断水,我们给予支援,许许多多这样的行动展示了中国人民同世界人民同呼吸、共命运的情怀。当前世界仍很不安宁。我们呼唤和平,我真诚希望,世界各国人民共同努力,让所有的人民免于饥寒的煎熬,让所有的家庭免于战火的威胁,让所有的孩子都能在和平的阳光下茁壮成长。

　　谢谢大家。

　　贺词全文共 11 段,开头一段为祝福语,结尾为致谢语。其余的 9 段文字,前 4 段中有对 2014 年国家取得辉煌成绩的庆贺,也有对重要事件的回顾;接下来的 4 段对国家新一年的工作进行展望,是希望和祝愿;第 10 段(倒数第二段)关注国际大事,其中有回顾,也有希望,过去与未来、庆贺与祝愿(祝福)圆满地融为一体。

(四) 贺词(信)的结构

　　1. 标题。一般是事由+贺词,或受贺者+贺词(给×××的贺词),也有只写贺词(贺信)的。

　　2. 受贺者。即贺词要送达的"客",可以是个人,也可以是团体。通过大众传播媒介宣传的贺词一般不写受贺者(如前引习近平主席 2015 年新年贺词)。

　　3. 正文。内容有长有短,通常的顺序是:事由、表示祝贺→渲染事由的重要性、意义、作用等→表达祝愿或勉励。表达勉励的通常是来自上级的贺词。

　　4. 致贺者、致贺日期。也就是通常说的落款、日期,一般的贺词(贺信)应当有这些要素。

(五) 贺词写作的注意事项

　　1. 对受贺者表达真诚的祝贺,常常与欣赏、赞美、关切、祝愿相联系,有时还兼有感谢,需要根据具体事由、情境确定表达的内容。这些方面要在写作中用心体会、灵活运用。

　　2. 表达庆贺之情要紧扣受贺事件,叙事应当简要概括,不蔓不枝。

　　3. 贺词与祝词一样,都是用于喜庆之事,可以运用一定的华美词语和积极修辞(如比喻、借代、拟人等)增加文采,但要符合"得体"的要求,不要流于空泛浮夸和随意拔高。一般而言,在商务庆祝、个人喜庆(结婚、庆寿、升学、生子等)场合,文辞可以华美一些,而政务、科技、教育、学术领域的庆贺,用语则比较庄重、典雅。

[例文评析]

贺词(电)例文1：

中共中央　国务院　中央军委
对天宫一号与神舟十号载人飞行任务圆满成功的贺电

总装备部、工业和信息化部、国家国防科技工业局、中国科学院、中国航天科技集团公司、中国航天科工集团公司、中国电子科技集团公司并参加天宫一号与神舟十号载人飞行任务的全体同志：

在天宫一号与神舟十号载人飞行任务取得圆满成功之际，中共中央、国务院、中央军委向出色完成这次任务的航天员、向所有参加这次任务的科技工作者、干部职工和人民解放军指战员，表示热烈祝贺和亲切慰问！

天宫一号与神舟十号载人飞行任务的圆满成功，进一步巩固了我国空间交会对接技术，标志着我国载人航天工程第二步战略目标取得了重大阶段性胜利。这是在以习近平同志为总书记的党中央坚强领导下，航天战线深入贯彻落实党的十八大精神、加快建设创新型国家的又一重要成果，是我们在全面建成小康社会伟大历史进程中取得的又一重大成就，对于进一步增强我国经济实力、科技实力、民族凝聚力，展示伟大的中国道路、中国精神、中国力量，鼓舞和激励全党全军全国各族人民朝着党的十八大描绘的宏伟蓝图胜利迈进，具有重大而深远的意义。祖国和人民将永远铭记你们的卓越功勋！

以这次任务圆满成功为标志，我国载人航天事业将进入空间站工程建设的崭新发展阶段，今后的任务更加艰巨、使命更加光荣。希望你们紧密团结在以习近平同志为总书记的党中央周围，全面贯彻落实党的十八大精神，高举中国特色社会主义伟大旗帜，以邓小平理论、"三个代表"重要思想、科学发展观为指导，大力弘扬"两弹一星"精神和载人航天精神，艰苦奋斗，开拓创新，团结协作，再创佳绩，为全面建成小康社会、实现中华民族伟大复兴的中国梦做出新的更大贡献！

中共中央

国务院

中央军委

2013 年 6 月 26 日

例文评析：

1. 这封贺电是就国家重大科研成就而发出的祝贺，受贺者众多，一一列举了参研单位的具体名称和科研人员的总体称呼。

2. 正文结构分三部分：首先表示祝贺，继之赞扬了本项成就的重大意义，最后表达希望。

3. 贺电文本结构与贺信相同,由于传输途径是电讯,文字要求更加简洁、精炼。

贺词(信)例文 2:

贺　信

江苏省写作学会:

　　欣闻江苏省写作学会成立三十周年庆祝大会暨学术研讨会召开,我谨代表河南省写作学界同仁,预祝大会取得圆满成功! 祝与会同仁们快乐祥和!

　　贵省写作学会成立三十年来,在历届理事会领导下,取得了出色的学术业绩,贵省写作学界广大同仁们取得了优秀的教学和研究成果,这些都在国内学术界产生了重大学术影响,为写作学科独立地位和发展建设做出了贡献,对此表示衷心的祝贺!

　　回顾中国写作学发展的历程,古老而又年轻的学科在新时期走向了繁荣发展;在建设自主创新型国家和实现中华民族伟大复兴的中国梦的当今,它勇敢地迎接新的挑战,迎来了新的发展机遇,写作学理论文化建设已经成为推进素质教育、提高全民族写作文化素养的重要学科。写作学理论研究和发展建设的任务仍将任重道远!

　　祝愿贵学会新一届的领导班子带领全省学会同仁,继续创造性地开展好写作学理论研究和学科建设工作。希望江苏、河南两省写作学界继续加强学术联系,增进学术友谊,共同为写作学科建设做出新的贡献!

河南省写作学会会长　　×××

2014 年 10 月 18 日于郑州

例文评析:

1. 这是以个人名义发给团体的贺信,当然,也可以用团体(河南省写作学会)名义发出。

2. 本文“贺”中有“祝”。“祝”是对于即将召开的会议和未来的事业发展而发,“贺”是对江苏省写作学会以往取得的学术成绩而生,情感都是缘事而发,真诚而不空泛。

3. 由于是学术领域的祝贺,用语庄重、典雅、简练。

贺词例文3：

医院建院 110 周年贺词

××科技大学医学院附属同济医院：

　　值此贵院 110 周年华诞之际，谨向全体干部职工致以热烈的祝贺。

　　××科技大学医学院附属同济医院传承医学院"团结、严谨、求实、奋进"的优良院风，铸就"同舟共济、自强不息"的奋斗精神，经过 110 年的建设与发展，如今已发展成为学科门类齐全、英才名医荟萃、师资力量雄厚、医疗技术精湛、诊疗设备先进、科研实力强大、管理方法科学的集医疗、教学、科研为一体的创新型现代化医院，其综合实力跃升为国内医院前列，在海内外负有盛名。

　　××科技大学医学院附属同济医院诞生于风雨飘摇的旧中国，与祖国同舟，与人民共济。110 年来，特别是在改革开放以来，同济医院在教学、科研、医疗服务方面取得了丰硕成果，为无数患者解除了病痛，为国家培养了大批优秀人才，为祖国卫生事业的发展和人民健康水平的提高做出了重要贡献，取得了众多荣誉，为各级领导所重视，为广大百姓所赞誉。

　　乘风好去，长空万里。再次衷心祝贺××科技大学医学院附属同济医院 110 岁华诞，也真诚祝愿敢为人先的同济人继续迈出承前启后、继往开来、再创辉煌的新步伐。

××大学医学院附属仁济医院

2010 年 10 月 15 日

例文评析：

1. 这是团体对团体的贺词。"主"与"客"都是同一医院的下属单位，但还是注意在贺词中突出"客"的辉煌业绩，这是抒发庆贺之情的事实基础。

2. 与前篇相同，也是"贺"中有"祝"；也是属于科技学术领域的祝贺，语言风格庄重典雅。

3. 本文叙事线索略有小疵。在叙述"客"的历史和业绩时，事件线索应当由远及近才比较合理。第三段中已经说到了"如今"，第四段开头又说"××科技大学医学院附属同济医院诞生于风雨飘摇的旧中国，与祖国同舟，与人民共济"，话题回到了历史。这一句，如作为第三段开头，逻辑顺序是否更加合理一些呢？

贺词例文 4:

中国作家协会给莫言的贺词

　　欣闻莫言先生荣获 2012 年诺贝尔文学奖,我们表示热烈祝贺!

　　在几十年文学创作道路上,莫言对祖国怀有真挚情感,与人民大众保持紧密联系,潜心于艺术创新,取得了卓越成就。自上世纪八十年代以来,莫言一直身处中国文学探索和创造的前沿,作品深深扎根乡土,从生活中汲取艺术灵感,从中华民族千百年来的命运和奋斗中汲取思想力量,以奔放独特的民族风格,有力地拓展了中国文学的想象空间、思想深度和艺术境界。莫言的作品深受国内外广大读者喜爱,在中国当代文学史上占有重要地位。

　　莫言的获奖,表明国际文坛对中国当代文学及作家的深切关注,表明中国文学所具有的世界意义。希望中国作家继续勤奋笔耕,奉献更多精品力作,为人类的文化发展做出新的贡献!

中国作家协会
2012 年 10 月 11 日

例文评析:

　　1. 这是团体对个体的祝贺。但格式上有特殊之处:受贺人并没有写在贺词的开头(没有具体的收件人),也不是直接向"客"致贺的语气,贺词中没有出现"你"("您")这样的第二人称代词,而是以"莫言先生"、"莫言"这样的第三人称代词进行客观叙述。其中原因何在? 因为这是通过大众传播媒介(报纸、刊物、广播、电视、网站)广泛宣传的贺词,相当于党政公文中的普发性公文,可以不写收文对象。

　　2. 贺词产生于莫言获得诺贝尔文学奖之后,文中主要内容是对于莫言文学创作已有成就的赞扬和祝贺。这一点与其他贺词是相同的。

　　3. 借祝贺莫言之际,对中国作家表达希望和勉励。以光辉榜样发挥鼓舞、激励作用,也是贺词的常见内容。

第三节　慰问感谢文书

一、慰问信

[知识讲解]

(一) 慰问信的含义

　　慰问信是以团体或个人名义,向特定的单位、群体或人员表示安慰、关怀、问候、致意的特殊书信。它能体现组织的关怀、温暖，社会的爱心与支持，朋友、亲人间的深厚情谊，能给人以奋进的勇气、信心和力量，得到慰藉和鼓励。慰问信以电讯的方式传送时，叫慰问电。以下主要讲以组织、团体名义发出的、具有公务性质的慰问信。掌握了这类慰问信的写作方法，个人之间的慰问信大致可以触类旁通。

慰问信是信函形式，与普通书信在格式上有相同之处（抬头、落款等），但也有与普通书信不同的特点：其一，慰问信的"主""客"关系，一般是组织对群众，或群体对群体（如学校慰问军队），而下级对上级、个人对组织不适用于用慰问信。其二，慰问信是对特定对象表达体恤、慰劳、赞扬之情，写作时要注意与"客"的吻合以及对"旨"（写作意图）的准确把握，要根据具体对象、具体情况，表达真挚、自然、真切的慰问之情。不能像普通书信一样注重表达自我，更不能照搬照抄，以至于表达不得体。

（二）慰问信的分类

慰问信虽然也是"缘事而起"，但总是对"人"而发。慰问信的接受者，可以是个体的人员，也可以是群体的人，或是由众多人员组成的单位。就"事由"而言，慰问可以分为节日慰问、事件慰问、特殊工作慰问三大类。

1. 节日慰问信。节日分为公共节日（国庆、元旦、春节等）和特殊节日（教师节、护士节、记者节、植树节等）。节日慰问信，在内容上与祝词、贺词有相同之处，主要是借节日之际表达问候、关怀。例如，教师节给全校教师的慰问信，内容上就与祝词差别不大。不同的是，当慰问信是面向具体人员或人群而发时，在写作上就不能完全套用面向广大公众的祝贺内容，而是要注意两个方面：一是要结合受慰问者的身份，二是要结合当年、当地的新情况。这样的慰问才显得切题、实在，体现出新意来。

2. 事件慰问信。针对事件（工作）的慰问，也是给特定人群的，一般有两种情况，一是他们在工作中有重要成绩和突出贡献，需要进行鼓励和问候，勉励他们戒骄戒躁，乘胜前进；另一种情况是他们暂时遇到了困难、损失、不幸或灾难，需要表达关怀、安慰，鼓励他们加倍努力，战胜困难。虽然都是"缘事而发"，但前一种情况是"喜事"，后一种情况是"忧事"，因此在口气和措辞上要注意区别。

3. 特殊工作慰问信。特殊工作范围较广，如抢险救灾、高温或严寒环境下工作、赴西部支教，或工作进行到某一个重要阶段。这时表达慰问可以起到激励士气、鼓舞斗志的作用。生活中，这类慰问信也经常要用到。与前两类慰问信相同的是，要交代慰问的事由、概括受慰问者的工作成绩和贡献、表示慰问并鼓励再接再厉。

（三）慰问信的结构

1. 标题。最简略的形式是"慰问信"三个字，也可以把"客"（慰问对象）写入标题，如上面的例文。如果是通过媒体广为宣传的慰问信，可以把"主"与"客"都写在标题里，如《××市教育局致（给）全市中小学教师的慰问信》。有了这样完整的标题，受慰问者的名称和慰问者署名可以写上，也可以省略。

2. 受慰问者的称呼。一般而言，一份慰问信的接受者是一个人、一个群体或一个单位。单位名称要写全称，群体要有集体称呼（如"同志""老师"），个人姓名之后要加上"同志""先生""老师"之类称呼，否则，直呼其名是不礼貌的。

有时候，对特殊的个体或群体还要加上"敬爱的""尊敬的""亲爱的"等敬语，以示尊重。

3. 正文。正文的内容，应该先说明写慰问信的缘由，以叙事作为表达情感的基础。说成绩、贡献之类"喜事"可以具体一些，并对事迹做出肯定性、赞美性的评价；叙述灾难、损失、不幸之类"忧事"时只要提到即可，不需展开。在此基础上向对方表示关怀和慰问。接着还要有一些表达鼓励和祝愿的内容。慰问信的抒情性较强，慰问和祝愿的语言应当亲切、生动，但要以真诚为基础，不要流于套话和做作。

4. 署名和日期。如果是多个单位、群体联合发出的慰问信，要全部署名。

[例文评析]

慰问信例文1：

致大学生村官的新春慰问信

亲爱的基层服务大学生村官同志们：

　　冬去春来，日月如梭，转眼间一年又过去了，值此新春佳节即将来临之际，我们向积极响应党和政府的号召，以自己的青春、热情、知识和才干在我县广大农村从事基层服务工作的大学生村官致以亲切的慰问！并对你们选择"到农村去，到基层去，到人民最需要的地方去"，奉献社会、完善自我的行为表示崇高的敬意！

　　岁月如歌，时光飞逝，自你们参加基层服务工作以来，你们以自己的实际行动为人生增添了浓墨一笔，为我县的新农村建设做出了应有的贡献。目前，全县共有102名大学生村官正在履行着自己的诺言，立足基层，艰苦奋斗，不断进取，努力工作。在火热的基层工作中，你们用自己的青春和智慧谱写出一曲曲感人肺腑的奉献之歌；你们用青春舞步，在基层舞出一片新的天地；你们用青春热血在农村施展才华、放飞梦想！作为我县社会主义新农村建设的一支生力军，作为全县全面建设小康社会的重要人才储备，县委、县政府一直关心、关注着你们，全县广大基层干部群众在赞扬着你们。

　　亲爱的基层服务大学生村官们，党的十八大的召开，统筹城乡发展，推进社会主义新农村建设和农村改革发展问题提上了重要议程。这意味着我县农村发展面临空前的大好机遇，这为你们发挥才智、施展才能，提供了广阔的舞台。希望你们坚定立足基层、服务基层的决心和信念,以更加积极的姿态投入到社会主义新农村建设中去在新的一年里。让我们共同努力,牢固树立和贯彻落实科学发展观,继续解放思想,勤奋工作,开拓奋进,与时俱进,为建设社会主义新农村做出新贡献。

最后,祝愿你们及家人新春愉快、身体健康、工作顺利、阖家欢乐!

中共××县委

××县人民政府

2013 年 1 月 22 日

例文评析:

1. 这是一封节日慰问信。慰问是表达情感,需要与一定的叙事相结合,情感才不会空泛。这份慰问信的对象是在该县基层服务的大学生村官,因此结合大学生村官的身份和本县情况是信中必要的内容。

2. 正文共 4 段,第 1 段表达慰问和致敬,第 2 段概括他们的工作成绩,体现了关切和赞扬,第 3 段介绍今后工作的新形势、新任务,与受慰问者的工作密切相关,最后一段致以美好祝愿。层次分明,逻辑合理。

3. 第 2 段运用的文学修辞手法(奉献之歌、青春舞步、放飞梦想等),蕴含着热情洋溢的青春气息,符合大学生村官身份,也显示了赞美之情。

4. 整体而言,语言比较普泛化,没有充分体现出本县工作的特点。除了"102 名大学生村官"这个数字与本县有关,其余内容完全可以移用到别的县。由此看来,本篇慰问信格式上虽然"合体",但内容还未"到位"。如何提高使之更好?这不是仅仅着眼于文字、辞藻的问题,需要思维的深入,就是要对该县大学生村官的工作成绩和本县下一步工作部署有深入了解,抓住特色,才能写出具有与别处不雷同的内容来。毕竟,语言是思维的外在表现,语言的浮泛,根子在思维的浮泛。

慰问信例文 2:

给雅安灾区孩子的慰问信

雅安灾区的孩子们:

你们还好吗?

4 月 20 号早晨,也许你们正静静坐在教室,等着老师来上课;也许听说考试得了满分,嘴角挂着微笑,正抬头看看窗外。这个世界很美丽,没有太在意,一切和往常一样平静。突然发生的一切,你们根本来不及反应,世界黑了,灾难来了,那笑容也乘着风飞走了。

时光飞逝,距雅安发生7.0级特大地震已过去了9天。在这漫长的9天中,无数中华儿女、海外侨胞送来了温暖的关怀,许多明星、企业家等也用行动诠释了"一方有难,八方支援"的民族团结之力。你们并不孤单!你们有我们!

也许,你们还没有从7.0级特大地震的恐惧中走出来;也许,你们还沉浸在失去父母亲人的无比悲痛中;也许,你们正忍受着身体的种种剧痛;也许,你们正在简陋的帐篷中读书……但无论怎样,我们都希望你们能够选择坚强,不要轻言放弃!风雨过后总会见彩虹!

经历了这场灾难,我们都成熟了许多;经历了这场灾难,我们也懂得了不少;经历了这场灾难,我们的心手连得更紧。不是吗?一双双有力的大手伸向废墟,一笔笔爱心捐款寄往灾区,一滴滴滚烫的热血救助伤者,一批批日用物资空投到位。你们看见了吗?国家领导人来了,武警官兵来了,医生护士来了,各地的志愿者来了,连国际友人的支援团也来了!你们的身后站着这么多的人,千万别担心,千万别沮丧!失去了家园,别怕,政府会帮你们重建;失去了父母,别怕,全国人民都是你们的亲人!别忘了,还有我们呢——我们都是你们永远的兄弟姐妹!

让我们手拉手,一起坚强地走向美好的未来,走出雅安地震的阴影,共同努力建设美丽的雅安新家园!

××大学大学生爱心会

2013年4月29日

例文评析:

1. 这是一封事件慰问信,由团体对群体发出。慰问的"缘起"是雅安地区遭受了地震灾害。大学生群众组织对灾区孩子表达慰问和支持,情感的大方向得体,慰问信的格式也是正确的。

2. 但本文叙述灾害事实时的语气不妥当。对于地震经历者来说,那场灾害在心中留下的印象无疑是很沉痛的,但是慰问者用排比、想象等文学修辞手法描绘慰问者遭受的灾难,特别是想象地震发生之前那一刻的情景,这样的表达既不庄重,也在客观上显示了不友好。也许慰问信想追求一定的"文采",可惜场合运用不当,与要表达的慰问、关怀之情不协调。古人云:"至哀无文"。叙述忧伤事要尽量简而不详,语言要朴实而不追求华丽,这是对遭受灾难、损失、不幸的人表达慰问时特别要注意把握分寸的。

3. 本文表达慰问，主要在说他人（中华儿女、海外侨胞、明星、企业家、武警官兵……）的关怀和支持，而没有说到自己有什么具体的爱心。该为雅安灾区孩子做点什么？只有比较笼统的抒情——"还有我们呢——我们都是你们永远的兄弟姐妹！"这样的慰问就不免空洞。大学生即使没有钱财、物品的捐赠，也可以表示如果需要，我们将在假期去灾区支教，在学习方面为你们提供帮助和支持"……总之，慰问信是以语言表达问候和关怀，但空洞的辞藻意义不大，实实在在的语言更能体现出真诚的关切和慰问。

慰问信例文3：

慰 问 信

奋战在施工一线的全体员工同志们：

你们辛苦了！

入夏以来，烈日炎炎，时值七月，既是最炎热艰苦的季节，也是我们生产最繁忙的关键时刻。感谢你们一如既往地坚守在生产一线，用你们的意志和汗水保证各项生产工作的顺利推进，为我们中天城轨事业挥洒青春和汗水。奋斗在生产一线的同志们在战高温、斗酷暑的奋战中，时刻谨记安全生产责任重大，认真站好每一班岗，发扬坚忍不拔、吃苦耐劳的精神，确保了生产安全运行和质量达标。你们是中天集团最值得尊敬的人！相信有了你们的奋斗，中天城轨事业将会更上一层楼。

为了感谢大家的辛勤工作，公司领导班子将带队到各项目部、基地表示慰问，同时为大家送上慰问品。礼轻情意重，每一件慰问品都代表公司对大家的关心和体贴，希望能为在高温下作业的同志们带来鼓励和支持。

同志们，高温仍将继续，任务依然艰巨。在这样罕见的高温环境下，请大家在努力工作的同时要注意休息，保重身体，劳逸结合，严防中暑。管理人员要切实做好高温抗暑工作，关心员工身心健康，合理调配作息时间，确保全体员工一起安全渡过盛夏酷暑。员工的健康就是中天最大的财富。我们相信广大员工一定能发扬顽强拼搏，团结互助，迎难而上的精神，确保安全生产，胜利完成生产任务！

最后，衷心祝愿大家身体健康，家庭幸福！

中天建设集团城市轨道建设公司

××××年7月12日

例文评析：

1. 这是一封特殊工作慰问信。标题是最简略的格式。也可以把"客"（慰问对象）写入标题——《给高温作业员工的慰问信》，这样更为明确、醒目。

2. 这份慰问信突出了特殊工作的特殊性，始终紧扣"高温"主线，先肯定了高温环境下员工的事迹和精神，继之对高温下坚持作业的员工进行慰问和关怀，接着针对持续高温下坚持工作的员工提出希望，鼓励再接再厉，最后表达祝愿。格式正确，层次合理，内容实在，语言得体。

二、感谢信

[知识讲解]

感谢信是重要的礼仪文书，是向帮助、关心和支持过自己的团体（党政机关、企事业单位、社会团体等）或个人表示感谢的书信，有感谢和表扬双重意思。感谢是人类的文明行为，一方受惠于另一方，应及时表达谢忱，使对方在付出劳动和贡献后得到心理上和精神上的收益，它是一种不可缺少的交际手段，也是受人恩惠之后应有的感恩之举。感谢信这种书面文章就是文明的使者，对于弘扬正气、树立良好的社会风尚，促进社会主义精神文明建设有着重要意义。

（一）感谢信与表扬信的区别

感谢信与表扬信都是因好人好事而发，但两者略有差异。表扬信，当事人可以写，非当事人（旁观者、听闻者）也可以写，受表扬者与致信者不一定发生直接联系。而感谢信一般是当事人（或是家属或亲近人）受人恩惠，要表达感激之情，"客"与"主"之间的联系是紧密的，因此比一般的表扬信更有分量。

（二）感谢信的传播途径

感谢信可以直接给受谢者本人，也可以通过其所在单位表示感谢。也有的感谢信张贴在受谢者单位内或所在地的公共场所，还可以通过大众媒体（报纸、刊物、广播、电视）广为传播。

（三）感谢信的类别

从"主"与"客"的身份上区分，感谢信可以分为个人与个人之间、个人与团体之间、团体对团体之间几种类别，它们的格式基本相同。下面所举的例文主要是由团体发出的、带有公务性质的感谢信。至于个人发出的感谢信，可以举一反三，触类旁通。

（四）感谢信的结构

1. 标题。一般就是写明文种《感谢信》。也可以把受谢者、事迹都写入标题，如《给见义勇为大学生的感谢信》、《给拾金不昧王师傅的感谢信》，特别是在把感谢信送给受谢者所在单位时，这样的标题更有醒目的效果。

2. 感谢信的送达对象。一般是与受谢者统一的,但也会有这样的情况:受谢者是具体的个人,感谢信是送达其所在单位,这样可以更有利于扩大感谢效果和好人好事的影响。如送达对象是个人,姓名后面加适当的称谓。

3. 正文。感谢信有两大突出特点:一是真实性;二是感召性。从文章写作角度看,就是叙事与抒情相结合。正文一般由三部分组成:首先是叙述事情缘起(何时、何地、何人、何事),便于组织了解和群众学习,这也是为表达感谢之情奠定基础。叙事要真实、清楚、简练、精当。虽然是好事,也不必铺陈细节,更要避免夸大或缩小。第二部分是对受谢者的事迹、后果、性质、影响等做出判断,在此基础上表示自己感谢的心情和向对方学习的态度。这是体现感谢信的"旨"的重要部分。要注意的是:评誉对方事迹时要恰当,符合对方的身份,不要溢美,过于拔高会给人失真的印象;表示谢意的话要诚恳得体,不要夸大感情,如旧式小说中江湖人常说的"恩同再造""大恩浩荡""三世不忘"等话语,只显得夸饰虚浮,不符合现代社会文明礼仪的要求。第三部分表示自己向先进模范人物学习的态度。表态要符合自己的身份,不能脱离实际,大发议论。正文的语言要求是准确、精炼、简洁,不可过分雕琢。

4. 致敬语、署名、日期。也可以不用致敬语而用祝福语,只要与感谢信的内容吻合即可。

感谢信是书信体文章,篇幅不长,短的 300 字左右,较长的 600 字左右,一般不超过一张纸的篇幅,把"事"和"情"表达清楚即可。

[例文评析]

感谢信例文 1:

感 谢 信

尊敬的××市实验小学的领导和各位同仁:

首先请允许我们在这里向你们深情地说一声:"谢谢!"

我们千里迢迢来到××市学习取经,自今年 3 月 15 日,首批学员抵达××市,就深深地感受到了××市实小领导、老师的热情和无微不至的关怀。学校领导亲自接站、亲切问候,学校对我们的学习计划及考察作了周到细致的安排。在××生活的三个月里,实验小学的领导、老师对我们就像亲人一样,生活上嘘寒问暖,工作中认真负责,让我们在数千里之外感受到了家一般的温暖。三个月学习时间里,我们有幸聆听到了各位老师深入浅出、通俗易懂、旁征博引的精彩讲述,让我们眼界大开;教职员工们严谨的工作作风让我们非常钦佩。在××市实小培训是我们人生经历中的短暂一刻,但必定成为我们记忆中的永恒。在这里我们不仅更新了

理念,丰富了知识,拓宽了视野,结识了亲人,感受到学校领导对这次培训工作的重视,更重要的是架起了新疆人民与××市人民的一道友谊桥梁,让我们深深体会到了你们对新疆教育工作的热情支持。

谢谢××实验小学的领导、老师们！你们的行动感动着远道而来的我们。"感恩在心,报恩在行",我们一定会把你们的宝贵精神带回新疆,使之在天山南北开花结果。

千言万语难述依依离别之情,我们真诚地祝愿××实验小学越办越好,祝愿我们的友谊之树长青！

新疆生产建设兵团××师首批赴××市培训教师

××××年 6 月 15 日

例文评析：

1. 这是群体对群体的感谢信。先表达一句总体的感谢,接着是叙事,叙事包括两个方面,一是对方的热情接待和认真工作,二是自己的感受和收获,事实概括而不空泛,有实实在在的内容,通过事实体现了对方的可贵精神。这样,表达谢意就属于有感而发,水到渠成。在表达感恩心情的同时也表示了要使之发扬光大的态度,最后是向对方表达祝愿,并祝愿彼此间的友谊。全文结构紧凑,行文自然。引用古语"感恩在心,报恩在行",用词准确、得体。

2. 这封感谢信的一个亮点是对事实的提炼和升华,体现在"架起了××市人民与新疆人民的一道友谊桥梁,让我们深深体会到了你们对新疆教育工作的热情支持"这样的句子。有了这样的评价,事实的性质突破了小范围的群体(实验小学与培训教师),上升为更大范围的群体(××人民与新疆人民)之间的友谊,更加具有亮色,这样的"定性升华"是非常必要的。而有的感谢信往往缺少对事实性质的提炼,显得干巴巴的。

感谢信例文 2：

感 谢 信

××保安服务公司驻河南农业大学保安队：

你们好！

我是河南××教育科技有限公司的一名员工, 于 11 月 18 日下午和同事开车到河南农业大学办事，不慎将装有钱包、钥匙、发票、iPad、MP3等贵重物品的皮包丢失，一个小时之后才发觉。当时天色已晚，再加上钱包里还有广发银行信用卡、数张购物卡等贵重物品，我和同事都心急如焚，几个人分头去寻找，因为记不清究竟在何时何地丢失，因此寻找难度非常大。第二天一大早我和同事又来到农业大学校园寻找，但依然无果。同事们都认为肯定找不到了，有人捡到也不会归还的。当时我心情非常沮丧，工作无精打采，不思饮食。就在我心灰意冷、已对找回皮包不抱任何希望的时候，11月19日下午，我接到广发银行客服中心的电话，称农业大学保安赵××先生捡到了我的皮包。挂完电话，我万分激动立马赶到农业大学。见到赵先生后，他把包递给我，我检查了一下，一件不少。当时我激动万分，拿出重金给他以示感谢，但被他和队长谢绝了。我想，当今社会，物欲横流，很多人都想发财，不费吹灰之力的财物谁不动心？像赵××先生这种拾金不昧、品质高尚，真是难能可贵！我对××保安服务公司培养出具有这样高贵品质的好员工深表感谢！

最后再次真诚的对赵××先生说声："谢谢！"祝赵××先生工作顺利！

此致

敬礼！

河南××教育科技有限公司员工 陈××

××××年10月21日

例文评析：

1. 这封感谢信的受谢者主要是个人，而感谢信的送达对象是个人所属的团体（××保安服务公司驻河南农业大学保安队），让好人好事为其所在单位了解，这样有利于扩大宣传范围，提高先进典型的影响力。

2. 本文表达感谢之情也是以叙述事实为基础，遵循了感谢信的通常写法。但是全文从"我"的角度展开叙事，说"主"多，说"客"少。叙述自己寻找皮包的过程不够简洁，应当压缩、概括。而受谢者捡到皮包之后的行为（如何交付保管，如何通过银行查找线索），固然不是"我"的亲见，但事后总会了解到，应当在感谢信中交代清楚。特别是"见到赵先生后"，包括拒绝重金酬谢，人物连一句语言都没有，叙事就不免显得干枯了。受赞扬者的事迹没有叙述充分，就会影响到感激、赞扬之情的丰满度。

3. 对赵先生的事迹和精神作了"难能可贵""高贵品质"的评价，是必要而有意义的。作者想突出受谢人的精神高尚，但表达有毛病，"当今社会，物欲横流，很多人都想发财，不费吹灰之力的财物谁不动心？"这样的语言，赞扬了一个，却抹黑了社会，表彰先进事迹、传播精神文明的效果不免打折了。如果换一个说法——"赵先生的高尚品德,显示出我们中华民族的优秀传统在不断延续,普通人身上也闪耀着可贵的精神光辉。"是不是要好一些呢?

三、致 谢

[知识讲解]

这里说的"致谢",是专指大学生(包括研究生)毕业论文(或课程论文)正文后面的"致谢",也属于感谢文书的范围。

致谢的内容实质上是一份感谢信,但是形式上有一定特殊性:致谢是对多位受谢者表达谢意,不需把受谢者一一写在开头;论文封面已经署名,后面落款不落款都可以。

(一) 致谢的作用和意义

很多学校规定的论文格式就要求有致谢。从学术意义上看,论文的致谢不是可有可无的形式,它是论文的必要构成部分。撰写毕业论文是大学生(包括研究生)学习阶段的一项重要学术工作。但是毕业论文不是自己一个人孤立作战的结果,从选题一开始就要查阅学术资料,了解和借鉴他人的学术成果;在写作过程中需要指导老师的指教和辅导,也得到了其他老师和同学的帮助。因此在论文完成之际,对老师、同学、学术前辈致谢,表示对别人的尊重;同时表达对学术研究的体会,也显示了自己学术认识的提高。

不仅人文社会科学领域是这样,科技领域科研人员的学术论文,也同样需要致谢。国外的很多学术刊物非常重视论文的致谢。有学者提出,知道不知道致谢,会不会致谢,是一个人科研素养的表现。不致谢,或者致谢内容空泛、笼统,反映出"致谢文化"的缺失。而"致谢文化"的缺失,根源在于教育的失职。

因此,结合例文就论文的致谢做些分析评价,对培育大学生的学术素养,提高高等教育质量,具有一定的实际意义。

(二) 致谢的结构

1. 标题。致谢的标题,就是"致谢"两个字,不需要增加其他元素。前面说过,致谢不需要一一写出受谢者,最后落款不落款都可以。重要的是写好正文。

2. 正文。坊间一些教材和网上都有一些有关论文致谢的"写作指导"。大致是这样讲正文的基本构成:第一层,先向论文指导老师(或研究生的导师)致谢,感谢的话要多一些;第二层,感谢相关的其他老师,人数多一些,总体表示感谢即可;第三层,再向同学、朋友表示感谢;最后,对父母家人表示感谢。结束时也可以表达一点自己的决心。

这样的结构可不可以呢？如果纯粹看形式,好像是"通"的。但有两点要注意:第一、结构不是一成不变的僵化模式,可以灵活安排。第二、结构不应当成为"空心大萝卜",其中应当有实在内容。

(三) 致谢写作普遍存在的问题

论文的致谢,从学术角度看,属于学术规范;从交际角度看,属于交际礼仪。单就交际角度看,致谢是用以体现"礼"的。文化学者指出:"礼有两大要素:形式与思想。形式好比是礼的外壳,思想好比是礼的灵魂。只有形式而没有思想,那就成了没有灵魂的躯壳,……只有思想而没有躯壳,那就成了无处寄寓的游魂。因此,礼的两大要素互为依存,缺一不可,否则就不是真正意义上的礼。"①目前,大学生(包括研究生)论文的致谢,常见的问题就是,形式看似完整但内容笼统空泛,所谓的"致谢"只是表达了一个虚空的"礼"。

[例文评析]

致谢例文1:

致　　谢

本论文在指导老师×××的悉心指导下完成的。×××老师渊博的专业知识,严谨的治学态度,精益求精的工作作风,诲人不倦的高尚师德,严于律己、宽以待人的崇高风范,朴实无华、平易近人的人格魅力对我影响深远。不仅使我树立了远大的学习目标、掌握了基本的研究方法,还使本人明白了许多为人处世的道理。本次论文从选题到完成,每一步都倾注了指导老师大量的心血。在写论文的过程中,遇到了很多的问题,在老师的耐心指导下,问题都得以解决。在此,谨向×××老师表示崇高的敬意和衷心的感谢!

在我的大学生活中,特别是在我开始进入课题到论文的顺利完成,一直都离不开本专业其他老师给我的热情帮助,他们是×××老师、×××老师、×××老师、×××老师、×××老师……谢谢你们多年的辛勤栽培,谢谢你们在教学的同时传授我们做人的道理。在这里请接受我诚挚的谢意!

大学期间,我遇到了如此多的好同学、好朋友,无论在学习上、生活上,都给予了我无私的帮助和热心的照顾,让我在一个充满温馨的环境中度过大学生活。特别要感谢同室好友×××、×××、×××给予我的帮助,给我论文提出了建议。感谢每一位对我的学业和生活上给予帮助支持以及精神上鼓励的同窗好友。

最后要感谢的是我的父母,他们多年来呕心沥血培养了我,为我能够顺利地完成学业论文提供了巨大的支持与帮助。我会永远记住爸爸妈妈的养育之恩!

---

① 彭林:《中华传统礼仪概要》,高等教育出版社,2006年8月第1版,第61页。

"长风破浪会有时，直挂云帆济沧海。"这是我少年时最喜欢的诗句。就用这话作为这篇论文的一个结尾，也是一段生活的结束。希望自己能够继续少年时的梦想，谱写青春的华美篇章！

例文评析：

1. 本篇致谢是流行的"四股文"模式：第一层，先给指导老师戴上一大堆"高帽子"，句式有着惊人的一致，用词通常都是最高级的。是不是符合实际？第二层把其他老师也罗列上五六位，一起感谢，语气显然带着敷衍的意味；第三层是感谢同学，通常是写上几位同学的名字，一笔带过地说得到了他们帮助云云；最后一层是感谢家人。结构上似乎完整，没有毛病。但我们都知道，表达感谢之情要有事实为基础，本篇却缺少关于老师事迹的实在内容，只有空洞的评价，赞扬的话语可能是言不由衷的廉价溢美，显出致谢人对于老师要么是缺乏了解，要么是缺乏真诚。

2. 致谢是情感的表达，情感应当最有个体特征，每位大学生的学习情况和成长经历不一样，论文写作过程结束的指导也不相同，写致谢，即使大的框架相似，内容却应当各有其特点，而现在偏偏都模式化了。学生不分男女、南北、城乡、学习成绩如何，说的话像从一个模子里翻出来的。任何一位同学都可以拿来附在论文的后面，事实上，很多这样的致谢就是从别人那里抄过来的。

3. "致谢"的对象除了一个个具体的人，还可以是学校、专业、学术事业。比如说，自己多年大学生活对学校的感情，对所学专业知识的感受，对于学术事业的敬意等等，也可以写在致谢之中。本篇致谢对这些完全没有说到。

总之，本篇"致谢"流于笼统、浮泛，其实还是体现了"致谢文化"的缺失。

致谢例文2：

致　　谢

时值论文即将付梓之际，又是一年五月花开灿然之时。五月的校园，微风阵阵传送着丁香的芬芳，雏鸟啾啾嬉戏檐外。回首往昔，四年的大学生活，满是青春忙碌的气息。奋斗和辛劳成为丝丝的记忆，甜美与欢笑也都尘埃落定。

回想论文集中写作时期，正是与工作实习同时忙碌的日子。论文的写作经常是从晚间开始，每天凌晨1点至3点，往往是一天中论文写作最高效的时间。今日论文完结，由衷感谢那些在我一路求学的行走中支持和帮助过我的人们：

首先把敬意和赞美献给我的指导老师×××教授。我不是您最出色的学生，而您却是我最尊敬的老师。从选题到完稿，您几次约我在办公室谈话，一次次通过电子邮件将批满了修改意见的论文稿发给我，甚至一个引注的错误都标注出来，不断启发我从新的视角分析问题，使我树立了端正的学术目标，领会了严谨的学术作风。×××教授作为学者的渊博和严谨,作为老师的热情、认真,让我终生铭记,并成为我今后做人、做事的榜样。

感谢我的爸爸妈妈。母爱无边,生动灿烂;父爱伟岸,神圣庄严。父亲说过,无论遇到什么困难都要勇敢坚强,戒骄戒躁,时刻保持一颗淡然的心。因为父母的支持与期望,在那些苦涩而灰暗的日子里,我仍有理想、有信仰、有努力坚持、也有默默珍惜。

感谢学院××系的全体老师,特别是×××老师和×××老师,在四年的学生生涯中,他们或教会我为人处世,或教给我知识与技能……(此处略),在此衷心地对他们说声谢谢!

五月芬芳馥郁。我周围一群风华正茂的学友,指点江山,直抒胸臆,青梅煮酒,纵论英雄。感谢×××、×××、×××等同学,……我们情同手足,是生活中的好搭档,学习中的好伙伴。……(此处略)感谢培育了我成长的××大学,大学的社团! 在这里我从青涩走向成熟。感谢我实习单位《××晚报》的指导老师×××记者、×××编辑,他们教会了我很多课本以外的知识和经验,这些对我的论文写作很有帮助……(此处略)。

本文引用了十几位学者的学术文献,有了他们研究成果的启发,我得以打开视野,深化思维,在此要感谢这篇论文所涉及到的各位学者。

学了四年新闻,自己今后能否从事新闻事业,目前还不能确定。但我对于新闻事业的深深感情将带给我独特的人生体验,支持我在未来的人生道路上满怀对国家和人民的关切和热爱,激励我为祖国的美好未来贡献绵薄之力。

例文评析:

1. 很明显,这篇致谢是写出来的,不是复制的;文字是经过心灵过滤的,不是仅仅经过眼睛扫描的。这是它突出的特点,也是值得学习的优点。

2. 论文作者把对于师长、同学、家人的谢意都写到了,但并没有机械按照"四大块"的模式和顺序。有叙有议,文字灵活,叙事实在,情感真诚。作者还写出了对于自己的大学、专业、实习老师的情感,也向学术文献的作者表达了谢意,丰富了致谢的内涵,符合学术规范,体现了礼仪文化。

第四节　迎送答谢文书

中华民族是好客的民族。"有朋自远方来,不亦乐乎?"是中华民族的悠久传统。现代社会,人际交往增多,团体之间的交流合作也日益频繁,送往迎来已经成为经常性的活动。为了增进了解、深化友谊、加强合作,在公关社交活动中,除了接待和礼仪,还常常需要通过致辞来表达情感,交流信息,活跃气氛。为了郑重起见,致辞往往需要事先写好的文本,特别是领导人的致辞。通常说的"讲话稿""演讲稿",是个笼统的说法,不是文体学的概念。讲话(演讲)包罗很广:可以表示祝贺,可以用于迎送,还可以报告情况、总结问题。宽泛地讨论"讲话(演讲)稿应当如何写",是无法抓住要领的,应当根据讲话的具体对象、场合、事项确定内容和语言风格。

迎送答谢类的文书也是社会交际中使用频率较高的实用文体。重要场合的迎送答谢,文本经常发表在媒体上,或者是单位留作档案。下面讲的主要是用于公务活动场合的迎送答谢文书。个人交际活动中使用的这些文种,写法与此相同,可以举一反三。差别在于,个人交际中这些都是属于表达自我的"自言",而单位领导在公务活动中的这类讲话,通常是由秘书人员事先撰写好文稿,对于秘书来说,属于从领导身份出发的"代言"。

一、欢迎词

[知识讲解]

(一) 欢迎词的含义

欢迎词是迎宾仪式上主人欢迎来宾的讲话。如果在宴会场合,也可以称为祝酒词,两者写法相近。

欢迎词与下面要讲的欢送词,通常是由个人(或代表团体、单位)在现场致辞。有些重要场合的欢迎词、欢送词可以在媒体发表,或作为档案保存。其文本有的是讲话人亲自动笔,更多情况是秘书工作者撰写。因此,掌握欢迎词、欢送词、答谢词的写作要领,对于做好文秘工作是很有意义的。

(二) 欢迎词与祝词、贺词的区别

在实际生活中可以看到,很多场合的讲话、发言统称"致辞",而很多致辞中都有欢迎、祝贺、祝愿的话语,那么它们是否可以等同呢?

应当说,一般实用文体的区分不像公文那样严格。在有些场合,欢迎词与祝词、贺词之间互相包容也是常见到的,不一定划分得泾渭分明。但区分的标准也是存在的。前面说过,祝词与贺词的区别主要在"时间"。那么,欢迎词与祝词(贺词)的主要区别在"**位置**"。简而言之,祝词(贺词)大都是"我去(到你那里)"(领导人的节日祝词或贺词例外),"我"是致辞的主人,但不一定是"地主"(致辞场合的主人)。而欢迎词是"你来(到我这里)","我"是场合的主人,当然也就是致辞的主人。欢迎词的这个特点决定了它的写作应当以"迎"为核心。

(三) 欢迎词的两种类型

很多教材说到欢迎词时,只讲"迎宾"的欢迎词,而忽略了另一种常见的欢迎词。大致说来,欢迎词分为两种类型:一种是用于迎宾,欢迎的对象是少数短暂访客(来讲学、参观、考察、检查、洽谈工作等)；另一种情况是用于"迎新"，迎接的对象是众多新来的成员(新学生或新员工、新战士等)，如开学典礼上学校领导的讲话，新员工入职会(仪式)上负责人的讲话之类，实际就是欢迎词。对象不同，欢迎词的内容也就有区别。对少数短暂的访客，应当以"客"为重点，多说来宾的情况，显示出"知彼"，使来访者有宾至如归之感，表达的是"您到来对我们很重要"的尊重、敬爱。而那些新来的成员，目前虽为新到，将来很长时间却是一家，除了表达欢迎之外，还要介绍本单位情况，并对他们提出要求和希望，表达的是"欢迎加入我们"的亲切和关怀。

(四) 欢迎词的结构

1. 标题。最简略的方式是直接写明文种——欢迎词。第二种写法是欢迎会名称＋文种，如在开学典礼上，老生代表向学弟学妹表达欢迎，标题就可以是《在 20××级新生开学典礼上的欢迎词》。第三种是在文种前增加"客"的称谓(个体写其姓名、职务，团体写其名称)，如《致×××教授的欢迎词》，或《致××市商务访问团的欢迎词》。后两种标题常常用于媒体发表。而欢迎词的标题在致辞时通常不需要宣读。致辞者的姓名、职务常常写在标题的下方，用于发表，致辞时也不需要宣读。

2. 称呼。对人说话之前先要有称呼，这是语言交际的基本礼仪。欢迎词对来宾要体现出尊重和礼节，不光要有称呼，而且要在称呼之前加上"尊敬的""敬爱的"等敬辞。来宾如为个人，要写上来宾的全名和职务；如为团体，不能只写团体名称(如"尊敬的××市商务访问团")，即使加了敬语还不够，还要在团体名称后面加上表示人称的词语，如"尊敬的××市商务访问团的领导和同志们"。除了称呼主宾之外，还需要有对在场者的泛称，如"女士们""先生们""同志们""朋友们""老师们""同学们"等等，以示对所有人的尊重。

3. 正文。两种类型的欢迎词，正文内容有一定区别。

欢迎访客的，大致包括几个部分：首先对来宾表示欢迎；继之简介来宾的有关情况，评价此行的意义；接着对此次活动表达美好的展望和祝愿。写作时要注意的有四点：一是应当以"客"为主。欢迎主要围绕"客"的话题展开，说自己只是陪衬。要根据欢迎不同对象和不同情况有所区分：如果"客"是来讲学，就要对来宾的情况多做介绍；如果是来访问，需要就"主""客"之间的友谊往来做一些介绍和评价；如果是来洽谈合作，除了介绍"客"的亮点之外，也可以把"主"的情况简要说一说。总之，这类欢迎词，即使需要介绍自己，也不能过于突出，以致冲淡欢迎来宾的主题。通常我们知道，作为来宾到别人家做客，"喧宾夺主"是不合礼仪的。那么，在致欢迎词时，作为迎接宾客的"主人"，过于"喧主夺宾"也是不得体的。二是赞美不要流于过分的溢美。介绍来宾情况时时常伴有关于对方的美誉，但话如果说过头就会显得不真诚，对方也可能不自然。三是这类欢迎词篇幅都比较简短。宴会场合的祝酒词固然不能过长，在有师生参加的报告会、讲学会上致辞也不能占用太多时间，因为下面就要开始报告、讲学。

迎接新成员的欢迎词,正文内容基本由四部分组成:其一,表达欢迎之情;其二,对被欢迎者做一个整体评价,如"同学们都是在今年的高考中经过激烈竞争进入我们学校的佼佼者……",以诚恳的情感肯定他们的成绩和能力;其三,介绍本单位基本情况,注意既要突出亮点,又要实事求是;其四,对新成员提出一些要求和希望,进行热情勉励。这类欢迎词篇幅可以稍长些,特别是开学典礼上的领导致辞,时间太短了会显得不够郑重。

如果是学生(员工)代表致欢迎词,往往在正文一开头就要写上自己的姓名和身份,如"我是××专业20××级学生×××",表示一个明确的交代。

就语言运用来看,欢迎词有鲜明的情感色彩,字里行间热情洋溢。虽为讲话,但语言需要书面化。能运用一定的文学修辞手法增加文采,效果会更佳。

4. 结语。再次表示欢迎来访者,也可以对来宾的活动表达祝愿。迎接新成员的欢迎词也可以到提出勉励之后就自然结束。最后的时间在发表或存档时有用,可以宣读,也可以不宣读。

[例文评析]

欢迎词例文1:

欢 迎 词

××大学副校长×××

尊敬的××教授、在座的各位老师和同学们:

在这江南三月、草长莺飞的美好季节,我们荣幸地欢迎××教授于百忙之中拨冗来我校讲学。在此,我谨代表学校领导和全校师生,对××教授的到来表示热烈欢迎!

××教授长期从事宏观经济学研究,是经济学界的著名学者。您学养深厚,著作丰硕,特别是大作《×××研究》,是经济学领域的重要著作,对国家经济发展起到了明显的指导作用,也是学术界人士的必读书籍。我校的教学和科研正处于蓬勃发展阶段,迫切需要学术界、教育界专家学者的扶持和指导。××教授来我校讲学,必将有力推动我校教学和学术研究的深入开展,提升我校学科建设和人才培养质量。

春天是播种的季节,春天的雨水孕育秋季的果实。我们相信,××教授的讲学一定会给我校师生留下深刻印象,使我校师生受益良多。在讲学期间,恳请××教授对我校的科研工作多多指教,促进我校科研工作再上一个新台阶。

最后,让我们再次以热烈的掌声,对××教授的莅临表示欢迎!并预祝讲学成功!

×××× 年 × 月 × 日

例文评析:

1. 本篇欢迎词"客"和"主"都说到了,以"客"为主,得体恰当。

2. 虽为讲话,但语言比较庄重、典雅、书面化,与欢迎学者的学术活动性质相协调。

3. 如果是在欢迎宴会上致辞,开头的称谓主要是针对学者,正文中的语言稍作调整,结语也稍有变化。

欢迎词例文2:

在上级检查会上的欢迎词

××电力公司总经理 ×××

各位领导、各位来宾:

首先,我代表公司全体干部职工对各位领导、各位来宾光临我公司参观指导表示最诚挚的欢迎!

我公司是一个具有百年历史、在电网处于骨干地位的全国特大型供电企业,承担着地区工农业生产和人民生活用电以及向电网输电的任务。售电量302亿千瓦时,在全国排名前十位。近年来,我公司通过深化企业内部改革和深入开展"上星级、创一流"活动,安全生产水平和经济效益不断提高,公司连年被××省和国家电力公司评为"双文明"先进单位,又被上级命名为"三星级"供电企业,被国网公司命名为"全国一流供电企业"。

纵观企业的发展史,我们每一次成绩的取得都与档案工作及时、准确地提供历史资料密不可分。1999年的大地震,电网全面瘫痪,恢复建设需要电,如果按照以往的设计、施工方式,时间不等人,我们首先想到的是档案,我们利用档案所提供的大量的有效技术数据,进行电力恢复建设,节省了时间,很快恢复了电力供应。近几年,经济建设发展很快,为适应经济发展,我们查阅了大量的档案资料,并依据这些档案资料,全面分析了电网发展形势,制定了电网发展规划,为21世纪电网的发展奠定了基础。随着市场经济的不断深入,我公司就电力建设用地、产权等问题与一些地方的纠纷时有发生,我们利用档案提供的历史资料依法维护企业的利益,使企业避免了经济损失。

通过利用档案给企业带来的好处,使我们认识到:档案是企业整体非常重要的一部分,它记载了企业各时期生产建设活动的各种情况、成果、经验和教训,充分利用这些档案可以使我们对企业的建设与发展正确决策、科学谋划、少走弯路;可以使我们全面了解企业的发展史,总结经验,吸取教训,加强各项管理,促进企业全面发展。正是基于这些认识,几年来,我公司先后投资100万元用于档案建设,并围绕着档案目标管理,认真抓了档案升级。整修了库房,充实了档案人员力量,并按照分类大纲要求,对两万多卷库存档案资料重新进行了整理,档案管理水平有了明显提高。达到国家二级标准后,我们又马不停蹄把目标瞄向了国家一级,经过一年对档案的巩固、规范、提高,并针对现代化管理薄弱的问题,加大了档案现代化硬件建设的力度,购买了微机达到人手一台,添置了复印机、摄像机、录放机、VCD 机、刻盘机、扫描仪等设备。同时,选择了清华紫光公司的档案应用软件,档案达到了全息管理,实现了文档一体化,晋升国家一级,被评为全国档案先进单位。

虽然我们在档案工作中做了一些成绩,但由于我们对档案的认识深度有一定的差距,档案整体管理水平还有待于进一步提高。档案现代化虽然有了一定的投入,开发了一些功能,今后还需要在充分利用这些功能为企业生产经营服务上下功夫。今天,全省从事档案工作的领导、专家来我公司参观、指导,这本身就是对我们档案工作莫大的鼓舞和鞭策,我们一定要很好地珍惜这次机会,虚心向各位领导、专家学习,不断改进我们的工作,力争使我们的档案工作再上新台阶。

最后,欢迎各位领导、专家多提宝贵意见。

谢谢大家!

×××× 年 × 月 × 日

例文评析:

1. 本篇的明显特点是:把欢迎词写成了"汇报"。对来宾的欢迎只有在首尾各提了一句,而在欢迎的场合过多说自己的工作经验和体会,有"喧主夺宾"之弊。篇幅也稍嫌长了。

2. 既然是迎接检查,关于自己工作的汇报另有机会,写进欢迎词中不适宜。

3. 该写的内容没写。如,从"客"方面说专家队伍的构成,说上级检查对于企业发展的督促意义,以及以往历次检查对"我们"工作的促进,以及表达对本次检查的期望……这些内容如果写进欢迎词中,就更加切题了。

二、欢送词

[**知识讲解**]

(一) 欢送词的含义和类别

欢送词,顾名思义是在愉快的送别场合的讲话。欢送主要有三种情况:一是与"欢迎"对应,既有"迎来",就有"送往",送别短暂来访的宾客属于这一类。二是欢送友人离开工作岗位(包括退休、退伍等)、结束工作(如旅游、活动)或赴外地参加某项重要活动,如欢送职工退休、送同事参加支教行动,送大学生参加暑期社会实践活动等。三是送别即将毕业的学生。三类情况的欢送词,结构大体相同,正文的写法有区别。

（二）欢送词的结构

与欢迎词相同，分为标题、称呼、正文等部分。

1. 标题。写法与欢迎词相同。

2. 称呼。写法与欢迎词相同

3. 正文。欢送词的核心是"送"，也是主要围绕"客"展开话题。与欢迎词不同的是，欢送要着眼于被欢送者在此前一段时间内的行为、活动。如送别来访者要肯定其访问期间的活动，送别毕业生要对他们在校期间的活动、行为进行概括和评价。前述三种类型的欢送词，前两类的内容比较单纯，篇幅不长，主要是表达惜别、留恋的情感，对欢送对象有一些赞美性的评价，最后表达祝愿，语言简练，不做铺陈。第三类欢送词与迎接新成员的欢迎词相似，不论是领导、老师还是同学的送别，内容都比一般的欢送词要丰富一些，篇幅稍长。基本由四部分组成：首先，表达欢送、惜别之情；继之，回忆昔日生活，叙事之中包含着情感性的评价；接着，对即将离开的欢送对象提出要求和希望，进行热情勉励。最后，致以美好祝愿。文章自然结束，不一定有单独的结语。

语言运用与欢迎词相同，都要情感真挚，体现交际礼仪。

[例文评析]

欢送词例文1：

致史密斯先生的欢送词

尊敬的史密斯先生：

时间过得真快，好像在一晃之间，一周的访问结束，史密斯先生一行马上就要起程回国了。我代表××××集团公司，并受×××副部长委托，向您及您率领的代表团全体成员表示最热烈的欢送！

我们十分高兴地看到，史密斯先生率领的代表团，一个星期以来对我们集团公司进行了认真考察，热情表达了与我们加强合作的意向。我们双方本着互惠互让的原则，经过多次会谈，达成了四个实质性协议，取得了令人满意的成果。在此，我们对史密斯先生在洽谈中表现出的诚意和合作态度，深表感谢！我衷心地希望您和您的同事们今后一如既往，进一步发展我们双方在高新技术领域的合作，促进两国的经贸往来不断取得新的进展。我们也将一如既往地为此而不懈努力！

我们期待着您和您的同事们明年再来访问。

在此谨献上美好的祝愿：祝史密斯先生和代表团全体成员回国途中一路平安，旅途愉快！

××××集团公司总经理××××

××××年×月×日

例文评析：

1. 这是对短期来访者的欢送词。肯定了"客"在来访期间的工作,表示了赞许和致谢的情感,表达了期待和祝愿,要素完整,格式规范。

2. 如果送别宴会上的致辞,结语中可以采用"我提议大家共同举杯,为史密斯先生和代表团全体成员的返程愉快,干杯!"的礼仪用语。

3. 署名和日期一般不需要宣读,用于存档。

欢送词例文2：

告　别
——华中科技大学校长李培根在2013届毕业典礼上的演讲

亲爱的2013届毕业生同学们：

你们好! 首先,向你们完成学业表示最热烈的祝贺!

过几天,你们中间的大多数就要告别大学生活,告别你们的同学、老师,告别华中科技大学。

也许近一段时间以来,你们早就开始了告别活动。听说紫菘13栋的同学们用感恩心语向周凤琴阿姨告别："走得了的是人,散不去的是情。"我还知道,为了告别,你们很多人一定哭过、笑过、喊过;为了告别,你们拥抱过、沉默过、醉过。酸甜苦辣,各种滋味,只有你们最清楚。

你们即将告别抢座位的日子,告别没有空调的宿舍,告别你怎么都不相信没赚你们一分钱的食堂;告别教室里的乏味,告别图书馆中的寻觅,告别社团中的忘我;告别留下你浪漫、青涩的林间小道和石凳,告别你至今还未看懂、读懂的华中科技大学,告别你们背后的靠山——瑜珈山。

的确,人生其实是在不断地告别。初中后我才告别饥饿,"文革"中我告别了雄心壮志;长大了告别了一些豪言壮语,不再去想解放"世界上还没解放的三分之二的人民";及至而立、不惑之年,我又告别"凡是"……那都是一些酣畅淋漓的告别。此外,还有很多不舍的告别,即告别那些我人生的征途中扶过我一把、陪伴过我一会儿的人。同学们,不知道你们是否真正懂得,为什么而告别? 还应当告别什么?

你们应当为了"成人"而告别。

你的大学生活也许一帆风顺。成绩优异,运动场上吸引过不少异性的目光,社团中也不时留下你的身影。你觉得自己"成人"了,其实未必。也许,不久的将来你恰恰就会告别"一帆风顺"。你可能已有鸿鹄之志,志向满满没什么不好,但谨防志向成为你人生的束缚和负担。不妨让自己早一点有告别"一帆风顺"的思想准备,让志向成为你人生的一种欣赏,一种尝试。

要离开学校了,也有少数同学突然发现要"成人"的恐惧。想着终将逝去的青春,自己似乎还未准备好，懵懵懂懂怎么能一下子走向社会？睡懒觉的时候很香甜，玩游戏（打 Dota）的时候很刺激，翘课的时候很自在，挂科的时候很无奈，拿不到毕业证时两眼发呆……可生活还得继续，只是要永远告别游戏人生的态度。

为了"成人"，你们需要自由发展，这是华中科大教育的真谛。在日后寻求自我的过程中，你们要告别浑浑噩噩，告别人云亦云，告别忽悠与被忽悠。保持一份独立精神，那才不枉在华中科大学习过几年。

为了"成人"，你们又得告别过分自我。别太把自己当回事。在华中科大几年，你可能不觉得受到过学校的呵护、甚至宠爱，你可能就像天之骄子。可是，真正到社会上，没有人再把你视为天之骄子，社会甚至会让你面目全非！为了"成人"，你们需要告别过分的功利、过分的精明。过分的功利会腐蚀你的心灵，过分的精明会扭曲你的人格。不要把与别人的交往看成实现你自己的预期和目的的工具。你自己太精明，别人可不是傻瓜；不如"傻"一点，糊涂一点，别人不致于对你使"精明"。让心灵对社会开放，对他人开放！

我相信，你们的告别更多的是为了相约和再见。很多同学踌躇满志、跃跃欲试。你们相约，十年、二十年再相见。那时候，你们可以交流服务国家社会的心得，可以交流奋斗的体会，可以分享成功的喜悦；那时候，你们再来瑜园，让母校以你们为荣。告别了，有一天，与老师相约，与母校相约，与同学相约，与初恋相约！

有些告别特别艰难。比如，你成绩优异，深具研究潜质，你将来有条件成为一个科学家；同时，你综合素养很好，今天已经是学生领袖，将来也有条件成为一个好的政治家。现在，无论你选择其中哪一个，意味着你可能告别另一个你将来并不难得到的东西。你或许彷徨、犹豫、纠结了吧？亲爱的同学，只要懂得舍弃，就很容易告别选择的艰难。

告别某些风气或习俗也很艰难。尽管如今有拼爹的现象，但毕竟不是成功之道。有一个"好爸爸"，不妨告别对你爸的依赖；没一个"好爸爸"，那就告别羡慕嫉妒恨。过几年你们可能面临谈婚论嫁。要结婚，是否一定要有自己产权的房子？有些年轻人为此而不惜"啃老"。华中大的小伙子们、姑娘们，千万告别"啃老"，告别"俗气"。

在物欲横流的世风下，很容易忘记人的意义与生存价值，忘记信仰和独立精神等。中华民族的复兴可不能仅仅是经济的跃进，还需要精神的崛起。同学们，希望你们要有告别麻木、告别粗鄙、告别精神苍白的自觉，为国家，为你们自己！

如果使你自己置身于更大的天地，就会懂得有些告别特别伟大，如三十年多前党中央对"文革"的否定。否定文革，使国家告别了封闭，告别了破坏，告别了对人的蔑视；使人民告别了斗争，告别了恐惧，告别了贫穷。那是多么伟大的一场告别！最近习近平总书记强调"党自身必须在宪法和法律范围内活动""依法治国首先是依宪治国，依法执政关键是依宪执政""把权力关进制度的笼子里"等等。告别权力崇拜同样是一场伟大的告别。希望你们今后在党的领导下，投身于其中，告别对法律的任何藐视！

虽然人生在不断地告别,但有些东西是不能告别的。

亲情是不能告别的。曾经我告别乡村,告别与我相依为命的奶奶。但直到今天,我内心从来没有告别奶奶的亲情,尽管她已经去世四十多年。我的一个已经去世的工人朋友,有一个儿子,上了大学,出国了,多年不与母亲联系。他可是告别了亲情啊!我就不明白亲情是在什么情况下能告别的呢?

学习是不能告别的,你们可以告别学过的知识,但不能告别学习的习惯;努力奋斗是不能告别的,不然,你一生大概都会不断地告别机会。

改革与开放是不能告别的,如果你们尚有家国天下之情怀,一定铭记于心。

同学们,关于告别,很难说尽,关键还得靠你们自己体悟。

不多说了,我也要向你们告别啦!让我们告别,其实也将是各自新的抵达!

例文评析:

1. 近年来,报刊发表了很多大学校长在毕业典礼、开学典礼上的讲话,还有很多被"晒"在网上。各校情况不一,凡是能够引发学生热议的,大都是突破了以往领导讲话的"八股腔"和空话、套话,内容上有新意。这篇在毕业典礼上的讲话与在开学典礼上的讲话有结构上的相似性,只是内容有一定差异。

2. 本文标题没有用"欢送词",但实际是内容丰富、篇幅较长、形态特殊的欢送词。送别之时,说到了学生们以往的生活,加入了自己的人生体会,对毕业生表达了期望和勉励。以"告别"为主线,分为"可以告别的"与"不能告别的",体现师长的谆谆教诲,充满对同学们的真实感情和殷切期望。

3. 语言活泼,字里行间充满感情。以书面语为主,也有一些新词如"翘课""挂科""啃老""拼爹"等,甚至还有"打 Dota"这样的网络词汇。话语来自现实生活,贴近大学生的情感世界。

4. 这样送别毕业生,好比临别之际赠送了一个"精神大礼包"。据媒体报道说,当时现场满堂掌声持续不断,气氛非常热烈。且不说现场口语表达的效果,但就文本看,是一篇有思想含量、有情感热度的好文章。

三、答谢词

[**知识讲解**]

(一) 答谢词的含义

答谢词就是在送别会议(仪式)上表示感谢的致辞。一般与欢送词对应,在访问(或活动)即将结束时发表。内容单纯,篇幅短小。

(二) 答谢词的特点

1. 主要用于公共事务。就文章结构看，答谢词与感谢信相似，差异在于，感谢信可以用于公共事务，也可以用于个人事务，发表的主要形式是递送（或张贴）；答谢词主要用于公共事务，致谢的对象一般是单位、集体（致辞的称谓可以是单位的领导人），表达的是公共情感，往往在会议、宴会、仪式上发表。

2. 核心内容是"谢"。在欢送时，自己是"客"，要以"客"的身份，就主人的款待表达感谢和祝愿。但感谢不是几句空洞的言词，是以事实为基础的，这样，答谢之情才显得真诚自然。

（三）答谢词的结构

1. 标题。直接写"答谢词"即可。也可以写上主人的名称，如《致××大学的答谢词》或者把会议名称也写入标题，如《在××集团公司送别会上的答谢词》。

2. 称谓。一般是对应致欢送词的人（常常是对方单位领导人）。称呼对方时，在"尊敬的""敬爱的"等敬辞之后，姓+职务即可，不必全称其名。

3. 正文。主要有三部分构成：开头部分，首先对主人表示感谢。主体部分，大体包括两层内容：一是本次访问（活动）的收获和意义；二是肯定对方热情周到的款待和真诚热忱的情感，表达对主人的赞扬。

4. 结尾部分。祝福主人或再次表示感谢。答谢人的署名虽然写明，一般不必宣读。日期可读可不读。

[**例文评析**]

答谢词例文：

答 谢 词

××市市长 ×××

尊敬的×市长：

我们对贵市的学习访问即将结束。临别之际，我谨代表我的同事们并以我个人的名义，对您和您的同事们在访问期间所给予的热情款待和真诚支持表示衷心的感谢！

访问期间，我们较为深入地了解了贵市的政治、经济、文化、教育等多方面的情况，对贵市所取得的成就，深感钦佩。特别是贵市经济开发区建设的成功经验，给了我们很大启发和激励。这次访问，对我们来说是一次宝贵的取经，访问团每位同志都感到开拓了眼界，增长了见识，提升了精神境界。这次访问，也增进了友谊，加深了感情，为我们未来多方面的合作铺平了道路。

访问期间，贵市的接待工作周到细致，令人感动。我们真诚希望贵市各位领导在方便的时机到我市考察指导，我和我的同事们热情欢迎各位的到来！

祝贵市各项事业的发展更上层楼，祝您和您的同事们工作顺利，身体健康！

××××年×月×日

例文评析：

1. 本篇答谢词对"主"的成绩和经验作了概括叙述和赞扬，也从"客"的角度说到了收获和双方的友谊。篇幅不长，比较全面。

2. 由于是政府之间的往来，在答谢中欢迎主人在适当时机回访，也是合适的内容。团体之间也可以如此表达，要根据工作需要而定。

第五节　自荐竞聘文书

生活中有很多机会，面对机会需要公平竞争，也需要毛遂自荐。自荐和竞争往往不是仅靠口头言说，而是需要成篇章的文书。自荐书和竞聘演讲词就是经常用到的这类文书。

一、自荐书

[**知识讲解**]

（一）自荐书的含义与作用

自荐书也称为自荐信，是个体性的实用文体，主要用于个人求职时主动汇报情况，旨在让别人较多地了解自己。

自荐书在校内生活中就已经开始使用，如，学校一些社团要招新，校学生会暑期赴西部支教志愿团招收成员……往往都需要个人自荐。这是走向社会求职的预演。

（二）自荐书与简历的区别

目前很多大学生求职过程中多采用投递简历的方式"推销"自己。但这是否意味着自荐书就不需要了呢？两者还是有区别的：简历只能展示自己的经历，看不出对于求职的态度，而且经历也只是平面罗列，不能充分体现出特点和亮点；自荐书是文章化的书面材料，可以更好地显示个性特征，表达对于所求职位的认识和态度。有人比喻说，一封没有自荐书的简历，就像一位没有开口说话的销售员站在你的门前。如果你想让一位陌生人走进你的屋子，你至少要看一看他的证件。这正是自荐书所要做的，它把你——一位完完全全的陌生人，介绍给读者。它必须引人入胜，个性化，而且简短。

不妨先做一个实践练习，这种机会是你在校园生活中很可能遇到的：

材料：你所在高校有一个"大学生环境新闻社"，在省内外高校有一定影响，也为环保部门和新闻单位所重视。新学年开学后，该社在校内张贴海报，要招收新会员，欢迎本校大学生加盟。条件是：对环境保护感兴趣，热爱公益，不怕吃苦，喜爱新闻事业，愿意利用业余时间从事环境新闻的采访和写作(制作)。如果此前有过新闻报道的实践和体会,请同时附若干作品。要求先提交个人自荐材料,经审查后再通知面试。假如你希望加入该社,请根据自己的情况,在下面的文本框中写一封自荐书。

(三) 自荐书的写作要求

1. 对象明确,有的放矢。这是就自荐书的读者说的。常见到很多同学写的自荐书是面向社会的,开头没有具体的求职对象,就是"尊敬的领导",随处递送。这样的自荐书看似"放之四海而皆准",其实是没有多大效果的,成功的机会不高。自荐书最好是针对具体工作职位的申请,要了解所求职位的情况、要求,做到"知彼"。这样介绍个人情况时就不要千篇一律罗列,而是要突出特点,注意与该职位所需条件的适宜性、匹配性,有的放矢地表达求职的目的。即使说自己的特长,也无须把个人专长全部都写在自荐书里,而要看哪些是对方需要的、重视的。比如,有的同学在求职自荐书中说自己喜欢摄影,擅长运动,也许与所要谋求的岗位并不对应。

2. 简明扼要,突出优势。这是就自荐书的作者说的。要区别自荐书与履历表的分别,个人学习经历就不必再在自荐书中罗列。写自荐书,要写出自己的特点来,不要复制别人,写自己也不要千篇一律。要简要地把自己的基本情况和值得推荐的理由写充分,特别要突出个人优势。但是对优点和长处不要夸大、渲染,以至于让人觉得自吹自播。自己某些方面的某些缺点和不足怎么办? 有人认为要写出来,以体现实事求是。其实自荐书不是为个人做全面鉴定,既要讲优点,也要说缺点。我们在生活实践中都有这样的经验:在关于某件事、某个人的话题上,说到"有"的,别人知道"有";说到"无"的,别人知道"无"。但没有说到"有"的,并不一定就是没有。因此在写自荐书时,优点、长处,可以明确地说"有";缺点、不足,不要说"无",更不要把它说成优点,但采取回避不谈的办法也是可以的。如,目前缺少实践工作经验,不必要明确说出来,可以回避这方面的内容。

3. 真诚恳切,具体明确。这是就交际态度说的。文章写作要有"读者意识",书信是个人与个体的交流,信的阅读者总是个别的人,要注意交际的态度。写自荐书,既要对个人的能力、条件有自信,也要对对方保持诚恳、谦恭。自荐书通常是给人事管理人员看的,不是与同行专家交流信息,即使涉及到专业知识,也要转换成通俗的大众语言。在涉及事实时,使用实例、数字等具体的表述,效果要比使用模糊、笼统的字眼好得多。如:"我在大学期间发表了 10 篇关于环境保护的新闻作品"与"大学期间我关心环境保护,勤于采访和写作",两者相比,显然前者更有说服力。

4. 做好文章,显示素质。这是就文章本身说的。写出一封得体、精炼、有亮点的自荐书,本身就证明了自身的能力、素质,人们都知道好文章是能力、智慧的体现。因此想提高自荐的成功率,就要在文章结构、遣词造句方面用心思考,认真撰写。为了表意明朗,不要把多层意思揉进一段来写,每段只表达一个意思。多用短句,不用叠床架屋的冗长句子。如果是向高校、较高层次的机关递交自荐信,适当运用文言词语和经典名句可以为文章增色。文本如果打印,格式、字体、版面要注意清爽、美观,适宜阅读。出现错字、漏字之类的低级错误,给人的第一印象就可能失分。如果所求的岗位对文化素质要求比较高,书法较好的求职者还可手写自荐书。在"书写文化"普遍下降的大背景下,一笔漂亮的字本身就是较高文化素质的一种体现。

(四) 自荐书的结构

1. 标题。写上"自荐书""自荐信""求职信"即可。

2. 称谓。与一般书信体的写法一致。为了体现礼貌和尊重,称谓可以加上提称语。如果了解求职单位的负责人,可直接用尊称+姓名,如"尊敬的×××先生";也可以用"××公司人事部负责人"等称呼。

3. 正文

自荐书的正文包括开头和主体、结尾三部分。

开头。首先向对方致以问候,然后简要自我介绍。

主体。是正文的核心,这一部分中主要有三方面的内容:

其一,简介个人一般情况,并表达求职的愿望。个人情况包括姓名、出生年月、性别、自然条件、身体状况、学历及所毕业的学校、政治面貌、工作经验、主要技能及已经取得的成果等。如果附有简历,这一部分只需要交代总体情况,写明自己是某学校某专业的毕业生即可。

其二,突出自己的专业、特长、爱好、优点等,对自己的知识水平、能力和价值做出恰当评估,陈述自己的兴趣和动机,表明自己对所应聘职位的兴趣、态度及相应的优势条件,主要应根据用人单位的特点有针对性地介绍自己的能力。

其三,对所求岗位的了解、认识,以及本人到岗后的打算、计划。可以表示一定的决心。

以上几个部分的内容可以合为一段来写,但分段写更有清朗醒目的效果。

结尾。再次表明自己对得到该职位的强烈兴趣。常见到有的自荐书,结尾部分写到:"感谢您在百忙之中阅读了我的书信,并强烈盼望得到您的回复。"前一句客套话意义不大,后一句有强人所难的意味。如果换一种表述:"审查后如觉合适,敬请回复。"并留下详细的通讯地址、联系电话等(如果简历中已写,则可以省略)。这样是不是会好一些呢?

4. 落款。包括署名、写信日期。

5. 附件。根据需要及用人单位要求,附上简历,有的还需要一些证件和相关成果的复印件。有的则没有附件。

[**例文评析**]

自荐书例文:

自　荐　书

尊敬的先生/女士:

　　您好!

　　我是××财经大学的一名大四学生,即将踏入社会的我对未来充满着期待,我相信"Well begun is half done"(好的开始就是成功的一半)。希望贵公司就是我成功的起点,能有幸同贵公司一起共创辉煌。

　　我出生于东北的边陲小城——××,那里的秀美风景哺育了我健壮的体格和善良、开放的性格。××××年我以优异的成绩考入了××财经大学经济管理学院财务会计专业,从此翻开了我人生新的篇章。入学以来我一直刻苦努力学习,各门成绩均名列前茅。同时担任班级的团支书,繁忙的工作不仅培养和锻炼了我的工作能力,更加锻炼了我解决问题的能力,使我面临问题的时候能够冷静分析,缜密思考,而这一切对我专业的选择都产生了深刻的影响。

　　在做好本职工作的同时,还积极参加学校组织的各项活动,并鼓励同学参与,为他们出谋划策；在日常生活中，能够紧密团结同学，我相信集体的力量是强大的，只有大家拧成一股绳，才能把各项工作做好。

　　社会主义现代化建设需要的是具有综合素质的管理人才，因此在学好专业知识的同时，我辅修了英语和计算机。在英语方面，加强了我的听、说、读、写能力；在计算机方面，进一步掌握了 OFFICE 的各项功能，同时还自学了计算机图像处理的基本知识，能够灵活加以运用。在选完专业后，为了拓宽自己的知识面，我还参加了会计电算化的学习，掌握了会计软件的基本应用及 EXCEL 等应用程序。为了使自己所学的专业知识能够融会贯通，我还研读了 MBA 有关的案例教材，如战略管理，公司管理，财务管理，资本运营等，并将其运用到自己的实习工作中。

　　"海阔凭鱼跃，天高任鸟飞"，希望贵公司能给我一个施展才华的机会，我一定会努力工作，勤奋学习专业知识，不负公司领导寄予我的厚望。

×××

××××年×月×日

例文评析：

1. 这封自荐书，结构是完整的，但内容的针对性不强，好像是"普发"的材料。对求职的对象了解不够，罗列自己的长处也是面面俱到。这家公司主要是做什么业务的？自己的哪些长处可以与之衔接？在书信中都看不出来。

2. 介绍自己的长处缺乏具体实在的数据。如，说自己学习成绩"均名列前茅"是概括、笼统的表述。现在很多学校的成绩都按照绩点排名，应该明确写出自己四年的成绩绩点是多少，班级平均绩点是多少，个人学习成绩就显示清楚了。英语水平的"听、说、读、写能力"也嫌抽象，四、六级考试成绩至少应当写明（尽管它不能完全代表英语水平），而信中有一句话用英语与汉语两种表达，其实不能证明自己的英语水平多好。另外，个人的出生地及其地理环境在自荐信里并非必要的内容。

3. 正文内容的层次还可以调整。在介绍自己的学习和实践工作时，一般顺序是：本专业的学习→拓宽专业面的学习→担任学生干部及学生工作的经验→其他方面的实践经验。每个方面写一段。本文把学生干部和校内活动分在两处表达，不够集中。文中的表述也有些问题，须进一步完善。

4. 结尾只希望得到公司接纳，却没有表达自己在公司工作中能发挥什么作用。"自荐"的理由显得空泛。

二、竞聘演讲词

[知识讲解]

(一) 竞聘演讲词的含义和作用

竞聘演讲词又叫竞聘演讲稿，是在工作竞争、岗位选拔时公开发表的演说词。当今社会，竞聘上岗、择优选拔人才已成为普遍趋势。以往，人才被发现的过程通常被喻为"伯乐相马"。现在应当从新的角度理解这个比喻的含义。人才毕竟不是马，马不会说话，无法与伯乐交流，只能被动地等待伯乐来"相"，而人才除了行动之外，还可以用语言展现自我。因此，人才竞争过程中，除了组织的考察之外，常常需要竞聘者发表演讲。考评者由此对竞聘者增加了解，考察谁是该岗位最合适的人选。

通常会有一种误解："工作是靠干的，说得好听有什么用？演讲不过是嘴皮工夫罢了。"其实这是不全面、不准确的看法。在人才竞争条件下，一个岗位，通常由多人竞争，领导和群众不可能对每一位竞聘者都了如指掌。竞聘演讲的目的，是要把自己以往的经历、现在的实绩和将来的打算陈述出来，让考评者更了解自己，看看是否胜任应聘的岗位。而这一过程本身也是展现素质、能力的机会。

(二) 竞聘演讲词与自荐书的区别

两者都是推荐自己，自荐书一般是以书面形式寄送(发送)或递交，供人"阅读"的，一般不用于口头宣读或演说。而竞聘演讲词就是为演讲准备的书面文本，是让人"聆听"的。这个区别影响到两种文本的内容和语言风格。

(三) 竞聘演讲词的写作要求

1. 既要有"实"，又要有"虚"。"实"即对个人情况的介绍，这些内容有助于增加别人对你的了解。一般演讲中也都会说到。但是，演讲词如果像简历那样，一般性地叙述个人基本情况(出生年月、学历、工作经历等)，往往流于"泛""平"，缺少引人注目的效果。就像写文章要具备"读者意识"一样，演讲也要注意体会"听众心理"。考评者在了解你的一般情况的同时，更关心的是你与竞聘岗位相适应的程度如何。因此，应当在述说基本情况的同时，注意有的放矢地突出与聘任职务相对应的能力、特长和优势。相比之下，"虚"的内容在竞聘演讲时更容易被忽略。"虚"就是对于竞聘岗位的分析，以及任职的理念、设想、措施等。这些话表明你是"有备而来"，对将来的工作有过思考，这也是取得领导和群众相信的基本条件。如果能针对在座的领导、群众共同关心的问题.表达自己的看法和思路，效果可能会更好一些。

2. 共性之下突出个性。每一位竞聘演讲者都要对将来工作表示自己的态度。如"全心全意为人民服务，勤勤恳恳，清正廉洁，不谋私利，密切联系群众，保持谦虚谨慎的工作作风……"这些属于共性的内容，是需要表达的。但仅仅说这些，好话也可能成为套话,因为没有特点,缺乏个性。个性的话题主要是说自己与竞聘岗位相联系的内容。如竞聘一般的服务岗位,要表达认真细致做好服务工作的态度;如竞聘一般技术岗位,要对该岗位的特殊性(如经常需要加班)表达自己的认识和态度;如竞聘行政职务的正职,要表达自己对主管工作性质、作用的认识,对开创总体局面的设想,体现出"一把手"的眼界,并表明自己有哪些优点与此相适应,以显示竞争的优势。如竞聘副职岗位,就要谈谈职务的特点,对分管工作进行分析,提出设想、措施,并表达与其他副职合作配合的愿望。总之,要体现出竞聘者对自己竞聘的岗位了解较多,并进行了一定思考,是有做好胜任工作的准备的。

3. 语言周到得体。演说要注意语境的差别,诉求目标("标的")不同,诉求对象(听众)不同,说话的语气就要有区别。学校里竞聘学生干部时,每一个竞聘者都可以强烈地突出自我:"我是最优秀的,请投我一票!""给我一个杠杆,我能够撬起地球!"豪迈语气出于学生之口,表现出青春的朝气和自信,是适宜的,也是成功的。但在社会上的岗位竞聘中应当与此有区别,比较得体的语气是平实之中有气势。比如,说到自己以往的工作经历和成绩时.要实实在在,要显示出自信,不要给考察者留下夸夸其谈的印象。特别是在单位内部竞聘,自己以往的工作已成事实,领导和群众都清楚,本人把话说到位甚至语带谦虚,并不降低别人的评价。而给自己贴金过多,通常会产生负效果。但在涉及未来的工作设想时,语气则可以豪迈些,但不要流于吹嘘。同时还要表达对于竞聘成功与否的态度。

4. 采用规范口语表达。规范口语与书面语的区别是,不要太"文",不要"欧化",不要叠床架屋的长句子,但又不同于日常口语的松散、不严谨(如"搞工作""打报告"等说法)。如果说,供人"阅读"的句子长一些还可以回过头去看,那么供人"聆听"的句子尤其不能冗长。演讲词的语言要生动,简明,有感染力。

(四) 竞聘演讲词的结构

1. 标题。一般写上"演讲词"即可。

2. 称谓。演讲一定要有称谓。一上来就自说自话,如入无人之境,是很不礼貌的。与一般演讲稿的写法一样,称谓要把在场的所有人都包含在内,为了体现礼貌,称谓前可以加上"尊敬的"之类提称语,如"尊敬的各位领导""尊敬的各位专家""敬爱的各位同事"等。如果了解在场的有关领导,要在称谓中首先称呼他们的姓和职务,如"尊敬的张主任"等。

3. 正文

竞聘演讲词的正文结构与自荐书相似,包括开头和主体、结尾三部分。

开头。首先向对方致以问候,然后简要自我介绍(姓名、毕业学校等)。凡是在座的考评者知道的信息,就不要再重复介绍。

主体。要围绕一个中心话题展开,就是对岗位的认识和自己的优长、态度。这两块内容即使糅合为一体,夹叙夹议,形式上还是分段写更显得清朗醒目。如果是在本单位同事之间进行竞聘,在发表完自己的演讲后,还可以表达对其他竞聘者的祝愿。这也体现了竞聘者个人的境界、修养。

结尾。通常要对参加考评的领导和专家表示感谢。

竞聘演讲词不需要落款,因为开头就已经"自报家门",告知自己的姓名了。也不需要写演讲的时间。

[例文评析]

竞聘演讲词例文1:

竞聘演讲词

想先说两个字,感谢!首先感谢这一年来支持我的家人,老师,同学,谢谢你们,没有你们的厚爱,我没有勇气站到这竞选席上来。其次感谢学校领导提供给我这次机会,使我能参与竞争,一展自己的抱负。我是20××级营销2班的一名普通学生,我叫××。今天竞选的职位是校学生会秘书长。虽然我很清楚,我的竞争对手都是千锤百炼的精英,但充分的自信和能力告诉我,我一定能够胜任这一职务。

在竞选之际,我已经做好了充分的准备,如果我能当选,我将以独到的理念和独有的人格处理好学生会和老师之间的关系,处理好学生会各部门,各主席团成员之间的关系。而在我看来要做到这些,成为一名合格的领导,必须要拥有正确的价值取向和超群的处事能力。一正二细三创四责,便是我处事的法宝。

一,正,就是正直,具有良好的修养和浩然之气。我的家乡是齐鲁大地——山东。文气禀赋的山东历史上出现了两位杰出的圣人——孔子和孟子。两位圣人都不约而同地对正气表达了赞美。《论语》中说:其身正,不令而行;其身不正,虽令不从。孟子也曾说,富贵不能淫,贫贱不能移,威武不能屈,此之谓大丈夫。我深受影响,并以此指导自己行事。在工作中不卑不亢,从没背后诋毁过人,和同事和睦相处,得到同事的尊敬,主席团和部长的认可。虽然我长相不是很帅,不过总能给人一种信任感,当然,这种信任不仅仅来自表面,更多的来自内在的品质。

二,细,就是细心,具有严谨的精神和科学的态度。很多人都有一种误解,认为细心是女子的专长,但我很庆幸我严谨的态度并不比女子差,而且我还有女孩子没有的理性。在我原来所在的体育部,我通常参与负责简报的审稿修稿工作,而且还拥有一项特有的工作,掌管部里的经费,出入精打细算,账目分毫不差,记录条理清晰,一目了然。并欣然接受大家的监督,反映很好。

三,创,就是创新,即具有大胆的创造力和转化危机为机遇的能力。在我所在的体育部,我是一位文科生,身体素质也不如部里其他同事好。我与他们相比有自己的身体劣势,但我大胆走偏文的路子,代表部里讲话,语言得体;辅助我们部长写计划书,准确严实,在和部里同事处好关系的同时,也与其他部部长委员相处甚欢。在同为学生会大家庭出力,任劳任怨的同时,因为有了自己的特色,脱颖而出,受到主席团的赏识。

四,责,就是责任,即人在其位,必谋其政。我向来很欣赏法国戴高乐说过的一句名言:法国是我的。一句很有分量的话,激励戴高乐重塑法国二战后大国形象。这一年来,我身处体育部,坚信体育部是我的,做事任劳任怨,不争功不图利,辅助我们部长,在全体委员的通力合作下,使体育部工作干得有声有色,成为主席团最放心的部门之一。同时我作为营销二班的一名普通学生,我也相信营销二班是我的,在参加班级活动时,表现积极,在一次离辩论赛开始时间还剩半天的情况下,我被临时换上场,面临当年的冠军队,我仍然获得最佳辩手的称号,为班级争得荣誉。

红日初升,其道大光;河出伏流,一泻汪洋;潜龙腾渊,鳞爪飞扬。作为20××级的一名新人,我将以少年特有的朝气,为学生会注入活力。同时有志不在年高,有心不在年少,我也将以超越年龄的成熟,尽心尽力做好学生会工作。我没有底气说,学生会没有我就不可能发展下去,但我有信心说,学生会因为有了我而更精彩!

例文评析:

1. 这是在校大学生竞聘学生会职位的演讲。介绍自己的四个特点,与竞聘岗位的要求基本对应起来,对以往的工作成绩也做了得体的表述。

2. 本文引用了戴高乐名言和梁启超《少年中国说》的名句,语气豪迈,增加了演说的气势和文采,适合大学生校内岗位竞聘的环境氛围。

3. 全文结构和表达方面稍有瑕疵:其一,演讲缺少称谓,显得突如其来。其二,开头应该先"自报家门",而不是先致谢,因为考评者首先需要了解的是演讲者的基本信息。其三,在告知自己的专业、年级、姓名之后,最好说到原来在学生会担任的职务,现在要竞聘的职务,这样有助于考评者理解竞聘岗位的连续性。其四,讲到自己第一个特点"正"的时候,对家乡圣人渲染嫌多,其实并不能给个人获得加分,因为他们的光辉与自己的亮点毕竟是两回事。

竞聘演讲词例文2:

竞聘演讲词

尊敬的各位领导、诸位同仁:

大家好!首先,感谢大家给了我这个参加竞聘演讲的机会。

我现年41岁,中共党员,本科学历,历史专业,中教一级职称。从1993年参加工作到现在,我刚好走过了20个从教的年轮;其间,我曾做过五年多的初中班主任,先后教授过初中语文、政治、历史和高中研究性学习等课程,2008年,我开始教授高中历史课并兼任校长办公室文书工作至今。

我本次申报竞聘的岗位是校长办公室主任，我今天竞聘演讲的主题是：热爱和责任，我坚持不懈的工作信念和动力！

二十载教坛耕耘，五年办公室兼职工作，从陌生到熟悉，由未知到成熟，我有幸感受着组织和领导的信任、帮助和指导，感受着同事们的支持、理解和关心，沉浸在这一渐进成长的过程中，我品尝了辛劳和艰涩，体味了琐碎和繁杂，也学会了平和与淡定，历练了宽忍与从容；更让我珍惜和宝贵的是，我越来越明确了支撑自己工作的信念和动力：只要心存热爱和责任，只要敢于面对和担当，只要愿意付出和给予，人生就可以变得坚定而无畏，生命就可以变得充实而丰盈，工作就可以成为一种美丽和感动！

近一年来，学校在发展，人心在思变，角色和岗位的责任意识也在增强，作为学校的一分子，我为学校的发展而欣然，也对变化怀着憧憬，更希望自己能为学校、为大家做出实实在在的贡献。

所以，今天，我不仅仅是来争取一个可能需要我而我也适合的中层工作岗位，而且更是来给自己一个机会；这个机会，既是为了一份继续的庄严的使命与责任，也是为了一份对曾经谢幕的坦诚和感恩。因为，相对于学校发展的大势而言，无论在什么岗位，做什么工作，担负什么职责，于我，于我们每一个人，都是一个新的起点，都是一个新的机遇和挑战！

如果，这次竞聘中，我能赢得大家继续的认可和支持，我会一如既往，继续做好学校管理的参与者，做好为学校和群众谋利益的服务者，做好上传下达、协调沟通、分忧解惑的纽带和桥梁；我会依旧恪守自己为师做人的原则——正直坦荡、磊落纯粹；我会依旧恪尽自己做事为公的操守——用心尽力、严谨严格；我会依旧执著于自己对人对事的立场——真诚善良、朴素公正。我会以健康乐观的工作态度、饱满积极的工作热情、耐心细致的工作韧性，以及脚踏实地的工作言行，来回报和感谢大家的信任和厚爱，为学校的发展，为群众的利益而不负这份责任和使命！

如果，因为与大家的期望和要求仍有距离而使我和这个岗位失之交臂，我也许会有遗憾；但是，我不会抱怨，我会认真检视和修正自己的不足，努力在另一个需要和适合我的岗位上，专心做一名称职尽责的教育者。我相信，纵使历经岁月沧桑的洗礼，纵使承受得失取舍的考验，面对自己所选择的，教师这个神圣而崇高的职业，我都会信念不改，我都会继续前行，我会用满腔的热爱和责任，努力地完成好每一件自己能做、该做、必须做的事情。"不要人夸颜色好，只留清气满乾坤"——这是我钦慕和追求的教师品格！"潮平两岸阔，风正一帆悬"——这是我对学校未来的期盼和祝愿！最后，请允许我套用一句学期伊始与学生互勉的话，作为我这次竞聘演讲的结束语，并愿以此与诸君共勉！

——"来吧！站在新的起点，让我们一起扬帆起航！"

谢谢大家!

2013 年×月×日

例文评析：

1. 这篇演讲词结构完整,格式规范。开头的问候以及对此次机会的致谢,最后再次致谢,都比较简要、得体。

2. 作者是在原来的工作单位竞聘,不需要自报姓名,个人基本情况表述清晰简明,同时也告诉考评者,现在竞聘的岗位与原来的兼职工作有一定联系。

3. 围绕主题展开演讲,突出"成熟""热爱""责任",显示出竞聘者的思想水平和工作态度。不足之处是,对校长办公室主任这一具体岗位的工作职责还没有说"到位",工作的表态是一般性的。

4. 适当引用名言佳句有助于增加演讲的感染力。但是文中一些表述比较拗口,如"既是为了一份继续的庄严的使命与责任,也是为了一份对曾经谢幕的坦诚和感恩",表意不明朗。

[**实践练习**]

1. 根据下面的材料,按照要求分别做写作练习:

(材料)××大学是一所 S 省属本科院校,已有55 年的办学历史。该校文学院,在培养语文教师、语言文字工作者的同时,也重视对具有文学创作潜能人才的发掘和培养,已先后培养出×××、×××、×××等知名作家。同时,文学院也一直很重视小说的评论和研究,张××、刘 ××、齐××三位教授都是著名的小说评论家,被称为"小说评论三剑客"。他们三人,都先后毕业于南方大学,是该校著名学者严××教授的弟子。学校一年前曾邀请严××教授来校讲学,其时他正因公在国外访问。今年9 月下旬,该校拟与S 省社科院文学研究所、《小说评论》编辑部联合主办"S 省百年小说创作国际研讨会"。准备邀请南方大学严××教授参会并来校讲学。

(1) 假设现在是 7 月份,请以学校名义,写一份给严××教授的**邀请信**。

(2) 假设到了 9 月份,已知严××教授确定前来参会,邀请的各方来宾均有回执,与会代表约有80 多人,包括台港地区和海外学者20 余人。开幕式上,校长将代表学校致辞祝贺,请你代校长起草一份**祝词**。

(3) 假设离会议开幕时间还有一周,会议时间、地点、程序均已安排好,要邀请 S 省社科院文学研究所所长陈×研究员届时参加开幕式,请你执笔写一份**请柬**。

(4) 本次学术会议闭幕后,严××教授在本校讲学也圆满结束,文学院为他召开欢送会,假设你是严××教授的助手,请为他撰写一份**答谢词**文稿。

2. 每到毕业季，学校都会有各种各样欢送毕业生的会议。假设你是大二学生，你所在的学院要你在欢送毕业生的大会上代表学弟、学妹致辞。请你写一份**欢送词**。要求努力体现本学院的特点。

3. 新学年开始之际，在学院的迎新会上，你被选派作为老生代表对新同学们致辞。请你撰写一份**欢迎词**。要求体现出对新同学的欢迎、关心和勉励。

4. 下面是班级集体代一位遭遇车祸的同学写给全校师生的感谢信。请阅读、体会，按照提出的问题和要求作答：

感 谢 信

尊敬的老师、同学们：

　　您们好！

　　请接受人文学院20××级汉语言文学2班全体同学对您们的无私帮助和慷慨解囊由衷地感谢和敬意！

　　"灾难无情，人间有爱；风雨同舟，守望相助！"5月27日晚，车祸震撼着每个人的心灵。我班××同学发生车祸，消息传到学校，当晚校院领导和师生们纷纷询问详情，对此事十分关心。在此，汉语言2班全体同学谨代表××同学及其家人，向所有关心和帮助××同学的人表示最真诚的感谢和最崇高的敬意！

　　由于××病情严重，家庭贫困，父亲患有胃癌，母亲也常年患病，无力承担巨额费用，为了帮助他的家庭度过难关，汉语言文学2班的全体同学发起了名为"爱心守望，一起同行"的募捐活动。为了便于募捐活动的进行，自6月2日至6月8日，我们在明德、里仁门口、新老校区食堂门口设立了临时捐款箱，在全校范围内募捐，接受全校老师、同学和好心人们的捐款。自6月2日至6月8日，捐款总额已达到××××元。

　　在这里，汉语言文学2班全体同学十分感谢所有关心、支持和帮助××同学的好心人。是你们热情的问候、无私的帮助，让他感受到同窗情谊的真挚和××学院这个大家庭的温暖；是您们点燃了他生活的希望和曙光；同样是您们给了他战胜病魔的决心和意志。我们坚信，有大家一如既往的支持和关心、有大家美好的祝福和期盼，他一定能战胜病魔，早日康复！

　　现场募捐已经结束，但对××同学的爱心救助仍在进行。如果您还愿意为他提供帮助，可通过电话联系他的家人，你的善举也会感动和教育我们的心灵。

　　在此，全体同学替××同学及其家人向所有参加爱心募捐的好心人们表示衷心地感谢！并且祝所有的好心人身体健康、学习进步、工作顺利、永远平安！

××学院人文学院20××级汉语言文学2班全体同学

××××年6月10日

（1）这封感谢信有没有重复的内容？有没有可以删减的文字？

（2）有没有遗漏的内容？

（3）有没有不严密、不准确的措辞？

（4）现在请你执笔，**对这封感谢信进行修改。**

5. 下面是某高校的学生社团给支教志愿者的感谢信。请阅读、体会，并按照提出的问题和要求作答：

感　谢　信

亲爱的支教志愿者们：

　　你们好！××大学远征社对你们一个暑期的辛勤付出，表示由衷地钦佩和真挚地感谢！

　　志愿者，这个曾经似乎离你们很遥远的称谓，如今她已环绕在你们的身旁，现在你们就是一名当之无愧的志愿者！你们用实际行动证明了一名志愿者的价值之所在，你们用切身言行诠释了"奉献、友爱、互助、进步"的志愿者服务精神，你们同样也用自己的行动展现了××学子关怀社会的高尚品格。

　　远征社一直致力于公益活动的策划和实施，我们的定位是给有爱心并且有志于参与公益活动的同学提供一个展现自我、服务社会的平台。我们相信，即使在这样一个物欲横流的物质社会，最纯真的爱心依然是最美丽的财富。在此，我们谨向本期参与支教的志愿者深表谢意！

　　最后，愿与诸位共勉此话："基于爱心的呼唤是最深沉的呼唤，出于自愿的事业是最有生命力的事业，服务他人的行为是最高尚的行为，奉献者的语言是最易沟通的人类共同语言。"

　　真诚地预祝各位同学新学期顺利，快乐与爱心同在！

　　此致

敬礼！

××大学远征社

2013 年 9 月 5 日

（1）这封信是要表达感谢还是慰问？你能看出主要情感是什么吗？

（2）关于志愿者，只用了一个词"支教"，哪里能看到支教的地方、支教者的具体事迹？这样表达感谢之情会使文章有什么缺点？

（3）假设这批支教志愿者是去四川大凉山地区的学校支教。请你**查阅关于大凉山的资料，**了解其地理环境、交通状况、经济水平、教育水平等方面的情况，以××大学远征社的名义,给这批同学写一封**慰问信**。要求以事实为基础,情感真诚而不空泛。

6. 请阅读下面的这份竞聘演讲词,并按照提出的问题和要求作答:

办公室副主任岗位竞聘演讲词

无论这次竞聘结果如何,我首先都要感谢这次竞选给我带来的机遇和挑战,都要感谢领导和同志们对人事管理工作和我的信任、鼓励,更要一如既往,积极进取,扎实工作,为促进中心又好又快发展作出新的更大的贡献!

怀着十分激动、敬意的心情,站在这里为竞聘中心办公室副主任岗位作竞聘演讲。借此机会,要感谢各位领导为我搭建了一个展示才华、锻炼提高、晋升职位的平台。下面,简要汇报自己的思想和工作,不妥之处请各位领导批评指正。

××××年在织布厂当修理工;至××××年先后在百纺公司、糖酒公司担任销售员、会计;××××年××月调入市工商局开发区分局从事个体户管理工作;××××年×月,市场管办彻底脱钩后,为适应市场经济发展的需要,服从组织分配,进入市场开发服务中心,在人事管理岗位工作至今。45 年的人生旅程,近 30 年多部门、多岗位的从业经历,使我丰富了人生阅历,锻造了综合能力——在工厂当过工人,从事最艰苦的岗位,吃苦耐劳、任劳任怨的精神得以浇注;在商业系统,站过柜台,跑过销售,当过会计,顽强的作风、自律的品格、协调的能力得以培养;工商机关,学习行政法规,优化登记服务,促进小企业发展,行政执法、行政管理能力得以提高。

特别是近六年来,始终坚持原则,本着对每一位同志认真负责的态度,勤勤恳恳,兢兢业业,切实做好人事管理工作。先后为中心 120 名干部办理了劳动保险,进行了工资调标、工资改革、正常晋级,并起草制定了人员内退、停薪留职、离岗创业等一系列人事改革的规定;每年精心组织干部年度考核,准确、及时、全面上报人事、劳动和工资报表,并根据实际编制各类精而管用的报表,高效率、高质量完成领导和办公室主任交办的其他工作。六年来,人事管理工作多次受到上级主管部门领导的好评。××××年我个人被市场中心评为先进工作者。

我自身还存在理论学习不够深入、服务干部职工不够有力等问题。但我相信,这些都为我进一步做好人事管理工作积累了宝贵的经验、难得的财富。当然,自己有优势,也完全能够胜任办公室副主任这个职位。如果如愿以偿,将以又好又快的工作作风、又好又快的工作能力、又好又快的工作举措,全面开创中心人事管理工作的新局面。

一是要强化能力意识。要始终坚持学政治理论。全面提高适岗能力,做一个"三力"干部,即有能力,会说、会写、会微机;有活力,善沟通、善协调、说得通、打得响;有魄力,坚持原则,敢抓善管,雷厉风行,促进落实。

二是要强化大局意识。作为一名人事干部。政治上和中心总支保持高度一致。

凡是中心总支作出的决定,都要不折不扣执行;凡是中心领导和科长交办的任务,都要保质保量按时完成。同时,要时时关注大局、认真研究大局、准确把握大局,充分发挥参谋助手的作用,参在关键处,谋在点子上,为中心领导科学决策献言献策。

三是要强化服务意识。要全心全意为中心职工办好事、办实事。做到来有迎声,问有答声,走有送声。同时,要深入基层听取意见,解疾苦,积极为职工解疑释惑、排忧解难。

四是要强化创新意识。创新是永恒的主题。全面开创中心人事管理工作的新局面。开拓创新。要在办公室主任的领导和指导下,采取非常的手段,改革的办法,实现人事管理工作"三化",即对中心干部档案进行一次全面性整理,力争达省二级标准,实现干部档案管理扩档化;对工资套改情况进行一次细致性清理,做好日常工资晋级工作,实现干部工资管理规范化;进一步建立健全干部管理、绩效考评、机关考勤、年度考核等。

(1) 这份演讲词在格式规范方面缺少什么元素?

(2) 在内容层次、逻辑关系、遣词造句等方面有什么不足?

(3) 竞聘者的演讲之中,哪里有与竞聘岗位能够联系起来的内容?

(4) 根据你对办公室副主任岗位的了解,现在请你执笔**修改这份竞聘演讲词**。要求结构完整,要素齐全,内容精炼集中,礼仪用语妥当得体。

7. 下面是一家酒店的资料。请根据资料提供的有关内容,按照要求做写作练习:

H市南山鸿宇大酒店位于该市南山风景旅游区,是一家商务型五星级旗舰酒店,致力于为商务旅游人士和观光游客提供最舒心的服务。酒店紧邻众多著名景点,距火车站5公里,距机场十余公里,交通十分便利。

酒店主体建筑为国内著名设计师事务所设计,符合现代潮流。酒店拥有500多间宽敞客房、覆盖整个酒店的宽带网络、最先进的宴会设施和占据三个楼层的水疗与健身中心。客房时尚大方,各项辅助设施一应俱全,开放式的浴室设计搭配长型浴缸及独立淋浴间,整面的落地玻璃采光充沛,可以坐看山色海景,令人心旷神怡,特别为商旅客人精心设计了一个舒适温馨的居住环境。现代时尚风格设计的1 000平米大宴会厅及11个大小不等的会议室宽敞明亮,备有全套最先进的会议室设施及专业的服务团队,酒店拥有一流的宽带网络系统,配备全套最先进的会议服务设施,特设三层顶级SPA及健身中心。酒店的酒吧和餐厅随时为旅客奉上来自世界各地的精致美食,也有传统的点心与药膳供客人选择。南山鸿宇大酒店承继鸿宇品牌独有的个性化服务,服务员均经过专业培训。

最近该酒店要举行开业典礼,邀请众多嘉宾参加,包括多年来建立良好合作关系的酒店卧具供应商、餐具供应商、食材供应商等。

(1) 请为鸿宇大酒店总经理陈××写一份在开业典礼上的**欢迎词**。

（2）食材供应商汇美集团公司总经理宋××收到邀请,但本人因故不能前来,委托代表参加并宣读贺信。请你代汇美集团公司为鸿宇大酒店开业写一封**贺信**。

8．下面是一份招聘广告:

诚聘初高中数学、物理、化学专兼职老师

××南天教育培训中心是一家致力于中小学辅导的专业机构,我们本着"寓教于乐,授人以渔"的宗旨开展教育辅导。现诚聘中小学各科带课老师。

辅导年级：初中、高中(自己选择)

辅导课程：语文、英语、数学、物理、化学

工作性质：全职或兼职均可

工作地点：江宁胜太路同曦校区、新街口国贸校区

授课形式：一对一、十人左右小班化辅导

岗位职责：

1．针对学生情况,对其进行个性化的课程备课;

2．在授课期间因时制宜分阶段组织测验活动,以检验学生接受辅导的成效;

3．分阶段做学生总体状况的书面总结,与家长沟通、探讨对学生有针对性的教育方法;

岗位要求：

1．热爱教师工作,形象大方,亲和力强,易于与小孩或家长沟通;

2．熟悉学生的生活及学习特点,善于因材施教,能开拓发掘组织多种教学方式,灵活教学;

3．表达能力优秀,普通话标准,思维灵活,富有亲和力,有耐心,有责任心,有师德,擅长与学生进行沟通交流;

4．大专或本科学历,师范专业、有教师资格证等相关证件者优先;

5．教学业务能力强,工作认真负责,有耐心,能吃苦耐劳,服从学校的安排;

6．五年以上教龄,教过毕业班优先考虑;

7．青年骨干教师,学科带头人,拔尖人才,特级教师等优先考虑。

专职月薪：试用期(三个月),底薪2 500+餐补费+提成+奖金+绩效工资。转正后,底薪3 000+餐补费+提成+奖金+绩效工资。综合工资4 000—6 000元(含个税)。

兼职月薪：根据工作量确定。

招聘程序：先进行书面材料的甄别,入选者通知面试。

有意应聘者请将书面材料发到邮箱：ntjy@126.com

联系人：王老师　电话158 5051××××

假设你看到广告,并有意应聘,请针对招聘要求写一份**自荐书**(简历可略而不写)

后 记

　　本书是由江苏高校几位教师合作完成的。其中几位教师是在 20 世纪 80 年代初期或中期进入写作教学和研究领域的,每位教师都有长期执教实用写作的经验,也在这方面有过研究成果。本书的编写倾注了大家的热情和心血,也融入了长期以来的教学体会和研究积累。

　　尉天骄(河海大学)担任本书主编,提出全书编写思想,拟定教材框架,确定各章提纲和分工,召集编写会议,审定各章稿件,统稿,定稿。提纲经过充分酝酿和讨论,以电子邮件方式反复交流商讨,初稿到定稿一般都经过多次修改。张建勤(南京大学)担任本书副主编,审读了全书的部分稿件,在统稿、校稿方面付出了很多劳动。

　　上海外语教育出版社汉语与文化事业部吴狄主任,上海外语教育出版社营销中心黄新炎经理,以及编辑杨莹雪老师等对本书的编写和出版给予了热情关心和支持,在此谨致谢忱!

　　各章的写作者如下:

　第一章　　尉天骄(河海大学)

　第二章　　孙永良(扬州大学)

　第三章　　张建勤(南京大学)

　第四章　　张建勤

　第五章　　林一顺(河海大学)

　第六章　　孙其勇 (苏州农业职业技术学院)

　第七章　　尉天骄

　　书写出来,印出来,读者是最有资格的批评家。热忱欢迎大学师生、学界专家、社会读者提出中肯的批评意见!

本书编写者

2015 年 2 月

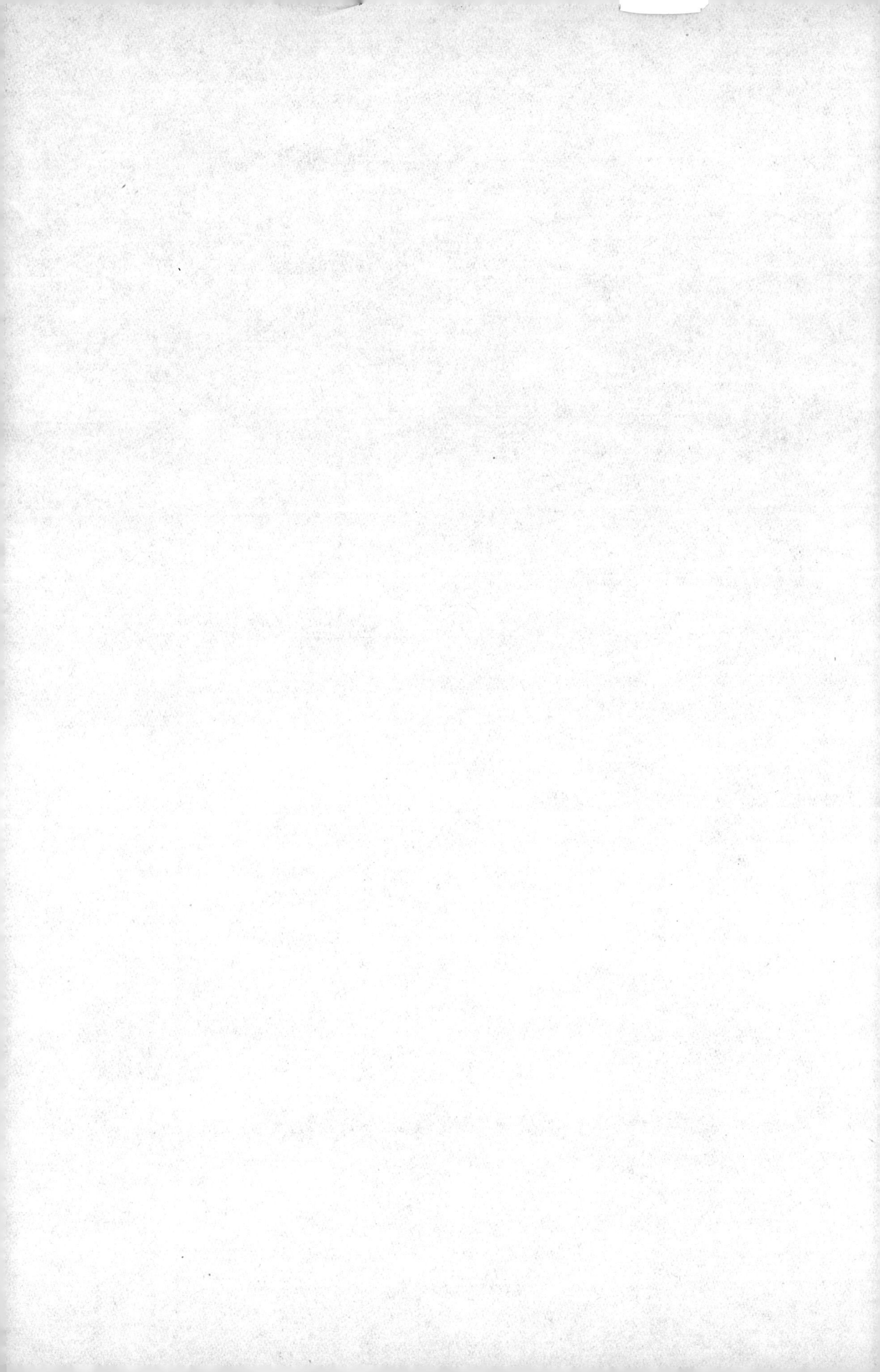